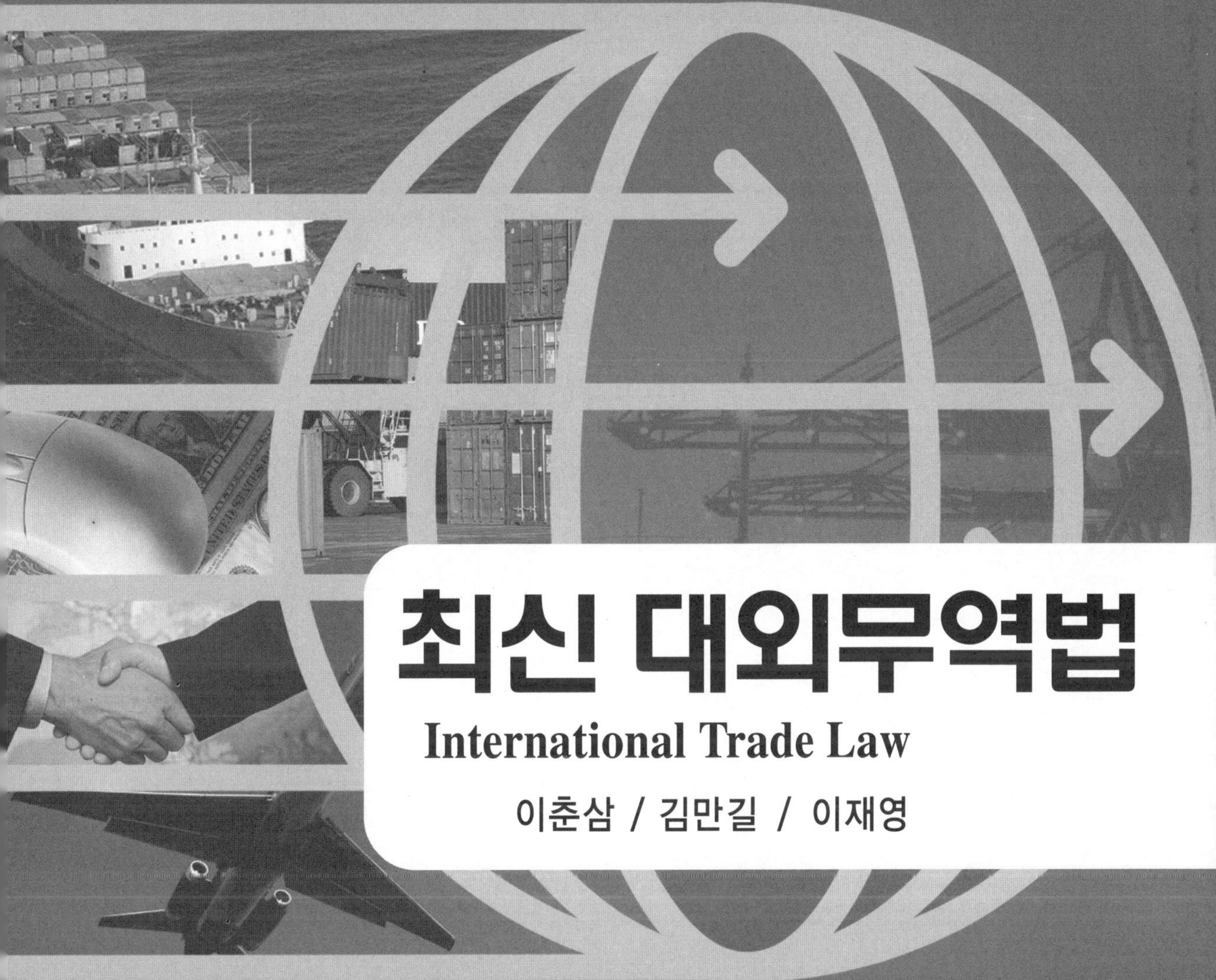

최신 대외무역법

International Trade Law

이춘삼 / 김만길 / 이재영

Preface 머리말

우리나라는 무역법(1957년), 외국환관리법(1961년), 관세법(1949년) 등 이른바 무역관계 3법을 각각 제정하고 경제의 국제화·글로벌화를 통한 통상국가 기틀을 마련하는데 성공한 대표적인 국가에 속한다. 그동안 '포지티브 리스트 시스템'에서 '네거티브 리스트 시스템'으로 무역관리 방식을 전환(1967년)하고 GATT 1947 가입(1967년), IMF 8조국 이행(1988년), OECD 선진클럽가입(1996년) 등을 통하여 수입자유화율 68.6%(1978년)에서 2006년 현재 완전개방 단계(쌀 등 소수품목을 제외하고)에 이르고 있으며, 수입평균 관세율도 26%(1949~53년)에서 47.7%(1961년)로 7.9%(1993년)에서 다시 6.2%(2006년 현재)로 미국의 3.1%(2006년), 일본 2.5%(2006년)보다 높기는 하나 다른 중진국권 국가보다는 개방도지수가 우수한 편이다. 한편, 수출규모 1억 달러(1964년), 10억 달러(1971년), 100억 달러(1977년), 1000억 달러(1995년)를 넘어 현재 세계에서 무역규모 5000억 달러를 넘어선 12번째 '5000억 달러 클럽' 국가이기도 하다. 그리하여 무역의존도도 21.0%(1962년)에서 55.6%(1990년)로 현재는 69.3%(2006년)로 높아졌다. 실로 무역이 없으면 경제성장도 고용도 부가가치도 얘기할 수 없을 정도로 그 중대성은 아무리 강조하여도 지나치지 않는다고 할 것이다.

이 책은 우리나라 무역을 진흥하고 공정거래 질서를 확립하여 국제수지균형과 통상확대를 통한 국민경제발전을 목적으로 하여 신규 제정된 대외무역법(1986년)을 기초로 그동안 국내외 통상환경의 변화에 따라 수차례 개정된 여러 내용들을 빠짐없이 수록·보충하였다.

첫째, 무역의 개념 확대에 따른 용역과 전자무역의 범위 등 그 설정 배경과 해석상의 제 문제를 상세히 소개하였다.

둘째, 특히 현대무역의 양상이 컴퓨터 등 정보처리 능력을 가진 장치에 의하여 정보통신망을 이용하여 국제무역이 전개되고 있기 때문에 이들 메커니즘에 대한 법적 측면에서의 해석상의 논란이 야기될 소지가 많기 때문에 이들 제 문제에 대하여서도 간과하지 않았다.

셋째, 수입수량제한조치의 신설에 따른 성립요건, 적용절차, 적용기간, 특별수입수량제한조치 등에 대하여 해석기준에 초점을 맞춰 자세하게 서술하였다.

넷째, 아무리 '글로벌화'가 좋다고 하더라도 국제평화, 국제안전유지, 국가안보 보다 상위의 개념이 될 수는 없다. 바로 '전략물자'의 수출입에 대한 세계적 차원에서의 관리 필요성이 대두된 배경이기도 하다. 그리하여 우리 대외무역법도 1·2종 전략물자 등 소위 '다자간 전략물자 수출통제 체제' 틀 하에서 규제·관리 내용을 규정하고 있는데 이에 대한 제 문제를 알기 쉽게 해설하였다.

마지막으로 부분개정사항, 즉 무역업고유번호(규정 제5절), 원산지표시(시행령 제6절, 규정 제6장), 외화획득용원료기재등(시행령 제3절, 규정 제4장) 모든 조항을 신설내용에 맞춰 수정·보완하여 명실공히 '최신의 대외무역법' 교재로 엮었다.

특히 강조하고 싶은 것은 본서는 관세사·사이버무역사·국제무역사 및 무역영어 검정시험의 수험 준비생을 위하여 각장별로 저자가 새로운 출제경향에 맞춰 객관식 문제를 연습문제로 소개하였다. 그리하여 본서는 수험생들의 시간낭비를 줄이고 대외무역법의 체계와 법리를 한권의 책으로 정확하고 간결하게 이해할 수 있도록 초점을 두고 집필하였음을 밝혀둔다.

끝으로 본서가 국제통상학을 공부하는 많은 학생들과 수험생들의 외로운 면학의 길에 애정어린 길벗이 되어지길 바라며, 아울러 고종식 우용출판사 사장님의 무궁한 발전과 직원들의 건승을 빌어마지 않는다.

2006년 6월

저자 씀

차례 Contents

1 대외무역법의 본질

1 대외무역법의 의의 및 성격

Ⅰ. 형식적 대외무역법

대외무역법(International trade law)이라 함은 이를 형식적 의미와 실질적 의미로 정의할 수 있는데, 형식적으로 정의할 경우에는 1986년 12월 31일 법률 제3895호로서 제정·공포된 대외무역법이란 명칭을 가진 제정법을 말한다. 이러한 의미의 대외무역법은 그 나라의 입법방식이나 체재에 의하여 정하여진다. 자유방임주의(自由放任主義)를 기반으로 한 자본주의의 급격한 발달은 현실적으로 사회 조화적 요구를 충족하기 위해서는 개인의 경제활동 면에 대한 국가의 적극적인 관여를 불가피하게 만들었으며, 따라서 국가는 국민의 대외경제질서를 일정한 방향으로 규제할 목적으로써, 단순히 사실로서의 일정한 행위를 금지·제한하는 데 그치는 것이 아니라 직접 대외법률관계의 효력을 제한·보충한다거나 혹은 적극적으로 대외법률관계를 형성·변경·소멸시키고 있다.

이 대외무역법은 주로 재화의 대내 · 대외적 이동(수출입)에 관하여 규율하는 내용을 내포하고 있다. 그러므로 형식적 의의의 대외무역법은 바로 이러한 수출입무역을 관리 대상으로 하는 법이라고 전제하고서 설명을 전개할 수 있다.

우리나라 대외무역법은 사경제주체의 대외무역거래에 관한 법으로서 경제법의 범위에 속하며, 그 골격은 제1조의 입법목적의 명시를 비롯하여 제3조의 자유롭고 공정한 무역의 원칙선언, 제8조 통상의 진흥, 제9조의3 전자무역촉진, 제13조 수출입의 원칙, 제22조 산업설비수출, 제39조 불공정한 수출입행위의 금지에 관한 관리 등을 주요 내용으로 하는 단행법으로 구성되어 있다. 그리고, 그 입법방식은 법률의 추상적 · 포괄적 성격으로 말미암아 규범의 실질적 내용은 시행령 및 대외무역관리규정에 위임되어 있는 형식을 취하고 있다.

II. 실질적 대외무역법

대외무역법을 실질적으로 정의할 경우에는 이상과 같은 제정법의 존재 여부와는 관계없이 통일된 이념에 의하여 종합적 · 체계적으로 구성할 수 있는 특수한 법영역으로서, 대외무역거래라는 국가[1]간의 상거래에 적용되는 법규의 전체를 의미한다.

대외무역거래를 광의로 이해하자면, 재화(상품)의 국제적 이동뿐만 아니라 서비스, 지적재산권, 자본, 노동 등 각종의 유형재 및 무형재를 포함하는 모든 국제간의 교역활동을 포함하게 되지만, 그러나 이들 후자에 관하여는 각각 별도의 관리법규가 존재하고 있으므로 대외무역법에는 협의의 대외무역거래에 관한 관리, 즉 물품의 대내외적 이동(수출입)[2]에 관한 관리만을 포함하는 것으로 이해함이 일반적이다.

1) 무역거래상 국가개념의 정립문제는 종래 이론이 있는 바이지만, 일반적으로는 정치상의 국가를 의미하며, 나아가 화폐제도·관세제도·법률·민족·언어·관습 등을 달리하는 원격지간 거래에 있어서는 비록 동일 주권하에 있는 속령·식민지·위임통치국 등도 외국에 준하여 취급하여야 할 것이다. 세계무역기구협정의 이행에 관한 특례법(법률 제4858호, 1995.1.3) 제5조에 의하면 「남북한간의 거래는 민족내부거래로서 협정에 의한 국가간의 거래로 보지 아니한다」고 규정하고 있다.

2) 대외무역법 제2조 1호.

그리고 여기서의 물품이라 함은 외국환거래법에서 정하는 지급수단·증권 및 채권(債券)을 화체(化體)한 서류 이외의 동산을 말한다.[3)]

그러나 제정법인 대외무역법은 형식적으로는 대외무역법이라는 명칭을 가지고 있지만, 이는 대외무역관리에 관한 모든 규정을 빠짐없이 내포하고 있는 것은 아니기 때문에 형식적 의미의 대외무역법에 규정하고 있지 아니한 대외무역거래에 관계되는 공법·사법뿐만 아니라 또 국제법도 포함하는 모든 법률규정을 포괄하여 이해하여야 할 것이다. 그러므로 형식적 의미의 대외무역법과 더불어 제 관련법 규정은 실질적 의미의 대외무역법이라는 관계가 성립된다.

III. 대외무역법의 목적

대외무역법 제1조는「이 법은 대외무역을 진흥하고 공정한 거래질서를 확립하여 국제수지의 균형과 통상의 확대를 도모함으로써 국민경제의 발전에 이바지함을 목적으로 한다」고 규정하고 있다.

따라서 전단의 대외무역을 진흥한다 함이 우리나라의 대외무역법의 기본 목적이고, 궁극적인 목적은 후단의 통상의 확대를 통하여 국제수지의 균형에 기여하고 종래는 국민경제의 발전에 기여함에 있다.

특히 이 법은 제3조에서「헌법에 의하여 체결·공포된 무역에 관한 조약과 일반적으로 승인된 국제법규가 정하는 바에 따라 자유롭고 공정한 무역을 조장함을 원칙으로 한다」라고 선언함으로써 우리나라 무역정책이 나아갈 기본 방향을 명백히 하고 있다.

또한「정부는 대외무역법이나 타법률 또는 헌법에 의하여 체결·공포된 무역에 관한 조약과 일반적으로 승인된 국제법류에서 무역에 대한 제한을 정한 규정이 있는 경우에는 그 제한을 정한 목적을 달성하기 위하여 필요한 최소한의 범위 안에서 이를 운영하여야 한다」고 규정함으로써[4)] 우리나라가 세계무역기구(WTO) 가맹국으로서 WTO협정의 기본

3) 대외무역법 제2조 2호.

정신에 따라 무역관리를 최소한의 필요에 국한시키는 동시에 궁극적으로는 WTO이념에 완전히 일치하려는 최후 목표를 표방한 것이라고 할 수 있다.

국제수지의 균형은 일국의 수입(receipts)과 지급(payments)과의 조화를 꾀하여 대외지급능력을 강화하는 것으로서, 넓은 의미에 있어서 국제수지에는 자본의 이동[5]등도 포함되지만 좁게는 상품 및 용역의 이동에 따른 자금의 이동을 의미한다.

따라서 무엇보다 상품의 이동에 따른 무역수지의 균형이 이루어지도록 하는 것이 바람직한 것이라고 할 수 있으며, 가능한 한 상품의 수입량보다 수출량이 더 많아져서 외환보유고를 많이 확보하는 것이 이상적이라고 말할 수 있다.

한편, 일국의 국민경제발전이나 성장은 여러 가지 요인에 의하여 이루어지는 것이지만 오늘날 무역부문의 역할이 국민경제에서 차지하는 비중이 크게 됨으로써 무역부문에서의

---

4) 대외무역법 제3조 2항.

5) 국제수지 집계방식이 외국과의 거래내용을 쉽게 알아볼 수 있도록 전면개편되었다. 즉 상품, 서비스, 투자 및 노동 등 생산요소, 자본거래 등 돈이 국경을 넘어 이동하게 된 성격에 따라 국제수지를 분류, 어떤 거래를 통해 돈이 들어오고 나갔는지를 한눈에 알 수 있게 되었다. 우리나라는 1998년 1월 1일부터 국제수지 통계방식을 국제통화기금(IMF)의 새로운 기준에 따라 전면 개편하였는데, 우선 무역수지를 상품수지로 바꾸고 일반상품, 가공용재화 등 상품특성별로 5개 항목으로 분류키로 하였다. 국경을 넘는 상품이동에 따른 돈의 이동을 분명히 하고 상품특성을 세분화해 수출입구조를 쉽게 알아볼 수 있도록 하였다.

기존의 무역외수지는 서비스수지와 소득수지로 재분류하였다. 서비스수지는 운수, 여행, 통신, 보험, 특허권 등 순수한 서비스거래만 포함하고 소득수지는 임금, 배당, 이자 등 투자소득 등을 집계토록하였다. 우리경제의 개방이 가속화되는 점을 반영, 생산요소의 이동에 따른 돈의 유출입을 볼 수 있도록 하였다.

경상수지는 상품수지와 서비스수지, 소득수지, 경상이전수지로 구성된다. 경상이전수지는 기존의 이전수지 중 해외이주비(자본수지편입)를 빼고 집계한다.

또 기간별로 장기·단기로 분류되던 자본수지는 투자수지와 자본이전수지로 재분류되고 투자수지는 직접투자, 포트폴리오투자, 기타투자로 세분돼 국내에 들어온 외국자금의 성격을 쉽게 파악, 정책지표로 활용할 수 있다.

국제수지항목에서 빠져 있던 금융계정도 자본수지 중 투자수지항목으로 편입시켰다. 예전에는 은행들이 경상수지적자를 메우기 위해 해외에서 돈을 들여왔으나 지금은 상업적인 목적으로 돈을 들여오는 비중이 절대규모를 차지할 정도로 금융개방폭이 커졌기 때문이다.

발전이나 성장은 국민경제 전체의 발전에 기여하는바 비중이 더욱 커지고 있다. 따라서 자원의 적정배분이나 산업구조의 고도화 및 국민소득수준의 균등한 향상을 위하여 보탬이 될 수 있도록 대외무역관리가 이루어져야 한다는 것이다.

요컨대, 무역관리는 일단 무역에 대한 장애(barriers to trade)이므로, 이러한 장애가 국민경제의 발전에 저해 요인이 되지 않도록 무역관리 정책의 수행상 유의하여야 할 것이다.

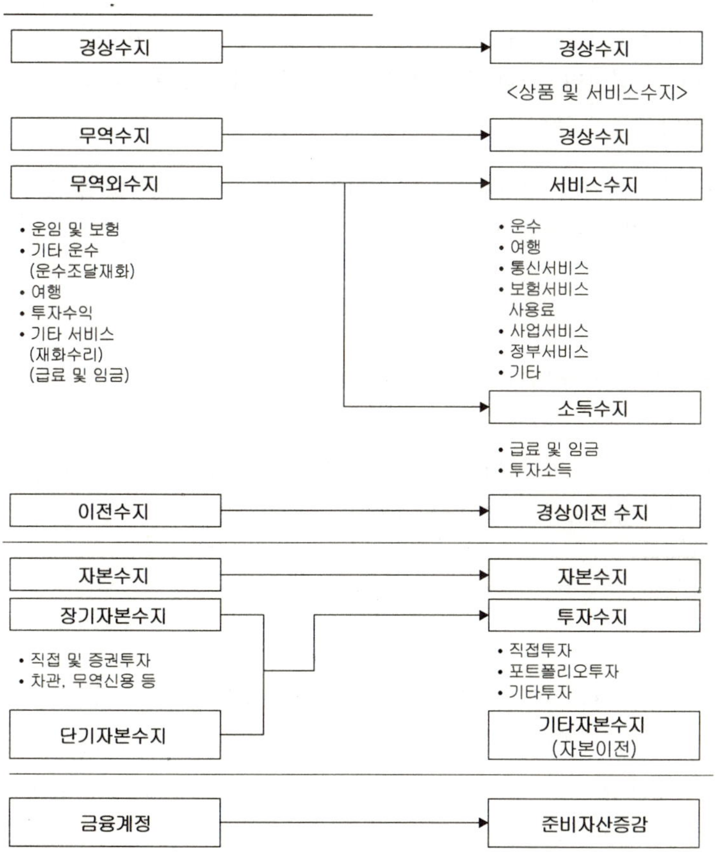

이상과 같이, 대외무역법의 목적은 국가 이익이 되는 방향으로 수출입 무역을 관리하자는 데 있다 함은 앞에서 설명된 바와 같지만, 그러면 이러한 목적은 과연 정당한 것인가의 문제의식을 갖게 된다.

특히, 세계경제적 차원에서 요청되는 무역자유화의 이념과 상충되지 않느냐, 그리고 기업의 이익과도 충돌되지 않느냐 라는 문제이다.

국가이익은 기업(개인)의 이익보다도 우선하며 타국의 이익보다도 우선한다는 점은 오늘날 일반적으로 허용되는 결론이며, 또한 국가는 경제정책적 차원에서 유치산업을 보호하고 정체산업을 육성하며 성숙산업의 국제경쟁력을 강화하기 위하여 여러 가지 경제정책을 펴나가는 것이 책임이며, 또한 오늘날의 국가기관이다라고 볼 때 대외무역 관리의 목적을 충분히 정당화시켜 준다고 말할 수 있다.

이는 우리 헌법 제125조의 「국가는 대외무역을 육성하며, 이를 규제 · 조정할 수 있다」고 명시한 헌법상의 무역이념과도 일치한다.

IV. 대외무역법의 성질

대외무역법의 본질은 대외적인 무역활동을 국민경제적인 차원에서 간섭 내지 조정하는 대외경제통제법이다. 따라서, 대외무역법은 국민경제적 차원에서 대외적 상거래를 규제 · 조정함으로써 공 · 사익간의 조화를 도모하는 일에 국가권력이 직접 개입하도록 하는 근거를 제공하는 법으로서 타 법령에 비하여 다음과 같은 여러 가지 특수한 성질을 가진다.

1. 국제성

대외무역법에 의한 수출입관리는 국제적으로 타당하다고 인정되는 범위 내에서 이루어져야 한다. 특히 우리나라는 1993년 12월 15일 타결된 UR협정(세계무역기구(WTO) 설립협정, GATT 1994, 분쟁해결 절차 및 규칙에 관한 양해각서(DSU), 무역과 환경 ·

서비스무역에 관한 일반협정(GATS), 무역관련지적재산권협정(TRIPs))을 계기로 대외무역법에 의한 자주적인 무역관리도 국제조약에 의하여 제약을 받게 된다. 이러한 대외무역법의 국제성·대외성은 본법 제3조에서 「……무역에 관한 조약과 일반적으로 승인된 국제법규가 정하는 바에 따라……」라든가, 제5조의 「무역에 관한 제한 등 특별조치」, 제39조에서 「불공정한 수출입행위의 금지」, 제41조의 「무역거래자간 무역분쟁의 신속한 해결」, 제43조의 「수출입질서유지를 위한 조정명령(調整命令)」을 인정한 예 등은 대외무역법의 대외성을 표방하는 것이다.

2. 정책종합성

대외무역법은 정책종합적인 성격을 가지고 있다. 대외무역법은 국민경제질서 중의 대외적 경제질서를 종합적으로 규율하는 법이다. 이를테면, 본법 제15조의 「산업자원부장관은 물품의 수출입 요령을 통합하여 공고한다」고 하는 것은 대외무역법의 정책종합적 성격을 표현한 그 좋은 예라 할 수 있다.

3. 포괄성

대외무역법은 그 규제대상이 포괄적인 성격을 가지고 있다. 즉, 대외무역법의 규제내용은 구체적 거래를 대상으로 하는 것이 아니라, 일반적인 사항에 관하여 다수의 당사자를 전제로 하여, 무역거래업체와 관련된 일반적인 사항을 포괄적으로 규정하려는 것이 이 법의 태도이다.

4. 위임입법성

대외무역법은 유동적인 대외거래를 규율하는 법이기 때문에 탄력적인 법 형식의 요청으로 입법경직성(立法硬直性)이 강한 의회는 원칙적인 사항만을 제정법에 규정하고 시행에 관한 세부적 사항은 이를 행정부가 제정하는 시행령과 관리규정에 위임하는 이른바 위임입법이라는 방식을 취하고 성격을 가지고 있다.

5. 기술성

대외무역법은 국민경제의 발전을 위한 경제정책에 맞도록 대외 거래를 규율하고자 하는 기술적인 성격을 가진다. 따라서, 윤리성은 모두 배제되고 오로지 국가 이익을 위한 기술로서의 법일 따름이며, 마땅히 그렇게 되어야 한다는 당위성이 특히 강조되는 법이다.

6. 정치적 지도성

대외무역법은 국가가 단순한 대외경제질서의 외부적 보호자로서가 아니라 한걸음 더 나아가 적극적인 경제규제자 및 경제조정자로서 작용하는 법적 근거이다. 그러므로 대외경제질서의 구체적인 방향을 제시하고 그에 관한 국가의 대외거래정책을 표명하는 의미를 지니기 때문에 타 법령에 비하여 정치적 지도성이 강하게 나타난다.

V. 대외무역법의 기본원칙

우리나라 대외무역법은 무역을 진흥하고 공정한 거래질서를 확립하여 국제수지의 균형과 통상의 확대를 도모함으로써 국민경제의 발전에 이바지함을 목적으로 다음과 같은 기본 원칙을 갖고 있다.

1. 이원적 관리

현행의 무역관리는 대외무역법에 의한 수출입무역관리와 외국환거래법[6]에 의한 대금결제관리로 크게 둘로 나눌 수 있는데, 우리나라는 이에 관하여 관리의 간소화보다는 관리의 철저화를 기하기 위하여 일원적인 관리 방식을 취하지 아니하고 이원적 관리 방식을 택하고 있다.

6) 1999년 4월 1일부터 종래의 '외국환관리법'은 폐지되고 신규입법형식으로 '외국환거래법'이 새로이 제정되었다.

그 결과, 후자를 위하여 외국환거래법이 별도로 제정되어 있으며 이 대금결제관리, 즉 외국환거래관리의 주무관청은 재정경제부이다. 이는 수출입무역관리의 주무관청이 법상 산업자원부인 점과 구별된다.

2. 무역통상진흥관리

현재 우리나라 모든 경제정책의 기본 방향이기도 한 통상진흥제일주의를 그 기본 원칙으로 하고 있다. 따라서 주로 행정면에서 수출입질서를 유지하고 수출시장의 심화 및 다변화로 항구적인 수출증대와 수출체제를 확립하고자 산업자원부장관은 무역의 진흥을 위하여 필요하다고 인정할 때에는 대통령령이 정하는 바에 의하여 물품의 수출입을 지속적으로 증대하기 위하여 필요한 조치를 할 수 있다는 동법 제4조에 의거하여, ① 수출산업의 국제경쟁력 제고를 위한 여건의 조성 및 설비투자의 촉진, ② 외화가득률 제고를 위한 품질향상 및 원료 등의 국산사용의 촉진, ③ 지역별 무역의 균형화를 위한 수출입의 연계, ④ 민간의 통상활동 및 산업협력의 지원 등의 제반 수출진흥조치를 취할 수 있는 여러 제도는 통산진흥 곧 수출제일주의원칙과 연결되는 것이다.

3. 전면관리주의

우리나라 대외무역법은 무역관리에 관하여 전면관리주의를 취하고 있다. 즉 무역업에서부터 무역업 활동의 제 분야에 이르기까지, 그리고 그 거래의 사후적 관리에 이르기까지 전반적으로 관리하는 태도를 취하고 있다.

4. 중앙집권적 관리

우리나라는 중앙집권적 무역관리방식을 택하고 있다. 이를테면, 모든 무역관리가 법상 산업자원부장관의 권한인 것으로 되어 있고, 다만 산업자원부장관은 일정 범위 내에서 그 권한의 일부를 다른 기관에 위임 또는 위탁할 수 있도록 하고 있다. 즉 대외무역법 제53조에 의하면 「산업자원부장관은 대통령령이 정하는 바에 의하여 이 법에 의한 그 권한의 일부를 ……외국환은행의 장……에 위탁할 수 있다」고 규정하고 있는데, 이와 같이 대외무역의 상당부분을 은행으로 하여금 관리하도록 하는 원칙을 은행주의라고 하며, 이는 정부주도형에서 민간주도형으로 변천하는 과정에서 계속 확대되는 경향에 있다.

5. 공개주의

우리나라의 무역관리는 원칙적으로 공개하는 방향으로 운영되고 있다. 예컨대, 대외무역법 제15조의 「수출입의 통합공고 등」은 이 공개주의의 천명이며, 이는 또한 우리나라 무역관리 방식이 민주적인 관리 방식을 취하고 있다는 증거이기도 하다.

6. 자유·공정무역주의

대외무역법은 자유 · 공정무역의 구현 및 국제성의 인정을 기본 원칙으로 하고 있다. 즉 전술한 바와 같이 이 법 제3조 제1항에서는 「정부는 헌법에 의하여 체결 · 공포된 무역에 관한 조약과 일반적으로 승인된 국제법규가 정하는 바에 따라 자유롭고 공정한 무역을 조장함을 원칙으로 한다」고 규정하고 있으며, 또한 동조 제2항은 「정부는 이 법이나 다른 법률 또는 헌법에 의하여 체결 · 공포된 무역에 관한 조약과 일반적으로 승인된 국제법규 기타 국제협정에서 무역에 대한 제한을 정한 규정이 있는 경우에는 그 제한을 정한 목적을 달성하기 위하여 필요한 최소한의 범위 안에서 이를 운영하여야 한다」고 규정함으로써 공정무역 및 국제성을 그 기본원칙으로 표방하고 있다.

2 대외무역법의 변천추이

이 절에서 설명하는 대외무역법의 사적(史的) 관찰은 편의상, ① 무역법 제정의 이전시대로서, 해방 후 미군정하에서부터 1948년 8월 15일 정부수립 후 1957년 12월 무역법이 제정되기 전까지의 기간과, ② 1957년 소위 무역법의 제정 이후부터 1967년 1월 무역거래법이 제정되기 전까지의 시기, ③ 1967년 1월 무역거래법의 제정 이후 1986년 12월 31일 법률 제3895호로 새 대외무역법이 제정되기 이전까지의 시기 및 ④ 1987년 새 대외무역법의 출현시대인 모두 4단계로 크게 구분하여 설명하기로 한다.

Ⅰ. 무역법의 제정이전시대(1948~1957년)

해방 직후에는 외국과의 민간무역은 거의 없었으며 대외무역활동은 일제치하 중 일본인회사에 의해 거의 전적으로 독점되었고, 제2차 세계대전 중에는 그것마저 중단되었던 까닭에 외국무역에 경험있는 한국인은 많지 않았으며, 무역업을 영위할 수 있는 자본도 충분치 못하였다. 따라서 해방 후 우리나라의 무역은 타경제부문에 있어서와 마찬가지로 미군정청의 관리하에 들어갔다. 즉 민간부문의 대외무역은 대외무역규칙(미군정법령 제39호)[7]이 1946년 1월 3일에 공포된 뒤에 재개되었다. 이 규칙에 의해서 모든 대외무역활동은 군정 당국의 허가를 받아야 했다.

따라서 해방 직후 우리나라 무역은 주로 외상들이 주도하는 한편, 정부보유물자의 수

---

7) 이 규칙은 38도선 이남의 남한과 타지역과의 화물이나 재산의 운수는 그 허가의 권한이 미군정장관이나 그 대리자에게 있으며, 그 허가없이는 자유로운 대외적 거래행위를 금한다고 규정하고 있어, 무역허가제를 내용으로 하는 강력한 무역통세원칙을 취하고 있다. 군정법령 제39호「대외무역규칙」에 대한 상세한 설명은 이춘삼외,「한국관세사」, 한국관세연구소, 1985, pp.366~368 참조.

출이나 미 점령군 당국에 의한 수입독점 등 군정상의 필요에 의한 군정무역만이 정부무역형태로 존재하고 있었고 합법적인 민간무역은 거의 없었다고 해도 과언이 아니다.

그 후 1948년 8월 15일 한국정부수립을 계기로 수출입은 질적 통제 이외에 양적 통제를 병합해서 새로이 「쿼터제」(quota system)를 택함으로써 무역을 국민경제에 기여하는 방향하에 유인하려고 하였다. 즉 구 헌법 제87조에서 「대외무역은 법률이 정하는 바에 의하여 국가의 통제하에 둔다」는 규정이 있었지만 근거법률도 제정치 못한 채, 과거의 군정법령을 약간의 수정을 거쳐 대통령령 제324호(1950년 4월 10일 공포)가 규제법규로 되었다. 그러나, 1950년 6월 25일 전란으로 그간 자주무역으로 발전하려는 우리나라의 무역은 완전히 좌절되었을 뿐만 아니라, 당시 부산항구에 저장되었던 수출상품은 위탁판매를 위하여 일본의 보세창고로 선적되었으나 전화, 수송상의 애로, 국내 인플레이션 및 그 밖의 경제적 혼란으로 인해서 다른 수출활동은 사실상 중단되었다.

1950년 후반기에는 민간부문에 의한 수입은 실질적으로 전혀 없었으나 1951년부터는 정부가 식량과 기타 상품의 전시부족을 메우기 위해서 수입을 장려함에 따라 민간의 수입활동이 매우 활성화되어감에 따라, 1952년 3월 상공부고시 제88호로 「대외무역수속에 관한 건」이 공포되어 1957년 무역법이 제정될 때까지의 무역제도의 법적인 근거가 된 것이다.

1955년부터 1956년에 이르는 기간에는 무역제도 및 정책면에서 많은 변화를 보여주었는데, 특기할 만한 것은 1956년 12월 대통령령 제1199호로서, 예산의 범위 내에서 수출로 인한 결손액 및 경비의 일부 도는 전부를 보조하는 것을 내용으로 하는 「수출장려보조금교부규칙」이 제정 · 공포되었다.

II. 무역법시대(1958~1966년)

1957~1958년도는 우리나라 무역정책에 있어 괄목할 만한 해로 집약할 수 있을 것이다. 이는 그간 오랫동안 논의되어 오던 대외무역의 기본법인 무역법(전문 18조 및 부칙)의 제정 · 공포와 더불어, 무역법시행령 · 무역위원회규정 · 무역법시행세칙 등의

제정 · 공포로 그 동안 군정법령 또는 상공부령에 의하여 통제 · 운영되어 왔던 무역행정이 정비 · 강화되었으며, 무역수지의 균형과 국내산업의 균형적 발전을 확립할 수 있는 새로운 전기가 마련되었기 때문이다. 즉 1957년 12월 31일에는 법률 제460호에 의하여 무역법이 제정 · 공포되었고, 뒤이어 1958년 3월 18일에는 동 시행령과 무역위원회규정이, 동년 5월 7일에는 동 시행 세칙이 제정 · 공포되어 무역정책의 기본 도표가 밝혀졌던 것이다.

이러한 무역법의 주요 내용을 요약하여 보면, 무역의 통제와 자유화의 한계, 무역정책의 일원화, 무역계획의 종합작성, 수출장려정책, 수입정책, 자금도피방지책, 무역절차의 간소화책, 대외신용의 확보책, 무역위원회의 자문사항 등을 규정하고 있었다.

한편, 1961년에는 수출장려보조금의 적기교부와 교부사무의 능률을 꾀하고자 종래의 수출장려보상금교부요령(1961년 7월 25일 상공부공고 제2719호)과 수출시장개척비 교부요령(1961년 5월 25일 상공부공고 제2713호)에 대체되는 수출장려보조금교부에 관한 임시조치법을 동년 9월 18일 법률 제716호로 공포함으로써 동보조금의 교부업무를 입법화하였고, 1962년 3월 20일에는 수출진흥법을 공포하여 수출품제조원료의 수입에 대한 특혜조치, 대외무역활동의 보장, 실적주의에 의한 수입허가의 제한강화 및 연대보증에 의한 무역금융의 대출 등을 입법화하여 국내산업의 수출산업으로의 유도를 위한 제도적 기틀을 마련하기도 하였다.

Ⅲ. 무역거래법시대(1967~1986년)

이미 설명한 바와 같이 무역거래법이 제정 · 공포되기 이전에는 무역에 관한 법령으로는 무역법을 비롯하여 수출진흥법 · 수출장려보조금교부에 관한 임시조치법 등이 있었으나, 이 법률들은 규제 목적이 거의 같은 내용이면서도 개별적으로 산재되어 이를 통합, 정비할 필요성이 요청되었고, 다른 한편으로는 대외무역에 관한 헌법상의 이념[8])이 크게

8) 구헌법 제87조에서 「대외무역은 법률이 정하는 바에 의하여 국가의 통제하에 둔다」고 규정되어 있었으나, 현행헌법 제125조에서는 「국가는 대외무역을 육성하며 이를 규제·조정할 수 있다」고

변천됨에 따라 이에 부응하기 위해서도 새로운 무역거래법의 제정이 불가피하게 되었다.

요컨대, 무역관계법령의 정비와 통합, 그리고 무역정책에 관한 헌법상의 이념 변천 및 무역규모의 확대와 무역관계법규 중 관세법 · 외국환관리법 · 외자도입법 등의 내용에 대하여 이를 무역거래법에서도 적절히 조화시켜 주는 규정의 반영이 절실히 요청되어 동법의 제정이 필요했던 것이다.

이상과 같은 무역거래법의 제정요청에 의하여 1957년 무역법이 제정된 후 10년만인 1967년 1월 16일에 1967년 4월 1일전까지의 무역법 · 수출진흥법 · 수출장려보조금교부에 관한 임시조치법 등을 통합, 무역거래법의 제정을 보게 되었고, 그동안 동법은 1970년 12월 31일 법률 제2266호로 비적성공산지역(非敵性共産地域)과의 교역을 허용하기 위한 제1차의 개정을 본 뒤, 1972년 12월 30일에는 법률 제2407호로서 비적성공산지역과의 교역을 확대하기 위한 제2차 개정을 단행하였으며, 1975년 7월 25일에는 법률 제2781호로서 무역관리내용의 대폭적인 개선을 위한 개정을 하여 20여 년간 운영되어 오다가 지난 1987년 7월 1일자로 폐지되었는데 마지막 제3차 개정의 주요 개정내용을 요약하며, ① 수출입질서 확립과 법 위반자에 대한 벌칙의 강화, ② 수출입허가요건의 조정 및 수출입업의 대형화 · 전문화 유도, ③ 행정권한의 위임 확대, ④ 대외무역에 관한 특별조치를 취할 수 있도록 하는 것 등이다.

Ⅳ. 대외무역법시대(1987~현재)

1. 제정배경

기존의 무역거래법은 우리나라가 수출입국을 표방하여 경제개발계획을 본격적으로 추진하기 시작하던 1967년에 제정되었고, 그후 1970년, 1972년 그리고 1975년에 각각 부분개정이 이루어졌던 것으로서 그 기본 정신이 그 당시의 경제사정을 반영하여 수출을 진흥하고 수입

규정하고 있다. 여기서 규제·조정은 처음부터 국가가 계획을 수립하여 국가적 목적에서 이를 규율하는 것을 말한다.

을 조정하는 관리무역체제를 기조로 하고 있다. 그러나 무역거래법의 시행이래 20여년이 경과하는 동안 우리의 무역환경은 크게 변화하였다. 국제무역환경은 자유무역주의가 쇠퇴하고 선진국의 사양산업을 보호하기 위한 신보호무역주의가 대두하였고 공정무역과 상호주의가 강조되었다. 우리의 무역규모도 1967년에 13억불에 불과하였던 것이 신법제정 당시에는 1,600억불이 넘어 세계 제12위의 중견무역국으로 부상하게 되어 세계무역질서에 주도적으로 참여하게 되었고 이에 상응하는 의무도 부담하도록 강요되고 있다. 한편, 국내적으로도 우리의 경제규모가 확대됨에 따라 종래 정부주도의 경제운용방식으로서는 효율적인 운영이 불가능하게 되어 부작용과 능률이 노정되게 되었다. 이에 따라 1980년에 들어와 우리 경제정책의 운용기조도 자율과 개방을 바탕으로 하는 시장경제체제로 전환하게 되었고 무역정책에 있어서도 대외개방을 주요정책과제로 추진하게 되었다.

이러한 대내외 무역여건의 변화는 종래의 관리무역체제하의 과도한 규제를 완화하여 자유무역원칙을 점진적으로 수용하고 수출입절차를 더욱 간소화함으로써 무역업계의 비용을 절감시킬 것을 요구하였고, 수입이 자유화됨에 따라 수입자유와 정책과 국내 산업의 보호를 합리적으로 조정할 수 있는 객관적이고도 명료성 있는 수입구제제도를 마련하도록 하였으며 교역대상국의 수입규제에 사전 대응하고 국제무역질서 형성에 적극적으로 참여하기 위하여 공정한 무역을 할 것을 강화하였다.

이와 더불어 20여 년간 무역거래법을 운영해 오는 과정에서 현실에 맞지 않아 불필요하게 된 규제조항이 많이 생기게 되었고, 현실적 요구를 하위규정에서 무리하게 충족시키지 않을 수 없음에 따라 간혹 처음의 법률 조문의 제정 취지와는 맞지 아니하는 규정도 생기게 되었으므로 이를 체계화하는 작업도 필요하게 되었다. 또한 무역관리 및 지원에 관한 법률도 무역거래법, 산업설비수출촉진법, 수출조합법 등의 법률과 수출입에 관한 개별법 등으로 중복되거나 분산되어 있어 상호간에 연결성이 부족하여 무역관계법체제의 전면적인 체제 개편이 필요하게 되었다.

그리하여 대외무역법은 1986년 12월 31일 법률 제3895호로 공포하고 1987년 7월 1일부터 공식으로 시행되게 되었다.

이상, 우리나라 무역법의 제·개정 추이를 요약하면 다음과 같다.

【그림 Ⅰ-1】 무역법의 생성과 변천

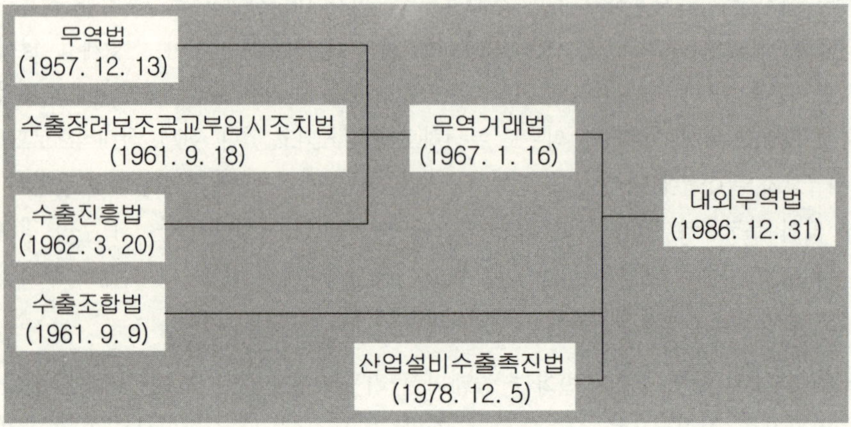

2. 주요 내용

(1) 법의 명칭

이 법의 명칭을 대외무역법으로 하였는데 그 이유는 헌법에서 「국가는 대외무역을 육성하며, 이를 규제·조정할 수 있다」라고 하였고, 기존의 무역거래법 제1조에서도 「이 법은 수출을 진흥하며 수입을 조정하여 대외무역의 건전한 발전을 촉진함으로써……」라고 하여 "대외무역"을 법률용어로 사용하고 있으며, 일본법의 명칭에서도 "외국 위채(爲替) 및 외국무역관리법"으로 하여 "외국무역"이라는 용어를 사용하고 있기 때문이다. 일반적으로 무역(trade)이라 함은 대내거래와 대외거래를 포괄하는 것으로 여기서 규율하고자 하는 외국과의 거래를 말할 때에는 대외무역이라고 분명히 하는 것이 보다 정확한 표현일 것이다.

(2) 자유공정무역의 선언

기존의 무역거래법의 목적은 수출을 진흥하며 수입을 조정하는 것으로 되어 있어 통상마찰을 야기할 우려가 있고 우리의 국제적인 지위에 상응하지 못하였기 때문에 새로운 법에서는 대외무역을 진흥하고 공정한 거래질서를 확립하여 국제수지의 균형과 통상의 확대를 도모하는 것으로 하였으며 정부는 헌법에 의하여 체결·공포된 무역에 관한 조약과 일반적으로 승인된 국제법규가 정하는 바에 따라 자유롭고 공정한 무역을 조장함을 원칙으로 한다고 선언함으로써 우리의 무역정책이 앞으로 나아갈 방향을 분명히 하였다.

(3) 무역에 관한 제한 등 특별조치

교역상대국에 전쟁·사변 또는 천재·지변이 생겨 통상적인 수출입규제절차와 방법에 의하여서는 신속히 대처할 수 없기 때문에 다음과 같은 각호의 경우에는 물품의 수출입의 제한 또는 금지에 관한 특별조치를 할 수 있도록 하였다.

① 우리나라 또는 우리나라의 무역의 상대국(이하 "교역상대국"이라 한다)에 전쟁·사변 또는 천재·지변이 있을 때,

② 교역상대국이 조약과 일반적으로 승인된 국제법규에서 정한 우리나라의 권익을 부인할 때,

③ 교역상대국이 우리나라의 무역에 대하여 부당하거나 차별적인 부담 또는 제한을 가할 때,

④ 헌법에 의하여 체결·공포된 무역에 관한 조약과 일반적으로 승인된 국제법규에서 정한 국제평화와 안전유지 등의 의무의 이행을 위하여 필요할 때,

⑤ 인간의 생명·건강 및 안전, 동물·식물의 생명 및 건강, 환경보전 또는 국내자원 보호를 위하여 필요할 때.

(4) 무역에 관한 기본법적 성격의 구체화

무역에 관하여는 일단 대외무역법이 정하는 바에 의하도록 하여 대외무역법이 무역을 규율하는 기본법이라는 것을 명료하게 규정하였으며, 대외무역법의 법령에서 물품의 수출입을 제한하는 규정을 정하고자 하는 관계행정기관의 장은 미리 산업자원부장관과 협의하도록 함으로써 산업자원부장관이 통상을 담당하는 부서로서 모든 수출입을 통할하도록 하였다.

(5) 불공정한 수출입행위의 금지

외국의 상표나 의장(意匠)을 모방하여 수출하는 것은 불공정한 무역행위로서 선진 각국은 규제를 강화하고 있는 추세에 있다. 우리나라도 국제무역질서에 부합하는 공정무역을 함으로써 외국과의 통상마찰을 방지하기 위하여 대외무역법에서는 교역상대국의 법령에 의하여 보호되는 상표권 또는 의장권을 침해하는 물품을 수출입하는 행위와 허위로 표시한 물품을 수입하는 행위를 불공정한 수출입행위로 규정하여 이를 금지하고 이에 위반하는 자에 대하여는 산업자원부장관이 그 시정조치명령을 할 수 있도록 하였다.

(6) 무역분쟁의 신속한 해결

우리나라의 대외신용을 제고시키는 데는 이미 수출한 물품에 대한 클레임에 관한 것도 무시할 수 없다. 이에 관한 규정은 종래 무역관리규정에 규정되어 있기는 하였지만 그 규제의 강도가 미흡하였다. 따라서 대외무역법에서는 무역업자, 물품의 수출입을 위임하는 자 또는 위임을 받은 자[9]는 정당한 사유가 없는 한 무역분쟁의 해결을 지연시키지 않도록 하고 산업자원부장관은 필요한 경우에는 분쟁의 당사자에게

9) 대외무역법 제2조 제3호는 이들을 '무역거래자'라고 정의하고 있다. 즉 이 법에서 무역거래자란 「수출입을 하는 자, 외국의 수입자 또는 수출자의 위임을 받은 자 및 수출입을 위임하는 자 등 물품의 수출입행위의 전부 또는 일부를 위임하거나 행하는 자」를 말한다.

의견을 진술하게 하거나 서류의 제출을 요구하고 사실조사를 할 수 있도록 하였으며 분쟁의 해결을 위한 중재계약을 체결할 것을 권고할 수 있도록 하였다.

V. 세계무역환경의 변화와 대외무역정책의 변천

전후, 국내외 무역의 특징을 10년을 주기로 하여 살펴보면 세계무역조류는 경제협력기구의 탄생(1940년대) → 자유무역성장기(1950년대) → 자유무역전성기(1960년대) → 신보호무역주의의 태동기(1970년대) → 신보호무역주의의 만연기(1980년대) → 무역질서개편기(1990년대) → 뉴라운드(밀레니엄라운드) 조성기(21세기 초)로 특징지을 수 있고 한국무역의 조류는 무역정책부재기(1940년대) → 무역정책태동기(1950년대) → 무역기반구축기(1960년대) → 무역도약기(1970년대) → 무역구조전환기(1980년대) → 무역선진화질서 구축기(1990년대) → 지식기반산업, 하이테크산업기반 구축기(21세기초)로 특징지을 수 있다.

【표 Ⅰ-1】 국내외 무역조류의 특징적 양상

기간＼구분	한국무역조류	세계무역조류
종전 ↓ 1950년대	**무역정책부재기** - 미군정하의 엄격한 통제경제 - 수입억제정책과 밀무역의 성행	**경제협력기구의 탄생** - IMF와 IBRD의 발족(1945) - GATT의 탄생(1948) - 미국주도하의 세계경제질서 구축
1951년 ↓ 1960년	**무역정책태동기** - 무역법의 제정, 시행(1958) - 수출진흥을 위한 직접지원체제 (달러우대, 구상무역, 수출장려보조금, 수출실적링크) - 수입억제정책의 지속 (수출용 원조자금배정, 쿼터제, 고율의 관세) - 무역금융에 관한 규정 제정	**자유무역성장기** - 관세인하를 위한 다자간 협상 - EC와 일본의 성장 - 반등회의(1955)로 제3세계국가의 단결 (GATT의 구조적결함 지적) - GATT - IMF체제의 본격적인 기능수행 시작
1961년 ↓	**무역기반구축기** - 경제발전계획의 추진	**자유무역전성기** GATT의 케네디라운드 타결(1967)

<table>
<tr><td>1970년</td><td>- 수출진흥종합시책실시
• 무역거래법제정(1967)
• 수출금융제도정착
• 수출에 대한 지원정책변경
(직접지원→간접지원)
- 수입개발정책의 시작
• 수출입기별공고체제의 전환
(Positive List System → Negative List System)
• GATT가입(1967)
- 탄력관세제도의 도입</td><td>(평균관세율 35% 인하)
- GATT의 개도국우대조치허용
(개도국에 대한 GSP제도 채택)
- 미달러화의 위기시작
(월남전 후유증으로 달러의 금태환 정지)</td></tr>
<tr><td rowspan="2">1971년
↓
1980년</td><td>무역도약기</td><td>신보호무역주의의 태동기</td></tr>
<tr><td>- 수출의 급성장
(71년 10억불, 77년 100억불)
- 수출금융규정의 개편(1972)
(4개 개별규정을 단일화)
- 종합무역상사제도 채택(1975)
- 수출산업구조의 변경
(경공업→중화학공업)
- 관세환급제도의 실시(1975)
- 수입자유화정책의 본격추진
(링크수입 및 실수요자 수입제도의 폐지, 수입감시 및 예시제도의 실시)</td><td>- 수입억IMF체제 변동 (Stagflation 현상 시작, SDR 창출, 변동환율제도의 채택)
- 석유파동(73, 79)으로 인한 경제위기
- 수입억비관세장벽으로 인한 신보호무역주의 만연
- 수입억GATT동경라운드 성립(1979)(비관세장벽제거 합의)
- 수입억미국의 무역적자 심화(일본 및 EC의 대미흑자 확대)
- 세계무역의 성장 둔화(6~7%→3~2%)</td></tr>
<tr><td rowspan="2">1981년
↓
1990년</td><td>무역구조전환기</td><td>신보호무역주의만연기</td></tr>
<tr><td>- 무역흑자시대의 개막(1986~89)
- 경제성장 기조변화(고도성장→안정성장)
- 경제주도 세력의 변화(관주도→민주도)
- 수출지원제도의 축소
(무역금융, 관세환급의 특혜 축소)
- 자본자유화 시작 (IMF 8조국 가입, 1987)
- 수입자유화정책의 실질적 추진
• 선진제국의 개방압력 가중
• 대외무역법 제정
• GATT의 BOP졸업
• 각종 수입규제제도의 완화 및 폐지</td><td>- 국제고금리정책의 지속
- 개도국의 외채부담가중
- NICs의 탄생
- 교역수지의 국가간 불균형 심화
- GATT의 우루과이라운드 출범(1986)
- 미국등 선진국의 보호무역장벽 확대
• 규제품목의 확대 : 경공업제품→중화학제품
• 규제수단의 강화 : 관세부과에 의한 수입수량 규제→VER, OMA 수입 감시</td></tr>
<tr><td rowspan="2">1991년
↓
2006년</td><td>무역선진화질서구축기</td><td>무역질서개편기</td></tr>
<tr><td>- 무역수지의 적자 재도래(1990)
• 1990년부터 적자로 반전</td><td>- GATT의 우루과이라운드 협상타결(1993. 12. 15) 및 WTO 출범(1995. 1)</td></tr>
</table>

	• 1992년부터 적자폭의 단계적 축소 • 1995년부터 흑자로 전환 - 무역구조선진화 작업 개시 • 무역업을 허가제에서 등록제로 전환 (1993. 7)→신고제(1997. 3) • 외환관리체제자유화(1992. 9) (Positive System→Negative System) • 수출입통관제도 개편(1993) - 국내산업보호체제개편 • 사전물량규제방식→사후피해구제방식 • 산업피해구제제도정착(무역위원회의 기능강화) • 무역업·무역대리업 등 신고제 폐지→완전자유와(2000년) • 한·칠레 FTA, 한·싱가포르 FTA 타결, 한·미 FTA 추진	- EC통합 성공 • 역내 공업규격 통일 • 역내 상품이동의 자유와 • 경제, 통화동맹 결성 - NAFTA의 태동(1992) • EC에 대항하는 미주대륙의 경제블럭화 • 미·카멕시코 3국내의 산업협력 체제구축 - 미국의 통상보호체제 구축 • 슈퍼301조 재발동 - 공산체제 몰락(1990)과 COCOM체제 붕괴 (1994. 3) - EURO화 출범(1999. 1) - 밀레니엄라운드 협상(2000) - 신IMF체제 발족 - WTO/DDA 추진

3 대외무역법의 법원

법의 연원(Rechtsquellen)을 짧게 줄여서 법원이라고 한다. 법원이라는 말은 여러 가지 뜻으로 사용되고 있어서 반드시 명백한 용어는 아니지만, 일반적으로는 법의 존재형식 또는 현상·형태라는 의미로 쓰이고 있다. 따라서 대외무역법의 법원이라고 할 때에는 그것은 실질적 의미에 있어서의 대외무역법의 존재형식을 말할 수 있겠지만, 대외무역법은 원래 자유로워야 할 무역거래 활동을 국가적인 차원에서 규제하는 법이므로, 입법기관의 법정립 행위를 경유하여 만들어진 제정법만을 그 법원으로 함이 원칙이다.

무역관리를 실현하기 위하여 발동되는 법규의 존재 형식은 일반법과 특별법 및 무역관리를 위한 관계법규로 나누어 고찰할 수 있는데 전자, 즉 무역관리에 관하여 일반적으로 적용됨과 동시에 기본법의 역할을 갖는 법규에는 헌법·대외무역법·대외무역법시행령·대외무역관리규정 등이 있고, 대외무역과 동등한 위치를 차지하는 제정법으로서는 대외무역법을 보완하는 수출검사법 등이 있다.

한편, 무역관리에 관한 일반법에 대한 예외로서 일반법에 우선 적용되는 특별법의 예로서는 마약법, 석유사업법, 농산물수출진흥법, 향정신성의약품관리법 등이 있으며, 끝으로 무역관리와 간접적으로 관련성을 맺고 있는 법규에는 외국환거래법·관세법·수출보험법·자유무역지역설치법·조세감면규제법·부가가치세법·법인세법·수출산업공업단지개발조성법·군납촉진에 관한 임시조치법 등이 있다.

4 대외무역법과 타법과의 관계

Ⅰ. 대외무역법과 헌법과의 관계

우리나라 헌법의 경제질서는 사유재산제를 바탕으로 하고 경제활동의 자유와 자유경쟁을 존중하는 자본주의적 자유시장경제를 골간으로 하면서, 자유시장 경제에 수반되는 모순들을 제거하고 사회정의와 경제민주화를 실현하기 위하여 국가적 규제와 조정을 광범위하게 인정하고 있으므로 전체적으로는 사회적 시장경제질서, 즉 혼합경제·수정자본주의적 경제질서의 성격을 갖고 있다.

따라서 사유재산제의 보장, 자유시장경제질서 채택, 사회정의와 경제민주화 지향을 그 내용적 특징으로 삼고 있다. 여기서 '자유시장 경제의 원칙'의 발현은 헌법 전문에서 「모든 영역에 있어서 각인의 기회를 균등히 하고 능력을 최고도로 발휘하게 하며」라고 하고 제119조 제1항에서는 「대한민국의 경제질서는 개인과 기업의 경제상의 자유와 창의를 존중함을 기본으로 한다」라고 하고 있으며, 제15조에서는 직업선택의 자유를 규정하여 우리 헌법의 경제질서가 원칙적으로 자유경쟁에 입각한 시장경제질서를 근간으로 하고 있음을 천명하고 있다. 경제상의 자유에는 물론 계약의 자유, 경쟁의 자유, 기업의 자유 등이 포함된다.

이상과 같이 우리 헌법은 자유시장경제의 원칙을 채택하면서도 대외무역과 관련하여 제125조에서는 「국가는 대외무역을 육성하며 이를 규제·조정할 수 있다」고 규정함으로써 자유시장경제에 대한 수정을 의미하는 예외 조항을 두고 있다.

Ⅱ. 대외무역법과 상법과의 관계

대외무역법은 주로 국내 상거래에 적용되는 상법과는 그 적용 기초가 다음과 같이 현저하게 다르기 때문에 상법의 영역과는 독립된 법 영역으로서 파악하지 않으면 안 된다.

첫째, 시장의 이질성을 들 수 있다.

둘째, 대외무역거래에는 관세 기타의 인위적 간섭이 수반된다. 대내 상업 정책은 국가적 입장에서 그 구성분자인 국민간의 상거래가 합리적·신속적으로 이루어지는 한 원칙적으로 특별한 경우 이외에는 국민 상호간의 상거래에 대하여는 간섭·통제를 가하지 아니한다. 그러나 대외무역정책은 국민경제의 이익을 옹호하는 입장에서 그 국민경제에 속하는 사(私)경제적·경영 경제적 주체를 다른 국민경제와의 관계에 있어서 보호·통제하려고 하는 인위적 간섭을 가함이 보편적이다.

셋째, 통화의 변동, 즉 국내시장에 있어서의 상품매매는 일반적으로 모든 시장에서 동일률의 통화를 가지고 양도되나 국제간에 있어서는 교환의 매개가 한결같지 않으며 또한 문제의 국가의 통화가치가 결코 동일하다고 할 수 없다.

이상과 같이 통화의 변동과 외국환의 불안정이 대외무역거래가 국내상거래와 다른 요인을 지니고 있다.

넷째, 노동과 지본의 이동성에 대한 인위적 장벽을 쌓는 것은 내외거래의 차이가 아닐 수 없다.

다섯째, 대외무역거래에 있어서 대부분을 차지하고 있는 물품의 국제간 이동에는 계약의 내용으로서 혹은 이에 부수해서 필연적으로 해상운송이 따르게 마련이며 그 결과 대외무역거래는 국내상거래와는 달리 해상운송계약과의 불가분성을 띠고 있다.

여섯째, 해상운송을 하거나 상품을 선박에다 선적하든가 또는 선박으로부터 양육할 때에는 해상 특유의 위험이 수반된다. 따라서 대외무역거래의 당사자는 계약상 위험의 이전시기, 다시 말해서 상품의 인도(引渡) · 인수(引受)시점을 어떻게 정할 것인가 하는 문제는 국내상거래의 경우와는 비교가 되지 않을 정도로 중요한 조건이 된다.

이에 해상위험을 담보하기 위한 해상보험계약과 대외무역거래는 불가분의 관계에 있다.

일곱째, 대외무역거래에는 상품대금의 조기회수 및 상품의 도착 이전에 상품을 처분할 수 있게 하는 방법으로서 B/L 및 화환어음 · L/C등의 제도가 현저히 발달함으로써 은행계약과 밀접한 관련성을 띠고 있다.

이 밖에도 대외무역거래는 국제상관습의 법원성, 국가정책의 개재, 상대방의 협력의무, 법률분쟁의 개연성 등 국내 상거래와는 많은 차이점이 있다.

그러나 대외무역거래가 이상과 같이 법역을 달리하는 국제상거래라고 하더라도 상거래의 속성인 신속성 · 확실성 · 집단성 · 반복성 · 기술성 때문에 이를 규율하는 법의 원리에는 국가에 따라 큰 차이는 없다.

Ⅲ. 대외무역법과 경제법[10)]

대외무역거래는 교역당사자간에 국정을 달리할 뿐만 아니라, 개개의 거래 대상이 그 태양을 달리하므로 계약 내용도 각각 다르다. 따라서 그 적용 및 해석에 있어서 문제의 소지가 많다. 그러나 국제통상은 보편성을 요구하는 까닭에 가능한 통일적으로 해결하려는 움직임이 강하다.

대외무역법이 존재하는 까닭도 바로 이 점에서 연유한다. 즉 대외무역법의 주된 법원인 국제법규와 국제상관습은 대외무역법의 보편성을 통일적으로 해결해 주는 것이다.

그런데 국가의 대외경제에 대한 자유방임의 시대나 현대의 국가가 이념으로 삼고 있는 무역의 자유화를 철저히 수행하는 경우에는 대외무역법의 국제법규와 국제상관습법으로도 해결될 수 있을지 모른다.

그러나 각국의 경제환경은 결코 동일할 수 없어서 국가마다 정도의 차이는 보이지만 대내적으로는 사회조화적 요구를 충족하기 위하여 국제적으로는 국제수지의 개선을 목적으로 개인의 대외경제활동면에 대한 국가의 적극적인 관여를 불가피하게 만들고 있다.

따라서 국가는 국민의 대외경제질서를 일정한 방향으로 규제할 목적으로 단순히 사실로서의 일정한 행위를 제한·금지하는 데 그치는 것이 아니라 직접 대외법률관계의 효력

---

10) 경제법이라는 용어가 학문상 사용되게 된 것은 주로 제1차대전 후의 독일에서부터 비롯되었다. 당시 독일에서는 제1차대전중에 전시경제정책을 위해서 경제에 대한 새로운 입법활동, 법현상이 나타났으며, 전후에는 전시경제부흥에 관한 법령, 그리고 바이마르헌법체제하에 사회화법 등 기타 새로운 법현상을 볼 수 있게 되었다. 이러한 법현상에 자극을 받고 발생한 것이 이른바 경제법이라는 포괄적인 용어이다. 그러나 경제법의 개념에 대하여는 학설이 구구하여 정설은 없다. 다만 경제학과 관련하여 케인즈경제학에 있어서는「경제에 대한 국가의 후견적 기능이 강조되는데 현대국가에서는 국가의 기능은 법률에 의하여 현실적으로 수행되며 따라서 이러한 국가의 경제규제기능을 수행하는 데 있어서 발생하는 법」을 경제법이라고 하는 것은 사실에 입각하여 경제법의 개념을 정의한 것으로 본다.
다른 한편 경제법은「국가가 국민경제 전체를 정당하게 질서지우기 위하여 경제를 규제하는 법규범과 법제도의 총체이다」라고 개념 정의하기도 한다 (권오승, 경제법, 법문사, 1999, p.13).

을 제한·보충한다거나 혹은 적극적으로 대외법률관계를 형성·변경·소멸시키고 있다.

우리나라에서는 이러한 법률로서 전술한 형식적 의미의 대외무역법을 비롯하여 외국환거래법·관세법 등 각종의 법률들이 제정되어 있다.

그러한 의미에서 대외무역법과 경제법은 경제법적 성격을 갖는 대외경제법령이 점하는 범위 내에서 겹쳐져 있다.

Ⅳ. 대외무역법과 국제통상법과의 관계

우리나라는 WTO회원국으로서 우루과이라운드 협상에서 합의된 내용을 이행하기 위하여 국제통상관계에 관련된 국내법인 대외무역법과 관세법 등을 개정하였다. 이러한 점에서 볼 때 국제통상법은 국제법인 국제통상법의 1차적 존재와 그 국제통상법의 국내에서의 연장인 관련 국내법의 2차적 존재로 이해될 수 있다. 따라서 전통적 법학의 영역 구분인 국내법과 국제법의 2분법으로서 이해한다면 국제통상법의 기본영역은 국제법이며 그 방계 영역은 관련 국내 통상법이 된다. 이는 국제사회에서 국가들 관계가 긴밀하여 짐에 따른 결과이다. 그리고 여기서 '국제통상법'이란 「국경을 넘어 이루어지거나 또는 달리 두 국가이상에 관련하는 상품, 자본, 노동, 무형재산, 기술, 선박 또는 항공기 등의 이동에 관련된 거래와 같은 경제적 거래를 규율하는 모든 국제법과 국제협정으로서 개인이 아닌 국가의 행태를 규율하는 공법규칙」을 말한다.

【그림 Ⅰ-2】 국제통상법(국제경제법)과 국내통상법의 구조적 이해

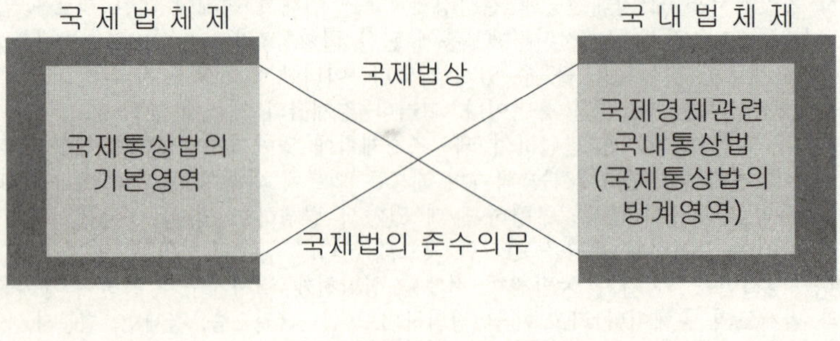

V. 대외무역법과 독점규제 및 공정거래에 관한 법률과의 관계

독점규제 및 공정거래에 관한 법률은 독점규제정책의 실현을 목적으로 하는 법이다. 동법 제1조는 「이 법은 사업자의 시장지배적 지위의 남용과 과도한 경제력의 집중을 방지하고 부당한 공동행위 및 불공정거래행위를 규제하여 공정하고 자유로운 경쟁을 촉진함으로써 창의적인 기업활동을 조장하고 소비자를 보호함과 아울러 국민경제의 균형있는 발전을 도모함으로 목적으로 한다」고 규정하여 이 법률의 실질적인 목적이라고 생각되는 것을 비교적 적절하게 표명하고 있다. 즉 이 법은 공정하고 자유로운 경쟁의 촉진을 직접적인 목적으로 하고, 나아가 소비자의 보호와 국민경제의 균형있는 발전을 도모함을 그 궁극적인 목적으로 하고 있다.

따라서 이 법은 전환기에 선 우리 경제를 민간 주도로 운용하기 위한 기본법으로서, 민간기업의 창의력과 자유경쟁을 바탕으로 하는 시장기능의 이점을 최대한으로 살리기 위하여 경쟁을 저해하거나 왜곡시키는 행동을 규제하고 모든 사업자의 경제활동에 관한 항구적이고 기본적인 행동규범을 정하는 법으로써 경제법적 성격을 갖고 있다.

한편 이 법은 국제계약에 있어서의 불공정거래행위도 규제하고 있는데, 즉 이 법 제32조는 「사업자 도는 사업자단체는 불공정거래행위에 해당하는 국제적 협정이나 계약을 체결하여서는 안 된다」고 규정하고 있다.

이상과 같이 이 법은 부당한 거래제한 혹은 불공정한 거래방법에 해당하는 사항을 내용으로 하는 협정 또는 계약을 금지 내지 방지하려고 하는 것이지만 이 규정이 1국내의 거래협정 또는 계약에 대한 것뿐만 아니라, 그 영역을 넘어서 2국간 내지 다수국간에 있어서의 국제적 협정 또는 계약에 대해서도 규제를 가하고 있다는 점에 대외무역법과 그 정신을 같이한다고 볼 수 있다.

그런데 대외무역법 제51조에서는 산업자원부장관의 조정명령의 이행에 대하여는 독점규제 및 공정거래에 관한 법률을 적용하지 않는다. 다만 이 경우 산업자원부장관의 조정명령이 독점규제 및 공정거래에 관한 법률 제2조 제1항의 규정에 의한 사업자간의 국내시장에서의 경쟁을 제한하는 것인 때에는 공정거래위원회와 미리 협의하여야 한다고 규정하고 있다.

Ⅵ. 대외무역법과 관세법과의 관계

관세법은 관세의 부과·징수 및 수출입물품의 통관을 적정하게 하여 국민경제의 발전에 기여하고 관세수입의 확보를 기함을 목적[11]으로 제정된 법으로써 무역관리법인 대외무역법과 간접적으로 매우 긴밀한 관련성을 맺고 있는 경제법의 한 분과이다.

그러므로 대외무역법과 같이 그 성격면에서도 국가권력으로써 명령·강제하는 권력관계이고 따라서 공권력관계로 이루어지는 공법이며, 대등관계나 사익에 관한 법인 사법이 아니며, 특히 기술적 합목적성을 지배원리로 하는 법이다.

Ⅶ. 대외무역법과 국가보안법과의 관계

대외무역법에 의한 물품의 수출입행위에 대해서는 당해 행위가 업무수행상 정당하다고 인정되는 범위 안에서는 국가보안법의 적용을 배제한다고 대외무역법 제52조는 밝히고 있다.

여기서 업무수행상 적당하다고 인정되는 범위란, 예컨대 무역관리당국의 수출입 허가·승인을 받은 행위는 이에 해당된다고 할 것이다.

Ⅷ. 대외무역법과 WTO법[12]과의 관계

1. 서설

대외무역거래는 본래 사인간의 사적자치의 원칙에 기하여 이루어지는 상거래지만 그것은 또한 2국간 내지 그 이상의 다수국간에서 행하여지는 상거래라는 점에

11) 관세법 제1조.
12) WTO법에 관한 상세한 설명은 이춘삼, 「국제통상법」, 법문사, 1994, 제Ⅱ부 제2장 이하 참조.

서 국제법에 의해서도 여러 가지의 규제가 가하여지고 있다. 그 가장 기본적인 것은 국가간의 자유로운 경제활동에 법적 근거를 부여하는 항해통상조약(commercial treaty and convention)[13)]이다.

통상조약은 기원전 509년에 로마와 카르타고와의 그것을 시초로 하여 중세에는 주로 이탈리아의 상업도시국가간에서 체결되었으나, 그것은 주로 정치적 성질의 것이었다. 그 후 점차로 무역촉진이 이루어짐에 따라 18세기 이후에 있어서의 통상조약은 자유통상의 기초로 되었다.

그런데 제2차 세계대전 후에는 국제통상에 대한 국제법적 규제는 그 비중이 더욱 높았다. 그 대표적인 것이 이른바 관세 및 무역에 관한 일반협정(General Agreement on Tariffs and Trade : GATT)의 움직임이 바로 그것이다.

현재까지도 GATT(1994)/WTO를 중심으로 한 통상조약이 국제통상의 기본이 되고 있음은 변함이 없다. 국제법적 질서는 한 나라의 국제통상에 대하여 큰 역할을 다하는 것이고 그 국내법도 또한 원칙적으로는 이러한 국제법의 범위 안에서 제정되지 않으면 안 된다. 그리고 오늘날 무역에 관한 국내법의 입법 및 그 운영은 이러한 WTO협정 등 국제법에 의한 규제로 말미암아 좌우되는 경우가 많다.

예컨대 우리나라의 대외무역법 제2조의 「정부는 헌법에 의하여 체결·공포된 무역에 관한 조약[14)]과 일반적으로 승인된 국제법규가 정하는 바에 따라 자유롭고 공정한

13) 항해통상조약(treat of commerce and navigation, friendship commerce and navigation treaty)이 규정하는 내용은 매우 광범한데 그것은 직접으로 통상과 항해에 관계하는 사항뿐만 아니라 체약국의 경제·사회·문화의 모든 방면에 걸치는 사항까지 미치는 것이 보통이다. 즉 첫째, 수출입·관세·물품의 유통·창고 기타 체약국의 물품과 상인에 대해서 타방체약국의 영역내에서 인정되는 이익과 권리를 보장하는 규정 둘째, 선박의 통과와 입항의 자유·화물의 적하와 양륙·해난구조 기타 체약국의 선박과 승무원에 대하여 타방체약국의 영해 및 항구에서 인정되는 권리와 특권 등 통상과 항해에 관한 규정 셋째, 체약국의 국민의 입국·거주·여행·직업의 자유로부터 신체·재산의 보호·종교의 자유에 이르기까지 체약국의 국민이 타방체약국의 영역내에서 향유하는 사법상의 지위에 관한 규정 등이 그것이다.

14) 조약에는 실질적 의미와 형식적 의미의 두 가지 뜻이 있다. 실질적 의미의 조약이라 함은 국

무역을 조장함을 원칙으로 한다」고 국내법적 차원에서의 선언이 그것이다.

주지하는 바와 같이 우리나라는 1967년 4월 15일 GATT 가입을 계기로 대외무역법에 의한 자주적인 무역관리를 GATT 테두리 내에서 설정 · 운영하여 왔다.

더욱이 1995년 1월 1일 발효한 WTO법 제18.4조는 WTO협정 발효일 이전에 회원국의 법률 · 규정 및 행정절차를 WTO 협정문에 일치시키도록 의무화하고 있다. 이를테면 우리나라 대외무역법이 WTO법과 정면으로 배치되는 부분은 이를 협정문과 일치시

제법 주체간의 명시적 합의를 총칭한 것이고, 형식적 의미의 조약은 이와 같은 조약 중에 특별히 구체적으로 'Treaty'라는 명칭이 붙은 것을 말한다. 그런데 조약의 국제법상의 효과는 명칭여하에 관계없이 동일하며, 조약에 적용될 실체법규도 명칭 여하에 차별을 두고 있지 아니하다. 다만 국제관례상 다음과 같은 구별이 발견된다(이한기, 「국제법학(상)」, 박영사, 1986, pp.318~319).

① 조약군(The Treaty Group) ; Treaty(조약), Pact(협약), Convenant(규약), Charter(헌장), Constitution(헌장), State(규정), Convention(협정), Act(의정서), Declaration(선언) 등이 이에 속한다.

② 약정군(The Agreement Group) ; Agreement, Accord, Arrangement(이상, 모두 약정으로 번역 된다), Protocol(의정서), Modus Vivendi(잠정협정), Exchange of Notes(교환공문) 등이 이에 속한다.

③ 기타 ; 그 자체 조약을 구성하지 않는 Memorandum(각서), Note Verbal(구상서), Procès Verbal(의사록) 등이 있다.

미국의 경우 통상협정의 합헌성 여부와 관련하여 1930년 이전까지만 해도 조약(의회의 동의를 얻은 것)이 아닌 협정(의회의 동의를 얻지 않은 것)의 유효성 여부에 대하여 논란이 많았으나 「핑크케이스」이후에는 역사적 의미밖에 없다. 즉 외국과 맺은 국가간의 합의가 법적 효력을 갖기 위해서는 명칭 여하를 불문하고 조약이어야 하고 조약인 한 상원에서 그 재적의원 2/3 이상의 동의를 얻어야 한다는 것이 과거 행정협정위헌론의 주된 이유였다. 이에 대하여 연방대통령은 계속 협정의 합헌성을 지지해 왔으며 그 이유는 다음과 같다. 즉 「국제협정을 맺는 것은 헌법상의 조약은 아니다. …비록 헌법은 이를 확인하고 있지 않지만…그럼에도 불구하고 이러한 협정은 유효한데 그 이유는 주권이라는 개념에서 나오는 것으로 헌법상 명문규정의 유무에 불구하고 불가분적이고 원천적으로 존재한다」. 한편 벨몬트 케이스(U.S v. Belmont et al., Executors 301. U.S. 324)에서 법원은 「대외관계는 권력이 분립되어 있지 않고 미국 국가라는 전체에 배타적으로 귀속되어 있으며 헌법상 조약은 공공의 복리를 위한 국가간의 계약을 의미하나 헌법상 의회의 관여가 필요한 조약 이외의 국가간 계약은 배타적으로 귀속된 주권에 의해 향유되며 체결되어진다. 더욱이 대통령에게 특정 분야의 통상에 관한 협정을 맺을 권리가 부여된 경우에는 그 효력에 관하여 다툼이 있을 수 없다」고 판시하고 있다(U.S. v. Pink 315 U.S. 203·1942에 관해서는 Gunt, G. Dowling N. Constitutional Law, p.599 참조). 따라서 현재로서는 협정의 합헌성 여부 등에 관한 논란은 거의 없다.

켜야 한다. 이는 모든 WTO회원국에게 주어진 공통의 의무이기도 하다.

2. 조약의 국내법상지위

우리 헌법상 조약을 협상하고 체결, 비준하는 권한은 대통령에 속한다.[15] 대통령이 조약을 체결하고 비준하는 데는 두 가지 요건이 있다. 모든 조약안은 국무회의의 심의를 거쳐야 하며[16] 국회는 상호원조 또는 안전보장에 관한 조약, 중요한 국제조직에 관한 조약, 우호통상항해조약, 주권의 제약에 관한 조약, 강화조약, 국가나 국민에게 중요한 재정적 부담을 지우는 조약 또는 입법사항에 관한 조약의 체결·비준에 대한 동의권을 가진다.[17] 여기서 입법사항이라 함은 국민의 권리나 의무에 관계됨으로써 현행법의 개정이나 신규 입법을 요하는 사항을 의미한다. 위에 열거되지 않은 사항에 대한 조약이나 협정, 예컨대 열거된 조약의 위임 사항, 시행 사항 또는 비입법 사항에 관한 행정협정 등은 국회 동의를 요하지 않는다.

국회는 동의 과정에서 선별적인 동의 다시 말하면 조약 원안에 수정을 가한 후 동의를 부여할 수 있는가라는 문제는 아직까지 구체적 선례나 판례가 없는 가운데 학설상 차이가 있으나 통설은 특정한 결론을 표시하여 구속하는 것은 위헌으로 보며 다만 상대국과 협의하에 수정하도록 조건부로 동의할 수는 있는 것으로 본다. 국회에서 조약안의 수정가결이 허용되지 않는 다는 점에서 한국 국회의 조약안에 대한 동의는 소위 '신속절차'를 영구적으로 채택하고 있다고 말할 수 있다.

미국 등 여타 국가들과 비교하여 한국국회의 조약체결을 위한 교섭·체결·비준 과정에서의 역할은 위에서 언급한 중요 조약에 대한 동의권 행사 외에는 별로 없었다고 할 수 있으며 지금까지 동의가 거부된 사례도 아직 없다.

위에 설명한 헌법 절차에 따라 체결 공포된 조약과 일반적으로 승인된 국제 법규는

15) 헌법 제73조.
16) 헌법 제89조.
17) 헌법 제60조 1항.

국내법과 같은 효력을 가진다.[18] 따라서 원칙적으로 조약은 국내법화 하는 별도의 입법조치가 필요 없이 국내법으로서의 직접 효력을 갖는다. 다만 예외적으로 조약 자체가 그 집행을 위하여 별도의 국내 입법 조치를 전제하고 있는 경우에는 물론 그러한 입법 조치가 필요하다고 하겠다.

앞에서 국내법과 동일한 효력을 갖는다는 헌법규정이 곧 모든 조약이 국회의 입법절차에 따라 제정된 「법률」과 같은 지위를 갖는다고 볼 수는 없다. 따라서 국회의 동의를 받지 않은 조약은 원칙적으로 대통령령이나 부령의 지위를 갖는다고 보아야 할 것이다. 법령과 법령의 충돌이 있는 경우 일반적으로 신법우선 원칙과 특별법우선 원칙이 인정된다. 조약은 위에서 말한 것처럼 국내법과 동등한 지위에 있으므로 후에 제정된 국내법이 특정 조약의 효력의 제한이나 상실을 가져올 가능성을 배제할 수 없다. 그러나 이러한 충돌과 저촉 가능성은 우선적으로 행정부내 법제처 업무수행에 의하여 방지되고 있으며 궁극적으로는 법원이 판단하여야 할 과제이다.

3. WTO협정의 국내법상 지위

WTO 제협정은 「세계무역기구 창설에 관한 마라케시협정」으로서 1994년 12월 16일 일괄하여 국회의 동의를 얻었으며 12월 23일 대통령의 비준을 거쳐 12월 30일 공포되었다. 따라서 WTO협정은 헌법 제6조 제1항에 규정에 따라 국내법과 동등한 직접 효력을 갖는다는 것은 의심의 여지가 없다. 이미 대법원은 GATT조문의 직접 적용을 수차례에 걸쳐 확인한 바 있다.[19]

국회가 WTO협정의 비준과 관련하여 한 가지 특기할 것은 정부가 제안한 조약안을 그대로 동의하는데 그치지 않고 「WTO협정 이행특별법」이란 별도 입법을 하였다는 점이다. 앞에서 본 것처럼 헌법상 이와 같은 별도의 이행법은 불필요하다. 여기서 한 가

18) 헌법 제6조 제1항.

19) 대법원 판결번호 85누 448(1987), 91누 10763(1992) 두 사건 모두 관세부과처분취소건으로 GATT조문과 한국관세법조문을 동시에 검토·적용한 것이다.

지 주의할 사항은 이 이행특별법은 그 이름의 유사성에도 불구하고 미국이나 유럽연합에서 말하는 UR이행법과는 전혀 다른 법적 성질을 갖고 있다는 점이다. 조약의 직접적 국내 효력을 부인하는 미국이나 EU의 경우 이행을 위한 국내법의 제정은 필수적이며 그 내용도 WTO 전협정의 구체적 조항을 모두 포함하여야 하나 우리나라의 경우 WTO협정은 그 자체가 국내법적 효력을 가지므로 우리나라에서 제정된 WTO 이행특별법은 WTO협정을 대신하는 것이 아니라 다만 WTO협정에 관련한 몇 가지의 특별한 사안에 대한 추가적 조치를 내용으로 하고 있다는 점이다. 즉 그 주내용은 WTO협정으로 가장 타격을 받을 것으로 예상되는 농어민 등에 대한 특별보호조치를 강구하는데 있으며 그러한 특별조치를 하는데 있어서도 「WTO협정과 관계법령이 정하는 바에 따라」라고 명시하여 WTO협정과의 충돌을 피하고 있다.

또한 동 특별법의 원 제안법안에는 「WTO협정의 어느 조항도 국가의 경제 주권을 상실 또는 침해하는 것을 용인하는 것으로 해석할 수 없다.」(제2조) 또는 「WTO협정은 이 법에 특별한 규정을 두거나 개별 국내법을 개정하지 않은 사항에 관하여 국내법의 효력을 상실 또는 배제하지 못한다.」(제3조)고 하는 등 헌법 제6조 제1항 규정과 정면으로 대립하는 듯한 제안들이 있었으나 심의 과정에서 모두 삭제되었다.

이상에서 본 바와 같이 WTO협정의 제조항은 국회의 동의를 얻은 헌법 제6조 제1항상의 조약으로서 원칙적으로(별도 국내입법을 전제하거나 너무 모호하여 법적 집행력을 부여하기 어려운 경우를 제외하고) 국내법상 직접 효력을 갖는다.

한편 WTO 분쟁해결절차에 관련한 패널보고서는 국내법상 어떤 효력을 갖는다고 보아야 할 것인가라는 문제에 아직 한 번도 GATT 패널보고서의 집행에 관한 구체적 케이스가 없기 때문에 분명치는 않으나 국내법상 구속력이 인정되어야 하리라고 본다. WTO 패널보고서는 WTO 분쟁조정위원회의 채택결의에 의한 국제기구의 결의사항이라고 볼 수 있기 때문이다.

4. 미국 통상법의 경우

(1) 미국 통상법과 WTO협정과의 관계

구 GATT체제(1947~94)와 신 WTO 출범(1995~)을 주도적으로 이끌어 왔던 미국의 통상정책은 한편으로는 다자간 통상 질서의 재편을 그들의 이익을 위한 방향으로 꾸준히 추진해 나가는 동시에, 다른 한편으로는 지역간, 산업구조간의 경제블록화를 통해 그들의 실리와 세계경제에서의 주도권 확보를 도모하여 왔다. 더욱이 한국을 비롯한 주요 교역대상국들과의 개별 협상을 통해 통상이익을 추구해 나가는 등 소위 3원적 통상정책을 전개하고 있다. 자국의 이익을 위한 이러한 통상정책 및 통상법의 변화는 자유무역이라기보다는 그들의 기준에 의한 공정무역(fair trade)내지는 관리무역(managed trade)의 형태를 취하게 됨에 따라 GATT/WTO 법을 근간으로 하고 있는 국제통상법과 여러 부문에서 많은 충돌(conflict of laws)을 빚고 있다.

예컨대 미국의 경우 전술과 같이 GATT/WTO 체제가 그들의 주도로 7년여의(1986~93.12.15) 협상 끝에 합의되었음에도 불구하고 「UR이행법」[20]에서 이에 위반되는 많은 조항을 삽입하였고, 특히 그동안 일방적 무역보복조치로 세계의 비난을 받아온 1974 통상법 301조가 GATT/WTO의 새로운 분쟁해결절차에도 불구하고 아직도 가장 강력한 통상규제수단으로 활용되고 있다는 점 등이 그 대표적인 예에 속한다.

지난 1995년 1월 1일부터 발효된 WTO법은 국제적 조약으로서 동협정에 서명한 각국을 구속하며 이에 위반하는 국가는 동협정의 분쟁해결절차에 따라 제재를 받게 됨은 조약법의 성격상 너무나 당연하다.

그러나 문제는 WTO협정의 이와 같은 국제법상의 효력이 곧 각국내에서 국내법으로서 유효하다는 것을 뜻하는 것은 아니다. 즉 이 문제는 개별 국가의 헌법과 법령이 대

---

20) 원칙적으로 1994년 4월 15일 Marrakesh 회의에서 WTO협정으로 조인을 받기 이전에는 UR 또는 UR 협정이라는 명칭이, 동회의 이후에는 WTO협정이라는 명칭을 사용하는 것이 옳다. 그런데 미국에서는 WTO 이행법이라고 하지 않고 「UR 이행법」이라는 말이 법안의 명칭으로 상정되었다.

외적인 통상조약에 대하여 어떠한 효력을 부여하고 있느냐에 달려 있다.[21] 그리하여 만일 조약의 국내법적 직접효력을 부인하는 법체제하에서는 (미국 및 EU가 그러하다) 당해 조약에 따른 의무를 이행하기 위한 이행법을 국내법으로 별도 제정하게 된다. 이 경우, 그 이행법이 조약 내용과 반드시 일치한다는 보장은 없다.

WTO법의 실효성 논란이 야기된 근본 요인이 여기에 있다. 미국의 법체계는 매우 복잡한 양상을 띄고 있다. 우선, 첫째로 미국헌법과 개별 국내법간의 통상에 관한 체계가 불명확하고, 둘째로 입법과정에서의 독특한 정치적 성격, 사법부의 판례를 통한 기존 법률이나 정책결정의 위헌선언, 연방법과 주법간의 관계 등이 그 예이다.

기본적으로 미 헌법 제2조[22]에 근거하여 대통령이 확정한 국제조약은 제6조[23]의 규정에 의해 미국내 다른 국내법과 동등한 위치를 갖는다.

일반적으로 미국내 판결에 있어 미연방법이나 주법이 국제협약과 상충될 경우, 법원은 그 상충되는 규정을 조화·해석하도록 한정하고 있다.[24] 만일, 그 상충되는 규정이 너무나 명확하여 법원의 조화적 해석이 불가능할 경우, 「후법우선의 원칙(Later-in-Time Rule)」에 의해 후에 입법한 법률이나 조약은 이전의 상충되는 조약과 법률을 대체하도록 규정하고 있다.

이에 대하여 미국 사법부는 일련의 판례법[25]을 통해 소위 「전환행위(The Act of Transformation)이론」에 입각하여, 이미 국제적으로 승인된 규범이라 하더라도 반드시

---

21) 미국과 같이 WTO협정의 국내법적 효력을 직접 인정하지 않는 경우, 예로 X재의 수입관세율을 5%로 인하하기로 한 조약에도 불구하고 미 정부가 기존의 10%를 고수할 때 미국은 국제법상으로는 조약의무를 위반한 것이 확실하지만 국내법상으로는 아무런 위법이 되지 않으며 따라서 X재 수입업자는 10%로 부과된 관세에 대해서 소송이나 다른 항변을 할 수 없도록 되어 있다.

22) 미국 헌법 제2조 : "대통령은 상원의 자문과 동의를 얻어 외국과의 조약을 체결할 권한을 갖는다."

23) 미국 헌법 제6조 : "본 헌법과 법률 기타 모든 조약은 미국내에서 최고법(Suprime Law)으로서의 위치를 가진다."

24) U. S. V. PLO, 695 F. Supp, 1456(S.D.N.Y. 1988).

25) 미국내에서 국제조약의 직접적 효력 여부에 대해서는 1952년 Sei Fujii v. State of California사건을 통해 UN헌장의 일부 조항은 직접적인 효력을 가지지 못한다고 판시하였다.

미국의회의 구체적인 입법 행위를 통해 국내법적 효력을 부여받도록 하고 있으며, 미국의회도 국제조약이나 협정은 그 자체만으로는 직접적인 효력을 갖지 못한다고 판시하고 있다.[26)]

또한 일반적으로 연방법이 주법에 우선하도록 되어 있으나, 국제조약과 주법과의 관계에 있어서는 미국대법원에서 판례법(Case Law)[27)]을 통해 유효한 국제조약은 주법에 우선한다는 원칙을 천명하고 있다.

결국, 미국 통상법은 많은 법률들에 의해 미국 국내법 우선의 원칙을 적용시키고 있음을 시사하고 있으며, 국제통상규범은 미국의 국내법과 동등한 효력을 가지는 것을 원칙으로 하고 있다.

그러나 실질적으로는 미국 국내법 우선의 의지를 여러 가지 형태로 천명함으로써 미국 통상정책에서 법 적용 순위는 첫째, 국제통상규범과 직접적인 마찰이 있는 경우는 미국의 국내법을 우선 적용하고, 둘째, 미국 국내법과 직접적인 마찰이 없는 경우에는 국제통상법을 적용하는 선국내법, 후국제규범의 입장을 취하고 있다.

한편 미국의 통상법은 1986년부터 1994년까지 진행된 UR의 타결에 따라 UR협상을 수용하기 위한 협정 이행법(Uruguay Round Agreement Act)을 제정하면서 많은 부분에 국제통상규범과 상충되는 규정을 포함시켰다.

미국 연방법은 WTO 협정을 우선하게 되어 있어, 미국 국내법 우선 원칙을 천명하고 있다. 또한, WTO 협정이 수년간에 걸쳐 다수국간의 합의에 의한 국제통상규범으로서의 국제관습법(Customary International Law)의 단계를 넘어선 국제조약의 성격을 가지고 있음을 감안한다면, WTO 규범의 기본효력을 무효화 또는 최소한 반감시키고 있다고 보아도 무리는 아니다.

---

26) Tokyo Round 협정과 관련된 1979년의 입법 제3조(a) 및 제3조(f), NAFTA 협정문 및 UR협정을 위한 이행법률에서도 이를 명시하고 있다.,(UR Agreements Act, @ 102, 1993) 참조.
27) Missouri v. Holland 252 U. S. 416(1920).

UR협정이행법(UR Agreement Act)은 WTO 협정이 미국주법에 우선하도록 규정하고 있으나, 미국 정부에 의해 문제가 야기된 경우에만 예외적인 경우로 한정하고 있다. 또한, WTO협정이행법(UR Agreement Act)은 어떠한 경우라도 일반인들은 UR협정을 근거로 소(訴)를 제기하지 못하도록 되어 있으며, 협정문 조항을 근거로 한 항변을 하지 못하도록 되어 있다. 이는 어떠한 경우라도 일반인들은 WTO 협정과 상충을 근거로 연방법이나 주법의 개정을 제안할 수 없음을 내포한다 하겠다.[28)]

UR협정이행법(UR Agreement Act)은 미국 행정부로 하여금 미국의회에 여러 가지 형태의 보고를 하도록 하고 있으며, 필요할 경우 의회의 자문을 받도록 규정하고 있고,[29)] 5년간의 주기로 WTO 체제의 참여 여부에 대해 미국의회에서 심사를 할 수 있도록 규정하고 있다.[30)]

결국, 미국은 WTO체제를 통해 지적재산권, 투자, 금융서비스 등 미국 산업을 지원하기 위해 새로운 통상분야를 포괄하는 무역체제를 설정하는 한편, 필요할 경우 상호주의(reciprocity)[31)]에 근거한 쌍무주의 협상을 통해 미국의 통상이익을 추구해 나갈 수

---

28) Uruguay Round Agreements Act, @ 102(C).

29) Uruguay Round Agreement Act @@ 122, 123, 127.

30) Robert Dole상원의원의 WTO의 분쟁해결결과를 심의할 수 있는 권한을 가진 위원회(Commission)의 창설을 목적으로 한 법안의 내용을 살펴보면 다음과 같다.
  ① 5인의 연방고등법원 판사들로 구성되는 동 위원회는 WTO분쟁해결결과를 심의하여 패널이 미국의 의무를 증가시키거나, 미국의 각종 권리를 저해하였는지, 또는 패널의 결정에 있어 주어진 권한 사항의 범위를 초과하였는지 여부를 결정하고,
  ② 만약, 상기위원회가 WTO패널의 결정과 관련하여 상기 사항의 위반내용을 발견하였을 경우, WTO분쟁해결절차의 내용들을 수정할 수 있도록 미국 대통령이 협의를 개시하도록 요구하고 있으며,
  ③ 만약 동위원회가 5년간 3회 이상의 상기사항에 대한 위반사항을 발견한 경우, WTO 협정의 승인철회와 WTO에서의 탈퇴 등을 할 수 있도록 규정하고 있다.

31) 상호주의란 국제무역에 있어서 교역 당사국간의 동등한 대우의 공여, 동등한 정책적 조치의 채택, 동등한 권리와 의무의 수행 등을 의미한다. 다시 말하면 상호주의란 어느 나라가 교역 상대국에 대하여 관세율의 인하, 수입규제조치의 완화, 자국 시장의 개방 등 정책적 조치를 실시하면 그 교역 상대국도 이에 대한 대가로 동일하거나, 유사한 정책적 조치를 취하도록 하는

있다는 것이다.[32)]

즉, 미국은 WTO체제유지에 다분히 결정적인 결함이 될 수 있는 내용을 가지고 있으며,[33)] 이는 미국 행정부에 의해서도 지지되고 있음을 알 수 있다.[34)]

(2) 미국통상법과 WTO협정과의 마찰 사례

이상에서 살펴본 바와 같이 미국의 통상법은 WTO 국제통상규범과 많은 마찰을 빚고 있는데 그 대표적인 예를 정리하면 다음과 같다.

① 다자간 무역규범의 근간이 되는 GATT/WTO 체제가 미국의 주도로 오랫동안의 협상 끝에 합의되었음에도 불구하고 미국은 그 이행법에서 이에 정면으로 배치되는 많은 조항을 삽입하였으며, 또한 WTO 분쟁해결절차에 대한 심의를 위한 위원회의 설치를 계획하는 등 GATT/WTO의 근본정신을 위반하고 있다.

② 대표적인 일방적 무역보복조치로 세계의 비난을 받아 온 1974년 통상법 301조가 GATT/WTO의 새로운 분쟁해결절차에도 불구하고 여전히 미국의 가장 강력한 통상수단으로 활용되고 있다.

③ 반덤핑관련통상법, 정부구매제도, 관세법 제337조 등 각종 통상법의 적용에 있어서 GATT의 기본정신인 내국민대우원칙에 반하고 있다.

④ 미국의 경쟁촉진정책, 파산법 등 향후국제통상문제에 지대한 영향을 미칠 수 있는 분야들이 교역상대국과의 직접적인 무역으로 인한 분규뿐만 아니라 이

것을 의미한다.

32) Mickey Kantor USTR 대표는 1995. 5. 26 일본의 하시모토 통산상에게 보낸 서한을 통해 "모든 국가는 WTO 협정문 이외의 사항에 관한 행위나 관습을 지양하기 위해 그 국가의 국내 무역법을 사용할 권리를 가지고 있다"고 확인하고 있다.

33) 우루과이 라운드 이행법(Uruguay Round Agreements Act of 1994)) 제1조에는 "미국 국내법에 상치되는 WTO결정에 대해서는 국내법을 우선적으로 적용한다"고 명시하고 있다. 또한 동법에서는 WTO의 결정 사항을 5년 단위로 측정하여 3회 이상 부당한 판결을 내린 경우에는 의회가 WTO 탈퇴 결의안을 상정, 통과시켜 대통령의 서명으로 정식 탈퇴하도록 하고 있다.

34) Economic Report of the President Feb. 1995, at 213.

들 국가들의 산업구조 등까지 그 적용이 확대되어 가는 추세에 있어 이에 따른 다자간 규범과의 마찰이 심화되고 있다.

⑤ GATT 제11조에 의해 원칙적으로 금지되고 있는 수량제한조치가 많은 미국통상법에 아직도 산재해 있으며, UR협정에 의한 수출자율구제의 폐지합의에도 불구하고 자동차제조표지법 등이 실질적 수입제한조치로 대체될 가능성이 있다.

특히 위 사항 중 74통상법 제301조는 정치적 · 외교적 분쟁해결 수단으로서 규범지향적인 GATT/WTO의 분쟁해결방식에 배치된다. 이는 공정성을 내세우는 미국이 「규범」에 의한 합리적인 해결을 외면하고 오히려 자국의 「힘」에 의지하여 분쟁해결을 도모함으로써 오히려 불공정을 초래하고 있다는 비난을 면하기 어렵다.

구체적으로 301조는 불공정관행의 요건과 절차의 진행 및 제재조치의 발동에 이르기까지 그 일방적 성격으로 인해 GATT/WTO의 다변적 분쟁해결구조에 배치된다. 특히 WTO분쟁해결협정은 분쟁의 일방적 해결을 명문으로 금지하고 있어 301조는 이에 정면으로 위배된다.

또한 301조는 특정국을 지정하여 무역제재조치를 부과하는 차별적 조치로서 GATT/WTO의 무차별원칙에 배치된다. GATT협정 제1조의 최혜국대우원칙은 특정국에 내해 다른 국가보다 불리한 교역조건의 부과를 금지하고 있는데 301조는 일방적이고 모호한 근거에서 특정국의 불공정관행에 대해 제재조치를 부과함으로써 사실상 차별적인 운용이 가능한 것이다.

더욱이 301조는 외국의 불공정관행에 대하여 무제한적 보복조치를 과할 수 있게 함으로써 GATT/WTO의 최소규제원칙에 위배된다. GATT/WTO의 분쟁해결절차는 보복조치의 보충성과 균형성, 한시성을 요구하고 있음에 대해 301조는 법상 아무런 제한 없는 보복조치를 부과할 수 있게 되어 있다.

301조는 이와 같은 문제점이 있기 때문에 WTO가 출범한 이후에도 미국이 계속 이를 고집할 경우 모처럼 어렵게 출빌한 WTO체제를 근본부터 뒤흔들 가능성마지도 있다고 하겠다. 따라서 미국이 301조 자체를 폐기하는 것이 가장 바람직하겠지만 그렇지 않을 경우 내부규정을 마련하여 GATT/WTO가 규율하지 않는 분야나 국가에 대하여만 301조를 발동하도록 규범적인 보장이 있어야 할 것이다.

객관식 연습문제

【문 1】 대외무역법의 적용대상으로서 물품이 아닌 것은 ?

① 산업설비 ② 외화획득용원료 ③ 전략물자 ④ 주화 ⑤ 선박

해설 대외무역법상 '물품이란 외국환거래법에서 정하는 지급수단•증권및 채권을 화체한 서류 외의 동산을 말한다. 외국환거래법에서의 지급수단은 정부지폐,은행권,주화,수표,우편환,신용장 및 환어음,약속어음 기타의 지급지시 등이 포함된다. 따라서 지급수단의 하나인 주화는 대외무역법의 적용대상이 아니다. (대외무역법 제2조 2호. 이하 , 법•시행령,규정이라 약칭한다. 외국환거래법 제3조 3호 참조)

【문 2】 대외무역법에서 사용하는 용어의 정의에 관한 설명으로 맞지 않는 것은?

① 무역이라 함은 물품의 수출·수입을 말한다.
② 전자적 형태의 무체물의 수출·수입도 무역으로 본다.
③ 무역거래자라 함은 수출입을 하는 자, 외국의 수입자 또는 수출자의 위임을 받은 자 및 수출·수입을 위임하는 자를 말한다.
④ 무역업이라 함은 무역을 업으로 영위하는 것을 말한다.
⑤ 물품의 수출입행위의 전부 또는 일부를 위임하거나 행하는 자도 무역거래자에 속한다.

해설 개정대외무역법(2000. 12월)에 따라 무역의 개념이 경제적 가치가 있는 전자적 형태의 무체물을 정보통신망을 통하여 수출입하는 것도 무역의 범위에 포함시켰다. 종래의 무역업과 무역대리업에 관한 용어의 정의 규정은 이번 개정에서 삭제 시켰다.

【문 3】 대외무역법령에서 사용하는 용어의 정의에 관한 설명으로 틀린 것은?

① 국내라 함은 대한민국의 주권이 미치는 지역을 말한다.
② 외국이라 함은 국내이외의 지역을 말한다.
③ 무역이라 함은 물품의 수출입을 말한다.
④ 전자적 형태의 무체물의 수출입도 물품의 수출입과 같이 무역에 속한다.

⑤ 무환수출입이라 함은 외국환거래가 수반되지 아니하는 물품의 수출입을 말한다.

해설
①과 ②는 대외무역업시행령에서 정한 용어의 정의이고, ③, ④는 대외무역법상의 규정이며, ⑤는 대외무역법령이 아닌 규정상의 용어의 정의에 속한다.

【문 4】 대외무역법상 무역의 일부 또는 전부가 컴퓨터 등 정보처리 능력을 가진 장치와 정보통신망을 이용하여 이루어지는 거래에 관한 설명으로 맞는 것은?

① 인터넷상거래 ② 전자상거래 ③ EDI무역 ④ 전자무역 ⑤ 사이버무역

해설
개정대외무역법(2000. 12월) 제2조 6호에서 전자무역의 개념이 신설되었다.

【문 5】 전자무역에 대한 다음 설명 중 잘못된 것은 ?

① 전자무역이란 무역의 일부 또는 전부가 컴퓨터 등 정보처리능력을 가진 장치와 정보통신망을 이용하여 이루어지는 거래이다.
② 전자적 형태의 무체물의 수출입이 전자무역의 대상이다.
③ 전자무역을 촉진하기 위하여 정부는 전자무역종합정책을 수립하여야 한다.
④ 전자무역을 촉진하기 위하여 정부는 전자무역 중개기관을 지정할 수 있다.
⑤ 사위 기타 부정한 방법으로 전자무역 중개기관으로 지정을 받은 경우 정부는 그 지정을 취소할 수 있다.

해설
법 제9조의 4 제1항의 규정에 의한 지정요건에 적합하지 아니하게 된 경우에는 취소할 수 있으나, 위 ⑤의 사유에 해당할 때에는 반드시 그 지정을 취소하여야 한다.
(법 제9조의 5. 단서규정 참조)

【문 6】 전자무역 중개기관으로 지정을 받기 위해서는 다음과 같은 사업을 영위하는 기관·법인 또는 단체 중에서 기술능력 등 법이 정하는 일정요건을 충족하여야 한다. 사업의 내용으로 틀린 것은 ?

① 정보통신망을 통한 무역거래의 알선
② 전자무역문서의 전달

③ 전자무역에 관한 무역업자의 교육 · 홍보 및 자문
④ 전자무역문서의 표준화 지원
⑤ 전자무역촉진을 위한 사업으로 대통령령이 정하는 사업

해설 ③은 '무역거래자'의 교육, 홍보 및 자문이어야 옳다. 개정 대외무역법에서는 무역업, 무역대리업 규정이 삭제되었기 때문에 무역업자, 무역대리업자의 용어는 함께 사라졌음을 유의하여야 한다. 물론 무역거래자란 용어 속에는 종래의 무역업, 무역대리업(갑류•을류), 무역대행업 등의 내용이 포함되어 있다. 이들을 모두 포함해서 대외무역법에서는 무역거래자란 용어를 쓰고 있다.

【문 7】 전자무역의 촉진을 위한 종합정책의 수립 · 시행에 관한 내용으로 맞지 않는 것은 ?

① 전자무역과 관련된 국제관세협력에 관한 사항
② 전자무역종합정책의 기본방향
③ 무역업무자동화 촉진에 관한 사항
④ 전자무역에 관한 거래자간의 분쟁조정에 관한 사항
⑤ 전자무역과 관련된 통계자료의 수집 · 분석 및 활용 방안

해설 ②내지 ⑤이외에도 기타 전자무역촉진을 위해 필요한 사항은 포함된다. 다만 ①의 경우 관세협력뿐만 아니라 전자무역과 관련된 국제협력에 관한 폭넓은 사항이 이에 속한다고 보아야 옳다.

【문 8】 다음 중 무역거래 대상 '물품'에 속하지 않는 것은 ?

① 지급수단을 제외한 동산
② 정보통신망을 통하여 송 · 수신 또는 저장할 수 있는 전자적 형태의 무체물로써 경제적 가치가 있는 것
③ 증권을 화체한 서류 외의 동산
⑤ 물건에 전자 또는 자기적 방법으로 재산적 가치가 입력되어 불특정 다수인간에 지급을 위하여 통화에 갈음하여 사용할 수 있는 것

해설 ⑤는 외국환거래법상 지급수단에 해당되기 때문에 대외무역법상의 물품에 포함되지 않고 따라서 수출입의 대상이 될 수 없다.

【문 9】 대외무역법에 관한 설명으로 틀린 것은?

① 형식적 대외무역법은 대외무역법이란 명칭을 가진 제정법만을 말한다.
② 실질적 대외무역법 속에는 관세법도 포함된다.
③ 대외무역법은 수출진흥을 궁극적 목적으로 하고 있다.
④ 대외무역법은 WTO이념과 합치하여야 한다.
⑤ 대외무역법은 정책종합적 성격을 띠고 있다.

해설
대외무역법의 궁극적 목적은 국민경제의 발전을 도모하는데 있다. (법 제1조)

【문 10】 대외무역법의 적용대상에 포함되지 않는 국제거래는?

① H상사가 북한으로부터 수입하는 금강산 샘물
② 서울시가 수요를 목적으로 수입하는 컴퓨터
③ 정부에서 직접 수입하는 군수품
④ 한국석유개발공사가 비축용으로 수입하는 원유
⑤ 수출대금은 국내에서 영수하지만 국내에서 통관되지 아니한 수출물품을 외국으로 인도하는 수출

해설
①의 경우 내국간 거래로서 남북교류협력에 관한 법률의 적용 대상이다. 남북한 교역대상 물품 및 반출?반입 승인 절차에 관한 고시가 통일부에 의해 따로 마련되어 있다.

【문 11】 대외무역법의 목적과 관계가 없는 것은?

① 대외무역의 진흥 ② 국제수지의 균형 ③ 통상의 확대
④ 국민경제발전 ⑤ 수입조정

해설
① 내지 ④는 법의 수단과 궁극적 목적이며 ⑤는 대외무역의 진흥과 통상확대라는 법의 이념과 일치하지 않다.

【문 12】 대외무역법의 성질이 아닌 것은?

① 국제성 ② 정책종합성 ③ 위임입법성 ④ 포괄성 ⑤ 경제통제성

해설
국제성 : WTO 협정수용, 정책종합성 : 수출입의 공고 등
포괄성 : 일반사항을 규율대상으로 하며 다수당사자를 인적관리대상으로 함.
위임입법성 : 시행령 및 관리규정에 위임하는 형식. 따라서 경제통제성은 맞지 않다.

【문 13】 대외무역법의 기본원칙과 가장 거리가 먼 것은?

① 자유무역주의 원칙　② 공정무역주의 원칙　③ 공개주의 원칙
④ 통상진흥주의 원칙　⑤ 민간주도형관리 원칙

해설
법 제3조 ①항 및 ②항

【문 14】 무역의 진흥을 위한 조치와 관계가 없는 것은?

① 수출경쟁력제고를 위한 설비투자촉진
② 외화가득률 제고를 위한 국산원료 사용 촉진
③ 연계무역추진
④ 무역관련시설 조세감면
⑤ 과학적 무역업무 기반조성

해설
법 제4조

【문 15】 대외무역법과 관계가 없는 법은?

① 산업설비수출촉진법　② WTO협정　③ 수출검사법
④ 헌법　⑤ 외국환거래법

해설
산업설비 수출촉진법은 대외무역법에 흡수 통합되어 실정법 자체가 존재하지 않는다.

【문 16】 수출입의 제한이나 금지에 관한 특별조치를 할 수 없는 경우는?

① 교역상대국에 전쟁·사변이 발발한 경우
② 교역상대국이 우리나라 무역에 대하여 차별적인 부담이나 제한을 가할 경우
③ 인간의 생명·건강 및 안전을 위하여 필요한 경우

④ 교역상대국이 조약에서 정한 우리나라의 권익을 부인할 경우

⑤ 교역상대국이 노사분규로 산업활동이 비정상적인 경우

해설 법 제5조

【문 17】 무역에 관한 기본법은 어느 것인가?

① 관세법 ② 대외무역법 ③ 외국환거래법 ④ 무역거래법 ⑤ 헌법

해설 ①과 ③은 대외무역법과 간접적인 관련성을 맺고 있는 법이며 ④는 폐지된 법률이고 ⑤는 대외무역법의 법원으로서의 성격을 갖고 있다. 무역에 관한 일반법 즉, 기본법에 대응하는 특별법으로는 마약법, 석유사업법 등 다수가 존재한다.

【문 18】 대외무역에 대한 헌법상의 이념과 일치한 것은?

① 대외무역은 법률이 정하는 바에 의하여 국가의 통제하에 둔다.

② 국가는 대외무역을 육성하며 이를 규제할 수 있다.

③ 국가는 대외무역을 육성하며 이를 통제·조정할 수 있다.

④ 국가는 대외무역을 육성하며 이를 규제·조정할 수 있다.

⑤ 대외무역은 법률이 정하는 바에 의하여 이를 규제·조정할 수 있다.

해설 헌법 제125조

【문 19】 대외무역에 관한 법률의 시대변천이 올바르게 나열된 것은?

① 무역법—수출진흥법—무역거래법—대외무역법

② 수출진흥법—무역법—무역거래법—대외무역법

③ 수출진흥법—무역거래법—무역법—대외무역법

④ 무역법—무역거래법—수출진흥법—대외무역법

⑤ 무역거래법—무역관리법—무역법—대외무역법

해설

무역법(1957. 12. 13) → 수출진흥법(1962. 3. 20) → 무역거래법(1967. 1. 16) → 대외무역법 (1986. 12. 31)

【문 20】 대외무역법과 밀접한 관련이 있는 유관법들과의 설명으로 맞지 않는 것은?

① 대외무역법은 국내상거래에 적용되는 상법과는 시장의 이질성 등 그 적용기초가 현저하게 다르다

② 독점규제 및 공정거래에 관한 법 제32조는 「사업자 또는 사업자 단체가 불공정거래행위에 해당하는 국제적 협정이나 계약을 체결하여서는 안 된다」고 규정하고 있다.

③ 대외무역법의 궁극적 목적은 무역진흥을 통한 국제수지균형을 이루는데 있고 관세법의 궁극적 목적은 국민경제발전을 기하는데 있다.

④ 대외무역법에 의한 물품의 수출입행위에 대해서는 당해 행위가 업무수행상 정당하다고 인정되는 범위 안에서 국가보안법이 적용되지 아니한다.

⑤ 대외무역법이 WTO협정과 정면으로 배치되는 부분은 이를 WTO협정문과 일치시켜야 한다.

해설

대외무역법을 포함한 모든 경제관계법률의 궁극적 목적은 국민경제 발전을 도모하는데 두고 있다.

【문 21】 다음 중 대외무역법상 '무역거래자'가 아닌 자는?

① 수출입업자

② 외국의 수입자의 위임을 받은 자

③ 외국의 수출자의 위임을 받은 자

④ 수출입을 위임하는 자

⑤ 외국의 물품판매자

해설

법 제2조 '용어의 정의' 3호

【문 22】 대외무역법상 수출에 해당되지 않는 것은?

① 매매로 인하여 국내에서 외국으로 물품을 이동하는 것
② 한국선박에 의하여 외국에서 채취·포획한 수산물을 외국에 매도하는 것
③ 사용대차계약에 의하여 유상으로 국내에서 외국으로 물품을 이동하는 것
④ 외국인도 수출
⑤ 내국인이 외국인에게 증여할 목적으로 국내에서 외국으로 물품을 이동하는 것

해설 시행령 제2조 '용어의 정의' 3호. 사용대차는 무상이고 임대차거래는 유상이다.

【문 23】 대외무역법상 수입에 해당되지 않는 것은?

① 외국인이 내국인에게 증여할 목적으로 외국으로부터 국내로 물품을 이동하는 것
② 한국 사과와 대만 바나나를 맞 교환하기 위하여 대만으로부터 국내로 들여오는 바나나 반입
③ 외국 인수 수입
④ 임대차계약에 따라 무상으로 외국에서 국내로 들어오는 시설기계
⑤ 사용대차계약에 따라 무상으로 외국에서 국내로 들어오는 시설기계

해설 【문 22】 해설 참조.

【문 24】 대외무역법은 국민경제발전을 꾀한 목적으로 그 제1조에서 대외무역을 진흥한다고 천명하고 있다. 즉 수출자유화는 물론 수입자유화도 적극 추진할 것을 기본이념으로 삼고 있는데 수입자유화를 적극 추진하는 이유는 다음 중 어느 것인가?

① 수입을 늘리기 위해서
② 선진국의 압력에 못 이겨서
③ 국제수지 악화를 방지하기 위해서

④ 국내물가를 안정시키기 위해서
⑤ 국내산업의 국제경쟁력을 강화하기 위해서

해설 수입자유화의 장점으로는 ①국제경쟁력의 강화 ②자원배분의 효율성증대 ③국내물가의 안정 ④소비자후생의 증대 등을 들 수 있는데 이중 ①의 경쟁력강화가 가장 큰 이유이다.

【문 25】 경제분야의 UN이라고 할 수 있는 WTO체제하의 내용과 거리가 먼 것은?

① 농산물교역　② 금융·서비스 무역　③ 지적재산권
④ 국제통화질서개편　⑤ 무역관련 투자

해설 ④는 WTO소관사항이 아니고 IMF관련 사항이다.

【문 26】 대외무역법에 의한 우리나라 무역관리의 기본목표는?

① 통상의 확대를 도모한다.
② 수출제일주의를 지향한다.
③ 대외무역을 진흥한다.
④ 국제수지를 개선한다.
⑤ 국민경제반전을 도모한다.

해설 법 제1조 국민경제발전이 무역관리정책의 기본목표이며 ①내지 ④는 그 수단에 속한다.

해답

1	④	2	④	3	⑤	4	④	5	⑤	6	③	7	①	8	⑤	9	③	10	①
11	⑤	12	⑤	13	⑤	14	④	15	①	16	⑤	17	②	18	④	19	①	20	③
21	⑤	22	③	23	④	24	⑤	25	④	26	⑤								

2 대외무역법의 관리 및 관리기구

1 대외무역법의 관리

Ⅰ. 무역관리의 의의

무역관리(trade control)라 함은 대외무역거래에 대한 국가의 간섭(intervention)내지 통제(control) 및 규제(regulation)를 말한다.[35]

35) 간섭(intervention)이라는 말은 일반적으로 권리의 제한(소극적)과 보호육성(적극적)이란 두 면에 걸치고 고권적(高權的)간섭·비고권적(非高權的) 간섭의 양자로 포괄하는 뜻으로 사용되고 있다(Mund, Government and Business, 1950, p.40 ; Steiner, Gevernment's Role in Economic Life 1983, p.1). 한편 간섭이라는 용어 대신 넓은 의미의 규제(regulation)를 사용하는 학자도 있다(金澤良雄, 경제법, p.32). 그리고, 통제(control)의 관념에는 이론이 있으나 대체로 경제를 일정방향으로 규제한다든가 특정목적 달성을 위해 경제를 지도하는 의미로 쓰여지고 있다(石井熙久, 상법총칙, p.31 ; 田中二

무역관리는 수량제한(quantitative restriction)이라고도 하는 것으로 외국환관리(exchange control)[36] 및 관세(customs tariff, zoll)와 함께 자유로운 무역을 제한하는 3대 장벽을 형성하고 있다. 국제분업원리에 의한 비교생산비설에 의하면 국제무역은 거래쌍방에 모두 이익을 주는 것이므로 가능한 무역에 대하여 인위적인 통제라든가 간섭을 행하지 않고 자유롭게 맡겨두어야 쌍방의 이익이 극대화된다고 한다. 그러나 오늘날 세계 각국은 정도의 차이는 있어도 모두 무역에 대해 정부가 깊은 관여를 하고 있다.

관세를 제외한 각종 무역장벽 요소를 비관세장벽(non-tariff-barriers)[37]이라고 하는데, 여러 가지 비관세장벽 중에서도 수량제한은 가장 직접적이고 적극적 간섭이 되기 때문에 GATT(1994) 제11조에서는 원칙적으로 이를 금지하고 있다. 그러나 예외적으로 식량 등 부족상태 해소나 「세이프가드」등 특정한 경우에 한하여 수량제한 금지의 예외를 두고 있다.

오늘날 자유주의 경제체제하에서 국가는 무역에 대하여 직접적인 관리를 할 것이 아니라, 가능한 한 가격의 자율조정기능에 의한 간접규제를 하여야 하며, 또한 이 점에 전략적 시각을 맞추어야 할 것이다. 직접통제를 행하는 가장 대표적인 예는 사회주의국가에서와 같이 무역을 완전히 국가가 장악하고 민간무역을 전반적으로 할 수 없

郞, 행정법대의, p.309).

36) 외국환관리는 넓은 의미의 무역관리에 속한다. 이는 수출입무역관리가 직접적으로 물적면에서 수출입을 관리함에 비추어 외국환관리는 물적면의 배후에 반드시 수반하는 외국환의 관리를 하는 것으로서 금전면의 관리를 통하여 간접적으로 물적면을 관리하는 것이기 때문이다.

37) 비관세장벽에 대한 자세한 내용은, 이춘삼, 「현대무역학개론」, 동성사, 1997, pp. 440~453 참조. GATT가 분류하는 NTB 유형은 다음과 같다.

제1그룹(정부의 행정적 관여) : 정부의 투자보조금·수출보조금·상계관세·정부조달·국가무역 등

·제2그룹(세관 및 행정절차) : 관세평가제도·평가절차·덤핑규제·관세분류·· 수입관세서류 등

제3그룹(각종 규준·규제) : 산업·위생·안전에 관한 규준, 포장·표시규제

제4그룹(무역에 관한 개별적 제한) : 수입수량제한·허가제한·2국간협정·수출규제 등

제5그룹(수입에 대한 과징금) : 수입담보금·행정수수료·통계세·자동차에 관한 차별적 과세·수입신용공여규제·국경세조정·가변과징금 등

제6그룹(기타, 가격 이외의 규제) : 광고선전 및 운송규제, 상영시간 규제, 제한적 영업관행 등

도록 하는 경우이며, 그 밖에 일반적인 유형으로 극히 제한된 범위내에서 수출입금지 또는 제한을 행하는 경우를 들 수 있다.

간접규제를 행하는 경우에는 가격정책에 의하여 수출입 규모를 간접적으로 규제하는 것으로, 이를테면 수출입 규모의 양적인 규제를 오로지 가격기구에 맡기고 이에 인위적 조정을 행하지 않고 있는 것을 말한다.

II. 무역관리의 대상

대외무역법상의 무역의 관리는 국민의 대외경제생활을 그 대상으로 한다. 즉 대외무역이 대상으로 하는 대외경제생활이란 수출입되는 물품 또는 수출입하는 행위를 관리의 대상으로 삼고 있다. 여기서 수출입이란 후술하는 바와 같이 각종 무역관계법규에 따라 그 의미하는 바가 같지 않지만, 대체로 수출은 대외판매의 목적물이 되는 상품을 대상으로 하여 외화 또는 그에 상응하는 물품을 대가로 외국에 물품을 매각하는 행위를 말하고, 수입은 매매의 목적물이 되는 상품을 대상으로 하여 외화 또는 물품을 대가로 외국으로부터 물품을 구매하는 행위를 말한다.

여기서, 이해의 정리를 위해 각 관련법규에서 규정하고 있는 수출입의 개념을 요약해 보기로 한다.

1. 대외무역법상 수출입의 정의

(1) 수출의 정의

수출의 정의를 대외무역법 시행령 제 2조 제 3호에서는 다음과 같이 규정하고 있다.

① 매매·교환·임대차·사용대차·증여 등을 원인으로 국내에서 외국으로의 물품의 이동(우리나라 선박에 의하여 외국에서 채취 또는 포획한 광물 또는 수산물을 외국에 매도하는 것을 포함한다).

② 거주자의 비거주자에 대한 용역의 제공

③ 거주자의 비거주자에 대한 전자적형태의 무체물을 정보통신망을 통하여 전송하는 것

④ 유상으로 외국에서 외국으로 물품을 인도하는 것으로서 산업자원부장관이 정하는 것 등을 말한다.

여기서 임대차(賃貸借)란 당사자의 일방(임대인)이 상대방(임차인)에게 목적물을 사용·수익하게 할 것을 약정하는 것을 말한다. 그리고 사용대차(使用貸借)란 당사자의 일방(대주)이 상대방(차주)에게 무상으로 사용·수익하게 하기 위하여 목적물을 인도할 것을 약정하고, 상대방은 이를 사용·수익한 후 그 물건을 반환할 것을 약정하는 것을 말하는데, 이는 무상이라는 점에서 임대차와 상이하다. 이에 관한 예는 상대방으로부터 대가를 지급하지 아니하고 그림을 빌려서 전시회를 개최한 후에 반환하기로 하는 것 등이 이에 속한다. 또한 국내라 함은 대한민국의 주권이 미치는 지역을 말하고,[38] 외국이라 함은 국내 이외의 지역을 말한다.[39] 한편 물품이라 함은 일반적으로 유형적 재화로서 민법상의 동산과 일치하는 것을 말하며, 여기서는 외국환거래법에서 정하는 지급수단, 증권 및 채권(債券)을 화체(化體)한 서류 외의 동산을 말한다.[40]

특히 유상으로 외국에서 외국으로 물품을 인도하는 것으로서 산업자원부장관이 정하는 것을 수출로 정의하고 있는데, 여기서 유상이란 물품을 인도함으로써 그에 상응하는 반대급부로서 외화 또는 물품을 수취하는 것을 말하고, 외국에서 외국으로 물품을 인도하는 것으로서 산업자원부장관이 정하는 것이란 해외건설사업에 사용하기 위하여 외국에서 구입한 시설 및 원료·기재를 현지에서 사용한 후 현지국 또는 제3국에 판매하는 등의 외국인도방식수출을 말한다.

'외국인도수출'은 수출대금을 국내에서 영수하지만 국내에서 통관절차를 거치지 않은 수출물품을 외국으로 인도하는 수출을 말한다.

---

38) 대외무역법 시행령 제2조 제1호.
39) 동 시행령 제2조 제2호.
40) 대외무역법 제2조 제2호.

(2) 수입의 정의

수입의 정의를 대외무역법시행령 제2조 제4호에서는 다음과 같이 규정하고 있다.

① 매매·교환·임대차·사용대차·증여 등을 원인으로 외국으로부터 국내로의 물품의 이동

② 유상으로 외국에서 외국으로 물품을 인수하는 것으로서 산업자원부장관이 정하는 것을 말한다.

③ 비거주자의 거주자에 대한 용역의 제공

④ 비거주자의 거주자에 대한 전자적형태의 무체물을 정보통신망을 통하여 전송하는 것

두 번째의 외국에서 외국으로 물품을 인수하는 것으로서 산업자원부장관이 정하는 것이란 해외건설사업현장에서 사용하기 위한 시설 및 원료·기재를 외국에서 구입하여 사업현장에 송부하는 등의 외국인수수입을 말한다.

'외국인수수입'은 수입대금을 국내에서 지급되지만 수입물품을 외국으로 인도하는 수입을 말한다.

2. 무역의 개념에 포함되는 용역

(1) 용역의 범위

① 경영상담업, ② 법무관련 서비스업, ③ 회계 및 세무관련 서비스업, ④ 엔지니어링 서비스업, ⑤ 디자인, ⑥ 컴퓨터시스템 설계 및 자문업, ⑦ 문화산업진흥기본법 제2조제1의 규정에 의한 문화산업에 해당하는 업종, ⑧ 지식기반용역 등 수출유망산업 고시 업종, ⑨ 국내의 법령 또는 대한민국이 당사자인 조약에 의하여 보호되는 특허권, 실용신안권, 의장권, 상표권, 저작권, 저작인접권, 프로그램저작권, 반도체집적회로의배치설계권의 양도, 전용실시권의 설정 또는 통상실시권의 허락

(2) 용역의 공급형태

1) 용역의 수출

① 용역의 국경을 넘은 이동에 의한 제공
② 비거주자의 국내에서의 소비에 의한 제공
③ 거주자의 상업적 해외주재에 의한 제공
④ 거주자의 외국으로의 이동에 의한 제공

2) 용역의 수입

① 용역의 국경을 넘은 이동에 의한 제공
② 거주자의 외국에서의 소비에 의한 제공
③ 비거주자의 상업적 국내주재에 의한 제공
④ 비거주자의 국내로의 이동에 의한 제공

3. 관세법상 수출입의 정의

(1) 수출의 정의

관세법 제2조 제2항에서는「수출이란 내국물품을 외국으로 반출함을 말한다」라고 규정하고 있다. 그러므로 수출의 대상이 되는 것은 내국물품이다. 내국물품이란 ① 우리나라에 있는 물품으로서 외국물품이 아닌 것과 ② 우리나라의 선박에 의해서 공해에서 채포된 수산물 및 ③ 입항전 수입신고가 수리된 물품을 말한다.

그리고 외국물품이란 외국으로부터 우리나라에 도착된 물품(외국의 선박에 의해서 공해에서 채포된 수산물을 포함한다)으로서 수입신고가 수리되기 전의 것과 수출신고가 수리된 물품을 말한다.

여기서 우리나라의 선박에 의하여 공해에서 채포된 수산물을 수출의 대상으로 한 것은 수출의 경제적 의의를 고려한 것으로 우리나라의 선박에 의하여 공해에서 채포된 물품을 그대로 외국에 반출하는 경우에는 기타의 내국물품을 외국에 반출하는 것과 실제상 아무런 차이가 없기 때문이다. 한편 우리나라의 선박에 의하여 공해에서 채포된 수산물에는 이를 원료로 가공 또는 제조한 물품을 포함한다.

(2) 수입의 정의

관세법상 수입의 정의는 이 법 제2조 제1항에서 다음과 같이 규정하고 있다.

① 외국으로부터 우리나라에 도착된 물품(외국의 선박 등에 의해서 공해에서 채포된 수산물을 포함한다)을 우리나라에 인취하는 것(보세구역을 경유하는 것은 보세구역으로부터 인취하는 것).

② 수출신고가 수리된 물품을 우리나라에 인취하는 것(보세구역을 경유하는 것은 보세구역으로부터 인취하는 것)이 수입이라고 규정하고 있다.

여기서 물품의 인취(引取)란 물품이 사실상 관세법에 의한 기속(羈束)으로부터 해제되어 내국물품이 되거나 또는 자유유통상태에 들어가는 것을 뜻한다.

대체적으로 수입이란 외국으로부터 우리나라에 물품이 이동하는 사실 상태를 말하나 관세법에서는 이 일련의 사실상태 가운데서 최종단계인 국내로 물품을 인취하는 시점을 포착하여 수입이라고 정의하고 있다.

수입의 대상이 되는 물품은 외국으로부터 우리나라에 도착된 물품 또는 수출신고가 수리된 물품인데, 여기서 외국으로부터 우리나라에 도착된 물품에 외국의 선박에 의하여 공해에서 채포된 수산물을 포함하고 있는 것은 수입이 갖는 경제적인 의미를 고려하였기 때문이다. 즉 공해는 엄격한 의미에서는 여기서 말하는 외국에는 포함되지 않으나 외국의 선박(우리나라 국적으로 외국의 법인 또는 개인에게 용선되어 있는 경우를 포함한다)이 공해에서 포획 또는 채취한 수산물(그 수산물을 원료로 가공 또는 제조한 물품을 포함한다)을 우리나라에 인취하는 것은 경제적 관점에서 볼 때 외국으로부터 도착된 물품을 우리나라에 인취하는 것과 차이가 없기 때문에 수입의 대상으로 한 것이다.

또한 수출신고가 수리된 물품을 우리나라에 다시 인취하는 것도 수입이라고 하고 있는데, 이것은 일반적인 수입의 개념과는 다르다.

수출신고가 수리된 물품이 외국에 도착한 후 반송되어 올 경우에는 외국으로부터 우리나라에 도착된 물품으로 간주되므로 수출신고가 수리된 물품이란 수출신고 수리를 받고서 아직 선적되지 않은 물품이나 외국에 도착하기 이전에 반송된 물품을 말한다. 이들 물품을 수입의 대상으로 하고 있는 것은 수출신고가 수리된 물품은 관세법상 외국물품으로 규정되어 있기 때문이다.

한편 보세구역을 경유하여 우리나라에 인취하는 것을 수입이라고 하는데, 이것은 보통의 수입에서는 대부분의 물품이 보세구역을 경유하는 실정에 비추어 보세구역을 경유하는 물품은 보세구역으로 양륙된 것만으로는 수입이 아니며, 보세구역을 거쳐 국내로 인취하고 우리나라의 경제권내에서 자유유통상태에 놓이게 되는 것이 수입이 된다는 것을 의미한다.

4. 형법상의 수출입의 정의[41)]

형법상의 개념을 보면「위조 또는 변조한 외국화폐 · 지폐 · 은행권을 행사하거나 행사할 목적으로 수출입한 자는 ……」이라고 규정하고 있는데 여기서 수출은 국경의 이월(移越) 또는 이출(移出)하는 것을, 그리고 수입은 상품의 국경상의 이동을 기준으로 육해상 모두 영토내에 이입(移入)하는 것을 말한다.

위에서 우리는 각 관련법규의 수출입의 개념 정립이 각각 조금씩 차이가 있음을 알 수 있는데, 이는 그 목적하는 바가 서로 다르기 때문인 것이다.

즉 대외무역법에 있어서는 수출입 최초단계에서 최종단계에까지의 일련의 과정을 중시하는가 하면, 관세법은 수출입 신고시점을, 그리고 형법은 국경을 기준으로 파악하고 있음을 알 수 있다.

41) 형법 제198조(아편 등 수입), 제200조(세관공무원의 아편 등 수입), 제207조(통화의 위조 등)등 참조.

III. 무역관리의 목적

무역관리의 목적은 대외무역법 제1조에서 규정하고 있는 바와 같이 무역을 진흥하고 공정한 거래질서를 확립하여 국제수지의 균형과 통상의 확대를 도모함으로써 국민경제의 발전에 이바지하는데 있다고 할 수 있는데 이를 구체적으로 살펴보면 다음과 같다.

우리나라에 있어서는 무역관리가 대외지급능력을 강화하여야 하는 국제수지의 균형에다 1차적인 정책목적으로 두고 있다고 할 것이다.

국제수지의 균형은 한 나라의 수입과 지급과의 조화를 꾀하여 대외지급능력을 강화하는 것으로서 이의 유지를 위한 가장 강력한 수단은 역시 외국환거래에 대한 관리에 의해서 수입에 대하여 가하는 직접통제(direct control)이지만, 대외무역법에 있어서 국제수지의 균형을 위한 제도적 장치로서는 일국의 수입(受入)을 강화하는 적극적인 면과 일국의 지급을 억제하는 소극적인 면을 들 수 있다.

다음, 무역관리목적으로 설명할 수 있는 것은 국내산업을 외국의 경쟁자로부터 보호함에 있다고 할 것이다. 리스트(F. List)는 유치산업보호론을 주장하면서 외국의 산업과 비교하여 유치한 단계에 있는 산업을 일정기간 보호하고 어느 정도 외국의 산업과 경쟁할 수 있는 힘을 배양하였을 때에 비로소 개방하여야 국내산업이 육성 · 발전될 수 있다고 역설하였다. WTO체제하에서도 오늘날 모든 후진국은 선진공업국에 비해 공업화가 뒤져 있고 따라서 국내산업을 육성하여 공업화 내지 경제개발을 촉진하기 위해서 아직도 높은 수준의 관세 및 비관세장벽에 의거 국내산업을 보호하고 있다.

IV. 무역관리의 수단

무역관리의 수단은 크게 두 가지 유형으로 나누어진다. 즉, 간접적인 규제수단과 직접적인 규제수단이 그것이다. 전자의 대표적인 것으로는 수입관세가 있고, 그 밖에 수출세, 수출보조금이 포함되며 후자에는 수입할당제 혹은 수입허가제 등의 수입수량제한(Quantitative Restriction : QR)을 비롯하여 수출규제, 외국환관리, 복수환율제 등이 포함된다. 또, 관세와 수입할당제의 양자의 성격을 지니고 있는 것으로서는 할당관세(tariff quota)가 있다. 간접적 규제수단과 직접적 규제수단의 구별은 전자의 상품별, 지역별, 국별, 산업별 등에 의하여 차별하는 정부의 간섭인 데 대하여, 후자는 상품의 종류, 산업의 범위뿐만 아니라 특정의 기업 혹은 개인 등 개개의 경제주체에 대하여 간섭하는 것으로서 규제의 차원이 다르다.

한편, 무역관리의 수단을 관세와 비관세장벽으로 구분하는 경우도 있다. 비관세장벽(non-tariff barrier : NTB)은 관세 이외의 무역저해요인이며, 보다 구체적으로 정의한다면 관세 이외의 수단으로 자유로운 무역을 저해 내지 교란하는 수단이며, 정부가 국산품과 외래상품을 차별하는 직접적·간접적인 선별적 규제를 의미한다.

1. 수입관세

수입관세(Customs duties, tariffs)는 국경을 통과하는 상품에 부과되는 세금으로서 이것은 무역관리의 수단으로서 가장 전형적이고도 대표적인 것이다.[42)]

리스트(F. List)는 자유무역과 관세와의 관계를 "보호관세가 수단이며 자유무역이 목적"인 것으로 보았고, 슐러(Schüller)는 "자유무역 속에서 의당히 보호관세가 원칙적으로 용인되어야 한다"고 보았다. 그러나 국제경제의 균형적 성장과 국제무역질서의 확립 및 선후진국간의 경제적 격차를 좁히기 위하여 원칙적으로 무역자유화를 당위로 보는 입장에서는 "무역자유화는 빠르면 빠를수록, 관세율은 낮으면 낮을수록 좋다"고 본다. 관세와 무역에 관한 일반협정 GATT(1994)에서는 무역자유화와 최혜국대우를 기본원칙으로 국제경제의 건전한 발전을 위하여 직접적인 수출입제한조치를 허용하지 않고 무역규제의 수단으로서는 오로지 관세만을 인정하고 있다.

그러나 현실에 있어서는 대부분의 나라들이 앞에서 살펴보았듯이 국내유치산업의 보호, 국제수지의 개선, 국내고용유지 등을 위한다는 명목하에 자국의 경제여건에 따라 수

---

42) 관세에 대한 자세한 설명은 이춘삼, 「한국통상법」(법문사, 1999) 제Ⅱ부 참조.

입허가제, 할당제 등의 직접적인 무역관리방법을 취하고 있을 뿐만 아니라 관세장벽, 외국환관리 등으로 자유로운 무역거래를 제한하고 있는 것이 현실이다.

2. 수입할당제

(1) 수입할당제의 개념

수입할당제(import quota system)란, 외국으로부터 수입하는 상품을 수량 또는 금액상으로 일정한 기간 동안 규제하기 위하여 이를 지역별, 국가별, 업자별로 할당하여 실시하는 제도로서 무역정책의 직접적인 규제수단중 대표적인 것을 말한다. 그 수단은 특정상품의 수입에 대하여 일정량 이상의 수입을 허가하지 않는 제도이며, 대부분의 경우 수입업자에게 일정량의 수입할당을 허가제(licensing)로 실시하고 있기 때문에 수입허가제(import licensing)라고도 한다. 이 제도에는 일정량의 할당까지는 수입에 대하여 무관세 또는 낮은 관세율을 적용하고, 그 이상의 수입량에 대해서는 금지적인 고율의 관세를 적용하는 할당관세가 있다.

수입할당제는 보호무역이 만연된 1930년대에 각국에 의하여 채용되었으며 제2차대전 이후에도 상당한 기간 동안 존속되었다. 1930년대에 수입제한수단으로서 관세 대신에 할당제가 채용된 데에는 다음과 같은 몇 가시 이유가 있다.

① 수입관세만으로는 수입량의 감축이 어려웠다는 점이다. 덤핑을 계속하는 등 외국의 공급상태가 관세에 대해 거의 비탄력적인 경우에 관세에 더 큰 기대를 걸 수 없었다.

② 수입국의 수요를 초과하는 수출국의 초과공급곡선(수출공급곡선)의 모양을 알 수 없기 때문에 해외의 가격하락이 자국에 파급되는 것을 저지하기 위해서는 관세보다 할당제가 적절하였다는 점에서이다.

③ 최혜국대우의 적용 때문에 관세율조작에 의한 수입제한이 거의 불가능하였다는 점이다.

(2) 수입할당제의 형태

수입할당제는 자주적 할당(unilateral import quota system)과 협정할당(bilateral quota system)으로 나누어지는데, 자주할당이란 수입국이 교역상대국으로부터 양해와 동의를 얻지 않고 독자적으로 일방적 할당 내용을 결정하고 이를 실시하는 제도를 말하며, 협정할당은 수입국측이 교역상대국의 정부 또는 민간단체 및 공공단체와 협의하여 할당에 관한 협정을 체결하고 이 협정에 의하여 실시하는 제도를 말한다. 자주할당제는 교역상대국으로부터 보복조치를 피할 수 없으므로 협정할당제가 실시되는 경우가 많다. 협정할당제는 일반적으로 정부간 쌍무협정에 의하여 대상품목의 선정, 기준 쿼터(quota)량, 실시시기 및 기간, 쿼터량의 연간증가율에 대한 수출입을 규제한다. WTO체제하에서는 원칙적으로 쿼터방식에 의한 수입규제는 허용되지 않는다.

(3) 관세와 수입할당제와의 비교

수입관세와 수입할당제는 그 영향면에서 비슷하지만 양자간에는 다음과 같은 몇가지 차이점이 있다.

① 일반적으로 수입에 관한 허가의 시기와 수량은 정부의 재량에 의해 결정되기 때문에 할당은 관세보다도 신축적이다. 관세율은 원칙적으로 입법부에서 제정되므로 쉽게 내정될 수 없다. 따라서 의외로 수입이 늘어나는 경우를 생각하여 행정부는 어느 정도의 범위내에서 관세를 조절할 수 있는 권한을 부여받을 수가 있는데 탄력관세제도(flexible tariff system)가 바로 그것이다.

② 할당은 커다란 가격변동을 일으킬 수 있다. 만일 수입할당량이 고정되는 경우에 그 상품에 대한 국내외의 수급상황이 어떻든 간에 독점가격이 실현될 수 있다. 관세의 경우, 상품가격은 국제가격에 관세를 포함한 수준을 유지할 것이므로, 가격변동은 할당의 경우보다 관세부과의 경우가 심하지 않다.

③ 관세는 정부의 세입을 증대시키지만, 할당은 세입을 가져오지 않는다. 할당제가 수입허가를 필요로 하는 경우에, 수입제한으로 발생하는 가격상승으로 인

해 할당을 받은 수입업자는 초과이윤을 얻게 된다.

④ 할당은 어떤 과거의 수량을 기준으로 삼기 때문에 기존거래업자가 존중되는 경향이 있다. 따라서 신규업자의 진출이 어렵게 되어 결국 차별을 받게 되지만, 관세의 경우는 그러한 차별이 없다.

어떻든, 수입할당제는 국제수지를 개선시키고 국내산업을 보호하는 장점도 있지만, 이와는 정반대로 수출확대를 저해시키고 장기적으로는 국내산업의 국제경쟁력을 약화시키는 단점이 있다.

3. 외국환관리

전술한 수입관세와 더불어 외국환관리도 무역관리의 한 수단이다. 그 양태는 여러 가지가 있는데 좁은 의미의 외국환관리를 중심으로 살펴보면 대체로 다음과 같다.

① 외환시장의 공인과 외환시세의 공정
② 국제적 자본이동의 허가제
③ 무역 기타 경상거래에 수반되는 외환결제의 인허가제
④ 외환집중의무 및 외화보유의 인허가제
⑤ 외환할당제
⑥ 국가간의 외환청산협정의 체결 등을 들 수가 있다.

4. 수출자율규제

전후, 무역자유화의 추진으로 수입에 대한 수량제한의 수단으로서 수입할당제는 점차 철폐되어, 선진국의 경우 형식상 수입할당제를 실시하는 나라는 거의 없다. 그러나, 1960년대 후반에 와서 새로운 형태의 수량제한규제인 수출자율규제(voluntary export restraints)가 실시되고 있다. 이것은 수출국이 수입상대국의 제한조치를 회피하기 위해서 수출하는 상품수량을 자주적으로 제한하는 조치이며, 이는 수입상대국의 입장에 볼 때에 사실상 수입할당제의 실시와 다를 바 없는 수량제한의 효과를 초래한다.

이러한 규제는 일부 국가에 대한 특정 품목의 수출급증으로 수입제한이 필요하게 되었으나, 관세율인상이나 수입할당제의 실시가 국제적으로 제한되어 있기 때문에 궁여지책으로 만들어진 제도이다.

수출자율규제는 수입국의 이니시어티브로 2국간 내지는 다수국간의 협정에 의해서 실시되고 있으므로, 수출국이 자주적으로 수출을 규제한 것이라고는 사실상 볼 수 없으며, 수입국의 요구가 주로 반영된 규제라고 말할 수 있다.

5. 수출세와 수출보조금

(1) 수출세

오늘날 수출세(export duties)는 거의 볼 수 없으나 일부의 저개발국 가운데 주요 수출품에 대해 수출세를 부과하고 있는 나라가 있다(예 : 브라질의 커피, 스페인의 코르크, 이탈리아의 유황, 태국의 쌀, 필리핀의 원목, 말레이시아의 고무 등). 수출세부과는 국가의 재정수입을 올리는 데 그 목적이 있으며, 고율의 수출세부과는 수출을 감소시킬 가능성이 있기 때문에 사실상 어려운 것이다. 완전경쟁하에서 특정수출품에 대한 수출세의 부과는 수입국의 입장에서 볼 때 수입관세를 부과한 것과 동일한 효과를 가져온다. 따라서 수출세부과로 당해 상품의 수입이 억제되는 효과를 초래한다.

(2) 수출보조금

1) 수출보조금의 개념

수출보조금(export subsidy) 또는 수출장려금(export bounty)이라 함은 수출품의 국제경쟁력을 강화하기 위하여 특정수출상품에 대하여 지급하는 보조금 내지 장려금을 말한다. 이 제도는 17세기 중상주의시대부터 수출진흥책의 일환으로 채택된 바 있으나 오늘날에는 자유무역을 저해하는 요인으로 작용하여 GATT(1994)에서도 원칙적으로 금지하고 있다. 그러나 연구개발보조금, 지역개발보조금, 환경보조금 등 3가지 유형에 대해서는 허용보조금으로 규정하고 있다.

2) 수출보조금의 효과

수출산업이 국가나 또는 공공단체로부터 수출보조금을 받게 되면 그 산업에서 생산되는 수출상품의 코스트가 인하되며, 동시에 이윤율은 증가된다. 따라서 보조금을 받은 수출산업은 국제비교우위가 강화되므로 수출확대의 효과가 발생한다. 이와 같이 수출보조금은 1차적으로 수출상품의 생산코스트를 인하시키고, 수출산업의 이윤율을 증가시킬 뿐만 아니라, 2차적으로는 수출량을 확대시킨다. 그러나 수출보조금의 효과는 수출품목에 따라 같지 않다. 이를테면, 비교적 단순한 품목이나 혹은 수출경쟁이 격심한 품목에 대하여 보조금이 지급되면, 이들 품목은 가격변동에 상당히 민감하고, 또 가격차가 수출량에 커다란 영향을 미치기 때문에 보조금의 효과는 비교적 크다고 말할 수 있다. 이에 비하여 최종완성품이나 자본재 등 수출공급의 탄력성이 낮은 품목은 가격차가 수출량에 별로 영향을 미치지 못하기 때문에 보조금의 효과는 그다지 크게 나타나지 않는다. 다른 한편 수출보조금은 수입을 규세하고 또 수출상품이 국내시장으로 전환되지 못하도록 규제하는데 이용된다. 예컨대, 어느 특정산업에 대하여 정부가 보조금을 지급하면 당해 산업에서 생산되는 제품의 코스트는 인하되고, 이에 따라 그 제품은 경쟁력이 생기게 되므로 수입품을 어느 정도 규제할 수 있게 된다. 따라서 보조금은 수입억제효과를 발생시키는 경우도 있다. 그리고 국내산업에 대하여 보조금이 지급되지 않는 경우 경쟁력이 약한 수출상품은 국내시장으로 판매방향이 전환되는데, 이때 산업에 대하여 보조금이 지급된다면 이를 방지할 수 있다. 수입을 억제하는 다른 보호수단과 마찬가지로 수출보조금도 국내생산을 유지하고 더욱 이를 확대시키지만, 반드시 국내산업을 보호한다고 말할 수는 없다. 국내에 초과수요가 존재할 경우 수출조성 등이 수요감소책을 수반하지 않는다면 그 유효성은 감소되거나 혹은 인플레이션의 압력으로 인하여 수입이 증감됨에 따라 효과는 상실된다.

3) 수출보조금의 단점

수출보조금은 대체로 국내산업을 보호하고 수출을 확대시키는 주요한 수단으로 인정되고 있으나 다음과 같은 단점도 아울러 갖고 있다.

① 수출보조금은 기업의 정상적 경쟁력을 악화시키는 경향이 있다.

② 수출보조금은 자원의 합리적 이용을 방해할 우려가 있다.

③ 수출보조금은 교역상대국으로부터 보복이나 상계관세의 부과 등 대응조치를 유발시키는 경향이 있기 때문에 그 본래의 효과가 제대로 반영되지 않은 경우도 있으며, 특히 국제무역의 질서를 교란시킬 위험성을 갖고 있다.

4) 관세와 보조금의 차이

수출보조금과 관세는 다같이 국내산업을 보호하지만 양자의 차이점은 다음과 같다.

① 관세는 가격메커니즘을 통하여 간접적으로 국내산업을 보호하지만, 수출보조금은 직접적으로 국내산업을 보호한다는 점,
② 관세는 교역상대국의 부담인데 비하여, 보조금은 지원국의 부담이라는 점,
③ 관세는 상품의 국내가격을 인상시키지만, 보조금은 오히려 이를 저하시킨다는 점 등이다.

6. 그 밖의 무역관리수단

(1) 수출입링크제

링크제는 수출입을 수량 또는 금액으로 연계시키는 제도로서, 여기에는 상품별·지역별·상사별 링크가 있다. 이를테면 상품별 링크제의 경우, 특정상품을 수출한 자만이 그 원료를 수입할 수 있도록 하는 것과 같이 어느 한 상품의 수출과 어느 한 상품의 수입을 상호 연결시키는 것을 말하며 지역별 링크제는 어느 국가로부터 수입하고자 할 때에는 그 나라에 수출한 만큼만 수입하게 하는 것으로, 수출입이 심한 불균형을 이루고 있을 때 이를 조정하기 위해 활용된다. 그리고 상품별 링크제는 상

품의 종류에 불구하고 수출한 만큼 수입을 허용하는 것으로서 내수산업으로 하여금 수출을 하도록 장려하기 위하여 일정한 수출실적 범위내에서 수입을 허용하는 것이다. 또한, 링크품목의 선정 및 링크비율을 책정함에 있어서는 연간수급량·유통과정·수입가격 등을 종합적으로 고찰하게 된다.

(2) Barter제

바터제는 무역거래에 있어서 대금결제를 하지 아니하고 물품과 물품을 서로 교환토록 함으로써 항상 수출입이 균형되도록 하는 제도를 말한다. 오늘날 화폐제도가 발달함에 따라 실질적인 물물교환형태의 무역거래는 이루어지지 않고 있으며, 모든 거래는 화폐를 매개수단으로 하여 이루어지고 있지만, 수출된 범위내에서 수입을 허용하기 위한 제도로서 바터제를 활용하는 경우가 있다.

2 대외무역의 관리기구

Ⅰ. 총설

대외무역법에 의한 무역관리는 오늘날 국가의 행정기관을 통해서 행하여지고 있다. 이는 자본주의의 고도화에 수반하여 국가의 행정에 의한 대외경제적 간섭의 분야가 크게 확대되고 있음을 잘 반영해 주고 있는 것이다.

대외무역법에 있어서의 무역관리는 우선 중앙집권적이라는 것이 그 특징이다.

즉, 그것은 「총자본 = 국민경제적」 입장에서 국가의 경제정책의 일환으로서 행하는 것이므로 거기에는 중앙행정관청에 의한 통일적인 관리가 필요하게 되는 이유가 있다.

우리나라에서 무역관리에 관한 중앙행정관청으로는 산업자원부장관으로 되어 있다.

그리고 불공정한 수입으로 인한 국내산업피해를 구제하는데 필요한 각종 조사·판정 및 구제조치의 건의 등을 수행하기 위하여 산업자원부에 무역위원회를 두고 있다.

이와 같이 대외거래에 있어서의 무역관리는 행정관청에 의하여 행하여짐을 원칙으로 하지만 경우에 따라서는 독립된 특수기업 형태로 이를 행하게 하는 경우도 있다. 특히 비권력적 관리로서의 각종의 대외경제에 관하여는 독립된 특수기업 형태에 의한 능률적 운영이 요청되는 까닭이다.

또 권력적 관리에 있어서도 특수기업 형태가 가지는 전문적 능력을 활용할 필요가 있는 경우가 있다. 그리고 일정한 민간단체·사기업도 때로는 행정관청에 의한 법적 관리의 보조적 역할을 다하거나 실질적으로 대외무역법적 관리를 행하는 경우도 있다.

다음은 우리나라 무역관리의 주체에 대하여 살펴보고 그 관리형태를 검토하여 보기로 한다.

II. 중앙행정관청에 의한 관리

정부조직법에 의거 산업자원부장관이 무역행정의 최상급중앙행정관청에 속한다. 즉 산업자원부장관은 최상급의 중앙무역행정관청으로서 무역에 관한 사무를 관장·통할하고 소속공무원을 지휘·감독한다.

특히 대통령령으로 제정·공포된 산업자원부직제에서 산업자원부는 상업·무역·공업 및 공업단지에 관한 사무를 관장하도록 규정함으로써 산업자원부장관이 무역행정을 담당하는 중앙행정기관의 장이 된다.

III. 협조행정관청에 의한 관리

이상과 같이, 산업자원부는 최고무역관리주체이지만, 그 모든 것을 독자적으로 주관하지 않고 경우에 따라서는 관련 관청의 협조를 요청하기도 하는데 이는 무역정책의 유기적인 통일성을 확보하기 위해서이다.

다음, 협조행정관청으로서는 외무통상장관(해외통상 · 조약체결 등), 행정자치부장관(총포 · 도검 · 화약류 등), 재정경제부장관(외환 등), 농림부장관(양곡 · 비료 · 농약 등), 보건복지부장관(의약품 · 식품 · 독물 및 극약 · 마약 등), 건설교통부장관(건설장비 등) 및 문화관광부장관(영화 · 출판물 · 음반 · 문화재 등) 등이 있으며, 이들은 각기 소관사무에 관하여 특별법을 가지고 운영하고 있다.

특히, 산업자원부장관이 수출입 거래 형태를 인정함에 있어서 당해 거래 형태가 외국환거래법에 의하여, 재정경제부장관의 허가를 받아야 하는 결제 방법에 해당하는 경우에는 미리 재정경제부장관과 협의하여야 하며 또한 재정경제부장관이 외국환거래법령에 의하여 무역대금결제 방법을 정하고자 할 때에는 미리 산업자원부장관과 협의하도록 하고 있다.

이와 같이 무역결제방법에 관하여 산업자원부장관과 재정경제부장관이 상호 협의하도록 하고 있는 것은 무역결제가 비록 외국환에 의하여 이루어짐으로써 외국환거래법상의 관리부문이기는 하나 그 행위가 대외무역법상의 무역거래자가 산업자원부장관의 승인을 얻고 이루어진 수출 · 수입의 결과라는 점에서 상호 유기적인 협의 없이 독립적인 관리만으로는 상충될 가능성이 있기 때문이다.

Ⅳ. 무역위원회의 기능과 운영

1. 무역위원회의 설치

특정한 물품의 수입증가, 무역 · 유통서비스의 공급증가 또는 불공정한 수입으로 인한 국내산업피해를 구제하는 데 필요한 각종 조사 · 판정 및 구제조치의 건의 등을 수행하기 위하여 산업자원부에 무역위원회를 둔다. 또한 무역위원회의 각종 조사 및 국제무역제도에 관한 연구 등의 업무를 처리하기 위하여 무역위원회에 무역조사실을 둔다.

무역위원회는 수입으로 인하여 피해를 받게되는 국내산업을 보호하기 위하여 비록 공정수입에 의한 경우에도 그 수입으로 인한 국내산업피해를 조사·판정하고 관계행정기관의 장에게 구제조치를 건의하며 또한 덤핑, 보조금지급 등에 의한 불공정물품의 수입에 대하여도 그로 인한 산업피해를 조사·판정하고 그 구제조치를 관계 행정기관의 장에게 건의하는 기능을 수행한다.

한편 무역위원회는 그 기능을 수행하는 과정에서 동 위원회가 독립적으로 산업피해에 관한 조사와 판정을 한다는 점에서 준사법기관의 성격을 갖는다고 할 수는 있으나 직제상으로는 산업자원부에 소속되어 있기 때문에 그 독립성 측면에서 제한이 따를 수 밖에 없다. 또한 무역위원회의 산업피해조사는 조사만으로도 대외적으로 통상마찰을 일으킬 수 있기 때문에 행정부처의 협상력이 약화될 수도 있다. 따라서 미국과 같이 무역위원회를 준사법기구로 지위를 강화하고 그 소속도 국회의 특별기구로 하는 것이 바람직하다. 그렇게 함으로써 산업피해의 조사·판정 및 건의는 무역위원회가 완전히 독자적으로 하고 그에 따른 구제조치의 실시는 해당기관의 판단에 맡기는 것이 바람직하다.

2. 무역위원회의 기능

① 특정물품의 수입증가 등에 의한 국내산업피해의 조사신청을 받은 때에 이에 대한 조사개시 여부의 결정 및 조사결과에 의한 산업피해 유무의 판정,

② 산업피해의 판정이 있는 경우 관계행정기관의 장에게 하는 구제조치의 건의,

③ 긴급조치가 필요한 산업에 대한 잠정조치의 건의,

④ 관계행정기관의 장이 행한 구제조치가 국내산업에 미치는 영향 등에 관한 연례검토 및 당해 구제조치의 기간의 연장 또는 구제조치의 변경 및 해제 등의 건의,

⑤ 무역거래자 등의 불공정 수출입행위의 유무에 대한 조사와 불공정 수출입행위에 대한 시정조치명령 또는 과징금 부과의 건의,

⑥ 덤핑방지관세 및 상계관세의 부과를 위한 산업피해조사신청의 접수, 조사개시 여부의 결정, 산업피해의 조사 및 판정.

종전에는 관세법에 의한 산업피해 구제절차의 심의는 관세심의위원회에서 하도록 하고 다만 재정경제부장관이 동 위원회의 심의를 거쳐 요청하는 경우에는 무역위원회에서 조사할 수 있도록 이원화하였다. 그러나 이같은 이원적 구제기능은 비효율적이라는 비판 때문에 1992년 12월 개정시에 관세법에 의한 산업피해구제조치가 필요한 경우에도 무역위원회가 직접 조사·판정할 수 있고 관세율조정 등 관세법에 의한 구제조치가 필요한 경우에는 재정경제부장관에게 건의하도록 함으로써 미국의 법제와 거의 일치시켰다.

⑦ 특정물품의 수입 또는 무역·유통서비스의 공급이 국내산업의 경쟁력에 미치는 영향의 조사

⑧ 국제무역에 관한 법규·제도 및 분쟁사례에 관한 조사·연구

⑨ 기타 공정무역의 조장 등 무역위원회가 필요하다고 인정하는 사항의 조사 및 건의

3. 무역위원회의 구성

무역위원회는 위원장 1인을 포함한 위원 9인으로 구성한다. 위원장과 위원은 산업·통상·무역법률 또는 회계분야에 관한 학식과 경험이 풍부한 자 중에서 산업자원부장관의 제청으로 대통령이 임명하되, 임기는 3년이고 연임할 수 있으며, 위원장이 사고로 인하여 직무를 수행할 수 없을 때에는 상임위원이 그 직무를 대행한다.

그리고 위원장과 위원의 신분보장을 위하여 위원장과 위원은 ⅰ) 금고 이상의 형의 선고를 받은 경우와 ⅱ) 장기간의 심신 쇠약으로 인하여 직무를 수행할 수 없게 된 경우를 제외하고는 그 의사에 반하여 면직되지 아니한다. 다만, 위원장과 위원이 공무원이 아닌 경우에도 형법 기타 법률에 의한 벌칙의 적용에 있어서는 이를 공무원으로 본다.

4. 무역위원회의 운영

위원장은 무역위원회의 회의를 소집하고 그 의장이 되며, 위원장이 회의를 소집하고자 할 때에는 회의의 일시·장소 및 부의사항을 정하여 회의개최 7일전까지 각 위

원에게 서면으로 통지하여야 한다. 다만, 긴급을 요하거나 부득이한 사유가 있는 때에는 그러하지 아니하다.

그리고 무역위원회의 회의는 이를 공개하여야 한다. 다만 무역위원회는 영업상의 비밀을 보호할 필요가 있다고 인정할 때에는 비공개로 할 수 있다. 또한 무역위원회는 이해관계인으로 하여금 회의에 출석하여 그 의견을 진술하게 하거나 필요한 자료를 제출하게 할 수 있으며, 위원회의 의결재적위원 과반수의 출석으로 개의하고 출석위원 과반수의 찬성으로 의결한다.

한편 미국 국제무역위원회의 운영 및 주요 기능들을 살펴보면 다음과 같다.

5. 미국제무역위원회(USITC)의 경우

(1) 개요

미국제무역위(ITC)는 대통령, 의회 및 기타 정부기관에 대하여 국제무역 및 관세에 관한 연구 및 보고서, 건의 등을 제공 또는 행한다. 또한 이에따라 ITC는 국제정책과 관련, 각종 조사 및 공청회를 개최하며 관련 특정 프로젝트를 연구한다.

ITC는 미관세위원회와 같이 1916년 9월 8일 승인된 의회법(Act of Congress)에 의해 설립된 독립기관으로서 1974년 통상법 제171조에 의거 현행의 미 ITC란 명칭으로 개칭되었다.

현재 미 ITC의 권한 및 임무는 1930년 관세법, 농업조정법, 1962년 통상확대법과 1974년 통상법 등에 대부분 규정되어 있다.

위원장 및 부위원장은 대통령에 의해 지명되고 임기는 2년이며 계속해서 같은 정당에서 맡을 수 없도록 하고 있는데 위원장은 동 위원회의 전반적인 행정관리에 대한 책임을 진다.

(2) 기능

ITC는 전술한 여러 미국의 통상관련법에서 규정한 각종 기능을 수행하고 있다.

먼저 1930년 관세법에 따라 ITC는 미국 및 외국의 관세법규와 관련사항, 국내생산 및 소비에 비교한 수입물량, 미국 산업과 경쟁관계에 있는 외국산업에 관한 사항, 기타 미국산 상품과 수입상품사이의 경쟁관계에 영향을 주는 제반요인 등의 조사권한을 부여받고 있다.

대통령 및 하원 세입위와 상원 재정위 등의 요청에 따라 정보를 제공해야 할 뿐 아니라 요청사항에 대한 조사를 행하여 보고서를 작성, 제출해야 한다. 또한 1930년 관세법의 개정을 통해 1921년 반덤핑법을 대체하게 된 1979년 통상협정법은 덤핑 및 보조금 수입으로 인한 국내산업의 피해에 대한 조사 책임을 ITC가 새로 담당토록 하였다.

전술한 바와 같은 책무를 수행하기 위해 ITC는 폭넓은 조사 및 전문적인 연구를 행해야 하며 미국의 대외통상정책과 관련한 모든 문제에 대해 고도의 전문성을 보유해야 함이 요구되고 있다

1) 통상협상에 관한 자문

위원회는 제안(提案)된 외국과의 통상협상과 관련, 관세 및 기타 무역장벽에 대한 수정이 미 국내산업 및 소비자에 미칠 경제적인 영향에 대하여 대통령을 자문한다.[43)]

2) 개도국특혜관세 제도(GSP)

또한 ITC는 모든 GSP수혜상품 즉 개도국으로부터 수입되는 무관세 특혜를 받는 상품의 미 국내산업 및 소비자에 대한 경제적인 영향에 관하여 대통령을 자문한다.[44)]

---

43) 1974년 통상법 131조, 19U.S.C. §2151.
44) 1974년 통상법 131, 503조, 19U.S.C. §2151, 2163.

3) 국내산업에 대한 수입구제

ITC는 국내산업, 기업, 노동자그룹, 기타 한 산업을 대표하는 단체의 제소 및 청원에 따라 수입상품이 이와 직접 경합하고 있는 상품을 생산하는 미국내 산업에 대해 실질적인 피해를 입히고 있거나 피해를 줄 우려가 있는가에 대한 여부를 결정하기 위해 조사를 행한다.

만약 ITC의 조사결과가 부정적으로 나타나면 ITC의 건의를 토대로 하여 관세인상, 물량규제, OMA 및 관련 국내기업·노동자단체에 대한 특정구조조정 지원조치(Adjustment Assistance) 등의 수입구제조치가 대통령의 재량에 의해 실시된다. 만약 대통령이 ITC가 건의한 수입구제형태를 따르지 않았을 경우, 의회의 양원이 동 대통령의 결정을 승인치 않으면 대통령은 ITC가 추천한 수입구제형태를 채택하도록 되어 있다.[45)]

이렇게 해서 수입구제조치가 취해진 후에 ITC는 대통령에게 수입구제조치를 받는 국내산업 동향에 관하여 보고하며 관세인상등 취해지고 있는 구제조치의 완화 및 폐지가 미칠 경제적인 영향에 대해서 자문한다. 대통령은 기존 수입구제조치를 그대로 유지하거나 수정 또는 종결시킬 수 있다.[46)]

4) 동서무역의 모니터링

ITC는 비시장경제국가(Non-market Economy)로부터의 수입을 감시하며 동수입이 국내관련 산업의 생산 및 고용과 직접 경합되는 국산상품에 미치는 영향에 대하여 분기당 1회이상 보고서를 작성한다.[47)]

---

45) 1974년 통상법 201, 202, 203조, 19U.S.C. §2251 - 2253.
46) 1962년 통상확대법 351, 19U.S.C. 1981, 1974년 통상법 203조, 19U.S.C. §2240.
47) 1974년 통상법 410조, 19U.S.C. §2240.

5) 공산국가와의 교역

ITC는 공산국가산 상품의 수입증가로 인한 미시장 교란에 대해 조사를 행하며 동 조사 결과 긍정적 판정이 내려지게 되면 대통령은 오직 공산국가로부터 수입되는 상품에 대해서만 적용한다는 점을 제외하면 기타 국내산업 피해케이스와 동일한 조치를 피할 수 있다.[48)]

6) 1930년 관세법하에서의 덤핑 및 보조금 수입에 관한 조사

ITC는 관계자의 제소에 따라 덤핑 및 보조금의 지원을 받고 있는 수입으로 인하여 국내산업이 피해를 입고 있다는 타당성 있는 조짐의 유무에 대해 예비적인 판정을 행한다(피해판정이 적용되지 않는 Subsidy Code 미가입국으로부터의 수입에 대한 상계관세 조사는 예외).

동 ITC의 예비판정후 상무성이 조사관련 수입이 덤핑 또는 보조금의 혐의가 있다고 판정을 내렸을 경우는 ITC는 그러한 수입으로 인하여 국내관련산업이 실질적인 피해를 받고 있는가에 대해 최종적인 판정을 행한다. 예비판정이나 최종판정을 불문하고 ITC가 무피해를 내릴 경우는 각 케이스의 조사절차는 종결되게 된다.

또한 만약 상무성이 덤핑 및 보조금수입으로 인한 피해영향을 배제하겠다는 합의를 수락하여 조사를 중단했을 경우 ITC는 조사가 중단된 관련상품의 수입으로 인한 피해영향이 합의에 의해 완전히 제거됐는지에 대한 여부를 조사하며,[49)] 상황변화에 따라 이러한 조사중지 합의가 여전히 계속 관련수입의 피해영향을 배제하고 있는지에 대해서도 조사한다.[50)]

또한 상무성 및 ITC가 최종적인 긍정판정을 내림에 따라 취해진 덤핑 및 상계관

48) 1974년 통상법 406조, 19U.S.C. §2436.
49) 1930년 관세법 704, 734조, 19U.S.C. §1671C.
50) 1930년 관세법 751조, 19U.S.C. §1675.

세 부과명령을 상황변화에 따라 수정 또는 폐지할 경우, ITC는 과연 미국 산업에 실질적인 위협을 주지 않으며 산업설립을 실질적으로 저해, 지연시키지 않을 만한 상황변화가 존재하느냐에 대해 조사를 행한다.[51)]

한편 ITC는 각종 통상협정에 포함되어 있는 미국의 관세 및 수입제한관련조항의 기능 및 효과에 대한 정보를 유지해야 하는데,[52)] 종종 ITC는 법적인 요구에 의해 특정무역관련연구를 행하고 있다. 최근에 ITC로 하여금 미수출입은행이 미국 각 산업에 미치는 영향에 대해서 보고서를 제출토록 요구한 법안[53)]과 특정산업 기술의 수출이 미국내 경제에 미치는 영향에 대해서 보고토록 요구한 법안[54)]등이 그 좋은 실례가 되고 있다.

7) 농업계획을 저해하는 수입

대통령의 지시에 따라 ITC는 외국산농산물이 미농무성의 농산물 수급계획 등 농업계획을 저해내지는 무효화시키거나 국내농산물가공제품의 생산량을 실질적으로 감축시키는 정도의 물량 또는 조건하에서 수입되고 있거나 수입될 예정인가를 결정키 위해 조사를 행하며 그 조사결과와 함께 건의안을 작성한다.

이에 따라 대통령은 문제의 수입에 대해 수입과징금 또는 수입쿼타는 부과, 이를 제한할 수 있다.[55)]

8) 불공정 수입거래

ITC는 수입거래 및 국내판매에서 공정치 못한 경쟁방법등을 통한 불공정 행위가 행해지고 있는가를 조사하며, 이러한 행위로 인하여 효율적이며 경제적으로 운영되

51) 1930년 관세법 751조, 19U.S.C. §1675.
52) 1930년 관세법 603조, 19U.S.C. §2482.
53) 92 State. 3641, 1911조.
54) 91 State. 243, 118조.
55) 농업조정법 22조, 7U.S.C. 624로 개정.

고 있는 미 국내산업에 실질적인 피해를 주거나 그 설립을 지연시키며 혹은 미국내 무역 및 상업거래를 제한 내지는 독점화시키고 있는가에 대해서도 조사를 행한다.

동조사에서 당해 수입행위가 미 관련 법규를 위반했다고 판정할 경우 ITC는 당해 수입상품에 대하 통관배제명령을 내리거나 또는 동 위법행위에 관련된 자에 대하여 중지명령을 발할 수 있다.

한편 ITC가 공공이익을 위하여 이러한 배제 및 중지명령을 유보할 수 있도록 하며 대통령이 ITC의 명령을 승인치 않을 수 있도록 규정한 법조항도 마련되어 있다. 또한 ITC의 위법판정은 법원의 재심을 받도록 하고 있다.[56)]

9) 통계데이타

ITC는 재무성 및 상무성과 협력하여 수출입상품별 통계를 작성하며 이를 구내생산통계와의 비교를 행한다.

이러한 활동을 통해 ITC와 양성은 국제무역거래 및 국제일차산품 코드에 관한 이해를 증진시키며 더 나아가 대(對) 의회보고를 보다 충실히 하도록 한다.[57)]

10) 미국관세율표(TSUSA)

ITC는 미국의 관세율 및 이와 관련사항에 관한 내용을 담고 있는 책자를 발간하며 관세율조정 및 상품분류 등에 대한 문제를 검토한다.[58)]

11) 국제무역에 관한 연구

ITC는 대통령, 하원 세입위, 상원 재정위 및 기타 의회의 산하위원회의 요청에 의하거나 자체 결정에 따라 전반적인 국제무역과 관련한 폭넓은 주제에 대한 연구

---

56) 관세법 337조, 19U.S.C. §1337.
57) 관세법 484조(e), 19U.S.C. §1484(e), 1974년 관세법 608조.
58) 1962년 관세분류법 201조, 1930년 관세법 332조(a) 및 484조(e), 19U.S.C. 1332(a) 및 1484(e).

내지는 조사 프로젝트를 행한다. 또한 이러한 연구·조사 프로젝트의 보고서는 대부분의 경우 자료로서 발간·공표 된다.[59)]

또한 ITC는 법령에 의한 특정 무역관계 연구를 이행할 것을 요청받고 있는데 최근 ITC로 하여금 미수출입은행의 활동이 산업 및 고용에 미치는 영향에 대한 보고서를 제출토록 요구한 법안[60)]과 특정산업기술의 수출이 미국경제에 미치는 영향에 관한 보고서를 요구한 법안[61)]이 그 좋은 예가 되고 있다.

12) 무역·관세정보 Summaries 발간

ITC는 수시로 각종 무역·관세정보를 요약 이를 자료로 발간하는데 동 자료의 주요내용은 미 수입품목의 내역(미 관세율표상의), 생산방법과 미시장의 소비 및 생산, 교역 이밖에 국내산업의 체질 및 경쟁상태에 영향을 주는 요인 등에 관한 정보 등이다.[62)]

V. 권한의 위임[63)](또는 위탁)에 의한 관리

산업자원부장관은 대통령령이 정하는 바에 의하여 대외무역법에 의한 권한의 일부를 소속기관의 장·또는 시도지사에게 위임하거나 관계행정기관의 장·세관장·한국은행총재·한국수출입은행장·외국환은행의 장 기타 대통령령이 정하는 법인 또는 단

59) 1930년 관세법 332조, 19U.S.C. §2482.

60) 92 State. 3641 제1911조.

61) 91 State. 243 제118조.

62) 1930년 관세법 332조, 19U.S.C. §1332.

63) 권한의 위임(delegation of power)이라 함은 행정관청이 자신의 법령상의 권한의 일부를 타행정기관에 이전하여 수임기관으로서 행하도록 하는 것을 말하며, 이를 또한 사무의 위탁이라고도 한다. 권한의 위임은 그 권한을 위임하는 행정관청의 하부기관 또는 보조기관에다 하는 것이 보통이지만, 위임행정관청의 직접적인 지휘·감독을 받지 아니하는 행정관청에 대해서도 할 수 있음은 물론이다. 위탁은 행정기관이 타행정기관이나 어떤 특정기관에 어떤 법률상의 행위나 사실상의 행위를 행할 것을 의뢰하는 것을 뜻한다. 대체로 위임은 상하관계에 있는 자 사이, 위탁은 대등관계자간에 이루어진다.

체에 위탁할 수 있다.

그리고 산업자원부장관은 위탁한 사무에 관하여 세관장·한국은행총재·한국수출입은행장·외국환은행의 장 또는 대통령령이 정하는 법인 또는 단체를 지휘·감독하고 위임 또는 위탁한 사무에 관하여 그 위임 또는 위탁받은 자에게 필요한 보고를 명할 수 있다.

1. 중앙행정기관의 장

권한의 위임 또는 위탁에 의한 관리사항을 살펴보면 다음과 같다.

① 산업자원부장관이 관장하는 품목 이외의 품목에 대하여 외화획득용 원료·기재의 수입을 제한에 관한 권한,

② 산업자원부장관이 관장하는 품목 이외의 품목에 대하여 외화획득용 원료·기재의 기준소요량의 결정에 관한 권한,

③ 산업자원부장관이 관장하는 품목 이외의 품목에 대한 외화획득의 이행기간을 결정하는 권한 및 외화획득의 이행기간을 연장하는 권한,

④ 산업자원부장관이 관장하는 품목 이외의 품목 및 외화획득용 제품 중 산업자원부장관이 정하는 품목에 대한 사후관리를 하는 권한,

⑤ 산업자원부장관이 관장하는 품목 이외의 품목 및 외화획득용 제품 중 산업자원부장관이 정하는 품목에 대한 사용목적변경승인을 하는 권한,

⑥ 산업자원부장관이 관장하는 품목 이외의 품목 및 외화획득용 제품 중 산업자원부장관이 정하는 품목에 대한 양도·양수의 승인을 하는 권한,

⑦ 전략물자수입증명서의 발급에 관한 권한,

⑧ 무역거래자에 대한 수출입질서유지를 위한 조정명령에 관한 권한,

⑨ 시도지사에게 위임된 사무에 대한 지휘·감독 및 보고에 관한 권한.

2. 국방부장관

국방부장관에게는 방위산업물자(국방부장관과 협의하여 정하는 주요 방산물자에 한한다)의 수출에 대하여 조정명령을 하는 권한을 위탁하고 있다.

3. 국립기술표준원장

① 산업자원부장관이 관장하는 품목(목재가구를 제외한다)에 대한 외화획득용 원료의 품목 및 수량의 결정기준과 그 범위를 정하는 권한,

② 산업자원부장관이 관장하는 외화획득용 원료・기재 수입의 외화획득이행 여부에 대한 사후관리권한,

③ 산업자원부장관이 관장하는 품목에 대하여 관계행정기관의 장에게 위탁한 외화획득용 원료의 외화획득이행상황의 관리에 대한 지휘・감독을 하는 권한,

④ 서울특별시장・광역시장 또는 시・도지사에게 위임한 외화획득이행기간 연장 및 사용목적 변경승인업무 중 산업자원부장관이 관장하는 품목에 대하여 지휘・감독을 하는 권한.

4. 임업연구원장

임업연구원의 장에게는 산업자원부장관이 관장하는 품목 중 목재가구에 대한 외화획득용 원료의 품목 및 수량의 결정기준과 그 범위를 정하는 권한을 위탁하고 있다.

5. 시·도지사

다음의 권한은 서울특별시장, 광역시장 또는 시・도지사에게 위임한다.

① 산업자원부장관이 관장하는 품목에 대하여 외화획득이행기간을 연장하는 권한,

② 산업자원부장관이 관장하는 품목에 대하여 사용목적변경승인을 하는 권한,

③ 수입 통관되어 국내유통중인 물품의 원산지 표시방법의 적정성 및 원산지표

시 여부의 확인 등을 위하여 검사하는 권한.

6. 세관장

① 수출입승인면제의 확인에 관한 권한,

② 수입품의 원산지표시 및 원산지 확인에 대한 검사에 관한 권한,

③ 원산지증명서의 제출명령에 관한 권한,

④ 시정조치명령 또는 과징금부과에 대한 권한,

⑤ 과태료의 부과징수 이의제기접수 및 통보에 관한 권한 등.

7. 한국수출입은행장

한국기계산업진흥회장에게 위탁된 산업설비수출의 승인 및 변경승인을 하는 권한 중 연불금융지원거래인 경우에 관한 동 권한

8. 한국무역협회장

① 수출입통계 데이터베이스 등 무역정책수립을 위한 전산관리 체제의 개발·운영,

② 수출입거래에 관한 정보의 수집, 분석 등에 관한 권한.

객관식 연습문제

【문 27】 대외무역의 관리기구에 해당되지 않는 것은?

① 세관장 ② 시 · 도지사 ③ 수출자유지역관리소장
④ 국립기술표준원장 ⑤ 한국수출입은행장

해설 수출자유지역이 폐지되고 자유무역지역의 지정 등에 관한 법률의 제정(2000. 1. 12)에 의거 자유무역지역으로 바뀜에 따라 관리권자도 시도지사, 중앙행정기관의 장 또는 그 소속기관의 장이나 법인에 위탁시켜 관리하도록 하고 있다.

【문 28】 무역행정협조관청으로서 서로 관계 있는 사항끼리 올바르게 짝지어지지 않는 것은?

① 외교통상부장관—해외통상 · 조약체결 등
② 행정자치부장관—총포 · 도검 · 화약류 등
③ 농림부장관—양곡 · 비료 · 식품 등
④ 보건복지부장관—의약품 · 독물 · 마약 등
⑤ 문화관광부장관—음반 · 문화재 등

해설 식품 등은 보건복지부 소관이다.

【문 29】 다음 중에서 산업자원부장관이 권한을 위탁하는 자로 볼 수 없는 것은?

① 국방부장관 ② 임업연구원장 ③ 세관장
④ 한국수출입은행장 ⑤ 대한무역투자진흥공사장

해설 법 제53조

【문 30】 대외무역법상 권한의 위임 또는 위탁과 관련하여 서로 관계 있는 사항끼리 올바르게 짝지어진 것은?

① 국방부장관—조달물자 수출에 대한 조정명령

② 시 · 도지사—시정조치명령 또는 과징금 부과에 대한 권한

③ 한국무역협회장—무역거래정보수집 · 분석 등에 관한 권한

④ 세관장—외화획득이행기간 연장 권한

⑤ 국립기술표준원장—원산지 증명서 제출 명령에 관한 권한

해설

시행령 제116조

【문 31】 대외무역법의 관리대상인 무역거래에 대한 다음 설명 중 잘못된 것은?

① 무역거래는 서로 다른 국가에 소재 하는 당사자간에 국경을 넘어 이루어지는 상거래를 말한다.

② 무역거래는 서로 다른 국적을 가진 당사자간에 이루어지는 상거래이다.

③ 무역거래는 종래 물품거래를 중심으로 하여 발달하여 왔다.

④ 기술 · 용역거래도 무역거래의 중요한 부분이라고 할 수 있다.

⑤ 산업설비수출도 무역거래에 속한다.

해설

무역거래는 서로 다른 국가에 속하는 당사간에 이루어지는 거래를 말하며 거래당사자의 국적과는 무관하다. 물품거래, 기술?용역거래, 자본•금융거래의 3대부분으로 구분할 수 있다. (광의의 무역거래)

【문 32】 K국에 소재 하는 H기업과 A국에 소재 하는 G기업간에 자동차 수출계약이 체결되었을 때, 동 거래에 적용될 수 있는 규범으로 옳지 않은 것은?

① H, G간에 체결된 수출계약

② K국의 외환거래법

③ A국의 관세법

④ K, A국의 매매계약법

⑤ WTO 반덤핑협정

해설 WTO 규범들은 사기업간의 거래에 직접 적용되는 규범이 아니고 각국정부간의 통상관련 법적 문제에 적용되는 법규범이다.

해답

27 ④ 28 ③ 29 ⑤ 30 ④ 31 ② 32 ⑤

3 무역거래의 주체

1 거래주체의 자유화배경

우리나라 헌법은 그 전문에서「모든 영역에 있어서 각인의 기회를 균등히 하고 능력을 최고도로 발휘하게 하며」라고 하고 제119조 제1항에서는「대한민국의 경제질서는 개인과 기업의 경제상의 자유화와 창의를 존중함을 기본으로 한다」라고 하고 있으며 제15조에서는 직업선택의 자유를 규정하여 현행 헌법의 경제질서가 원칙적으로 자유경쟁에 입각한 시장경제질서를 근간으로 하고 있음을 천명하고 있다. 헌법 제119조 제1항의 경제상의 자유에는 계약의 자유 · 경쟁의 자유 · 기업의 자유 · 광고의 자유 · 소지의 자유 등이 포함된다.

그러나 헌법은 경제력남용의 방지, 대외무역의 규제 · 조정 등을 규정함으로써 자유시장경제에 대한 수정을 의미하는 예외 조항을 두고 있다.

그리하여 현행 헌법의 경제질서는 사유재산제를 바탕으로 하고 경제활동의 자유화

자유경쟁을 존중하는 자본주의적 자유시장경제를 골간으로 하면서 자유시장경제에 수반되는 모순을 제거하고 사회정의와 경제민주화를 실천하기 위하여 국가적 규제와 조정을 광범하게 인정하고 있으므로 전체적으로는 사회적 시장경제 즉 수정자본주의적 경제질서의 성격을 갖고 있다.

이상과 같은 헌법상의 경제이념에 따라 국가는 대외무역법을 제정하고 그 동안 무역업에 대하여 '허가'·'등록'·'신고'의 형태로 그 자격요건을 엄격하게 관리하여 왔다. 그러나 대외적으로 WTO의 출범, OECD가입 등에 따라 국내무역관련제도를 국제규범에 일치시킬 필요성이 증대되었고 원래 자유로워야 할 무역업 등에 대한 신고제도가 무역업에 대한 신규진입규제로, 제도개선의 필요성이 제기되었다.

그리하여 대외무역법 부칙 제2조(무역업 등의 신고제에 관한 적용시한 : 대외무역법 제10조 내지 제12조, 제55조 제1호의 규정은 1999년 12월 31일가지 효력을 가진다) 및 동시행령 부칙 제2조(무역업 등의 신고제에 관한 적용시한 : 제19조 내지 제23조의 규정은 1999년 12월 31일까지 효력을 가진다)에 따라 2000년 1월 1일부터는 무역업에 대한 신고없이 누구나 자유롭게 무역업과 무역대리업을 영위할 수 있도록 하였다.

위 법률규정은 일정한 기간에 한하여 효력이 있는 것으로 제정된 법률로써 이른바 한시법(限時法)에 속한다. 한시법이란 법의 유효기간이 한정되어 있고 예고되어 있는 것이 특징이다. 따라서 일반 법률의 경우 그 법률의 폐지시기가 도래하면(위의 예에서 1999년 12월 31일) 자동적으로 효력을 상실하게 된다. 한시법은 소급효가 인정되기 때문에 그 법률의 실효시기가 도래한 후에도 그것이 유효하였던 당시에 행하여진 행위에 대하여는 유효한 법률규정으로서 적용을 인정하는 것으로 되어 있다.

무역업이 완전자유화됨에 따라 무역업의 신고, 무역업의 신고면제, 무역업의 지위승계 등 조항과, 신고 또는 변경신고를 하지 아니하고 무역 또는 무역대리업을 하거나 허위 기타 부정한 방법으로 무역업·무역대리업신고 또는 변경신고를 한자에게 적용되는 벌칙규정은 그 효력이 상실되고 무역대리업도 갑류·을류 구분이 없어졌다. 따라서 세법상의 사업자 등록만으로 무역활동을 영위할 수 있는 가장 자유로운 형태가 되었다. 물론 사단법인 한국무역협회 및 대한상사중재원의 회원가입요건도 사라졌기 때문에 이들 단체에의 가입역시 완전자유이다.

이점은 내외국인 모두에게 차별 없이 공통으로 적용된다.

2 무역업에 대한 관리의 변천과정

Ⅰ. 서설

그동안 대외무역법은 무역관리의 적정화를 위하여 누구나 무역업을 영위할 수 있도록 이를 개방하지 아니하고 무역업주체적격자를 갖춘 자로서 법이 요구하는 허가·등록·신고 등 소정의 절차를 받은 자만이 무역업을 영위할 수 있도록 규제하였다. 이는 무역이 서로 법역을 달리하고 있는 국가간에 이루어지는 상거래활동이기 때문에, 특히 대외적인 공신력과 대외거래상의 질서를 유지하기 위하여 무역업의 난립을 방지하고 이를 철저하게 관리·운용하기 위한 까닭에서 일 것이다.

여기서는 구법체제하에서의 무역업에 대한 허가제→등록제→신고제에 대한 이해를 돕기 위하여 그 의의 및 성격을 살펴보기로 한다.

Ⅱ. 무역업의 허가주의(1967 ~ 1993. 6)

무역업을 영위하고자 하는 자는 구법하에서는 주무부장관의 허가를 받아야 하는데 여기에서 허가의 법적 성격은 효력요건인 인가와는 구별되는 것으로서 어디까지나 적법요건의 성격을 가진다.

따라서, 수출입업의 허가가 취소된 업체라 하여도 수출입 행위를 할 수 있는 경우가 있는가 하면, 허가를 득하지 아니하고 수출입을 한 자에 대하여는 3년 이하의 징역 또는 1천만원 이하의 벌금에 처하도록 되어 있었다.

그러나 허가는 행정청의 재량행위이며 이 점 기속행위(羈屬行爲)인 등록 또는 신고와 구별된다. 특히 자연적 자유의 회복(해제)에 불과하기 때문에 설권행위인 특허행위와는 다르다.

또한, 수출입업의 허가는 일반적으로 대인적 관리를 중요시한 나머지 인적요소를 위주로 한 대인허가의 성격을 갖기 때문에 이 점에서 대물허가와는 구별되며, 따라서 일단 허가를 득한 자가 그 업체를 타인에게 양도하고 할 때에는 별도의 허가를 받아야 하기 때문에 효과면에서 매매 · 대여 · 양도 · 교환 등 이전성이 없다.

다시 말해서 대인적 허가는 일신전속(一身專屬)으로 이전성이 인정되지 아니한다. 그러나 대물적 허가는 허가를 받은 특정인뿐만 아니라 당해 물건 또는 사업의 상속 · 양도 등 이전에 따라서 그 물건 · 사업에 부수하여 허가받은 지위를 승계할 불특정인에게도 미치게 된다.

끝으로, 허가는 수출입 행위를 하는데 있어서 자격요건으로서의 필요요건이며 충분요건은 아니다. 업의 허가는 원칙적으로 수출입거래 행위를 할 수 있다는 자격을 부여할 뿐이고, 개별적인 수출입 행위를 하는데 있어서는 각각 당해 거래 행위에 관한 규정의 규제를 다시 받아야만 한다.

III. 무역업의 등록주의(1993. 7 ~ 1997. 2)

전술한 바와 같이 허가제는 법일 일정한 행위(수출입행위)를 일반적으로 금지하고 다만 법이 정한 일정요건을 갖춘 경우에 한하여 금지를 해제하는 제도이다. 그러므로 무역업에 대한 허가제는 중소무역업체의 난립과 과당경쟁을 방지하고 무역진흥을 꾀하는 데 의의를 찾을 수 있다.

반면, 무역업이란 국민의 경제활동에 속하고 또 헌법상의 소위 직업선택의 자유라는 기본권에 비추어 볼 때 무역업은 원칙적으로 자유이어야 하며 예외적으로 필요시 최소한의 범위내에서만 국가에 의해서 제한이 가능하다고 보아야 한다.

그리하여 대외무역법은 무역업개방의 첫 번째 시도로 구법하에서의 허가제를 등록제로 전환하였는데 허가제 채택시의 문제였던 무역업의 난립문제는 새 법하에서의 등록기준을 탄력성 있게 운용함으로써 충분히 개선되었다.

원래 '등록'은 준법률행위적 행정행위에 속하는 '공증(公證)'의 성격을 갖고 있다. 여기서 공증이란 특정사실 혹은 법률관계의 존재, 부존재를 공적으로 증명하는 행위를 뜻한다. 그리하여 효과의사의 표시가 아닌 점에서는 확인과 같지만 확인처럼 판단의 표시가 아닌 인식의 표시를 말한다.

그 결과 무역업 또는 무역대리업의 등록은 그들의 지위를 공적으로 증명하는 행위이다. 따라서 등록은 권리의 설정행위가 아니며 그 주된 효과는 무역업자라는 것을 공적으로 표시 또는 증명하는 것이므로 일종의 공증행위에 속한다. 다만, 대외무역법상 무역업등록자만이 무역업을 적법하게 영위할 수 있다는 측면에서 볼 때 등록을 한 자는 그 등록의 부수적 효과로서 무역업영위를 통한 경제이익을 향유할 수 있다. 그리고 무역업의 등록은 공증행위의 성격상 요식행위이며 기속행위 내지 기속재량행위에 속한다.

Ⅳ. 무역업의 신고주의(1997. 3 ~ 1999. 12)

신고란 일정한 행위 또는 법률행위가 있을 것임을 신고행정기관 또는 수임기관에 일방적으로 통고(notify)하는 행위를 말한다. 따라서 신고제하에서는 원칙적으로 일정한 신고요건을 강제할 수 없다. 신고제하에서 신고행정기관은 신고사실이 법률상의 근거규정에 명백하게 위배되지 않는 한 신고의 접수·수리를 거절할 수 없다. 따라서 신고행정기관은 법률위반 여부만 검토한 후 신고필증을 교부한다.

그러나 등록이란 일정한 사실 또는 법률관계를 행정기관 또는 수임기관에 비치되어 있는 공부상에 기재하는 것을 말하며, 등록행정기관은 일정한 등록요건을 갖추어 등록을 신청한 자에게 재량권을 행사하지 않고 등록요건에 부합되는지 여부만을 확인하고 등록증을 교부한다. 이와같은 등록제와 허가제의 근본적인 차이는 행정기관이 재량권을 갖는지 여부이다. 즉, 허가제하에서 허가기관은 허가여부에 대하여 재량권을 보유하고 있으나, 등록기관은 일정한 등록요건을 갖춘 경우 등록을 거부할 수 없다.

그런데 무역업 신고제하에서는 신고자가 사업자일 것이라는 최소한의 신고요건을 부과하는데 그친다. 말하자면 어떤 사업을 하는데 있어서 인허가는 가장 강한 즉 까다로운 관리절차이고 반대로 신고제는 가장 약한 관리방법이다. 민간의 자율적 성숙도가 낮거나 정부의 행정권 남용이 심한 경우는 인·허가제 중심이고 그 반대의 경우는 신고제 또는 사업자 등록만으로 무역활동을 할 수 있도록 하는 것이다.

그리하여 우리나라의 무역업에 대한 자유화에로의 접근 단계도 허가제→등록제→신고제→완전자유화(2000년 1월 1일)과정을 거쳤다.

V. 무역업의 자유설립주의

무역회사의 설립에 대한 국가의 태도가 시대적으로 변해 왔다 함은 기술한 바와 같다. 여기서 자유설립주의란 무역업의 창업에 관하여 아무런 제한을 두지 않고 그 실질만 갖추면 누구나 내외국인 구별없이 국내에서 무역업을 영위할 수 있다는 것을 의미한다. 말하자면 종래의 '대인적 관리'가 완전히 없어졌다는 점이다. 그러나 행위 및 대상의 관리는 그대로 존속하기 때문에 통합공고, 수출입질서유지, 수출피해조사, 무역분쟁의 해결 등 제 규정은 준수하여야 한다.

1967년 무역업허가제 이후 등록제 및 신고제를 거쳐 완전자유화에 이르기까지 주요사항을 살펴보면 【표 I-2】 와 같다.

【표 Ⅰ-2】 무역업 요건의 변천추이

연 도	신용장 요건	자본금 요건	자격유지 요건	수입 자격
1967 (무역거래법제정) ·허가제채택	1만 달러	500만 원	10만 달러(연간) (수출실적)	수출실적누계 10만 달러 이상
1967 (개정)		1천만 원		수출실적누계 20만 달러 이상
1969			20만 달러(연간)	
1970			15만 달러(연간)	
1972			25만 달러(연간)	
1976	50만 달러	5천만 원		수출실적누계 100만 달러 이상
1978			100만 달러 (반기)	전년도 수출실적 100만 달러 이상
1979		1억 원		
1980	30만 달러			수입자격제도폐지
1981			100만 달러(연간)	
1984	20만 달러		50만 달러(연간)	
1985	5만 달러	5천만 원	50만 달러 (2년 중 어느 연간)	
1987 (대외무역법 제정)	2만 달러			
1989	신용장요건 폐지		50만 달러(2년 중 어느 연간) (수출·수입실적)	
1993 (등록제전환)		1천만 원	5만 달러 (2년 중 어느 연간)	
1997 (신고제전환)		자본금 요건폐지	실적요건폐지	
2000 (전면자유화)				

3 무역거래의 주체

Ⅰ. 무역거래자

대외무역법은 무역거래의 주체로서 포괄적으로 '무역거래자'라는 용어를 설정하고 있다. 즉「무역거래자라 함은 수출 또는 수입을 하는 자, 외국의 수입자 또는 수출자의 위임을 받은 자 및 수출·수입을 위임하는 자 등 물품의 수출·수입행위의 전부 또는 일부를 위임하거나 행자는 자」를 말한다고 정의하고 있다. 이와같이 대외무역법은 행위주체로서 자기명의로 직접 무역거래를 하는 자만이 아니라 위임 또는 수임에 의해서 사실상 물품의 대외거래를 하는 자까지 포괄적으로 무역거래자로 규정하고 있다. 비록 무역대리업, 무역대행업 등의 무역업개념이 폐지되었다 하더라도 무역거래자의 개념중에는 당연히 무역대리업, 무역대행업 등의 개념도 포함된다.

대외무역법상 무역은 물품·용역·전자적 형태의 무체물의 수출·수입을 말하며, 무역업이란 이러한 무역을 업(業)으로 영위하는 것을 말한다. 업으로 영위한다 함은「자기명의로 자기책임하에」영리를 목적으로 하는 행위를 계속적으로 반복하는 것을 의미한다. 자본주의 시장경제체제하에서는 민간기업인 무역거래자가 무역업을 영위하는 것이 일반적이다. 따라서 무역거래자라고 하면 영리를 목적으로 대외무역을 영위하는 민간업자를 말한다. 국영기업이 무역을 하는 경우에도 민간기업의 무역행위와 다를 바가 없으므로 구분할 실익이 없다.

산업분류상 한국표준산업분류에 의하면 우리나라의 모든 산업을 20개 군으로 대분류하고 다시 63개군으로 중분류하고 있는데, 그 중에서 수출수입은 도매 및 상품중개업(중분류 51)의 범위에 포함되는 도매업의 한 업태로서 사업체의 산업활동을 말한다.

도매 및 상품중개업이란 구입한 새로운 상품 또는 중고품을 변형하지 않고 소매업자, 산업 및 상업사용자, 단체, 기관 및 전문사용자 또는 다른 도매업자에게 재판매하는 산업활동을 말한다. 또한 개인이나 사업자를 위하여 상품 매매의 중개 또는 대리활동이 포함된다. 도매활동과 관련하여 상품을 물리적으로 조합·분류·선별·분할·재포장·상표부착·보관·냉장 및 배달과 설치 서비스 등이 부수될 수 있다.

(1) 도매업

도매업의 유형에는 판매하는 상품에 대한 소유권을 갖고 소매업자에게 판매하는 도매업자와 산업체, 단체, 기관, 전문사용자 등에 상품을 공급해 주는 산업공급자 및 수출·수입업자, 고물수집상 등이 있다. 광업 및 제조업체에서 별도로 운영하는 도매사업체 또는 도매지부도 포함된다.

(2) 상품중개업

상품중개업의 유형에는 상품에 대한 소유권을 갖지 않고 수수료 또는 계약에 의하여 타인을 대신하거나 타인을 위해 상품을 중개하는 상품중개인, 수탁 및 대리판매인, 대리구매 및 대리수집상, 무역중개인, 농산물공동판매조합 등이 있다.

Ⅱ. 종합무역상사

1. 의의

종합상사라는 말은 오랜 역사와 전통을 가진 일본 특유의 종합상사에서 비롯된다.

일본에는 상법상 '상사'라는 개념은 없다. 그러나 통산성이 매년 발표하는 무역업태통계표에는 상사란 「무역업에 종사하는 도매업, 소매업 및 백화점」이라고 정의하고 있다.

일본의 상사는 통상 그 역사적 발전과정과 기능 및 상품시장에 따라 특정의 시장을 중심으로 특정의 상품을 취급하는 선문상사(specialty merchant)와 이에 대응하여 광범위한 국내시장을 기반으로 다양한 제품을 취급하고 다각적인 기능을 수행하는 종합상사(General Trading Company)의 양대유형으로 분류할 수 있다.

이러한 다양한 활동에 걸맞게 종합상사에 대한 개념도 보는 이의 관점에 따라 다양하다.

즉 "다종 · 다양한 상품의 국제적인 유통을 분담하고 이에 관련되는 서비스의 제공을 행하며 다각적인 기능을 유기적으로 활용하여 광범위한 분야에서 활동하고 신규사업의 개발도 행하는 일본 특유의 대규모상사를 말한다"[64]고 정의하는가 하면 다른 학자는 "종합상사란 세계 각국에 다수의 해외지점을 갖고 세계적인 거래망과 정보망을 기반으로 근대적인 경영을 행하는 대규모의 기업체를 말한다"[65]고 정의하기도 하며 특히 국제유통시스템(international distribution system)의 견지에서 그 경영활동의 성격상 Merchant middlemen과 Agent middlemen의 양자의 기능을 동시에 수행하는 복합적 형태(conglo-merate type)의 Middlemen이라는 개념을 추가시키는 이도[66] 있다.

이상을 종합해 볼 때 "종합상사란 취급상품 · 거래지역 및 업무의 종합적 다면성을 갖춘 유통활동전문의 기업으로 정의할 수 있다.

업무의 다양성이란 상품의 거래만을 업무로 하지 않고, 금융 · 해운 · 창고 등으로부터 공업화의 오거나이징(organizing), 원료 · 에너지 및 식량자원의 개발 · 수입 및 해외정보의 모집 · 전달에 이르는 광범한 업무를 동시병행적으로 수행하는 것을 의미한다.[67]

이와 같은 성격을 가진 종합상사조직은 단일품목 · 단일시장거래 내지는 단일기능에만 전념하는 전문상사조직에 비해 많은 우위성을 갖고 있다.

---

64) 高田 務, 現代の總合商社(日本實業出版社, 1975), p.23.
65) 律田 昇, 總合商社(産業能率短期大學出版部, 1975), p.6
66) Caeteora and Hess, International Marketing(Cambridge : Bellinger Publishing Company, 1975), p.754.
67) 森川英正, 總合商社の成立と理論, 宮本又次 總合商社の經營史, 1977, p.44.

2. 특징

종합무역상사의 개념을 보다 명백히 파악하기 위하여 종합무역상사가 전개하고 있는 기업활동의 특징을 일본의 총합상사를 중심으로 간단히 살펴보면 다음과 같다.

첫째, 종합무역상사는 기업규모가 거대하다. 흔히 기업규모를 비교하는 데 잘 사용하고 있는 지표가 매상고인데 그 까닭은 매상고는 시장의 규모와 그 점유상황을 잘 나타낼 수 있기 때문이다.

어떻든 오늘날 종합무역상사는 매상고, 자본금, 총자산, 이익금, 종업원수, 사업소수, 무역량 등 모든 면에서 타상사 규모보다 훨씬 거대하다.

둘째, 종합무역상사는 취급상품이 다양하다. 종합무역상사의 특징을 표현할 때 자주 사용되는 '미사일에서 라면까지' 또는 '다다미에서 원자력까지' 더 나아가 '에서, 까지 상사론'과 같은 표현이 나타내는 취급상품의 다양화는 '무엇이든지 취급한다'는 종합무역상사의 취급상품의 다양성에 기인한다.

셋째, 종합무역상사는 그 기능이 매우 다양하다. 종합무역상사의 주요 기능은 다음과 같다.

① 수출입기능이다. 수출입기능으로서의 종합무역상사는 자사계정 또는 타사계정으로 수출입을 대행하되 그것은 전품목·전지역을 대상으로 함이 일반적이다. 이러한 기능은 상품을 직접 생산·수출하는 메이커나 단일 또는 수개의 상품만을 취급하는 전문상사와 종합무역상사를 구별하는 근본적인 차이점이 되고 있다.

즉, 종합무역상사는 전술한 바와 같이 이른바 '라면에서 미사일까지'라는 슬로건하에 다종 다양한 상품을 취급하며, 또 '세계 어느 곳에나'라는 말처럼 거래대상의 광역성, 아울러 자기생산시설을 보유하지 않고 수수료상(commission merchant)으로서 거대한 자본력과 방대한 해외조직망을 통하여 수출입업무를 영위하고 잇는 것이 보통이다. 그리고, 수출입의 대행에 있어서도 사무대행과 판매대행을 겸하여 여기에서 종합무역상사가 유통자본으로서 제조와 판매의 분리를 가능케 하고, 수출입업무를 보다 원활히 수행할 수 있는 근거가 되고 있다.

② 금융기능으로서 종합무역상사는 풍부한 자본력과 신용을 바탕으로 중소메이커에 대한 자금지원과 신속한 원자재조달을 기함으로써 중소메이커를 계열화하며 이들의 생산활동을 조성하는 역할을 수행한다.

③ 정보기능으로서 종합무역상사는 해외의 정보조직을 통하여 시장조사는 물론 해외시장의 동태를 즉각적으로 파악, 시장의 다변화 내지 다양화를 꾀한다.

이상과 같은 주된 기능 이외에도 종합상사는 보완적 기능으로서 보관·운수·종합화 등 제 기능을 아울러 갖고 있다.

넷째, 종합무역상사는 거래대상지역이 광역화되어 있다. 5대주6대양에 산재한 수많은 해외지사로서 대변되는 지역적 다변화는 이를 잘 반영하고 있다.

특히, 오늘날 종합무역상사는 품목과 지역의 집합에 그치지 않고 여러 품목을 여러 지역에 걸쳐 결합하는 과정에서 새로운 활동영역, 즉 새로운 기능을 끊임없이 창출하기도 한다.

3. 장점과 단점

이상과 같은 특징을 가진 종합무역상사는 단일기능에만 전념하는 전문상사조직과 비교할 때 구체적으로 어떠한 장점과 단점을 갖고 있는가. 이에 대한 해명을 살펴보면 대체로 다음과 같다.

(1) 장점

첫째, 종합무역상사는 규모의 경제(scale merit of economy)를 달성하는 데 유리하다.

그 까닭은 거래규모의 확대에 따른 불변비용부담의 경감을 통해 거래단위당 유통코스트를 저하시키기 때문이다.

특히, 발전도상단계에 있는 나라는 일반적으로 단일품목으로써 세계적 규모를 간진 기업이 적고 따라서 단일상품취급의 전문상사의 경우보다는 다품목 취급의 종합무역상사 쪽이 거래량의 증대에 유리하며 이로 인해 규모의 경제효과를 극대화시킬 수 있다.

둘째, 종합무역상사는 위험의 분산을 꾀하는 데 용이하다.

전문상사의 경우에는 해당국의 비교우위구조의 변화에 따라 그 취급상품의 대외경쟁력 기반을 상실하기 쉽고 또한 경쟁력 기반이 취약하기 때문에 거래대상국의 경기변동에도 극히 민감해지지 않을 수 없으나 종합무역상사의 경우에는 종래 우리나라 및 일본의 경험 예에서처럼 비교우위구조의 변화에 맞춰 인적·물적 유통자원을 비교열위화하고 있는 산업에서 비교우위화하고 있는 분야로 재배치시킬 수 있고 또한 특정상품 내지는 특정거래지역의 경기변동에 직면해서도 그렇지 않은 상품 내지 지역에 혹은 국내시장의 확대에 역점을 둠으로써 경영위기를 크게 감소시킬 수 있는 유리성이 있다.

셋째, 종합무역상사는 인적자원의 활용도를 제고시킬 수 있다.

인재에 의존하지 않는 무역경영활동이란 있을 수 없지만 제조업체가 기계장치체계에 의거하고 은행이 자금운용량에 제약되는 것에 비하면 종합무역상사의 인재의존도는 상대적으로 결정적인 중요성을 갖는다.

즉 다품목취급을 통한 거래량의 증대, 이를 통한 규모의 경제효과를 높이려고 하는 종합상사적 유통활동은 결과적으로 전문상사적 유통활동보다는 인재의 활용도를 크게 제고시킨다고 볼 수 있다.

넷째, 종합무역상사는 새로운 상품의 수출화를 촉진시키는 이점이 있다.

일단 종합무역상사적 유통활동체제가 정착화되면 수입대체상품의 수출화의 경우에도 그 유통채널을 이용하여 당해 상품의 수출활동을 보다 신속히 본 궤도에 올릴 수 있다.

특정상품을 국내 대체화단계를 거쳐 수출상품화해 가는 과정에서 전문상사적 상사활동의 환경하에서는 막대한 자금을 투하하여 대외유통활동조직을 제로(zero)의 기반 위에서 기초적인 것부터 형성해 가지 않으면 안되고, 또한 당해 상품의 품질에 상응하는 수출품으로서의 이미지(image)를 정착시키는 데 상당한 시간이 소요되게 된다. 그러나 종합무역상사적 유통활동의 환경에서는 기존의 유통기반을 이용할 수 있기 때문에 수출산업에의 육성을 보다 촉진시킬 수 있음은 두말한 필요가 없다. 여기서 기존의 유통기반이란 당해 종합무역상사의 인적·물적 제 경영자원, 네트워크(network) 및 브랜드(brand)의 활용 등을 말한다.

다섯째, 종합무역상사는 플랜트수출의 오거나이저(organizer)로서 매우 적합하다.

종합무역상사의 특징의 하나인 취급상품의 다양화 경험은 플랜트수출시 그 오거나이저적 기능을 수행하는데 적합하다.

특정국의 무역구조가 제 기계·서비스를 결합하는 이른바 플랜트수출이 큰 비중을 점하는 단계가 되면 이들을 기획하고 조정하고 종합하는 역할을 담당하는 오거나이저적 기능이 극히 중요성을 떄게 된다. 그와 같은 역할을 수행하는 오거나이저로서는 다양한 상품의 거래경험으로 인해 풍부한 상품지식을 가지며, 또한 거래상대국과의 거래교섭에 익숙한 종합무역상사의 존재가 가장 적합하다고 말할 수 있다. 그와 같은 조정기능이 체계적이고 또한 능률적으로 수행된다고 하는 것은 결과적으로 플랜트수출의 국제경쟁력을 한층 제고시키게 될 것이다.

끝으로, 종합무역상사는 비교적 개발도상국의 발전전략적 차원에서 그 유용성이 크다.

예컨대 전문상사가 수출거래, 혹은 수입거래 등 특정의 거래활동에만 전념하고 있는데 비해 종합무역상사는 국내거래, 수입 및 수출거래 등을 겸하고 있어

종합무역상사의 이같은 거래의 다면성은 개발도상국의 개발전략적 차원에서 극히 중요한 긍정적 측면을 갖고 있다.

이상이 종합무역상사가 갖는 상사활동의 유용성이라고 한다면 다음과 같은 몇 가지 부정적 측면도 내포하고 있음을 간과하지 않을 수 없다.

(2) 단점

첫째, 종합무역상사는 적정한 관리범위를 초과하기 쉽다.

기능의 다양화를 통한 위험의 분산화, 대형화를 통한 규모의 경제를 동시에 달성하려고 하면 1국의 경제구조의 확대과정에서 초대형상사가 되어 결과적으로 관리의 적정범위를 넘어서게 되어 오히려 규모의 불경제를 야기시키고 경우에 따라서는 상사활동의 독점·과점상태를 조성시킴으로써 기민한 행동력을 생명으로 하는 상사로서의 경쟁력을 약화시키는 측면도 내재한다.

둘째, 종합무역상사는 개별상품에 적합한 유통활동을 전개하기가 곤란하다.

취급상품의 수가 점차 증가해 가게 되면 판매활동의 경우 필수적으로 요구되는 상품의 전문적 지식을 습득하기 어렵고 따라서 각 상품에 적합한 마케팅활동을 전개하기 곤란한 경향이 있다.

셋째, 종합무역상사는 무역구조의 고도화에 대응하기 곤란하다.

한 나라의 무역구조가 보다 기술집약적이 되고 상품생산이 차별화단계에 이르게 되면 대규모거래에 의한 유통비용의 절약을 그 1차적 목표로 하는 종합상사형 상사활동의 역할은 점차 축소한다. 이렇게 되면 막대한 고정자본투자로 인해 일정의 이동률을 유지하지 않으면 안되는 입장에 있는 종합무역상사로서는 거래량확보를 위한 출혈수출 내지는 가동률 저하로 인해 오히려 유통비용의 증대로 초래할 우려가 있다.

종합무역상사의 이상과 같은 양 측면, 즉 긍정적인 면과 부정적인 면 중 어느쪽의 효과가 보다 클 것인가에 대해서는 그 나라 국민경제의 부존조건 내지는 경제발전단계 등 모든 여건의 변화와 밀접한 관계를 갖고 변화되어 갈 것이다.

4. 대외무역법상의 종합무역상사제도

(1) 제도화의 필요성과 그 배경

기업이 국제화를 추구하는 길은 당해 기업의 능력에 따라 다음 두 가지 방법 가운데 하나를 선택하는 것이 보편적이다.

그 하나는 내수시장을 기반으로 어느 정도의 규모를 갖춘 기업이 제품의 수출이나 해외직접투자를 통해 해외로 직접 진출하는 소위 다국적기업(Multinational Corporation ; MNC)의 방법이고 다른 하나는 그러한 경제적 규모를 갖추지 못한 기업이 그 기능을 대신해 주는 종합상사를 통하여 간접적으로 해외에 진출하는 방법이다.

역사적으로 볼 때 앞의 경우는 미국과 유럽제국의 나라에서 그리고 뒤의 경우는 전술과 같이 일본에서 크게 발전하고 있으며 우리나라 역시 1970년대에 이르러 위 두 방법 중 일본형의 종합상사를 이용한 국제화를 꾀하였음은 주지의 사실이다.

결과, 우리나라 수출의 주도세력 및 전진기지로서 비로소 종합무역상사가 탄생하였는데 우리나라의 경우에는 일본과 달리 자신의 전략적 필요에 의하여 자생된 것이 아니고 정부의 경제정책상 상공부고시에 의하여 인위적으로 지정·설립되었다는 데 큰 차이가 있다.

제도화의 배경으로는 1960~70년대 우리나라의 경제가 세계적인 규모의 특화품목을 갖지 못한 채 산업 및 무역구조의 고도화 내지는 다각화가 빠른 속도로 진전되었고 더욱이 내수시장의 협소성으로 인해 수출수요에의 의존도를 높여왔다.

이러한 경제발전방향은 후발자본주의국으로서 협소한 국토, 부존자원의 빈곤 및 과잉

인구로 인해 소형 개방경제를 추구하는 우리나라 경제의 불가피한 진행방향이었다.

우리나라 경제가 이러한 발전단계를 맞게 되자 다품목거래를 취급하면서도 능률성을 실현하는 해외유통활동조직으로서의 종합무역상사의 존재는 커다란 관심의 대상이 되었다. 그런데 특정상사가 능률성과 다양성을 동시에 달성하는 종합무역상사로 되기 위해서는 막대한 유통활동자금의 투하가 필요하다. 그러나 1970년대까지에는 자기자본에 의해서 그와 같은 유통자금의 투하를 가능하게 할 수 있었던 상사의 존재가 아직 우리나라 상사들 중에서는 없었다. 따라서 정책적 차원에서 상사활동육성방안이 논의되기 시작했고 드디어 1975년 4월 30일 「종합무역상사지정 등에 관한 요령」을 상공부고시 제10607호로 공포하고 동년 5월 17일자로 삼성물산을 우리나라 최초의 종합무역상사로 지정하면서부터 비롯되었다.

이상에서 논의한 우리나라 종합무역상사의 제도화의 필요성과 그 배경을 요약·정리하면 【표 Ⅰ-3】 과 같다.

(2) 지정요건과 그 변천

1) 무역거래법시대

일반상사가 아닌 특수상사로서의 종합무역상사를 지정하여 특별취급을 할 수 있게 하는 법적 근거는 종래의 무역거래법시행령(대통령령) 제25조로 다음과 같다.

① 상공자원부장관은 제3조의 규정에 의해 허가 혹은 승인을 하든가 아니면 이 영에 의해 수출장려조치를 함에 있어서 당해 수출업자의 수출이행상황, 수출금융 상환실적 및 그 외의 제 실적을 고려하여 차등을 둘 수 있다.

② 상공자원부장관은 해외시장의 개척을 위해 무역업자 중에서 종합무역상사를 지정하여 이를 육성할 수 있다.

③ 제1항의 규정에 의한 무역업자의 차등설정기준 및 제2항의 규정에 의한 종합무역상사지정의 기준은 별도로 상공자원부장관이 정한다.

④ 상공자원부장관은 제3항의 규정에 의한 차등설정의 기준에 따라서 무역업자에 차등을 두어 구분한다.

이상에서 소개한 근거법규를 기초로 하여 종합무역상사의 지정요건 및 그 우대조치를 존치하였다.

【표 Ⅰ-3】 종합무역상사의 설립배경

기본목표	우리나라의 경제발전
전　　략	수출증대
필요조건	우리나라의 경제발전

분야		현황	문제점
해외시장		오일 쇼크 이후 선진국의 신보호무역주의 등장	수출시장개척에 장애 발생
국내	제조업체	수출금융수혜를 위한 수출업체의 제조업겸업	수출업무의 전문화 및 분업화 이익상실
	수출업체	군소수출업체난립	군소업체의 비효율성 및 과당경쟁야기
정부		수출의 급속한 증대에 따른 정부지원의 비례적 팽창	정부지원능력의 한계

충분조건	필요조건 + 1978년 100억달러 수출목표달성을 위한 노력(수출제일주의)
모델의 부각	일본종합상사의 눈부신 발전
대　　책	종합무역상사제도의 도입

2) 대외무역법시대

1999년 2월과 3월에 대외무역법 및 동 시행령을 개정하면서 종합무역상사의 규율에 대한 내용이 다음과 같이 신설되었다.

① 산업자원부장관은 해외시장의 개척 및 무역기능의 다양화를 기하고 중소기업과의 계열화 등을 통한 중소기업의 계열화 등을 통한 중소기업의 무역활동을 지원하기 위하여 무역거래자 중에서 종합무역상사를 지정할 수 있다.

② 종합무역상사로 지정받을 수 있는 자는 상장법인으로서 전년도의 수출통관액

이 전년도의 우리나라 전체수출통관액의 2%이상을 점하고 있는 자로 한다.

③ 전년도의 수출실적이 미화 1백만달러 이상인 국가가 30국 이상이고, 외국에 현지법인 또는 영업소가 20개 이상인 법인이어야 한다(②와③은 선택요건).

④ 종합무역상사로 지정받고자 하는 자는 산업자원부장관이 정하는 서류를 갖추어 산업자원부장관에게 신청하여야 한다.

⑤ 산업자원부장관이 종합무역상사를 지정한 때에는 이를 공고하여야 한다.

⑥ 산업자원부장관은 종합무역상사와 중소기업과의 계열화를 통한 중소기업의 무역활동을 지원하기 위하여 종합무역상사별로 중소기업의 산업영역보호 및 기업간 협력증진에 관한 법률 제17조의 규정에 의한 수탁기업체협의회를 구성·운영하게 할 수 있다.

⑦ 지정을 받은 종합무역상사가 대통령령이 정하는 요건에 적합하지 아니한 때에는 그 지정을 취소할 수 있다. 여기서 대통령령이 정하는 요건에 적합하지 아니하게 된 때라 함은 2년 이상 계속하여 종합무역상사의 지정기준에 미달하여 종합무역상사로서의 무역활동이 심히 곤란하다고 인정하는 때를 말한다. 이 경우 청문절차를 거쳐 취소한다. 그리고 산업자원부장관이 종합무역상사의 지정을 취소한 때에는 지정할 때와 같이 이를 공고하도록 되어 있다.

III. 전문무역상사

1. 의의

대외무역법은 일반무역상사 즉 '무역거래자'와 종합무역상사외에 전문무역상사제도를 도입 시행하고 있다. 이는 21세기 첨단산업제품의 해외시장 진출을 지원하기 위하여 무역거래자중에서 특별히 전문무역상사를 지정하게 되는데 주요 내용은 다음과 같다.

2. 지정요건

첫째, 자본금 요긴으로서 70억원 이상인 법인이어야 한다.

둘째, 첨단산업제품으로서 산업자원부장관이 정하여 고시하는 물품의 전년도의 수출실적이 당해 법인의 전년도 총 수출실적의 50% 이상인 법인

셋째, 당해법인이 생상하지 아니한 물품 등의 전년도의 수출실적이 당해법인의 전년도 총수출실적의 50% 이상인 법인

3. 첨단산업제품의 범위

전문무역상사로 지정받고자 하는 첨단산업제품은 다음과 같다.

(1) 정보통신·전기전자수출 산업분야

① 정보기기, ② 통신기기, ③ 반도체, ④ 소프트웨어일반, ⑤ 멀티미디어 컨텐츠, ⑥ 지식기반서비스, ⑦ 유통 · 물류관련 소프트웨어

(2) 기계소재수출 산업분야

① 항공기 및 기기류, ② 우주비행체 및 기기류, ③ 지원장비, ④ 환경설비 및 청정생산, ⑤ 로봇 및 부품, ⑥ 수치제어 공작기계 및 부품 등, ⑦ 고기능성금속재료, ⑧ 고분자재료 및 소재, ⑨ 신주조 · 압연기술, ⑩ 유기금속회수 및 재활용기술, ⑪ 환경친화적인 금속열처리 및 표면처리설비

(3) 생명공학·정밀화학·고기능성섬유 수출 산업분야

① 고기능성 · 산업용섬유, ② 생물공학을 이용한 고기능성 물질, ③ 생물공학을 이용한 환경관련 제품 및 기기, ④ 특수기능성 첨가제 및 계면활성제, ⑤ 정밀화학원제, ⑥ 전자공업용 약품 및 사진재료, ⑦ 기타 정밀화학제품 등이다.

4 전자무역(cyber trade)의 촉진

Ⅰ. 배경

오늘날 IT산업의 수출촉진과 인터넷·벤처기업의 수출기업화를 위하여 S/W, 디지털콘텐츠 등 온라인 수출이 유력한 전자적 무체물을 포함하여 무역의 대상이 대폭 확대되어가고 있다. 대외무역법상 이들이 무역의 대상에 포함되어 수출로 인정받을 경우에는 무역금융, 신용보증한도증가, 벤처지정등 직·간접 수혜를 받을 수 있다. 그리하여 오프라인에서 순수한 서비스 공급인 법률·교육콘텐츠 등의 콘텐츠 공급행위와 순수한 서비스공급이 아닌 CD저장형태로 통관수출이 이루어지고 있는 소프트웨어·영상·음반·전자서적·솔루션을 무역의 대상에 포함시키고 있다. 무역거래의 대상은 앞으로 무역업체의 수요와 기술발전상 등을 고려하여 끊임없이 확대, 추진되어야 할 것으로 판단된다.

Ⅱ. 전자적 형태의 무체물의 종류

대외무역법상 "무역"이라 함은 물품과 대통령령이 정하는 전자적 형태의 무체물(이하 "물품 등"이라 한다)의 수출입을 말한다. 여기서 대통령령이 정하는 전자적 형태의 무체물이란 ① 소프트웨어, ② 디지털콘텐츠 중 산업자원부장관이 정하여 고시한 것, ③ 기타 산업자원부장관이 정하여 고시하는 전자적 형태의 무체물을 말한다. ②의 경우로는 ⅰ)영상물(게임, 애니메이션, 만화, 캐릭터 포함) ⅱ)음반물 ⅲ)전자서적을 말하고 ③은 솔루션(solution)을 말한다고 규정하고 있다. 그리고 "솔루션"은 사이버몰 구축, 보안 등 특정목적을 달성하기 위하여 특화된 소프트웨어와 디지털콘텐츠의 집합체를 말한다고 개념정의하고 있다.

Ⅲ. 전자적 형태의 무체물의 수출입 개념

물품과 달리 온라인 전송등의 방식으로 수출·수입되는「전자적 형태의 무체물」의 특수성을 감안하여 수출입의 개념을 새로이 정의할 필요가 대두된다. 온라인 전송의 경우 관세선(custom line) 통과를 기준으로 하는 기존의 수출입 개념을 적용하기 곤란하다. 즉 관세선 통과를 기준으로 할 경우 hosting server가 국내에 소재하고 동 hosting server를 통하여 외국의 server로 인도할 경우에만 수출로 인정하게 되나, 전자적 형태의 무체물의 수출을 위해 외국소재 hosting server를 많이 이용하는 국내기업들의 상거래 관행을 감안할 때 hosting server 기준은 부적합하다. 따라서 제도의 실효성을 보장하기 위하여 거주자가 비거주자에게 정보통신망을 통해 「전자적 형태의 무체물」을 인도하는 경우에는 수출입으로 인정하고 있다. 예컨대 국내기업이 외국소재 hosting server에 S/W를 올려놓고 외국기업이나 소비자에게 S/W를 판매하여 외화를 영수하는 경우 수출에 해당된다. 즉, 대외무역법시행령 제2조 2-2와 2-3에서 거주자가 비거주자에게 전자적 형태의 무체물을 정보통신망을 통한 전송, 기타 산업자원부장관이 정하여 고시하는 방법으로 인도하는 것(수출) 또는 인수하는 것(수입)을 각각 수출과 수입의 정의에 추가·확대시켰다.

여기서 기타 산업자원부장관이 정하여 고시하는 방법은 전자적 형태의 무체물의 휴대반출(예로 '노트북'에 탑재하는 경우 등)하는 경우를 고려한 규정이다.

한편 수출입의 정의규정과 관련하여 거래주체로서의 거주자와 비거주자는 외국환거래법 제3조 제12-13호에 따라 다음과 같다.

1. 거주자의 정의

'거주자'라 함은 대한민국 안에 주소 또는 거소를 둔 개인과 대한민국 안에 주된 사무소를 둔 법인을 말한다. 그리고 동법 시행령에서는 다음의 각 경우에 해당하는 자는 이를 거주자로 본다고 규정하고 있다.

① 대한민국 재외공관
② 국내에 주된 사무소가 있는 단체 · 기관 기타 이에 준하는 조직체
③ 대한민국 재외공관에서 근무할 목적으로 외국에 파견되어 체재하고 있는 자
④ 비거주자인 대한민국 국민이 일시 귀국의 목적으로 입국하여 3월이상 체재하고 있는 자
⑤ 다음 가)내지 다)에 해당하는 외국인(단, 미합중국 군대 등과 국내에 있는 외국정부공관 및 국제기구는 제외)
　가) 국내에 있는 영업소 기타의 사무소에 근무하고 있거나 국내에서 영업활동에 종사하고 있는 자
　나) 6월이상 국내에 체재하고 있는 자
　다) 거주자이었던 외국인으로서 출국 후 6월이내에 국내에 6월이상 체재할 목적으로 다시 입국하여 체재하고 있는 자

2. 비거주자의 정의

'비거주자'라 함은 상기 거주자 외의 개인 및 법인을 말하고, 다만 비거주자의 대한민국안의 지점 · 출장소 기타의 사무소는 법률상 대리권의 유무에 불구하고 거주자로 본다. 그리고 동법 시행령에서는 다음의 각 경우에 해당하는 자는 이를 비거주자로 본다고 규정하고 있다.

① 국내에 있는 외국정부의 공관과 국제기구
② 대한민국과 아메리카 합중국 간의 상호방위조약 제4조에 의한 시설과 구역 및 대한민국에서의 합중국 군대의 지위에 관한 협정에 의한 미합중국 군대 및 이에 준하는 국제연합군(미합중국 군대 등), 미합중국 군대 등의 구성원 · 군속 · 군사 우편국 및 군용 은행시설,
③ 외국에 있는 영업소 기타의 사무소
④ 외국에 주된 사무소가 있는 단체 · 기관 기타 이에 준하는 조직체

⑤ 다음 가)내지 라)에 속하는 대한민국 국민

가) 외국에 있는 영업소 기타의 사무소에서 근무하고 있는 자

나) 외국에 있는 국제기구에서 근무하고 있는 자

다) 2년 이상 외국에 체재할 목적으로 출국하여 외국에 체제하고 있는 자

라) 2년 이상 외국에 체재하고 있는 자

⑥ 다음 가)내지 나)의 외국인은 비거주자이다.

가) 국내에 있는 외국정부의 공관 또는 국제기구에서 근무할 목적으로 국내에 파견되어 체재하고 있는 외교관, 영사 또는 그 수행원이나 사용인

나) 외국정부 또는 국제기구의 공무로 입국하는 자

끝으로 거주자 또는 비거주자에 의하여 주로 생계를 유지하는 동거가족은 당해 거주자 또는 비거주자의 구분에 따라 거주자 또는 비거주자로 구분한다.

Ⅳ. 전자적 형태의 무체물의 수출입실적 인정

전자적 형태의 무체물의 수출입 중 유상으로 거래되는 수출입만 수출입 실적의 인정범위에 해당되고 그 인정금액은 외국환은행 입금액(수출의 경우)이나 지급액(수입의 경우)이며 수출입 인정시점은 외국환은행 입금일이나 지급일이다.

수출입실적 확인 및 증명절차를(수출의 경우 예시)살펴보면, ①수출계약 → ②수출(인도) → ③수출확인 신청(한국무역협회, 한국 소프트웨어 산업협회; 권한위탁) → ④수출확인서 발급 → ⑤확인서 제출(외국환은행) → ⑥수출실적 확인 신청 → ⑦증명발급(외국환은행)의 순으로 진행되며, 수출실적증명서의 용도는 무역금융 융자한도 산정기준, 신용보증한도 산정기준, 벤처기업 지정기준, 병역특례인정기준 등에 쓰여지도록 해당법에 규정되어 있다.

V. 전자무역 중개기관의 지정

1. 전자무역 중개기관지정의 의의

무역거래자의 전자무역을 효율적으로 지원하고 이를 확산시키기 위하여 ① 정보통신망을 통한 무역거래의 알선 또는 전자무역문서의 전달, ② 전자무역에 관한 무역거래자의 교육·홍보 및 자문, ③ 전자무역문서의 표준화지원, ④ 기타 전자무역의 촉진을 위한 사업으로서 대통령령이 정하는 사업을 하는 기관·법인 또는 단체중에서 기술능력 등 일정한 기준을 충족하는 기관·법인 또는 단체를 전자무역 중개기관으로 지정하고 필요한 지원을 할 수 있도록 하고 있다.

2. 전자무역 중개기관의 지정기준

① 정보통신망을 통한 무역거래의 알선이나 전자무역문서의 전달을 주된 업무로 하고 지정 신청일 현재 전자무역 중개업무경력이 6개월을 초과하였을 것. 이 기준은 신뢰성있는 전자무역중개업무 수행능력을 보장하기 위하여 중개업무 수행경력 기준을 적용하기 위한 것이다.

② 전자무역중개업무를 수행하기 위한 설비를 갖출 것. 이 기준은 안전성, 신뢰성, 전문성을 두루 갖춘 기관이 전자무역중개기관으로 지정될 수 있도록 일정한 설비요건을 규정한 것이다.

③ 무역거래자에 대하여 체계적이고 상시적인 전자무역교육 및 자문을 할 수 있는 교육 및 자문프로그램을 운영하고 있을 것. 이 기준은 전자무역의 확산주체로서 무역업체에 대한 체계적이고 상시적인 교육·자문이 가능한 교육프로그램 등 확보를 요구하기 위해서 마련된 요건이다.

④ 전자거래기본법에 따라 한국전자문서교환위원회가 제정한 표준전자문서 사용을 유도함으로써 문서표준화 확산을 위하여 표준전자문서를 사용할 것을 요건으로

규정하고 있다. 이 기준은 전자문서 표준화를 지원하는데 그 뜻을 두고 있다.

⑤ 이상과 같은 지정기준의 융통성있는 운영을 위하여 세부지정기준은 하위규정에 위임하되 민간중심의 운영위원회에서 세부지정기준을 정하여 산업자원부장관이 고시함으로써 기준의 객관성과 합리성을 제고하였다. 한편, 전자무역중개기관을 지정함으로써 정부가 공인한 기관으로서의 공신력을 높이고 전자무역중개기관의 해외진출지원, 기술개발 및 인력지원 등 각종 통상정책적 지원효과가 클 것으로 전망된다.

3. 전자무역중개기관 운영위원회 구성 등

전술한 바와 같이 전자무역 중개기관의 세부지정기준은 기술적이고 전문적인 요소가 많고 최대한 투명한 기준이 설정되어야 하기 때문에 세부지정기준 제정이나 지정여부를 판단할 때 주무장관이 임의로 정하기 보다는 민간중심의 전문가그룹, 즉 운영위원회를 통하여 정하는 것이 보다 적절할 것으로 판단하여 전자무역중개기관 운영위원회를 위원장을 포함하여 10인 이내로 구성하여 운영하고 있다. 한편, 전자무역중개기관에 대한 사후관리를 통하여 중개기관 제도개선방안을 도출하고 업무추진실적이 미진한 중개기관에 대한 독려를 위해 매년 12월말까지 사업실적보고를 의무화하였다. 또한 중개기관으로 지정받지 못한 자가 중개기관 명의를 사칭하는 것을 예방하기 위하여 중개기관명단 비치를 시행하고 있다.

객관식 연습문제

【문 33】 무역업의 관리에 대한 시대변천이 올바르게 배열된 것은?

① 허가주의—등록주의—자유주의—신고주의
② 인가주의—등록주의—신고주의—자유주의
③ 허가주의—등록주의—신고주의—자유주의
④ 인가주의—등록주의—자유주의—신고주의
⑤ 허가주의—신고주의—등록주의—자유주의

해설 허가주의(1967~93. 6) → 등록주의(1993. 7~97. 2) → 신고주의(97. 3~99. 12) → 자유주의(2000. 1. 1~)

【문 34】 대외무역법상 산업자원부장관의 권한 위임을 인정하는 이유로 볼 수 없는 것은?

① 무역행정의 효율화　　② 무역관리의 전문화
③ 무역행정의 신속화　　④ 무역관리의 간소화
⑤ 무역관리의 능률화

해설 무역행정의 신속과 능률?효율적 목적을 달성하기 위하여 가능한 전문기관으로 하여금 많은 권한을 위임?위탁하여 관리토록 함이 근대행정의 방향이다.

【문 35】 무역관리의 국제기구라고 볼 수 없는 것은?

① WTO　② IMF　③ OECD　④ UN경제사회이사회　⑤ WCO

해설 WTO(세계무역기구), IMF(국제통화기금), OECD(경제협력개발기구), WCO(세계관세기구)

【문 36】 무역업의 설립(창설)주의에 관한 설명으로 옳지 못한 것은?

① 무역업의 허가주의는 적법요건의 하나로서 대인허가의 성격을 가진다.

② 무역업의 등록주의는 무역업자의 지위를 공적으로 증명하는 공증행위의 성격을 가진다.

③ 무역업의 신고주의는 신고사실이 법률상의 근거규정에 명백하게 위배되지 않는 한 신고의 접수·수리를 거절할 수 없다.

④ 무역업의 자유설립주의는 창업에 관하여 아무런 제한을 두지 않고 그 실질만 갖추면 누구나 내·외국인 구별 없이 국내에서 무역업을 영위할 수 있다.

⑤ 무역업의 인가주의는 주무관청의 인가를 받아야 무역업을 영위할 수 있다는 점에서 허가를 받아야 무역업을 영위할 수 있는 허가주의와 법적성격이 동일하다.

해설 허가는 적법요건의 성격, 인가는 효력요건의 성격을 갖고 있기 때문에 양자는 그 성격이 서로 다르다.

【문 37】 다음 중 종합무역상사에 대하여 잘못 설명하고 있는 것은?

① 종합무역상사는 대체로 기업규모가 거대하다.

② 종합무역상사는 대체로 취급상품이 다양하다.

③ 종합무역상사는 대체로 거래대상지역이 광역화되어 있다.

④ 종합무역상사의 주요 기능은 수출입기능이다.

⑤ 종합무역상사는 신상품의 수출화를 촉진시키는 데에는 적합치 못하다.

해설 종합무역상사는 유통채널을 이용하여 신상품개척이 용이하다.

【문 38】 종합무역상사의 기능으로 거리가 먼 것은?

① 수출입기능 ② 금융기능 ③ 정보기능

④ 해외시장개척기능 ⑤ 신용기능

해설 이춘상, 한국통상법(서울, 법문사, 1999. 9) 85~90면 참조.

【문 39】 종합무역상사의 장점에 관한 설명으로 타당하지 않는 것은?

① 종합무역상사는 규모의 경제를 달성하는데 유리하다.
② 종합무역상사는 인적자원의 활용도를 제고시킬 수 있다.
③ 종합무역상사는 신상품의 수출화를 촉진시키는 이점이 있다.
④ 종합무역상사는 개별상품에 적합한 마케팅활동을 전개하는데 불리하다.
⑤ 종합무역상사는 플랜트수출의 오거나이저(Organizer)로서 매우 적합하다.

해설 종합무역상사의 장점은 ①②③⑤외에도 위험의 분산을 꾀하는데 용이하고 특히 개도국의 경우에는 개발전략적 차원에서 그 유용성이 크다. ④는 종합무역상사의 단점에 관한 설명이다.

【문 40】 우리나라 최초의 종합무역상사는?

① 대우 ② 삼성 ③ 현대 ④ LG ⑤ 쌍용

해설 1975년 4월 30일「종합무역상사지정 등에 관한 요령」을 상공부 고시 제 10607호로 공포하고 동년 5월 17일자로 삼성물산을 우리나라 최초의 종합무역상사로 지정하였다.

【문 41】 종합무역상사로 지정받을 수 있는 자는 상장법인으로서 전년도의 수출입통관액이 전년도의 우리나라 전체 수출통관액의 ( )이상을 점하고 있는 자 이어야 한다. 빈칸에 들어갈 내용으로 옳은 것은 ?

① 1% ② 3% ③ 4% ④ 5% ⑤ 2%

해설 시행령 제18조의 2

【문 42】 종합무역상사로 지정된 업체가 (　　)년 이상 계속하여 종합무역상사의 지정 기준에 미달하여 종합무역상사로서의 무역활동이 심히 곤란하다고 인정한 때에는 그 지정을 취소할 수 있다. 빈칸에 들어갈 내용으로 맞는 것은 ?

① 3　　② 2　　③ 1　　④ 4　　⑤ 5

해설 시행령 제18조의 4

해답

33	③	34	④	35	④	36	⑤	37	⑤	38	⑤	39	④	40	②	41	⑤	42	②

4 수출입품목에 대한 관리

1 수출입공고제도의 의의

Ⅰ. 수출입공고의 의의

수출입공고는 어떠한 품목의 물품을 어떠한 방식에 의하여 수출입할 수 있는가를 국민 일반에게 널리 알리는 제도로서 그 핵심은 개개의 품목에 관한 관리내용을 담고 있는 일종의 품목리스트이다. 따라서 수출입공고는 개별적인 수출입물품에 대한 수출입제한여부에 관한 종합계획으로서 관세 또는 외환의 조작에 의한 수출입규제가 가격기구에 의한 간접규제인데 비추어 수출입공고는 수출입에 관한 직접규제방식에 속한다.

대외무역법에 의하면 「산업자원부장관은 헌법에 의하여 체결·공포된 조약과 일반적으로 승인된 국제법규에 의한 의무의 이행, 생물자원의 보호 등을 위하여 필요하다고 인정하는 경우에는 물품의 수출 또는 수입을 제한할 수 있다」고 규정하고 있고 또한 「산업자원부장관이 헌법에 의하여 체결·공포된 조약과 일반적으로 승인된 국제법규에 의한 의무의 이행, 생물자원의 보호 등을 위하여 지정하는 물품을 수출입하고자 하는 자는 산업자원부장관의 승인을 얻어야 한다. 다만 긴급을 요하는 물품, 기타 수출입절차를 간소화하기 위한 물품으로서 대통령령이 정하는 기준에 해당하는 물품의 수출입에 대하여는 그러하지 아니하다」고 규정하고 있다.

그리고 위 규정에 의거 승인을 얻은 사항 중 중요한 사항을 변경하고자 할 때에도 변경승인을 얻어야 하고 그 외의 경미한 사항을 변경한 때에는 신고만 하도록 되어 있다. 특히 산업자원부장관은 필요하다고 인정할 때에는 위 승인대상물품의 품목별 수량·금액·규격 및 수출 또는 수입지역 등을 한정할 수 있다.[68]

II. 수출입공고의 변천

1. Positive List System

1957년의 무역법에서는 물품에 관한 관리의 내용을 "무역계획"이라는 이름으로 공고하였다. 이러한 무역계획제도는 법 제정 이전에 시행하여 오던 수출입허가제, 수출입상품표시, 특혜수출제도, 수출입 쿼터제, 수출입 링크제 등의 무역관련 규정을 하나의 체제로 통합·정비하여 이루어진 것이다.

이 무역계획은 매년 상·하반기 2회로 나누어 고시하였는데 주로 수출허가품목, 수출제한품목, 수출금지품목, 수입허가품목, 수입제한품목, 수입금지품목으로 나누어 품목관리를 하였다. 이때의 품목관리체계는 수출입이 가능한 품목을 열거하는 "원칙금지·예외 허용"의 원칙(positive list system)으로서 국내산업보호를 위한 규제 우선의 관리에 중심을 두었다.

2. Negative List System

1967년의 무역거래법에서는 물품에 관한 관리의 내용을 "수출입기별공고"로 바꾸어 시행하였다. 적용기간은 반기별 또는 매년도별로 하고 정기적으로 상공부장관이 공고

68) 대외무역법 제14조 및 동법시행령 제24~25조 참조.

하였다. 품목관리는 수출제한승인품목과 수출금지품목, 수입제한승인품목과 수입금지품목으로 나누어 실시하였으나 1978년도부터 금지품목을 삭제하였다.

이와 같이 수출입기별공고에서는 수출·수입의 자동승인품목은 열거하지 않고 수출입이 제한되는 품목만 열거하는 "원칙 자유·예외 제한"(negative list system)을 도입함으로써 품목관리방식은 획기적인 변화를 보였다. 따라서 수출입기별공고에 게재되지 않은 품목은 별도의 규정이 없는 한 원칙적으로 수출·수입의 제한을 받지 아니하였다.

3. 수출입공고에 의한 품목관리

1987년의 대외무역법에서는 수출입기별공고의 명칭을 수출입공고로 변경하고 일정기간 동안 적용하던 것을 바꾸어 공고의 효력기간없이 정책적 필요에 따라 수시로 변경공고할 수 있도록 하고 변경공고가 없는 한 계속해서 효력을 갖도록 하였다.

2 수출입공고제도의 주요 내용

Ⅰ. 수출입공고의 운용

수출입공고는 승인대상품목관리에 관한 기본공고이므로 수출입공고, 통합공고 등이 적용되는 품목인 경우에는 그 공고의 요건도 동시에 충족해야 한다.

또한 수출입 공고에는 승인대상품목을 게기한다. 따라서 수출입공고상의 수출승인대상품목과 수입승인대상품목으로 게기되지 않은 품목은 원칙적으로 수출입자유화품목이다. 승인대상품목을 수출입하려면 동 공고상의 품목별 수출입요령에 따라 수출입승인을 받아야 한다.

한편, 수출입 절차의 간소화를 위하여 특히 필요한 경우 수출승인대상품목, 수입승인대상품목의 수출 또는 수입요령에 불구하고 수출 또는 수입승인기관을 따로 정하여 승인하게 할 수 있다.

II. 통합공고

1. 통합공고의 의의

대외무역법 이외의 법령에 의하여 물품의 수출·수입요령을 제정 또는 개정하는 경우에는 관계행정기관의 장은 해당 법령에 의하여 정하여진 물품의 수출·수입요령을 그 시행일 이전에 산업자원부장관이 통합하여 공고할 수 있도록 산업자원부장관에게 제출하여야 한다.

따라서 산업자원부장관은 관계행정기관의 장으로부터 제출받은 수출·수입요령을 통합하여 공고하여야 한다. 이 경우의 공고를 통합공고라고 한다. 이 통합공고에서 개별법이 정하는 수출입요건이 있는 경우에는 동 수출입요건에 적합한 것인지 확인(수출입요건의 확인)을 받아야 수출입을 할 수 있다.

이와 같이 통합공고는 대외무역법 이외의 다른 법령에서 해당 특정 물품에 대한 수출입 요령을 규정하여 별도의 무역관리를 하고 있는 경우에 그러한 다양한 수출입 요령을 하나의 공고로 통합하여 단순화함으로써 수출입 및 통관업무의 간소화와 무역질서 유지를 도모하고자 하는 것이다.

따라서 통합공고는 각 개별법에서의 무역관리 내용을 대외무역법의 영역으로 끌어들이는 역할을 하고 있는 것이다. 즉 개별법에서 수출입 요령을 정하더라도 그 내용이 산업자원부장관에게 제출되어 대외무역법에 의하여 통합공고되어야 한다. 통합공고에 의해서 규제되는 사항은 개별 행정법들의 목적을 달성하기 위하여 국내외 물품에 대하여 공통적으로 적용되는 것이 일반적이다. 따라서 제도적으로 특별히 외국상품에 대하여 차별적으로 다루지 아니하는 한 무역규제수단이라고 할 수 없다. 즉 수출입공고는 무역정책적 측면에서의 수량규제적 성격을 갖고 있고 통합공고는 물품의 성질별 관리의 성격을 갖고 있다. 따라서 통합공고에 의해서 규제되는 사항은 보편적으로 GATT(1994)법[69]에 의해서도 인정되는 경우가 많다. 그러나 때로는 통합공고가 우회적인 무역규제의 수단으로 활용될 수도 있기 때문에 이에 대한 합리적인 운용이 요구된다.

2. 통합공고의 연혁

통합공고는 1980년 10월 상공부가 각 개별법에 의한 수출입제한 내용을 통합 조정하여 고시토록 방침을 정하고 보건사회부 등 관계부처와 협의를 거쳐 1982년 7월 "특별법에 의한 수출입제한 내용의 통합고시(약칭 통합고시)"라는 이름으로 35개 법령에 의한 수출입요령을 통합 조정, 고시하면서 비롯되었다.

이와 같이 통합공고시가 있기 전까지는 품목별 수출입관리가 무역거래법 및 여러 개별법으로 다원화되어 있어서 무역정책의 일관성이 결여되어 있었고 무역업자들에게도 혼란을 초래하는 등 문제점이 있었다. 그러나 이 통합공고가 이루어짐으로써 모든 수출입품목의 수출입 요령 및 절차를 단일화·집약하할 수 있었고 합리적인 무역정책 추진과 무역질서 유지에 기여하게 되었다.

또한, 이 통합고시는 그 후 무역거래법의 시행령에 근거규정을 두고 운용되었고 대외무역법에서는 통합공고로 명칭을 바꾸고 동 공고의 근거도 법률사항으로 승격시켜 명실 공히 수출입공고와 함께 이원화된 품목관리체계를 구성하게 되었다.

3. 통합공고의 운용

통합공고에 의하여 해당물품의 수출입요건 및 절차 등을 통합하여 규정할 법령은 약사법, 마약법, 대마관리법, 먹는 물 관리법 등 51개법에 이른다. 이러한 법률들은 상거래 자

69) GATT 제20조 ; 공중도덕, 인간·동식물의 생명·안전·건강보호, 교도소 노동산품의 규제, 문화재 보호 등을 위하여 필요한 경우에 무역제한이 가능하다.
GATT 제21조 ; 국가안보상 필요한 경우 무역제한이 가능하다.

체에 대한 규제가 아니라 인간생명의 안전·건강, 환경 등에 위해를 가하거나 사회 공서양속을 해할 가능성이 큰 물품에 대하여 특별히 관리하기 위하여 제정된 법률들이다.

따라서 산업자원부장관은 주무부처의 장이 제출한 소관물품의 수출 또는 수입요령 등에 관한 자료에 대하여 다음의 사항들을 검토·조정하여 해당물품의 수출 또는 수입요령을 정하여야 한다.

① 당해법령의 목적과 해당물품에 대한 규제의 필요성
② 당해법령의 적용범위 및 대상물품의 타당성
③ 규제물품의 범위지정에 따른 유사물품과의 혼동 또는 다른 용도로의 전용가능성 여부
④ 규제대상물품의 수출 또는 수입의 요건 및 절차에 대한 무역환경에의 배치여부
⑤ 기타 무역정책의 기조와 일치여부

3 수출입품목의 국제적 분류기준

무역거래나 통계작성 등에 있어서 국제적으로 많이 사용되었던 품목분류기준은 표준국제무역분류(Standard International Trade Classification ; SITC)와 CCCN(Customs Cooperation Council Nomenclature)으로서 국제무역통계에는 SITC, 그리고 관세부과시에는 CCCN이 자주 이용되었다. 그러나 SITC와 CCCN으로 이원화된 상품분류상의 불편과 문제점을 고려하여 관세협력이사회가 중심이 되어 이들을 통합한 조화제도(harmonized system ; HS)를 제정하였다.

Ⅰ. SITC(표준국제무역분류)

SITC는 UN 통계분과위원회의 추천으로 1950년에 UN 경제사회이사회에서 'Standard International Trade Classification'으로 선포했으며 1960년에 다시 전면 개정되었다. SITC는 경제분석과 상품별 무역자료의 통계를 내는 데 편리하게 엮어져 있으며 10 Section, 56 Division, 177 Group, 1,1312 Basic Item 등으로 된 총 4,5000여 개의 품목을 구분하고 있다.

Ⅱ. CCCN(관세협력이사회 상품분류)

CCCN은 세계 각국의 관세행정을 개선하고 통일을 도모하고자 1952년에 설립된 관세협력이사회(Customs Cooperation Council ; CCC)가 상품분류의 국제적 통일을 기하기 위해 1937년에 제정된 제네바관세품목분류집(Geneva Tariff Nomenclature)을 기초로 하여 1955년에 작성되어 CCC가 자리잡고 있는 Brussels의 이름을 따서 Brussels Tariff Nomenclature (BTN)로 명명되어 사용되어 오다가 세계 130여 개국이 사용하게 된 오늘에 아직도 품목분류집을 Benelux 3개국이 사용하던 당시의 특정 도시이름을 계속 사용한다는 것은 불합리하다는 CCC회원국 대표들의 의견을 받아들여 1977년 1월 1일부터는 관세협력이사회 품목분류집(Customs Cooperation Council Nomenclature ; CCCN)으로 개칭 사용하게 되었다.

CCCN은 관세를 부과하기 위한 과학적 방법으로 ① 재료를 중심으로 한 분류, ② 제조과정을 중심으로 한 분류, ③ 노동과정을 중심으로 한 분류, ④ 용도를 중심으로 한 분류 등을 종합적으로 고려하여 21 Section, 99 Chapter, 1,010 Heading으로 총 60,000여 개의 상품을 분류하고 있다.

Ⅲ. HS(국제통일 상품분류·조화제도)

종래 각국에서 사용되어 왔던 상품의 품목분류기준은 사용목적이나 국가에 따라 서로 다르게 운영되어, 이로 인해 비관세장벽이 형성되기도 하고 경제분석에 있어서도 국제간의 객관적 비교가 어려운 실정이었다. 이러한 점들을 감안하여 관세협력이사회에서는 1970년대 중반부터 새로운 국제통일품목분류제도의 마련을 위한 작업에 착수하여, 10 여 년의 작업 끝에 드디어 기존의 품목분류기준들을 하나로 통합한 HS(Harmonized Commodity Description and Coding System), 즉 조화제도(調和制度)를 제정하여 1988년 1월 1일부터 시행하고 있다.

HS는 여러 가지 기준을 통합하고 있지만 근본적으로는 CCCN체계를 따르고 있다. 신(新)CCCN이라고도 불리운다. 그러나 HS는 21부(section), 97류(heading)의 기본분류를 중심으로 10단위까지 분류가 가능하여 지구상에 존재하는 거의 모든 상품(약 10만 종류)을 망라할 수 있도록 되어 있다. 특히 HS에 의하면 CCCN에는 나와 있지 않던 기술개발에 따라 상품뿐만 아니라 주식 · 공사채 등 금융상품, 프로그램 · 녹음테이프 등 정보재, 지적소유권 등의 권리재도 포괄할 수 있게 되었다.

우리나라의 HS품목분류에서는 세계 공통의 6단위 분류에다 국내의 제반사정을 고려한 자체 분류 4단위를 합하여 모두 10개 단위로 품목을 분류하고 있다.

【표 Ⅰ-4】 국제무역상품분류항목의 비교

분류	SITC	CCCN	HS
1. 원어	Standard International Trade Classification	Standard International Trade Classification	Harmonized Commodity Description and Coding System
2. 제정기관	UN 경제사회이사회	CCC(관세협력이사회)	CCC(관세협력이사회)
3. 제정년도	1950	1977	1988
4. 목적	통계이용목적 (무역 및 경제분석 비교 용이)	관세부과목적 (관세율 적용)	관세와 기타 목적 흡수 (관세 및 국제통계 통합)
5. 사용국가	- UN - 대부분의 국가에서 사용	- 153개국 · 협약가입 52개국 · 기타 101개국	- 각국협약 가입중
6. 기본구조	- 국제공통 5단위(Revision 2) · 10부 63류 · 786류(4단위) · 1,924(5단위)	- 국제공통 4단위 자국용 4단위 · 21부 99류 · 1,011개 품목(4단위)	- 국제공통 6단위 자국용 4단위 · 21부 97류(77류 공백, 98·99류 삭제)

		· 7,916개 품목(8단위)	· 1,241개 품목(4단위) = New CCCN · 5,019개 품목(6단위) = 협약국 적용 · 10,033개 품목(10단위) = 각국 자율적용

【표 Ⅰ-5】 국제무역상품분류원칙의 비교

SITC	CCCN	HS
선(先) : 가공단계별 후(後) : 구성재료별 - 원료와 제품이 유를 달리함 (식료품, 원료, 가공품) - 무역량이 많은 것을 중심으로 세분 • 세율의 고저 불구 • 주요 교역품 - 무역량이 적은 것은 고관세의 물품도 세분 아니함	선(先) : • 구성재료별(83류 이하) • 용도·기능별(84류 이상) 후(後) : • 각류내에서 가공단위별 분류 - 원료와 제품이 동일한 유에 일괄 분류 - 무역량의 다소에 불구하고 다음 조건의 것 세분 • 산업보호·관세징수 필요품 • 높은 부가가치품 • 귀중품 - 무역량이 많아도 다음 물품을 세분 안함 • 저세율품 • 무세품	1) CCCN 분류원칙원용 2) 보충 ◦ 응용적 분류 - 응용기준 • 무역량, 신상품개발, CCCN 분류상 문제점 등을 감안해서 CCC의 HS전문위가 결정 예) 무역량기준 - 각국 수출입액이 700만 달러 이상인 상품 - 각국 수출입액이 700만 달러 이하라도 국제적 유통에 중요성이 인정되는 품목 - 현존 타상품분류상 중요성이 있는 품목 등

5 수출입의 자유화와 예외적 승인 및 승인의 면제

1 개별수출입에 대한 '네가티브(Negative)'제

Ⅰ. 수출입 자유화의 의의

일반적으로 행정관리 체계는 행위주체에 관한 관리와 더불어 그 주체가 하는 행위에 대하여도 간섭하려는 경우가 많다. 그 간섭의 정도는 분야에 따라 다르게 나타난다. 무역의 경우는 그 간섭의 정도가 여전히 강하다고 볼 수 있다.

일본은 수출·수입의 행위가 원칙적으로 자유화되어 있고 특정지역과의 거래, 특정품목의 거래, 특수한 방법에 의한 거래에 관계되는 결제방법에 대하여서만 허가 또는 승인을 받도록 하고 있으며 미국의 경우도 원칙적으로는 수출·수입이 자유화되어 있고 세관을 통한 통관관리로 무역을 관리하고 있다.

과거 우리나라는 무역거래자가 실제로 수출이나 수입을 하려고 하면 개별 거래마다 주무부장관의 승인을 얻어야 하는 수출입 승인제를 시행하여 왔다. 그러나 이러한 거래 건별(件別)승인제는 사실상 무역관리의 핵심으로서 규제적인 규정으로 인식되어 왔다. 따라서 정부에서는 WTO체제 출범이후 국제적인 경쟁이 심화되고 각종 정부구제가 완화되는 추세에 맞추어 97년 3월부터 수출입은 원칙적으로 자유화하고 예외적으로 승인을 받도록 하는「원칙자유 · 예외제한」의 네가티브체제로 일대개혁을 단행하였다. 이로서 대외무역법 제정이래 계속하여 유지되어 온 수출입승인제가 폐지되고 선진국과 같이 수출입은 원칙적으로 민간의 자율에 맡기고 조약과 국제법규에 의한 의무이행을 위해 필요한 경우 등 예외적인 경우에만 수출입승인제가 유지되는 등 대폭적인 정책전환을 꾀하였다.

또한 종전에는 품목과 더불어 거래방법, 결제방법까지 승인대상으로 하고 있었으나, 결제방법은 승인대상에서 제외되고 거래방법은 특정의 경우에만 주무부장관의 인정을 받아야 하도록 함으로써 대폭 규제를 완화하였다.

품목의 경우에도 수출입공고 등에서 정하는 품목만 승인대상으로 대폭축소하고 수출입승인기관도 이를 수출입공고 등에서 지정 · 고시한 기관이나 단체로 일원화하였다. 따라서 수출입승인은 종전의 추천기관이 그대로 승인기관이 되고 외국환은행의 승인단계가 배제됨으로써 절차가 대폭 간소화되었다.

또한 수출 · 수입의 절차 간소화를 위하여 필요한 경우에는 승인 면제제를 운용함으로써 예외적 승인제의 경우에도 성격에 따라 더욱 완화하고 있다.

II. 예외적 수출입승인의 의의

첫째 수출입의 승인은 수출·수입행위의 전제조건이다.

무역업자가 물품을 수출 · 수입할 때에는 먼저 수출 · 수입에 대한 승인을 얻어야 한다. 이와 같이 승인을 얻지 아니하고는 수출 · 수입의 행위를 할 수 없으므로 수출 · 수입의 승인은 수출 · 수입 행위의 전제 조건이다.

둘째 수출입의 승인은 주무부장관의 전속권한이다.

수출 · 수입에 대한 승인은 산업자원부장관에게 부여된 전속권한이다. 다만, 업무의 효율적 집행을 위하여 관계기관 · 단체의 장, 세관장 등에게 권한을 위탁할 수 있다.

셋째 수출입의 승인은 재량행위가 아닌 기속행위(羈束行爲)이다.

수출 · 수입의 승인은 법령에 규정된 요건을 갖출 경우 이를 이행하여야 하는 기속행위이다. 즉, 허가와 같이 행정기관에게 주어진 재량행위가 아니며 특정한 행위에 대하여 부여하는 동의라고 볼 수 있다.

넷째 수출입의 승인은 대인(對人) 및 대물(對物)의 혼합적 성격이다.

수출 · 수입의 승인은 누가 무엇을 수출 · 수입하는가에 대하여 심사한 후 승인하는 것이기 때문에 대인 및 대물 승인의 혼합성격을 띠고 있다. 즉, 거래하고자 하는 물품은 제 공고에 의한 제한에 해당되지 않는지 등을 심사하여 적격여부를 판단하고 승인을 한다. 따라서 거래 주체가 달라지거나 품목이 바뀌게 되면 새로운 승인을 다시 받아야 한다.

끝으로 수출·수입의 승인은 이행 의무의 설정이다.

수출 · 수입의 승인을 얻은 자는 승인을 얻은 내용대로 일정한 유효기간 내에 이를 이행하여야 할 의무가 부과된다.

2 수출입의 승인

Ⅰ. 수출입의 자유화 원칙

물품의 수출입 및 이에 따른 대금의 영수 또는 지급은 이 법의 목적의 범위 내에서 자유롭게 이루어져야 한다. 그러나 무역거래자는 대외 신용확보 등 자유무역 질서의 유지를 위하여 자기 책임하에 거래를 성실히 수행하도록 함으로써 정책 변화에 따른 부작용을 최소화 하고자 하는 규정을 두고 있으나 이는 단순한 훈시규정(訓示規定)에 불과하다.

Ⅱ. 수출입의 제한 대상

산업자원부장관은 헌법에 의하여 체결·공포된 조약과 일반적으로 승인된 국제법규에 의한 의무의 이행, 생물자원의 보호 등을 위하여 필요하다고 인정하는 다음의 경우에는 물품의 수출 또는 수입을 제한할 수 있다. 이때 산업자원부장관은 필요하다고 인정하는 경우 승인대상 물품의 품목별 수량, 금액, 규격 및 수출 또는 수입지역을 한정할 수 있다.

① 헌법에 의하여 체결·공포된 조약이나 일반적으로 승인된 국제법규상의 의무 이행을 위하여 산업자원부장관이 지정·고시하는 물품

② 생물자원보호를 위하여 산업자원부장관이 지정·고시하는 물품

③ 교역 상대국과 경제 협력증진을 위하여 산업자원부장관이 지정·고시하는 물품

④ 방위산업용 원료·기재, 항공기 및 동 부분품 기타 원활한 물자 수급·과학기술의 발전 및 통상산업정책상 필요하다고 인정하여 산업자원부장관이 당해 품목을 관장하는 관계 행정기관의 장과 협의를 거쳐 지정·고시하는 물품

Ⅲ. 수출입의 승인기관 및 승인요건

수출·수입의 승인을 하는 기관은 산업자원부장관이다. 그러나 산업자원부장관은 무역관리의 효율성을 도모하기 위하여 수출·수입의 승인에 관한 대부분의 권한을 관계행정기관 또는 단체의 장 등에게 위탁하고 있다. 따라서 수출입승인은 수출입공고, 수출입별도 공고에서 산업자원부장관이 지정·고시한 기관·단체(이하 승인기관이라 한다)의 장이 하게 된다.

한편 수출입 승인기관의 장은 수출·수입의 승인을 하고자 할 때에는 다음의 각 요건에 합당한지 여부를 확인하여 승인하여야한다.

① 인적 요건(人的 要件) : 수출·수입의 승인 신청인이 승인을 얻을 수 있는 자격이 있는 자일 것.

② 물적 요건(物的 要件) : 수출·수입하고자 하는 물품이 수출입 공고 등 및 대외무역관리규정에 의한 제한요건을 충족한 물품일 것.

③ 수출·수입하는 물품의 품목분류번호(HS)의 적용이 적정할 것.

Ⅳ. 수출입의 승인절차

수출·수입의 승인을 신청하고자 하는 자는 산업자원부장관이 정하는 서류를 갖추어 산업자원부장관(위탁한 경우에는 수탁기관의 장)에게 제출하여야 한다. 승인을 얻은 사항 중 물품의 수량·가격, 승인의 유효기간 및 수출 또는 수입의 당사자에 관한 사항 등 주요한 사항을 변경하고자 할 때에도 또한 변경승인을 신청하여야 하며 기타 경미한 사항의 변경의 경우에는 변경사항을 신고하여야 한다.

그리고 하나의 수출 또는 수입에 대하여 2이상의 승인을 얻어야 하는 경우 각각의 승인은 상호 독립적으로 얻어야 한다. 이 경우 두 번째 이후의 승인기관의 장은 수출입승인서상 여백에 승인사항을 표시한다.

1. 수출 승인 신청

수출 승인을 얻고자 하는 자는 수출승인신청서 {업체용, 세관용, 승인기관용(산업자원부용) 및 사본(신청자가 신청한 경우에 한한다)} 에 다음의 각 서류를 첨부하여 수출승인기관의 장에게 신청하여야 한다.

① 수출신용장 · 수출계약서 또는 주문서

② 수출대행계약서(공급자와 수출자가 다른 경우)

③ 수출입공고 등에서 규정한 요건을 충족하는 서류(다만, 당해 승인기관에서 제한요건의 충족여부를 확인할 수 있는 경우는 제외)

④ 수출이행계획서(산업설비수출의 경우에 한한다)

2. 수입 승인 신청

수입승인을 얻고자 하는 자는 수입승인신청서. 단, 그 수입이 외화획득용 원료일 때에는 외화획득용 원료 수입승인신청서 {업체용, 세관용, 승인기관용(산업자원부용) 및 사본(신청자가 신청한 경우에 한한다)} 에 다음의 각 서류를 첨부하여 수입승인기관의 장에게 신청하여야 한다.

① 수입계약서 또는 물품매도확약서

② 수입대행계약서(실수요자와 수입자가 다른 경우에 한한다)

③ 수출입공고 등에서 규정한 요건을 충족하는 서류(다만, 당해 승인기관에서 제한요건의 충족여부를 확인할 수 있는 경우는 제외)

3. 수출입 승인 신청

수출입이 함께 이루어지는 거래를 하고자 하는 자는 수출입 승인신청서 {업체용, 세관용, 승인기관용(산업자원부용) 및 사본(신청자가 신청하는 경우에 한한다)} 에 수출승인의 경우와 수입승인의 경우에 해당하는 다음의 각 서류를 첨부하여 수출입승인기관의 장에게 신청하여야 한다.

① 수출신용장·수출계약서 또는 주문서
② 수입계약서 또는 물품매도확약서
③ 수출대행계약서(공급자와 수출자가 다른 경우에 한한다)
④ 수입대행계약서(실수요자와 수입자가 다른 경우에 한한다)
⑤ 수출입공고 등에서 규정한 요건을 충족하는 서류(다만, 당해 승인기관에서 제한요건의 충족여부를 확인할 수 있는 경우는 제외)

4. 수출입 승인서의 발급

수출·수입의 승인 신청이 승인요건에 합당한 경우 수출·수입승인기관의 장은 각각 수출승인서, 수입승인서. 단, 외화획득용 원료의 수입승인일 때에는 별지 제 3-4호 서식의 외화획득용 원료 수입승인서, 수출입승인서를 각각 업체용, 세관용, 승인기관용(산업자원부용) 및 사본(신청자가 요청한 경우에 한한다) 등으로 발급하여야 한다. 다만, 수출입 물품을 분할하여 통관하고자 하는 경우에는 세관용, 수출·수입 승인서를 분할하여 발급할 수 있다.

V. 수출입대금의 결제

수출·수입대금(가공임, 임대료 및 임차료를 포함한다)은 외국환거래법의 규정에 의한 외국환은행을 통하여 회수 또는 지급하여야 한다. 다만, 외국환거래규정에서 인정하는 경우에는 그러하지 아니한다.

VI. 수출입 승인의 유효기간

수출·수입 승인의 유효기간(이하 유효기간이라 한다)은 1년으로 한다. 다만, 산업자원부장관은 국내의 물가안정·수급조정·물품의 인도조건 기타 거래상 특성에 따라 필요하다고 인정하는 경우에는 유효기간을 달리 정할 수 있다. 따라서 다음의 하나에 해당하는 경우에는 1년 이내 또는 20년의 범위 안에서 유효기간을 단축 또는 초과하여 설정할 수 있다.

① 산업자원부장관이 물가안정 또는 수급조정을 위하여 1년 이내로 유효기간의 단축이 필요하다고 인정하는 경우

② 물품의 제조·가공 기간이 1년을 초과하는 경우 등 물품의 선적 또는 도착기일을 감안하여 1년 이내에 물품의 선적이나 도착이 어려울 것으로 수출입승인기관의 장이 인정하는 경우

③ 수출·수입이 혼합된 거래로서 수출입승인기관의 장이 부득이하다고 인정하는 경우

3 수출·수입 승인사항의 변경승인 및 변경신고

Ⅰ. 의의

수출·수입의 승인을 얻은 자는 승인을 얻은 내용대로 이를 이행하여야 한다. 그러나 거래상대방과의 계약변경 등에 의하여 승인을 얻은 내용을 변경해야 할 경우가 발생한다. 따라서 무역업자는 수출·수입의 승인을 얻는 것과 마찬가지로 수출·수입의 승인을 얻은 사항을 변경하고자 할 때에도 산업자원부장관의 승인을 얻어야 한다. 다만, 이때에도 변경승인 대상은 물품의 수량·가격·승인의 유효기간 및 수출 또는 수입의 당사자에 관한 사항 등 중요한 사항에 한하고 그 외의 경미한 사항의 변경의 경우에는 변경신고를 한다.

이와 같이 변경승인은 가격변경 등 중요한 사항만을 대상으로 하고 경미한 사항의 변경은 신고만 하도록 하여 변경승인의 절차를 다소 완화하고 있다.

Ⅱ. 주요내용

수출 · 수입승인 사항의 변경은 당초 승인한 기관의 장이 승인한다. 다만, ① 원산지, ② 도착항 (단, 수출의 경우에 한함), ③ 규격, ④ 수출입물품의 용도(다만, 수출입승인 용도가 지정된 경우에 한함), ⑤ 승인조건 중 하나에 해당하는 사항에 대하여는 당초 승인한 기관의 장에게 변경신고를 하여야 한다.

또한 수출 · 수입승인 사항을 변경하고자 하는 자는 당초 승인을 얻은 수출 · 수입승인서 또는 수출승인사항 변경승인 · 신고 신청서에 변경사실을 증명하는 서류를 첨부하여 수출입승인사항의 변경승인 기관의 장에게 신청하여야 한다.

수출 · 수입사항의 변경은 수출 · 수입승인 유효기간 내에 신청하여야 한다. 다만, 수입의 경우로서 수입대금을 지급하고 선적서류를 인수한 후에 수입승인 사항을 변경하고자 하는 때에는 수입승인 유효기간 경과 후에도 변경승인 · 신고를 신청할 수 있다.

이와 같이 유효기간 경과 후에 승인기관의 장이 변경승인 · 신고수리를 한 때에는 그 변경승인 · 신고 사실을 해당 세관장에게 통보하여야 한다.

다만, 변경승인 대상 중 수출 · 수입의 당사자의 변경은 파산 등 불가피한 경우에 신청한 것이라야 한다.

한편 수출 · 수입승인 사항의 변경승인 기관의 장은 수출 · 수입승인 사항을 변경하고자 할 경우에는 다음의 각 요건에 합당한지 여부를 확인하여야 한다. 그리고 변경승인 기관의 장 은 수출 · 수입 승인사항에 관하여 변경신고가 있는 경우 이를 확인한 후 신고를 수리하여야 한다.

① 수출입 승인을 얻은 후에 수출입공고 등에서 수출 · 수입을 제한하는 사항이 추가된 품목으로서 관계 기관의 장의 허가 등을 추가로 요하는 품목일 때에는 그 허가 등을 받았을 것.

② 수출물품의 단가를 인하하거나 수입물품의 단가를 인상하는 내용의 수출 또는 수입승인사항 변경은 다음의 하나에 해당하는 경우일 것.

i) 거래상대방의 파산 또는 지급거절 등 현지의 거래은행, 상공회의소 또는 공공기관에 의하여 객관적으로 확인되는 경우에 수출물품을 제 3자에게 전매하는 경우

ii) 물품의 성질과 국제거래 관행상 승인시점에 단가를 확정할 수 없는 경우

iii) 기타 급격한 시장상황의 변화 등 변경사유가 불가피하다고 인정되는 경우

③ 변경하고자 하는 내용이 수출신용장, 수출입계약서, 주문서, 물품매도확약서 등에 명시되어 있을 것. 다만, 수출신용장 등에 명시를 요하지 아니하는 경미한 사항일 경우에는 그러하지 아니하다.

④ 수출대상국가의 변경은 수출제한사유 등을 고려할 때 타국으로 변경하여도 지장이 없을 것.

끝으로 산업자원부장관은 승인을 얻지 아니하고 수출입되는 물품이 법 제14조 2항 단서의 규정에 의한 물품에 해당하는지의 여부를 확인하여야 한다. 수출입승인의 사후관리는 1999년 3월부터 모두 폐지되었다.

4 수출입 승인의 면제

Ⅰ. 면제의 의의

전술한 바와 같이 우리나라의 무역관리 원칙은 "원칙 금지 · 예외 허용"주의를 채택하여 왔으나 1997년 3월부터 일반적인 수출입 거래는 자유화하고 특정의 경우에만 예외적

으로 승인을 얻도록 하는 "원칙자유 · 예외제한"으로 전환하였다. 그러나 예외적인 제한 대상의 경우에도 영리를 목적으로 하지 않는 물품의 수출입이거나 영리 행위라 하더라도 주된 거래에 따른 부수적 거래 또는 출입국자의 휴대품 등 관리의 실익이 없는 경우 등에 대하여는 승인 대상에서 제외하여 수출입 절차를 간소화하는 효과를 거두고 있다.

Ⅱ. 면제 대상 개요

긴급을 요하는 물품과 기타 물품의 수출 · 수입의 절차 간소화를 위하여 다음과 같은 경우에는 수출입 승인을 면제한다.

① 산업자원부장관이 정하여 고시하는 물품으로 서 외교관 기타 산업자원부장관이 정하는 자가 출국 또는 입국할 경우에 휴대하거나 세관에 신고하고 별도 송부하는 물품

② 다음의 하나에 해당하는 물품 중 산업자원부장관이 관계행정기관의 장과 협의를 거쳐 고시하는 물품

i) 긴급을 요하는 물품으로서 정상적인 수출 · 수입절차를 밟아 수출 · 수입하기에 부적합한 물품

ii) 무역거래를 원활히 하기 위하여 주된 수출 또는 수입에 부수된 거래로써 수출 · 수입하는 물품이나, 주된 사업목적을 달성하기 위하여 부수적으로 수출 · 수입하는 물품

iii) 무상으로 수출 · 수입하여 무상으로 수입 · 수출하거나, 무상으로 수입 · 수출할 목적으로 수출 · 수입하는 것으로서 사업목적의 달성을 위하여 부득이하다고 인정되는 물품

iv) 산업자원부장관이 정하여 고시하는 지역에 대하여 수출하거나 산업자원부장관이 정하여 고시하는 지역으로부터 수입하는 물품

v) 공공성을 가지는 물품이거나 이에 준하는 용도에 사용하기 위한 물품으로서 별도의 수출 · 수입의 관리가 요구되지 아니하는 물품

vi) 기타 상행위 이외의 목적으로 수출・수입하는 물품

③ 기타 외국환거래가 수반되지 아니하고 수입하는 물품으로서 산업자원부장관이 정하여 고시하는 기준에 해당하는 물품

④ 해외이주법에 의한 해외이주자가 해외이주를 위하여 반출하는 원자재, 시설재 및 장비로서 외교통상부장관 또는 외교통상부장관이 지정하는 기관의 장이 인정하는 물품

III. 수출승인의 면제대상

1. 외교관 기타 산업자원부장관이 정하는 자가 출국시 휴대 또는 별송하는 물품

외교관 기타 산업자원부장관이 정하는 자가 출국할 경우에 산업자원부장관이 정하는 물품으로서 휴대하거나 세관에 신고하고 별도 송부하는 물품으로서 수출승인의 면제대상은 다음과 같다.

① 일시적으로 출국하는 자 또는 일시적으로 입국하여 다시 출국하는 자(선박 또는 항공기에 승무하여 출국하는 승무원을 제외한다)가 출국할 때에 휴대하여 반출하는 물품 또는 별송(別送)으로 반출하는 물품으로서 출국의 목적, 여행의 기간, 출국자의 직업 기타의 사유에 의하여 세관장이 타당하다고 인정하는 물품

② 외국에 주거를 이주할 목적으로 출국하는 자(외국에서 2년 이상 체류할 예정으로 출국하는 자와 1년 이상 체류할 예정으로 출국하는 자 중 가족을 동반한 자를 말하며, 일시적으로 입국하여 출국하는 자는 제외한다)가 출국할 때 휴대하여 반출하는 이사 물품이나 별송으로 반출하는 이사 물품으로서 그 출국의 사유 등에 의하여 세관장이 타당하다고 인정하는 물품

③ 우리나라와 외국간을 왕래하는 선박 또는 항공기의 승무원이 당해 선박 또는 항공기에 승무하여 출국할 때 휴대하여 반출하는 개인용품으로서 세관장이 타당하다고 인정하는 물품

④ 우리나라에 온 외국인의 원수와 그 가족 및 수행원에 속하는 물품으로서 출국

시에 반출하는 물품

⑤ 외국 정부의 초청으로 파견된 고문관·기술단원 기타 이에 준하는 자에게 속하는 물품으로서 주무부장관이 확인한 물품

⑥ 해외이주법에 의한 해외이주자가 해외이주를 위하여 반출하는 원자재, 시설재 및 장비 등의 물품으로서 외교통상부장관 또는 외교통상부장관이 지정하는 기관의 장이 타당하다고 인정하는 물품

2. 무역거래를 원활히 하기위한 부수적거래물품

무역거래를 원활히 하기 위하여 주된 수출에 부수된 거래로서 수출하는 물품이나, 주된 사업목적을 달성하기 위하여 부수적으로 수출하는 물품으로서 수출승인의 면제 대상은 다음과 같다.

① 반출(搬出)하는 상품의 견품 및 광고용 물품으로서 세관장이 타당하다고 인정하는 물품. 다만, 유상으로 반출하는 경우 미화 1만 불 상당액 이하 물품

② 외국에서 개최되는 박람회, 전람회, 견본시, 영화제 등에 출품하기 위하여 무상으로 반출하는 물품

③ 수출된 물품이나 수입된 물품이 계약조건과 상이하거나, 하자보증이행 또는 용도변경 등의 부득이한 사유로 대체 또는 반송을 위하여 반출하는 물품. 또는 수출된 물품의 누락이나 부족품에 대하여 보충을 위하여 반출하는 물품

④ 수출품의 성능보장 기간 내에 당해 물품의 수리 또는 검사를 위하여 반출하는 물품

⑤ 외국환거래법에 의한 허가를 받고 주무부장관의 허가 또는 추천을 받아 반입한 나용선 또는 임차항공기의 반입을 위한 반출 물품

⑥ 무환수탁가공무역에 의하여 수입된 원료의 잔량분 또는 수탁판매방식에 의하여 수입된 물품의 판매되지 아니한 잔량분으로서 무상으로 반출하는 물품

⑦ 외자도입법 또는 외국환거래법에 의하여 기술도입계약신고를 한 자가 신고된 내용에 따라 기술대가를 현물로 지급하기 위하여 반출하는 물품

⑧ 해외에서 투자, 건설, 용역, 산업설비수출 기타 이에 준하는 사업에 종사하고 있

는 우리나라 업자(현지 합작법인 포함)에게 무상으로 송부하기 위하여 반출하는 기계, 시설자재, 근로자용 생활필수품 및 기타 그 사업에 관련하여 사용하는 물품으로서 주무부장관 또는 주무부장관이 지정한 기관의 장이 확인한 물품

⑨ 수산업법 제 41조 및 제 42조의 규정에 의하여 해양수산부장관 또는 해양수산부장관이 지정한 기관의 장이 확인한 물품

⑩ 외국 정부와의 사업계약을 수행하기 위하여 계약자가 계약조건에 따라 반출하는 업무용품으로서 주무부장관이 확인한 물품

⑪ 우리나라 정부와의 사업계약을 수행하기 위하여 계약자가 계약조건에 따라 반입한 물품으로서 다시 반출하는 물품

⑫ 우리나라와 외국간을 왕래하는 선박 또는 항공기 안에서 직접 그 선박 또는 항공기용으로 사용될 물품으로서 세관장이 타당하다고 인정하는 물품

⑬ 외국업자의 주문으로 제작되어 당해 수출물품의 생산에 사용된 후 반출하고자 하는 금형

⑭ 기타 무역거래를 원활히 하기 위하여 무상으로 반출하는 물품으로서 산업자원부장관이 타당하다고 인정하는 물품

3. 무상으로 수출하는 물품

무상으로 수입하여 무상으로 수출하거나, 무상으로 수입할 목적으로 수출하는 것으로서 사업목적의 달성을 위하여 부득이 수출하는 물품에 대한 수출승인 면제 대상은 다음과 같다.

① 무상으로 반입하여 다시 무상으로 반출하는 물품으로서 다음에 게기하는 물품

i) 금속제 실린더, 콘테이너, 권사구(卷絲具) 등 물품의 운송을 위하여 반복 사용될 용기 또는 기구

ii) 우리나라에서 영화를 촬영하기 위하여 입국한 영화제작자가 반입하는 영화 촬영용 기계 및 기구

iii) 우리나라에 입국한 순회 흥행업자의 흥행용 물품
iv) 텔레비전 방송국이 텔레비전 방송을 목적으로 반입한 영화 필름
v) 공사용(수리용을 포함한다)이나 시험용의 기계 또는 기구
vi) 우리나라에서 개최된 박람회 등의 종료 후 반출되는 물품
vii) 항공기(부분품을 포함한다)또는 선박
viii) 산업설비수출의 이행에 필요하여 반입한 기계 및 장치
ix) 대학 및 연구기관이 외국으로부터 품질이나 성능검사 등을 위탁받아 반입한 검사의뢰물품 및 검사장비

② 무상으로 반입할 예정으로 무상으로 반출하는 물품으로 다음에 게기하는 물품

i) 금속제 실린더, 콘테이너, 권사구 등 물품의 운송을 위하여 반복 사용될 용기 또는 기구
ii) 항공기(부분품을 포함한다)또는 선박
iii) 외국에서 영화(뉴스 포함)를 촬영하기 위하여 제작자가 반출하는 영화촬영에 사용되는 기계·기구로, 당해 영화촬영을 위하여 필요하다고 세관장이 인정하는 물품

③ 외국에서 수리 또는 검사를 받을 목적으로 반출하는 물품이나 국내에서 수리 또는 검사를 받을 목적으로 반입한 물품으로서 다시 반출하는 물품

4. 특정지역에 대한 수출물품

산업자원부장관이 고시하는 지역에 대하여 수출하는 물품으로서 수출승인면제 대상은 다음과 같다.

① 외국에서 물품을 보세구역에 무상으로 반입하여 가공을 하지 아니하고 다시 무상으로 반출하는 물품
② 외자도입법에 의하여 외국인투자의 인가를 받은 기업체가 관세법의 규정에 의한 보세공장에서 무상 또는 계정간의 이체방식에 의하여 유상으로 수입한 원료를

가공하여 무상 또는 계정간의 이체방식에 의하여 유상으로 수출하는 물품 및 동 시설보완용 부분품, 소모성 기자재 또는 시설재. 다만, 동 물품이 수출제한품목인 경우에는 산업자원부장관이 지정한 기관의 장이 인정하는 경우에 한한다.

5. 공공성을 가지는 물품

공공성을 가지는 물품이거나 이에 준하는 용도에 사용하기 위한 것으로서 별도의 수출관리가 요구되지 아니하는 물품에 대한 수출승인 면제대상은 다음과 같다.

① 우리나라 재외공관(대한무역투자진흥공사의 해외무역관을 포함한다)또는 외교사절 등에 송부하기 위하여 반출하는 공용물품
② 외국에 있는 자에게 증여하기 위하여 반출하는 훈장, 기장 기타 이에 준하는 물품
③ 해외에 파견된 우리나라 군대에 송부하기 위하여 반출하는 군용물품
④ 우리나라의 공공기관이 외국의 공공기곤에게 우호의 목적으로 기증하기 위하여 반출하는 물품
⑤ 국제운동경기대회에 참가하는 우리나라 선수단에 송부하기 위하여 반출하는 경기용 물품 및 이에 준하는 물품
⑥ 무상으로 반출하는 구호품
⑦ 정보통신부장관이 해외에 반출하는 국내우표와 정보통신부장관의 해외우표 판매허가를 받은 자가 정보통신부장관의 추천을 얻어 반출하는 국내우표
⑧ 우리나라에 있는 외국의 대사관, 공사관, 영사관, 통상대표공관 기타 이에 준하는 기관에서 반출하는 공용용품 또는 그 기관에 소속된 외무공무원 및 그 가족이 반출하는 자가용물품
⑨ 국제협약 등에 의한 조사단 또는 사찰단이 반출하는 장비물품 및 그 구성원의 자용품

6. 상행위 이외의 목적으로 수출하는 물품

기타 상행위 이외의 목적으로 수출하는 물품으로서 수출승인 면제대상은 다음과 같다.

① 무상으로 송부하기 위하여 반출하는 기록문서와 기타의 서류(사진 및 마이크로

필름을 포함한다)

② 뉴스를 취재한 필름이나 녹음테이프 등으로서 우리나라의 신문사, 통신사, 방송국의 특파원이 있는 본사, 지사 또는 주재원 등 앞으로 송부하기 위하여 반출하는 물품

③ 유골(유체를 포함한다)

④ 외국환거래법에 의하여 인정된 용역계약에 따라 문화관광부장관의 추천을 얻어 무상으로 반출하는 국산영화

⑤ 외국환은행으로부터 수입물품을 담보로 자금을 융자받은 무역업자의 파산, 해산, 행방불명 등으로 인하여 그 무역업자에 의한 통관이 불가능한 경우에 당해 외국환은행이 담보권 행사를 위하여 보세구역 내에서 반출하는 물품

⑥ 국제공동연구를 위하여 반출하는 연구기자재 또는 국제공동연구의 결과물로서 산업자원부장관이 추천한 물품

⑦ 기타 무상으로 반출하는 물품 중 반출의 목적·사유 등에 의하여 세관장이 타당하다고 인정하는 물품

Ⅳ. 수입승인의 면제대상

1. 외교관 기타 산업자원부장관이 정하는 자가 입국시 휴대 또는 별송하는 물품

외교관 기타 산업자원부장관이 정하는 자가 입국할 경우에 산업자원부장관이 정하는 물품으로서 휴대하거나 세관에 신고하고 별도 송부하는 물품에 대한 수입승인 면제대상은 다음과 같다.

① 일시적으로 입국하는 자 또는 일시적으로 출국하여 다시 입국하는 자(선박 또는 항공기 에 승무하여 입국하는 승무원을 제외한다)가 입국할 때에 휴대하여 반입하는 물품이나 별송으로 반입하는 물품으로서 그 입국의 목적, 체류의 기간, 입국자의 직업 등의 사유에 의하여 세관장이 타당하다고 인정하는 물품

② 우리나라로 주거를 이전할 목적으로 입국하는 자(우리나라에서 2년 이상 체류

할 예정으로 입국하는 자와 1년 이상 체류할 예정으로 입국하는 자 중 가족을 동반한 자를 말하며, 일시적으로 출국하여 다시 입국하는 자를 제외한다)가 입국할 때에 휴대하여 반입하는 이사물품 도는 별송으로 반입하는 이사물품으로서 그 입국의 사유 등에 의하여 세관장이 타당하다고 인정하는 물품

③ 우리나라와 외국간을 왕래하는 선박 또는 항공기의 승무원이 당해 선박 또는 항공기에 승무하여 입국할 때에 휴대하여 반입하는 개인용품으로서 세관장이 타당하다고 인정하는 물품

④ 우리나라에 온 외국의 원수와 그 가족 및 수행원에 속하는 물품으로서 입국시에 반입하는 물품

⑤ 정부와의 사업계약을 수행하기 위하여 외국의 계약자가 계약조건에 의하여 반입하는 업무용품으로서 주무부장관의 확인을 받아 반입하는 물품

⑥ 정부의 초빙이나 국제연합 또는 외국의 정부로부터 우리나라에 파견된 고문관, 사절단원의 업무용 물품

2. 긴급을 요하는 물품

긴급을 요하는 물품으로서 정상적인 수입절차를 밟아 수입하기에 부적합한 물품으로서 수입승인 면제대상은 다음과 같다.

① 조난선박의 수리 또는 구호에 필요한 비용과 당해 항해를 계속하는데 필요한 비용을 조달하기 위하여 매각하는 그 선박의 적재품으로서 세관장이 부득이 하다고 인정하여 반입하는 물품

② 긴급을 요하는 항공기의 부분품(항공용 유류 및 비상구급용품을 포함한다), 공항 내에서 항공기에 전용되는 지원장비의 부분품, 수리용품 및 수리용 원료를 구매 또는 임차함에 있어서 그 구매절차에 의하여는 적기에 공급이 불가능하다고 건설교통부장관 또는 건설교통부장관이 지정한 항공관계 전문기관의 장이 인정하여 반입하는 물품. 다만, 항공법 제 80조의 규정에 의하여 면허를 받아 정기항공운송사업을 영위하는 자가 구매 또는 임차하는 경우에는 세관장이

인정하여 반입하는 물품

③ 긴급을 요하는 국제통신시설의 수리용 부품과 기기를 구매 또는 임차함에 있어서 일반적인 절차에 의하여서는 적기에 공급이 불가능하다고 정보통신부장관이 인정하여 반입하는 물품

④ 긴급을 요하는 해난구조용품으로서 일반적인 절차에 의하여는 적기 공급이 불가능하다고 해양수산부장관 또는 해양수산부장관이 지정한 해난관계 전문기관의 장이 인정하여 반입하는 물품

⑤ 긴급을 요하는 견품으로 일반절차에 의하여서는 적기 공급이 불가능하다고 세관장이 인정한 물품

3. 무역거래를 원활히 하기위한 부수적거래물품

무역거래를 원활히 하기 위하여 주된 수입에 부수된 거래로서 수입하는 물품이나 주된 사업목적을 달성하기 위하여 부수적으로 수입하는 물품으로서 수입승인 면제대상은 다음과 같다.

① 반입하는 상품의 견품 또는 광고용 물품으로서 세관장이 타당하다고 인정하는 물품

② 상품의 견품 또는 광고용 물품 제조용 원료로서 세관장이 타당하다고 인정하는 물품

③ 우리나라에서 수출된 물품으로서 수출할 때의 성질 및 형상을 변경하지 아니하고 다시 반입하는 물품

④ 수입된 물품이나 수출된 물품이 계약조건과 상이하거나, 하자보증이행 또는 용도변경 등의 부득이한 사유로 대체를 위하여 반입하는 물품 또는 수입된 물품의 누락이나 부족품에 대하여 보충을 위하여 반입하는 물품

⑤ 수입물품의 하자보증기간 내에 동 물품의 유지보수 및 성능보장을 위하여 당해 물품의 수출자가 무상으로 공급하는 물품

⑥ 수출물품의 성능보증기간 내에 당해물품의 수리 또는 검사를 위하여 반출한 물품으로 다시 반입하는 물품

⑦ 수출물품의 제조가공에 제공할 일부 외화획득용 원료로서 세관장이 당해 수출계약이행에 필요하다고 인정하여 무상으로 반입하는 물품
⑧ 무상으로 반입하는 라벨(LABEL), 택(TAG)등 부자재
⑨ 외국환거래법에 의한 허가를 받고 주무부장관의 허가 또는 추천을 받아 반입하는 임차 항공기. 다만, 장래 소유권이 이전되는 국적취득조건부의 것은 제외한다.
⑩ 위탁가공무역에 의하여 수출된 원료의 잔량분으로서 무상으로 반입하는 물품
⑪ 수출입공고 등에서 수입이 허용되는 물품으로서 해외에서 투자, 건설, 용역, 산업설비수출 기타 이에 준하는 사업을 행하고 있는 우리나라 업자가 현지에서 사용한 후 무상으로 반입하는 물품
⑫ 우리나라의 법령에 의하여 설치의 허가나 인가 등을 받은 외국상사의 지사나 출장소 등에 무상으로 송부된 사무용품, 소모품 기타 이에 준하는 물품으로서 세관장이 타당하다고 인정하여 반입하는 물품
⑬ 건설용역 기타 이에 준하는 업무에 종사하기 위하여 우리나라에 체류하는 외국인의 자용품으로서 세관장이 타당하다고 인정하여 반입하는 물품
⑭ 우리나라와 외국간을 왕래하는 선박 또는 항공기 안에서 직접 그 선박 또는 항공기용으로 사용될 물품으로서 당해 운항사업을 행하는 자(당해 사업의 대리인을 포함한다)에게 무상으로 송부되어 오는 물품
⑮ 수출계약의 이행을 위하여 무상으로 반입하는 소모성 자재 또는 시료로서 당해 수출물품의 성능, 시험검사를 위하여 필요하다고 세관장이 인정하는 물품
⑯ 항공산업용으로 도입하는 중고 치공구
⑰ 기타 무역거래를 원활히 하기 위하여 무상으로 반입하는 물품으로서 산업자원부장관이 인정하는 물품

4. 무상으로 수입하는 물품

무상으로 수출하여 무상으로 수입하거나, 무상으로 수출할 목적으로 수입하는 것으로서 사업목적의 달성을 위하여 부득이 수입하는 물품에 대한 수입승인 면제대상은 다음과 같다.

① 무상으로 반출할 예정으로 무상으로 반입하는 물품 중 다음에 게기하는 물품

i) 외국의 신문사, 통신사 또는 방송국의 특파원으로서 우리나라에 파견된 자가 뉴스의 취재용으로 반입하는 필름 또는 녹음테이프

ii) 금속제 실린더, 콘테이너, 권사구 등 물품의 운송을 위하여 반복 사용되는 용기 또는 기구

iii) 우리나라에서 영화를 촬영하기 위하여 입국하는 영화제작자가 반입하는 영화촬영용 기계·기구로서 당해 영화촬영을 위하여 필요하다고 세관장이 인정하는 물품

iv) 우리나라에 입국하는 순회 흥행업자의 흥행용 물품

v) 텔레비전 방송국이 텔레비전 방송을 목적으로 반입하는 영화필름

vi) 공사용(수리용을 포함한다)이나 시험용의 기계 또는 기구

vii) 우리나라에서 개최된 박람회, 전시회, 견본시, 영화제 등에 출품하기 위한 물품

viii) 항공기(부분품을 포함한다)또는 선박

ix) 산업설비수출의 이행에 필요하여 반입하는 기계 또는 장치로서 산업설비수출협회장이 추천하는 물품

x) 대학 및 연구기관이 외국으로부터 품질이나 성능검사 등을 위탁받아 반입하는 검사의뢰 물품 및 검사장비

② 무상으로 반출된 물품을 다시 무상으로 반입하는 물품으로서 다음에 게기하는 물품

i) 금속제 실린더, 권사구 등 물품의 운송을 위하여 반복 사용되는 용기 또는 기구

ii) 항공기(부분품을 포함한다)또는 선박

iii) 외국에서 영화(뉴스필름 포함)를 촬영하기 위하여 영화제작자가 반출한 영화촬영용의 기계·기구

iv) 외국에서 개최된 박람회, 전시회, 견본시, 영화제 등에 출품된 물품으로서 반송되어 온 물품

v) 해외에서 투자, 건설, 용역, 산업설비수출 기타 이에 준하는 사업에 종사하고 있

는 우리나라 업자(현지합작법인 포함)에 게 무상으로 송부하기 위하여 반출한 기계, 시설자재, 근로자용 생활필수품, 기타 그 사업에 관련하여 사용하는 물품

vi) 수산업법 제 41조 및 제 42조의 규정에 의하여 해양수산부장관 또는 해양수산부장관이 지정한 기관의 장의 허가를 받은 자가 원양어선에 무상으로 송부하기 위하여 반출한 물품

5. 특정지역으로부터 수입하는 물품

산업자원부장관이 고시하는 지역으로부터 수입하는 물품으로서 수입승인 면제대상은 다음과 같다.

① 외자도입법에 의하여 외국인투자의 인가를 받은 기업체가 관세법의 규정에 의한 보세공장에서 가공할 것을 목적으로 무상 또는 계정간의 이체방식에 의하여 유상으로 수입하는 원료 및 동 시설보완용 부분품, 소모성 기자재 또는 시설재. 다만, 동 물품이 수입제한 승인품목인 경우에는 산업자원부장관이 지정하는 기관의 장이 인정하는 경우에 한한다.

② 관세법의 규정에 의하여 보세판매장 설영특허를 받은 자의 판매용 물품으로서 관세청장이 산업자원부장관과 협의하여 지정하는 물품

6. 공공성을 가지는 물품

공공성을 가지는 물품이거나 이에 준하는 용도로 사용하기 위한 것으로서 별도의 수입관리가 요구되지 아니하는 물품에 대한 수입승인 면제대상은 다음과 같다.

① 국가원수에게 반입되는 물품

② 우리나라에 있는 자에게 증여하기 위하여 반입되는 훈장, 기장 기타 이에 준하는 물품

③ 외국에 있는 우리나라의 군대, 군함 또는 공관으로부터 반입되는 공용물품

④ 사원, 교회 등에 기증된 식전용품 및 예배용품으로서 세관장이 타당하다고 인정하여 반입하는 물품

⑤ 자선 또는 구호의 목적으로 기증된 급여품 및 관세법 제 28조의 6 제 1항 제 2

호의 규정에 의하여 지정된 구호시설과 사회복지시설에 기증되어 직접 사회복지용에 공하는 물품으로서 세관장이 타당하다고 인정하여 반입되는 물품

⑥ 학교, 박물관, 물품진열소 기타 관세법 제 28조의 5 제 1항 제 2호 및 제 4호 규정에 의하여 지정한 시설에 표본, 참고품, 학술연구 또는 교육용에 직접 공하는 물품으로서 세관장이 타당하다고 인정하여 반입되는 물품

⑦ 외국의 공공기관으로부터 우리나라 공공기관에 우호의 목적으로 기증되어 반입되는 물품

⑧ 정부 또는 지방자치단체에 기증된 물품으로서 당해 기관이 직접 사용하는 물품과 당해 기관에서 실시하는 공공사업에 공하기 위하여 반입되는 물품

⑨ 국제연합교육과학문화기구(유네스코)에서 발행하는 유네스코 쿠폰과 교환으로 송부되어 반입되는 물품

⑩ 우리나라에 있는 외국의 대사관, 공사관, 영사관, 통상대표기관 기타 이에 준하는 기관에서 반입하는 공용물품 또는 그 기관에 소속되는 외국 공무원 및 그 가족이 반입하는 자용품

⑪ 박물관 및 미술관 진흥법에 의하여 등록된 박물관 또는 미술관(설립자가 법인인 박물관 또는 미술관에 한함) 이동 박물관 또는 미술관에 전시할 목적으로 수입하는 물품으로 문화체육부장관의 추천을 받은 물품

⑫ 국제운동경기에 참가한 우리나라 선수단의 경기용 물품 및 이에 준하는 물품으로 반출하였다가 다시 반입하는 물품

⑬ 국제협약 등에 의한 조사단 또는 사찰단이 반입하는 장비물품 및 그 구성원의 자용품

7. 상행위 이외의 목적으로 수입하는 물품

기타 상행위 이외의 목적으로 수입하는 물품으로서 수입승인 면제대상은 다음과 같다.

① 무상으로 반입하는 간행물, 기록문서와 기타의 서류(사진 및 마이크로 필름을 포함한다)

② 해상사고로 인하여 우리나라 선박이 침몰 또는 폐선된 경우에 그 외국 가해자

로부터 현물배상으로서 제공받아 해외공관장의 확인을 얻어 반입하는 선박

③ 우리나라의 선박 또는 항공기가 조난으로 인하여 해체된 경우에 반입하는 해체물품 및 장비품

④ 우리나라에서 출항된 선박 또는 항공기로 반출한 물품으로서 당해 선박 또는 항공기의 사고로 인하여 다시 반입하는 물품

⑤ 우리나라의 선박 또는 항공기가 국외에서 고장으로 인하여 분리된 부분품(현지 수리후 반입하는 것을 말한다)

⑥ 관세법 제 54조의 규정에 의하여 선박 또는 항공기의 자격변경이 있는 경우에 당해 선박 또는 항공기에 적재되어 있는 선박용 또는 항공기용품으로서 세관장이 타당하다고 인정하는 물품

⑦ 유골(유체를 포함한다)

⑧ 외국환은행으로부터 수입물품을 담보로 자금을 융자받은 수출입업자의 파산, 행방불명 등으로 인하여 그 수출입업자에 의한 통관이 불가능한 경우에 당해 외국환은행이 담보권 행사를 위하여 보세구역으로부터 다른 지역으로 반입하는 물품

⑨ 외국환거래법의 규정에 의하여 재정경제부장관이 정하는 바에 따라 지급을 인정하는 것으로서 다음에 제기한 물품

i) 외항운송업자가 경상운항경비로 구입하여 그 선박 또는 항공기용으로 사용된 식용품 및 서비스용품

ii) 외국간행물 수입배포에 관한 법률 제 15조의 규정에 의하여 자기수요의 학술조사, 연구업무용으로 반입되는 외국정기간행물 및 마이크로필름 등의 물품(그 가액이 미화 5천 달러이상인 경우에는 문화체육부장관의 추천을 받은 것에 한한다. 다만, 정보원법에 근거한 특수자료 취급지침에 의한 특수자료 취급인가 기관은 제외한다)이나 음반 및 비디오물에 관한 법률 시행령 제 13조의 규정에 의하여 실수요용으로 반입되는 음반, 녹음·녹화테이프 등의 정보매개물(연예, 흥행관계의 것을 제외한다)

iii) 자기 치료를 위한 미화 2천 달러 이하의 의약품으로서 식약안전청장이 추천한 물품

iv) 운송사업자가 외국항공기에 공급하기 위하여 반입하는 식용품 및 관세법 제 2조 제 11항의 규정에 의한 기(機)용품

⑩ 국제공동연구를 위하여 반입하는 연구기자재 또는 국제공동연구 결과물로서 산업자원부장관이 수입추천하는 물품

⑪ 시험 · 연구를 위하여 반입하는 물품으로서 산업자원부장관이 추천한 물품

⑫ 신문사, 통신사 또는 방송국의 해외지사에서 구입 사용 후 내용년한이 경과된 방송 · 촬영장비 중 무상으로 반입하는 것으로, 반입목적 등의 사유에 의하여 그 타당성이 인정되어 산업자원부장관이 주무부장관과 협의하여 수입추천하는 물품

8. 기타 외국환거래가 수반되지 아니하는 물품으로서 수입승인 면제대상

① 과세가격이 500만원 이하의 경우에는 그 반입의 목적, 사유 등에 의하여 세관장이 타당하다고 인정하는 물품

② 과세가격이 500만원을 초과하는 경우에는 수출입공고 등에서 수입이 허용되는 물품으로서 그 반입의 목적, 사유 등에 의하여 세관장이 타당하다고 인정하는 물품. 이 경우 세관장은 수입하고자 하는 물품이 수출입공고 등에 의하여 승인을 요하는 경우에는 당해 승인서의 제출을 요구할 수 있다.

객관식 연습문제

【문 43】 다음 중 '수출입공고'에 대해 바르게 설명하고 있는 것은?

① Positive List System을 채택하고 있다.
② 수출입공고의 효력기간은 1년이다.
③ 국내산업보호를 위한 규제중심으로 운용하고 있다.
④ 수출입승인대상품목만을 게기한다.
⑤ 별도공고는 수출입승인대상품목관리에 관한 기본공고이다.

해설 1967년부터 '원칙자유, 예외제한' 방식인 Nagative List System을 도입•운용하고 있다.

【문 44】 산업자원부장관은 관계 행정기관의 장으로부터 제출받은 수출입요령을 공고하여야 하는데 이 경우의 공고를 (　　　)라고 한다. 빈칸에 들어갈 내용으로 맞는 것은 ?

① 별도공고 ② 기본공고 ③ 통합공고 ④ 수출입공고 ⑤ 기별공고

해설 통합공고는 1980년 10월 상공부가 각 개별법에 의한 수출입제한 내용을 통합조정하여 고시토록 한데서 비롯되었다. 통합공고는 수출입 요령을 단일화•집약화 할 수 있고 합리적인 무역정책추진과 무역질서유지에 기여한다는 이점이 있다.

【문 45】 수출입 '통합공고'에 의하여 해당 물품의 수출입요건 및 절차 등을 통합하여 규정할 법령에 해당되지 않는 것은?

① 약사법 ② 마약법 ③ 대마관리법 ④ 대외무역법 ⑤ 먹는물관리법

해설 통합공고 대상관련법은 대외무역법의 특별법령에 속하는 법으로서 인간생명의 안전•건강•환경 등에 위해를 가하거나 사회공서양속을 해할 가능성이 큰 물품을 특별히 관리하기 위하여 제정된 법률들이다.

【문 46】 우리나라의 HS품목분류에서는 국내의 제반 사정을 고려하여 모두 ( )개 단위로 품목을 분류하고 있다. 빈칸에 들어갈 내용으로 맞는 것은 ?

① 4 ② 10 ③ 6 ④ 8 ⑤ 9

해설 국제공통 6단위, 21부 97류, 1241개 품목(4단위), 5019개 품목(6단위), 10033개 품목(10단위) 각국 자율적용.

【문 47】 '국제통일상품분류'시스템에 관한 원문표기가 올바르게 된 것은?

① The Harmonized Commodity Description and Coding System
② Customs Cooperation Council Nomenclature
③ The Uniform Commodity Description and Coding System
④ Standard International Trade Classification
⑤ The Harmonized System(HS)

해설 HS는 약칭표기명칭이다.

【문 48】 대외무역법상 개별수출입에 대한 관리원칙으로 맞지 않는 것은?

① 원칙 '수출입자유' 예외 '수출입제한'의 네가티브(Negative)제를 채택하고 있다.
② 특정거래의 경우에는 주무부장관의 '인증'제를 도입하고 있다.
③ 무역절차간소화를 위하여 필요시 승인 '면제'제를 운용하고 있다.
④ 수출입의 자유화와 예외적 '승인'제를 기본으로 하고 있다.
⑤ 조약과 국제법규에 의한 의무이행을 위해 필요시 예외적으로 수출입승인제가 운용되고 있다.

해설 특정거래의 경우에는 산업자원부장관의 '인정제'를 도입하고 있다.

【문 49】 수출입의 '승인'에 관한 설명으로 옳지 못한 것은?

① 개별 수출입행위의 전제조건이다.

② 기속행위가 아닌 재량행위이다.

③ 대인·대물의 혼합적 성격을 갖는다.

④ 수출입의 승인을 얻은자는 승인을 얻은 내용대로 일정한 유효기간내에 이를 이행하여야 할 의무가 있다.

⑤ 수출입의 승인은 원칙적으로 주무부장관의 전속권한이다.

해설 허가의 법적성격은 재량행위이나 승인은 기속행위이다.

【문 50】 다음 중 수출입의 승인(제한)대상이 아닌 것은?

① 헌법에 의하여 체결·공포된 조약이나 일반적으로 승인된 국제법규상의 의무이행을 위하여 지정·고시하는 물품

② 생물자원보호를 위하여 지정·고시하는 물품

③ 교역상대국과 경제협력증진을 위하여 지정·고시하는 물품

④ 방위산업용원료기재 등 산업자원부장관이 관계행정기관의 장과 협의하여 지정·고시하는 물품

⑤ 상행위 이외의 목적으로 수출·수입하는 물품

해설 ① 내지 ④는 승인대상이고 ⑤는 승인면제대상이다.

【문 51】 다음 중 수출승인의 면제대상에 해당되지 않는 것은?

① 외교관 기타 산업자원부장관이 정하는 자가 출국시 휴대 또는 별송하는 물품

② 무역거래를 원활히 하기 위한 부수적 거래물품

③ 무상으로 수출하는 물품

④ 공공성을 가지는 물품

⑤ 상행위를 목적으로 수출하는 물품

해설 ⑤는 상행위가 목적이므로 면제대상이 아니다.

【문 52】 다음 중 수입승인의 면제대상이 아닌 것은?

① 긴급을 요하는 물품의 수입
② 무상수입물품
③ 특정지역으로부터 수입하는 물품
④ 공공성을 가지는 물품
⑤ 외국환거래가 수반되는 물품

해설 외국환거래가 수반되지 않아야만 면제대상이 된다.

【문 53】 수출입승인의 유효기간은 원칙적으로 ( )년이다. 괄호 안에 들어갈 내용으로 옳은 것은?

① 1 ② 3 ③ 2 ④ 20 ⑤ 5

해설 규정 제3-1-5조

【문 54】 수출입의 유효기간을 달리 정할 수 있는 사유가 아닌 것은?

① 국내물가안정 ② 물자수급조정 ③ 물품의 인도조건
④ 거래상의 특성 ⑤ 외국인도수출

해설 수출입이 혼합된 거래상의 특성이 있는 경우는 포함되지만 외국인도수출은 해당되지 않는다.

【문 55】 산업자원부장관은 수출입승인의 유효기간을 설정함에 있어서 예외적으로(㉮) 년 이내 또는 (㉯)년의 범위에서 유효기간을 (㉰) 또는 (㉱)하여 설정할 수 있다. 괄호 안에 들어갈 내용으로 옳게 나열된 것은?

① ㉮－1 ㉯－20 ㉰－단축 ㉱－초과
② ㉮－2 ㉯－10 ㉰－감축 ㉱－초과
③ ㉮－1 ㉯－15 ㉰－단축 ㉱－연장
④ ㉮－2 ㉯－10 ㉰－단축 ㉱－초과
⑤ ㉮－1 ㉯－20 ㉰－단축 ㉱－연장

해설 시행령 제26조 ②항, 규정 제3-1-5조

【문 56】 수출입승인사항을 변경신고하고자 할 때 당초 승인한 기관의 장에게 변경신고를 하여야 할 사유에 해당되지 않는 것은 ?

① 원산지 ② 규격 ③ 승인조건
④ 수출의 경우 도착항 ⑤ 수입의 경우 도착항

해설 규정 제3-2-2조. ①~④외에도 수출입물품의 용도변경의 경우도 포함된다.

해답

43	④	44	③	45	④	46	②	47	①	48	②	49	②	50	⑤	51	⑤	52	⑤
53	①	54	⑤	55	①	56	⑤												

6 특정수출입거래형태에 대한 권리

1 특정수출입거래형태의 의의

대외무역법 제정 초기에는 산업자원부장관이 수출입을 승인하는 과정에서 몇 가지 거래형태에 대하여 특별히 조건을 붙여서 승인하도록 함으로서 거래의 안정성을 도모하고 그 이행을 확인하였다. 또한, 이러한 특정의 무역거래 형태에 해당하지 않는 거래형태는 포괄적으로 미분류 수출입으로 규정하고(1993. 7. 1), 이에 대하여는 수출입 승인기관의 장이 개별적 또는 포괄적으로 거래형태를 인정할 수 있도록 하였다. 그러나 수출입 승인제가 원칙적으로 폐지됨에 따라 거래형태에 대하여도 네가티브제를 적용하게 되었다. 이로서 특별히 제한을 가할 필요가 있는 특정의 거래형태에 대하여는 인정제를 도입하여 산업자원부장관의 인정을 받아야 거래를 할 수 있도록 하고, 그 이외에는 자유롭게 거래할 수 있도록 하였다. 따라서 산업자원부장관은 물품의 수출 또는 수입이 원활히 이루어질 수 있도록 지정물품의 수출입 거래형태를 인정할 수 있다.

이때 당해 거래가 외국환거래법 규정에 의하여 재정경제부장관의 허가를 받아야 하는 결제방법에 해당하는 경우에는 미리 재정경제부장관과 협의하여야 한다. 또한 재정경제부장관이 외국환거래법령에서 무역대금결제방법을 정하고자 할 때에는 미리 산업자원부장관과 협의하여야 한다. 따라서 무역업자들은 대외무역법령에 규정되어 있는 거래방법에 대하여는 그 조건을 충족하여야 하고 그 이외의 거래형태는 외국환거래법 등에 의하여 규제되지 않는 한 자유롭게 거래할 수 있다.

2 특정수출입 거래형태의 인정

특정 무역거래 유형에는 수출과 관련된 특정거래 형태별 인정으로 ① 위탁판매수출, ② 임대수출, ③ 외국인도수출이 있고, 수입과 관련된 특정거래 형태별 인정으로 ① 수탁판매수입, ② 임차수입, ③ 외국인수수입이 있으며 수출입혼합거래형태별 인정으로 ① 위탁가공무역, ② 수탁가공무역, ③ 연계무역, ④ 중계무역이 있다. 특정무역거래형태는 당해 거래의 전부 또는 일부가 다음의 하나에 해당하는 경우로서 산업자원부장관이 따로 정하는 거래를 말한다.

① 수출 또는 수입의 제한을 면탈(免脫)할 우려가 있거나 산업보호에 지장을 초래할 우려가 있는 거래
② 외국에서 외국으로 물품의 이동이 있고 그 대금의 지급 또는 영수가 국내에서 이루어지는 거래로서 대금결제 상황의 확인이 곤란하다고 인정되는 거래
③ 대금결제가 수반되지 아니하고 물품의 이동만 이루어지는 거래

그리하여 산업자원부장관은 다음과 같은 내용에 해당하는 유형의 거래를 산업자원부장관의 인정을 받아야 하는 수출·수입거래로 지정·고시하고 있다. 이때 산업자원부장관은 특정거래형태를 인정하면서 새로운 거래형태의 파악 등을 위하여 필요한 경우에는 관계행정기관의 장에게 협조를 요청할 수 있다.

Ⅰ. 위탁판매수출

1. 의의

위탁판매방식에 의한 수출은 물품을 무환으로 수출하여 당해 물품이 판매된 범위 안에서 대금을 결제하는 계약에 의한 수출이다.

이는 대부분 제조업자가 자가생산품을 수출하여 그 판매를 위탁하고 판매되지 않은 잔품을 회수하는 거래방식이다. 이 방식에 의한 수출은 위탁자가 자기의 계산 및 위험하에 수출하는 것으로 물품이 이동되더라도 그 소유권은 당연히 위탁자에게 있으며 판매하고 남은 물품은 위탁자에게 반환되는 것이다. 그러므로 수탁자는 계약의 조건에 따라서 당해 물품을 판매하고 그 판매대금 중에서 경비 및 수수료 등을 공제한 금액을 위탁자에게 송금하는 것이 일반적인 거래방식이다.

2. 위·수탁자간의 계약내용

위탁판매방식에 의한 수출시 위탁자와 수탁자간에 체결되는 계약의 내용은 대체로 다음과 같다.

첫째, 수출불품의 소유권은 위탁자에게 있다. 따라서 위탁자는 운임, 기타 수출목적지까지의 운송경비를 부담하며 보험의 수익자가 된다.

둘째, 수탁자는 수탁된 화물이 판매되었을 때에는 위탁자에게 대금을 송금하여야 하며, 동 대금송금시까지의 금리 및 기타 위험부담은 수탁자가 진다.

셋째, 위탁자는 판매수수료로서 판매대금의 일부를 수탁자에게 지급한다. 계약시의 판매조건 중에서 물품의 판매가격을 결정하는 방법에는 지가위탁(指價委託)과 시가위탁(時價委託)의 두 가지 방법이 있다. 지가위탁은 위탁자가 수탁자에게 최저판매가격을 지정하여 주는 것으로서 최저판매가격보다 낮은 경우에는 수탁자는 판매할 수 없는 계약조건이다. 그러나 최저판매가격보다 높은 가격으로 판매하였을 경우의 그 초과금액은 위탁자에게 귀속된다.

한편 시가위탁방식은 수탁자의 판매시장에서 형성되는 판매시세에 의하여 판매토록 수·위탁자간에 계약하는 거래방식이다.

3. 유용성 및 유의점

이 방식에 의한 거래의 필요성과 거래창설시 주의해야 할 몇 가지 사항을 검토하면 다음과 같다.

첫째, 수출상품의 시장성이나 수입업자의 신용상태를 정확히 파악하기 어려운 신규 수출업자는 수출초보단계에서 중개업자를 통하여 안전하고 편리한 위탁판매 방식을 활용하면 유리하다.

둘째, 상품의 특성이나 수출시장이 유동적이어서 가격변동이 심한 상품을 수출하는 자는 수입업자와 직접 수출계약을 체결하지 아니하고 위탁판매방식에 의하여 수출함으로써 수출가격이 가장 유리한 기회를 잡아 판매할 수 있는 이점을 가진다.

셋째, 신시장개척을 위한 방법의 하나로 위탁판매방식에 의한 수출이 활용되기도 한다. 수입업자는 신규상품에 대한 수요를 예측하기 어려울 경우에는 위험부담 때문에 수입을 꺼리게 될 것이며 소비자들 역시 그 상품을 직접 사용하여 보고 감정하기를 원하기 때문이다.

넷째, 수입판매업자 입장에서 보면 자금부담(수입에 따른)이 없고 클레임제기 등의 불편이 없으며 시간과 노력, 그리고 수입부대경비를 절감할 수 있는 이점이 있다.

그러나 위탁판매수출에 있어서는 물품의 판매 여부가 근본적인 문제이며 또한 판매가 되었다 하더라도 대금회수에 위험이 따르는 경우가 있다. 즉, 수탁자의 신용상태도 문제가 될 뿐만 아니라 수입국의 외환관리나 동란 등과 같은 비상사태 등의 위험에 따라 판매대금의 송금이 금지되는 경우도 있다. 비상위험은 개인의 능력으로는 불가항력일 수밖에 없으나 신용위험은 사전에 충분히 신용조사를 하여 피하도록 하여야 한다.

특히 위탁판매수출의 경우에는 어렵기는 하지만 수탁자의 거래은행의 보증을 받을 수만 있다면 이것이 가장 안전한 거래방법이 될 수 있다.

4. 인정대상

위탁판매수출로서 판매계약기간 종료 후 판매잔량을 6월을 초과하여 재수입하는 경우 산업자원부장관의 인정대상이 된다.

II. 수탁판매수입

수탁판매수입은 위탁거래의 한 형태이다. 위탁거래란 위탁자가 자기 책임하에 소유권의 이전 없이 물품을 무환으로 수출하여(또는 수출입하기 위하여) 수탁자에게 판매(또는 구매를 위탁하는 거래를 말하며 판매위탁인 경우를 위탁판매무역이라 하고 구매위탁인 경우를 위탁구매무역이라고 한다. 위탁판매무역은 위탁자의 입장에서 보면 위탁판매수출이라고도 할 수 있고 수탁자의 입장에서는 수탁판매수입이라고 말할 수 있다.

따라서 수탁판매수입이란 물품을 외국에서 무환으로 수입하여 당해 물품이 판매된 범위내에서 수입대금을 결제하는 형태의 수입을 의미한다. 수탁판매수입에 있어서 자금부담의 위험(금리 및 판매에 따르는 위험)은 물품의 소유권을 가지고 있는 위탁자가 부담하고 수탁자는 단지 판매대리인으로서 위탁자가 지정한 조건에 따라 상품을 매각하고 잔품은 위탁자에게 반환하며 그 매각대금에서 입체금, 제경비 및 판매수수료 등을 공제한 잔액만을 위탁자에게 송금하게 된다.

그러므로 수입업자는 판매에 대한 위험을 느끼지 않고 수입을 할 수 있다는 점 이외에도 수입에 따른 자기자금이 전혀 소요되지 않는다는 장점이 있다. 그러나 이 방식에 의한 수입이 위탁자의 자금부담, 판매경비부담 및 판매위험부담 등으로 수탁자에게는 매우 유리한 거래방식이어서 정부의 무역정책에 반하여 무분별한 수입이 조장될

염려가 있을 뿐만 아니라 또한 동 방식이 대금결제방법에 있어서 연지급방식과 매우 유사하여 수입 후 일정기간 후인 수입물품의 판매 후 대금지급조건이므로 외화지금의 효율적인 운용을 위하여 신중을 기할 필요가 있다.

III. 위탁가공무역

1. 의의

위탁가공무역이라 함은 가공임을 지급하는 조건으로 외국에서 가공(제조·조립·재생·개조를 포함한다. 이하 같다)할 원자재의 전부 또는 일부를 거래 상대방에게 수출하거나 외국에서 조달하여 이를 가공한 후 가공물품을 수입하거나 외국으로 인도하는 수출입을 말한다.

이는 국내의 임금수준이 높은 나라가 제품의 가격경쟁력을 확보하기 위하여 노임이 싼 나라로 원자재를 무환으로 송부하거나, 외국에서 조달하여 현지에서 가공한 후 재수입하든지 현지에서 판매하는 형태를 말한다. 원자재거래가 유환으로 이루어질 때에는 내용상으로는 위탁가공무역이라 할지라도 거래형태상으로는 독립된 수출과 수입이고 수출·수입 승인도 별도로 이루어진다.

2. 인정대상

① 수입되는 가공물품이 수입승인 대상물품인 경우(수출물품과 수입물품의 HS 10 단위가 동일한 경우와 승인요건을 충족하는 경우는 제외)
② 수출입승인 대상품목의 제한요건을 충족하지 않고 외국에 판매하는 경우
③ 최종가공물품을 가공기간의 종료 후 6월을 초과하여 재수입하는 경우(수출신용장, 수출계약서 등으로 외국에 판매하는 사실을 확인할 수 있는 경우는 제외)

Ⅳ. 수탁가공무역

수탁가공무역이라 함은 가득액(稼得額)을 영수하기 위하여 원자재의 전부 또는 일부를 거래상대방의 위탁에 의하여 수입하여 이를 가공한 후 위탁자 또는 그가 지정하는 자에게 가공물품을 수출하는 수출입을 말한다. 다만, 위탁자가 지정하는 자가 국내에 있음으로써 보세공장 및 수출자유지역에서 가공한 물품을 외국으로 수출할 수 없는 경우 관세법에 의한 수탁자의 수출·반출과 위탁자가 지정한 자의 수입·반입·사용은 이를 대외무역법에 의한 수출입으로 본다.

Ⅴ. 임대수출

1. 의의 및 유용성

임대방식의 수출이란 임대(사용임대차를 포함한다)계약에 의하여 물품을 수출하고 일정기간 후 다시 수입하거나 그 기간의 만료 전 또는 만료 후 당해 물품의 소유권을 이전하는 수출을 말하며 이 거래방식은 주로 시설기재의 수출시 이용된다.

우리나라든 외국이든 일반적으로 상품의 제조 또는 가공을 위해서는 그 제조·가공에 필요한 여러 가지 시설·기재가 확보되어야 한다. 더욱이 품질이 우수하고 가격이 저렴한 상품을 대량생산하기 위하여서는 시설의 적정 규모화는 물론이고 그에 따른 기술의 지원도 불가피한 것이다. 따라서 적정 규모의 생산시설 확보 문제는 막대한 자금이 소요되며 새로운 기술을 확보하기 위해서는 많은 기술료를 지급해야 되기 때문에 자금부담 문제가 뒤따른다. 또한 생산된 제품의 시장확보나 판로 개척을 위해서는 해외 활동을 많이 해야 할 것이다. 이와 같은 어려운 문제 해결을 위한 방법의 하나로 시설기재를 임대차하는 방식을 이용하고 있는데, 우리나라의 경우 과거에는 임대방식수출은 거의 없었고 임차방식 수입은 비교적 많았으나 이제는 우리의 기계공업 등의 발달로 후진국을 대상으로 이 방식의 수출이 늘어가고 있다.

이 임대방식거래의 필요성을 검토하면 국제간의 경제협력면에도 기여하는 바가 크다. 즉, 시설기재의 제공에 따라 생산제품의 시장확보, 기술의 상호협력, 원자재조달의 용이성으로 볼 때 긴밀한 경제협력체제도 이룰 수 있으며 우리가 개발한 신시설의 우수성을 쉽게 해외시장에 알려 우리 상품의 성가를 높일 수 있는 기회로도 활용되고, 또한 앞으로는 임차인이 생산한 제품을 유리한 조건으로 수입할 수도 있을 것이다.

2. 인정대상

임대수출로서 임대계약기간 만료 후 3월을 초과하여 재수입하는 경우. 다만, 소유권을 이전하는 경우로서 다음의 각 요건에 해당하는 경우에는 예외로 한다.

① 수출된 물품의 감정가격에 상당하는 금액 이상을 회수하였거나 회수가 확실하다고 인정되는 경우, 소유권 이전 사유가 타당하다고 인정되는 경우 등. (다만, 주무부장관이 소유권 이전이 부득이 하다고 인정하여 추천하는 경우에는 인정없이 거래가능)

② 당초 수출시 수출승인대상품목으로서 승인기관으로부터 조건부 승인을 받은 경우에는 소유권 이전에 따른 별도의 승인을 얻은 경우

VI. 임차수입

임차방식의 수입이란 임차계약(사용임차 포함)에 의하여 물품을 수입하여 일정 기간 경과 후 다시 수출하거나 그 기간의 만료 전 또는 만료 후 해당 물품의 소유권을 임차인 또는 차주가 이전받는 거래를 말한다. 이 방식에 의하여 수입을 하는 자는 주로 자본규모가 영세한 중소기업이거나 외국과의 합작투자업체인 경우가 대부분이며 임차한 시설을 사용하여 생산한 제품을 임차인이 수입하기로 계약하는 경우가 많다.

Ⅶ. 연계무역

1. 의의

종래까지 주로 사용되었던 Barter교역이 외환거래 없이 이루어지는 교역으로 이해되었던 반면, 오늘날 연계무역이라 함은 일반적으로 수출과 수입이 연계된 무역거래를 총칭하는 포괄적 개념으로 이해되고 있으며 거래기간, 청산의 형태, 교환되는 상품의 관계, 계약서의 수 등의 기준에 따라 크게 Barter, 대응구매(counter purchase), 보상무역(compensation), 산업협력(industrial cooperation) 등으로 분류되고 있다. 그런데 최근에 와서 대응구매가 변형된 형태의 거래방식인 Offset Program 에 의한 교역이 성행하고 있는데, 이는 주로 방위산업분야나 항공기산업에 적용되는 거래 형태로, 군장비나 상업용 비행기 등을 구매할 때 상대방에 이러한 장비에 쓰일 부품의 일부를 구매하거나 기술이전 기타 연관재 대응수입 등을 요구하는 거래형태를 말한다.

즉 절충교역거래라 함은 연계무역의 한 형태로서 무기 등 고도의 기술제품을 수출하는 국가가 그 수출의 대가로 일정률의 수입국 부품을 수입하거나 기술을 제공하여 수입국에서 일정제품을 생산하기로 하는 경우의 거래를 말한다. 보통 상계무역이라고 쓰이고 있으나 방위산업에 관한 특별조치법에서는 이러한 경우에 이를 절충식 교역이라고 부르고 있다.

2. 연계무역추진시 고려사항

연계무역 추진여부결정시 고려할 사항으로는 대체로 다음과 같다.

첫째, 기업 자체의 추진능력, 지식, 경험 및 수용태세
둘째, 거래대상 수출입품목 및 취급능력
셋째, 공급자 및 구매자의 조직망(network)

중소기업의 경우 대형무역상사의 국제조직망에 협조하여 추진하는 것이 효과적이다.

한편 계약서 작성시에는 다음과 같은 사항을 유의해야 한다.

연계무역의 계약서는 통상의 국제상거래에 사용되는 계약서보다 매우 복잡하기 때문에 거래당사자는 계약서 작성시에 세심한 주의를 요한다.

GATT분류에 따른 거래형태별로 계약서작성방식을 보면 물물교환(barter), 보상무역(compensation)은 하나의 계약서로 작성되며, 대응구매, 산업협력은 각각 별도의 수출입계약서를 작성한다. 이를 구체적으로 설명하면 다음과 같다.

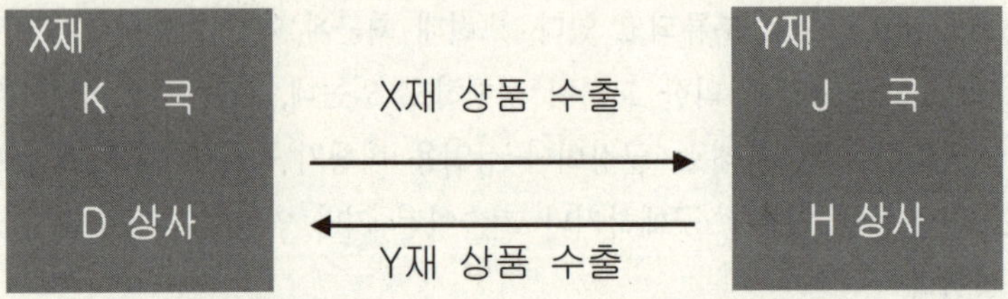

즉 하나의 계약서로 거래를 추진할 경우 통상 계약서에 D상사가 H상사에 X재 상품을 수출한다는 조항과 반대로 H상사로부터 Y재 상품을 대응구매한다는 조항을 독립하여 삽입하고 있다.

두 개의 계약서로 거래를 추진할 경우, 주판매계약서(primary sales contract)는 일반적인 상거래에 이용되는 계약서와 동일한 판매계약이 체결되며 대응구매계약서(secondary contract)상에는 대응구매 의무조항을 삽입하고 있는 것이 일반적이다.

그런데 연계무역계약서를 작성하는 데 중요한 문제는 계약서상의 모든 조항이 명백하게 표현되어야 하며, 추후 유추해석이나 상식으로 판매되는 일도 없어야 하는데, 특히 비시장경제국가들과의 거래에서 서구 기업들은 종종 계약의 기본 골격만을 규정한 'Frame Contract'를 사용하고 있는데 이는 오랜 기간 동안 상호 유대 관계에 의해 편법으로 계약을 단순화시키는 경우에 불과하며 최초로 시도되는 경우에는 모든 조항을 명시하는 것이 바람직하다.

일반적으로 동구권과의 거래에 있어서는 특정한 계약서 Pattern이 있으나 개도국과의 연계무역계약은 연계무역을 추진하는 당사국의 제반여건을 감안하여 거래시 예상되는 문제점을 사전에 규정해 두는 것이 보다 타당한 계약방법이라고 할 수 있다.

3. 연계무역의 기본여건

연계무역은 거래의 형태, 거래당사자간의 여건에 따라 상이하지만 일반적으로 연계무역거래에 필요한 기본여건은 다음 7가지로 요약할 수 있다.

(1) 계약의 분리

일반적으로 연계무역계약은 판매계약과 구매계약을 분리하여 체결하고 있는데, 이는 은행 등으로부터 금융지원용이, 원판매계약과 상대방의 대응구매계약의 의무이행기간 상이, 상호 물품인도 없이 원판매계약에 대한 대금지급가능 등의 이점 때문이다. 그러나 두 개의 계약서를 사용하는 경우에도 기업은 대응구매의무에 독립하여 수출품에 대한 지급받을 수 있는 권리를 확보할 수 있는 조항을 삽입하는 것이 바람직하며 가급적 2개의 계약서가 통합되어야만이 권리를 주장할 수 있는 계약을 피하는 것이 바람직하다. 그런데 전술한 바와 같이 협의의 연계무역(compensation)거래는 하나의 계약서에 독립조항으로 쌍방간에 대응구매의무를 규정함으로써 거래를 추진하고 있다.

(2) 대응구매의무

연계무역계약서는 최초 판매계약서상에 판매자가 이행하여야 하는 대응구매의 가액, 기간, 품목 특히 동구권국가들과의 거래에서는 대응구매품을 구입할 수 있는 무역기관 등을 명시하는 조항이 주요 골격을 이루고 있다.

특히 제품환매(buy-back deal)의 경우 대응구매품은 계약서상에 명료하고 아주 세밀한 부분까지 규정해야 하고 표준품질의 정의를 반드시 명시해야 한다. 그러나 종종 연계무역계약서상 대응구매조항에 특정 품목이 아닌 구매할 상품의 범위를 신택할 경우도 있는데, 이 경우에는 대응구매의무를 부담한 기업측에서 볼 때는 선택할 수 있는 상품의 범위를 넓게 책정해 놓는 것이 유리하며, 대응구매품목을 제시해야 할 입장에 있는 경우에는 반대로 가급적 범위를 한정하는 것이 유리하다.

대응구매 의무조항상 대응구매액을 명시할 때 최초계약액에 관계없이 일정금액을 요구하는 경우도 있으며 최초 판매가액의 몇 %를 명시하는 경우도 있다. 특히 비율제를 택한 경우에는 최초 판매가액의 F.O.B가격 %로 명시해야 하며 수입부대비용을 포함한 가격을 기준으로 대응구매비율을 결정할 때에는 대응구매의무를 추가부담하는 것과 마찬가지의 효과를 가진다는 점을 유의해야 한다.

마지막으로 대응구매의 구매기간을 반드시 명기해야 하는데 기간을 길게 설정하면 구매자는 그 상품을 판매할 고객을 확보할 수 있으며, 또한 저장비용을 절감할 수 있는 이점을 갖게 된다. 흔히 동구권은 대응구매기간을 6~12개월로 요구하고 있으나 상담 과정에서 2~3년간 연장도 가능한데, 어느 경우에나 대응구매기간은 자사제품 판매시 금융기관으로부터 공여받은 기업의 수출금융활용가능기간보다 길어야 한다는 점을 명심해야 한다.

(3) 벌칙조항

연계무역거래에서 동구제국은 통상 서방측에 의무불이행에 대한 범칙금을 부과할 수 있는 조항의 삽입을 요구하고 있는데, 이러한 벌칙 조항은 의무불이행액의 몇 % 또는 10~15% 등으로 명시적으로 규정되고 있다.

이 경우 대응구매의무를 수행해야 하는 측은 계약서상에 범칙금을 지불함으로써 더 이상 대응구매의무나 상대방으로부터 최초계약 자체를 파기해야 하는 확대적용행위로부터 면책되는 조항을 반드시 삽입해야 한다. 왜냐하면 일부 동구권국가들은 종종 범칙금이 지불완료되었을 경우에도 대응구매의무불이행을 이유로, 최초 계약의 파기나 혹은 가격할인을 요구하는 경우가 있기 때문이다.

(4) 가격결정조항

연계무역계약서는 통상 불특정상품의 구매나 장기간이 소요되는 특정상품을 구매하는 조항을 내포하고 있기 때문에 가격조항에는 가격을 결정하기보다는 가격을 산출하는 근거를 명시하고 있다.

특히 제품환매(buy-back deal)의 경우 가격산출근거를 반드시 명시해야 하는데, 일반적으로 Buy-Back Deal 은 대금회수기간이 장기에 걸쳐 이루어지며 산업설비수출에 따른 연관재 구입으로 대금상환이 이루어지기 때문에 생산된 제품의 품질기준이나 가격산정기준이 반드시 필요하며 가장 중요한 계약내용이 되어야 한다.

이처럼 가격결정기준을 일률적으로 명시하기 어려운 경우에는 쌍방의 합의에 의해 가격의 상·하한선을 결정하고 주문시점의 상품가격이 가격범위를 초과할 경우, 계약서상 가격을 재결정할 수 있는 조항을 명시하는 방법도 있다.

그러나 일반적으로 제품의 가격을 결정할 수 있는 거래에 있어서 가격산출기준은 '구매시의 입수가능한 국제가격'이라고 규정, 가격사정기준을 탄력적으로 운용하고 있으며 기준가격결정은 동종제품이 국제시장에서 유통되고 있는 가격과 비교하여 결정되어진다.

이처럼 가격결전조항은 가격산출근거뿐만 아니라 가격을 결정하는 방법도 가능한 한 명백히 계약서상에 명기하여야 하며, 아울러 양 당사자가 가격산출근거에 대해 이견이 발생한 경우에 대비하여 중재판정을 의뢰한 것을 규정하는 조항도 반드시 명기해야 한다.

(5) 품질조항

연계무역으로 교환이 이루어지는 품목, 특히 대응구매품목은 자력수출이 불가능하거나 품질수준이 국제수준에 못 미치는 경우가 허다하다. 따라서 대응구매를 해야 하는 측은 품질기준, 품질미달에 따른 벌칙조항, 품질검사권 등에 관한 조항을 삽입하는 것은 매우 중요한 문제이다. 대응구매품목이 품질기준에 미달되거나 당초계약과 불일치할 경우, 대응구매품목의 판매는 불가능할 것이다. 비록 자사의 완제품생산에 필요한 원자재일 경우에도 불량한 원자재를 사용할 수 없게 된다. 따라서 연계무역의 경우 가격경쟁력보다 품질보증이 우선되어야 할 것이다.

한편 대응구매품을 명기하지 않은 대응구매계약에 있어서는 통상 인도시의 표준품질은 '수출가격품질'과 같은 용어로 계약서상에 삽입되어 있는데, 이러한 조항은 가능한 명백하게 명기해야 한다.

또한 연계무역계약서상에 대응구매를 행하는 측이 상품을 인도받기 전에 수입품에 대한 검사권을 행한다는 조항을 규성해야 하며, 이러한 조항의 삽입이 여의치 않을 경우에는 선적 전에 상품의 검사를 할 수 있다는 조항도 삽입해야 한다.

(6) 시장관할조항

시장관할조항은 일반적으로 동구권과의 연계무역에 자주 등장하고 있는데 동구기업들이 동구권과 연계무역거래에서 대응구매한 상품을 재판매한 고객을 확보하였으나, 이미 이때에는 거래상대방이 제 3자에게 서구기업이 재판매하고자 하는 지역에 대한 독점판매권을 허용한 사태에 직면하게 되는데, 이러한 점을 피하기 위해 계약서상에 상대국으로부터 받은 대응구매품목의 판매에 어떠한 제한도 받지 않고 국제시장에서 판매할 수 있다는 조항이나 특정시장에서 독점판매권을 부여한다는 조항을 명시해야 할 경우가 있다.

(7) 연계무역의무의 전가

연계무역체결시 '대응구매의무는 제 3자에게 전가할 수 있다'는 조항을 비고란이나 규정으로 명시하는 것이 바람직하며 이 조항도 '대응구매의무를 X상사에 전가한다' 등과 같이 명백히 지칭할 수도 있고, 단지 '제 3자에게 전가할 수 있다' 등과 같이 특정업체를 지칭하지 않고도 가능하다.

한편 대금결제상 다음과 같은 사항을 유의해야 한다.

연계무역거래의 대금결제방식은 크게 특수 L/C를 개설하여 해결하는 방식과 통상의 상거래에 이용되는 일반신용장을 거래 쌍방이 개설하여 해결하는 방식으로 대별된다.

즉 오늘날 가장 많이 이용되고 있는 대응구매(counter purchase)방식의 교역은 수출입 쌍방이 별도의 일반 신용장을 상호 개설하여 거래를 완결시킨다.

그런데 2 개국간 쌍무적 수지균형을 맞추기 위해 Back-to Back L/C, Escrow L/C 등의 특수신용장이 협의의 연계무역(compensation)거래에 이용되고 있다.

Back-to Back L/C란 수출업자가 일정액의 수입신용장을 개설한 경우 그 신용장은 상대방 수입업자가 동액의 수입신용장을 개설하여 오는 경우에만 유효한 조건의 신용장으로서 신용장 기재 사항은 통상의 일반 신용장과 별 차이가 없으나, 일반적으로 수출과 수입을 연계시키기 위한 special condition조항, 즉

"The export letter of credit shall be mentioned effective until and not later than...referring to compensation transaction approval no..., and shall be available against sight drafts accompanied by the usual commercial documents."

와 같은 추가조항이 삽입된다.

기탁(escrow)신용장에 의한 대금결제방식은 수입업자가 수입신용장을 개설한 경우에 그 신용장에 의하여 발행되는 어음의 매입대금의 수령자에게 지급되지 않고 수령자의 명의로 매입은행, 개설은행 또는 제3의 환거래은행의 Escrow계정에 기탁하여 두었다가 그 수익자가 원신용장 개설국으로부터 수입하는 상품의 대금결제시에만 사용하도록 하는 방법이다.

Escrow L/C의 특정적 문구는 주로,

"The aforesaid account shall be maintained by yourselves until..., and prior to such date shall be available to the beneficiary only for payment or merchandise and commodities, purchased in Korea by beneficiary for export from Korea to."

등과 같다.

4. 대외무역법상의 의의 및 인정대상

우리나라 대외무역법상의 연계무역이란 수출·수입이 연계된 무역거래로서 물물교환(barter trade), 구상무역(compensation trade), 대응구매(counter purchase), 제품환매(Buy Back)등의 형태에 의하여 수출입이 연계되어 이루어지는 수출입을 말한다.

연계무역으로서 다음의 각 요건에 해당하는 경우에는 인정대상에서 제외된다.

① 수출·수입계약이 하나로 작성되거나 별도로 작성된 경우에는 상호 관계가 있는 경우

즉, 연계무역은 원칙적으로 수출입이 하나로 연결되는 경우를 말하지만 수출과 수입이 별도의 독립된 거래가 되는 경우에도 그 수출과 수입이 상호 관련되는 경우에는 연계무역으로 보고 인정대상에서 제외하고자 하는 것이다. 그러나 수출계약과 수입계약이 별도로 이루어지는 경우에는 무역업자가 이를 연계무역방식이 아닌 수출·수입의 방법으로 수출·수입을 할 수도 있다.

② 수출입대상 품목의 가격차이가 외국환거래법령에서 인정하는 방식에 의하여 상계되어 지는 경우

③ 대금의 영수 지급을 하나의 외국환은행을 통하여 행하는 송금방식의 거래와 선적서류를 하나의 외국환은행을 통하여 인수 및 송부하는 거래(단, 수입대금 결제은행이 수출대금영수은행을 지정하고 수출대금 영수은행의 수출환어음 매입 사실을 관련서류를 통하여 확인할 수 있는 경우는 인정없이 거래가능)

Ⅷ. 중계무역

1. 의의

중계무역이란 수출할 것을 목적으로 물품을 수입하여 관세법 제 65조의 규정에 의한 보세구역 또는 동법 제 67조의 규정에 의하여 타소장치의 허가를 받은 장소이외의 국내에 반입하지 아니하고 이를 제 3국에 수출하는 경우의 수출입거래방식으로서 수입한 상품을 원형 그대로 가공하지 않고 수출하여 지급액과의 차액, 즉 일정한 중계수수료를 수취하는 거래이다.

이와 같은 방식의 무역은 통과무역이라고 일컬어지고 있으며 이 경우에 거래되는 상품을 통과화물 또는 통과품이라고도 한다. 그리고 중계무역을 하기 위해서는 관세의 면제, 보세창고의 활용, 금융적 편의, 편리한 교통시설 등이 마련되어야 한다.

종래와는 달리 최근에 중계무역이 이루어지는 경우에는 최초 수출국의 입장에서 볼 때 지역적인 수입제한이나 차등관세의 장벽을 피할 목적으로 행해지고 있는 경향이 많으므로 중계국의 입장에서는 중계료의 취득이라는 이점보다는 자국 상품의 일반적인 수출에 영향을 미칠 것을 고려한다면 이와 같은 거래는 바람직한 것이라고 할 수 없다.

이러한 중계무역의 장점을 살펴보면 다음과 같다.

첫째, 중계인의 입장에서 볼 때 중계수수료만을 취득하는 거래이므로 수입한 상품을 가공하지 아니하고 원형 그대로 수출함에 따라 운송서류만 가지고 거래가 가능하므로 일반수출에서보다 시간·인력 및 경비를 절감하면서 중계료만을 취득할 수 있다.

둘째, 자국상품의 공급능력에 한계가 있는 품목일 때 제 3국상품을 수입하여 이를 다시 수출하는 경우 수출시장을 계속 확보할 수 있다는 이점이 있다.

한편, 단점으로 지적할 수 있는 것으로는 최종수입국의 무역정책상 최초수출국과의 직접 거래를 억제하기 위하여 수입을 제한하거나 차등관세를 두고 있는 경우, 중계국의 개재로 인하여 최종수입국의 무역정책에 혼란을 가져올 때에 최종수입국은 중계국에 대하여 수입제한 또는 금지조치 등 보복적 조치를 취할 수도 있음을 유의해야 한다.

2. 인정대상

중계무역으로서 대금의 영수 및 지급을 하나의 외국환은행을 통하여 행하지 아니하는 송금방식의 거래와 선적서류를 하나의 외국환은행을 통하여 인수 및 송부하지 아니하는 거래만 인정대상이 된다. 다만, 수입대금 결제은행이 수출대금 영수은행을 지정하고 수출대금 영수은행의 수출환어음 매입사실을 관련 서류를 통하여 확인할 수 있는 경우는 인정없이 거래가 가능하다.

Ⅸ. 외국인수수입

1. 외국인수수입의 의의

외국인수수입이라 함은 수입대금은 국내에서 지급되지만 수입물품은 외국에서 인수하는 수입을 말한다. 이러한 형태의 수입은 외국인도수출과 마찬가지 원칙에서 외국에서 우리나라로 물품이 이동하는 것은 아니지만 수입한 물품이 우리나라에 도착하지 않고 외국에서 우리나라 업자에게 인도되더라도 그 대금을 국내에서 지급한다면 수입의 범위에 포함시켜 관리하는 것이 효율적이라고 보는 것이다.

2. 인정대상

외국인수수입으로서 다음의 하나에 해당되지 않는 경우

① 산업설비수출의 승인을 신청하여 승인을 얻은 자 또는 동 승인을 얻은 자와 하도급계약을 체결한 자나 당해 산업설비수출의 이행을 위해 외국에서 구매하는 시설 및 기자재(하자 및 유지 보수용 물품을 포함한다)

② 위탁가공의 목적으로 외국에서 구매하는 원자재

③ 해외건설촉진법에 의하여 해외공사 수행계획의 신고를 필한 자 또는 동 신고를 필한 자와 하도급계약을 체결한 자가 당해 해외건설사업에 사용하기 위하여 외국에서 구매하는 시설기재 및 원료

④ 해외투자 허가를 받은 자가 당해 해외투자사업에 투자하는 현물투자분 중 외국에서 구매하여 투자하고자 하는 시설 및 기자재

⑤ 선박·선박용 엔진 또는 건설기계를 수출한 자가 외국으로부터 수입하는 선박, 선박용 엔진 또는 건설기계에 대한 하자 및 유지보수용 물품(비축용을 제외한다).

⑥ 해외에서 기계·설비 등을 수입하고자 하는 자가 당해 기계·설비 등을 수출국에서 시험·검사할 목적으로 외국에서 구매하는 물품

⑦ 해외용역사업이나 수산업 등을 영위하는 자가 당해 사업에 사용하기 위한 경우로서 외국에서 구매하여 당해 사업 현장에서 사용할 필요가 있다고 주무부장관이 추천하는 기재 및 원료

⑧ 수입자가 국내에서 생산되지 않는 사양의 부품을 지정하여 제작한 기계, 장비 등 수출한 자가 당해 수출물품에 대한 하자보증기간내 유지보수용으로 외국에서 구매하는 물품

X. 외국인도 수출

외국인도 수출이라 함은 수출대금은 국내에서 영수하지만 국내에서 통관되지 아니한 수출물품을 외국으로 인도하는 수출을 말한다.

이는 앞의 수출의 정의에서 본 바와 같이 공간적으로 우리나라에서 외국으로 물품이 이동하는 보편적인 수출의 개념과는 다르지만 수출하려는 물품이 우리나라가 아닌 외국에 있다고 할지라도 그 물품의 수출업자가 우리나라 무역업자이고 그 대금이 국내에서 영수된다면 수출의 범위에 포함시켜 관리하는 것이 우리나라 기업의 국제적인 활동을 지원하는 효과를 가져 올 수 있기 때문에 수출의 범위를 확대한 것이다.

이러한 방법의 수출을 인정하지 아니한 경우에 기업은 그 수출하고자 하는 물품을

우리나라에 무환으로 수입하였다가 다시 수입국으로 이동하는 번거로운 절차를 거쳐야 할 것이다.

3 특정거래형태의 수출·입 인정절차

특정거래형태의 수출입 인정을 받고자 하는 자는 특정거래 인정신청서에 다음의 각 서류를 첨부하여 산업자원부장관에게 신청하여야 한다.

① 거래요약서
② 계약서 등 거래사실을 입증할 수 있는 서류
③ 승인대상품목인 경우 승인요건을 충족하였음을 입증할 수 있는 서류
④ 타법령에 의해 허가·승인 등을 받아야 하는 경우에는 그 허가 등을 받은 사실을 입증할 수 있는 서류
⑤ 기타 산업자원부장관이 필요하다고 인정하는 서류

그리고 산업자원부장관은 이러한 신청이 있는 경우 신청일로부터 7일 이내에 인정여부를 신청자에게 통보하여야 한다. 다만, 신청서 및 입증자료의 보완이 필요한 경우 별도의 기간을 정하여 신청인에게 이를 보완하도록 할 수 있으며 이 기간은 처리기간에 삽입하지 아니한다. 특정거래 인정의 유효기간은 인정일부터 1년으로 한다. 다만, 산업자원부장관은 인도조건 기타 거래상 특성에 따라 유효기간을 달리 정할 수 있다.

객관식 연습문제

【문 57】 특정거래형태의 수출입 인정대상에 해당되지 않는 거래는 ?

① 위탁판매수출 ② 위탁가공무역 ③ 임대수출 ④ 연계무역 ⑤ 병행수입

해설 대외무역법상의 특정거래형태는 ①위탁판매수출 ②수탁판매수입 ③위탁가공무역 ④수탁가공무역 ⑤임대수출 ⑥임차수입 ⑦연계무역 ⑧중계무역 ⑨외국인수수입 ⑩외국인도 수출이고 이 가운데 특히 산업자원부장관의 인정대상 거래는 ①, ③, ⑤, ⑦, ⑧, ⑨에 속하는 거래이다.

【문 58】 특정거래의 형태에 대한 설명으로 옳지 못한 것은 ?

① 수출입의 제한을 면탈할 우려가 있는 거래
② 국내산업보호에 지장을 초래할 우려가 있는 거래
③ 대금결제상황의 확인이 곤란하다고 인정되는 거래
④ 추심결제방식에 의한 수출입거래
⑤ 대금결제가 수반되지 아니하고 물품의 이동만 이루어지는 거래

해설 시행령 제28조

【문 59】 특정거래형태의 수출입인정 대상에 포함되는 거래는?

① 임대수출 ② 일반가공무역 ③ 남북무역

④ 대금교환도 수출 ⑤ USANCE수출

해설 【문 62】 해설참조.

【문 60】 특정거래형태의 수출입인정의 유효기간은 원칙적으로 인정일로부터 (　)년 이다. 괄호 안에 들어갈 내용으로 옳은 것은?

① 2　② 1　③ 3　④ 5　⑤ 10

해설 규정 제3-4-3조

【문 61】 특정거래형태에 있어서 각 사항에 대한 관련내용이 잘못 기술되어 있는 것은?

① 위탁판매수출 - 무환으로 수출하여 당해물품이 판매된 범위 안에서 대금을 결제하는 수출
② 임대수출 - 임대계약기간 만료 후 재수입하는 수출
③ 연계무역 - 수출입계약이 하나로 작성되거나 별도 작성된 경우 상호관계가 있는 무역 거래
④ 외국인도수출 - 수출대금은 외국에서 영수하지만 국내에서 통관되지 아니한 수출물품을 외국으로 인도하는 수출
⑤ 외국인수수입 - 수입대금은 국내에서 지급되지만 수입물품은 외국에서 인수하는 수입

해설 ④의 경우 수출대금은 국내에서 영수함이 원칙이다.

해답
57 ⑤ 58 ④ 59 ① 60 ② 61 ④

7 산업설비수출과 전략물자의 수출입에 대한 특별관리

1 산업설비수출의 개념

Ⅰ. 산업설비수출의 일반적 의의

산업설비수출의 일반적인 개념은 외국에 공장 내지는 사업장의 전부 또는 일부를 건설하는데 필요한 일련의 자재와 이에 따르는 용역을 수출하는 사업(즉 'plant'수출을 말한다)이라고 할 수 있다. 이는 제품을 제조하기 위한 기계류 등의 하드웨어와 그 설치에 필요한 Engineering, Know-how, 건설시공 등의 소프트웨어가 결합된 생산단위체의 종합수출을 의미한다. 또 광의의 플랜트라 함은 화학, 석유정제, 제련, 자동차, 채광, 섬유공장 등 직접적 생산활동을 위한 산업설비뿐만 아니라 댐, 교량, 도로, 항만시설 등 국토개발 플랜트와 학교, 주택, 도시건설 등 사회개발 플랜트까지도 포함한다.

우리나라 대외무역법에 의한 산업설비는 후술하는 바와 같이 광업, 제조업, 전기·가스업, 방송·통신업을 영위하기 위하여 설치하는 기계 및 장치와 대통령령이 정하는 설비를 말한다.

산업설비수출의 특성은 대체로 다음과 같다.

① 거래건당 계약금이 대규모화되고 있다.
② 계약체결일로부터 대금회수시까지 장기간이 소요된다.
③ 연불조건의 계약에 의한 수출이 일반화되고 있다.
④ 국가간의 경제협력수단으로 이용된다.

한편 산업설비수출은 거래단위가 대규모이고, 광범위한 관련분야를 갖고 있으며, 또한 고도의 기술과 경험을 필요로 하는 종합기계시스템 내지 지식집약산업으로서 수출입 양국에 다음과 같은 많은 경제적 효과를 미친다.

수출국에 미치는 효과로는 다음과 같다.

① 부가가치율 및 외화가득율이 높다.
② 지식집약적 산업으로서 자원소비효율을 높인다.
③ 관련산업에 대한 파급효과를 높인다.
④ 계속적인 수주가 가능하다.

산업설비수출이 수입국에 미치는 경제적 효과는 수입국 산업발전에 기여함은 물론 고용증대와 국제수지개선에 기여한다는데 있다.

이상과 같은 산업설비수출은 일반상품의 수출과는 성격이 다르기 때문에 우리나라에서는 1987년 7월 1일부터 산업설비수출촉진법을 대외무역법에 편입시켜 일원적 관리를 취하고 있다.

II. 대외무역법상의 산업설비수출의 의의

대외무역법상 산업설비수출이란 다음의 두 가지 경우를 말한다.

첫째, 일정규모 이상의 단순산업설비만의 수출로서 농업, 임업, 어업, 광업, 제조업, 전기·가스·수도사업, 운송·창고업 및 방송·통신업을 영위하기 위하여 설치하는 기계·장치, 그리고 철강재구조설비, 수상구조설비, 공해방지설비, 용수처리설비 및 해수담수화설비, 냉동 및 냉장설비, 공기조화설비, 저장탱크 및 저장기지설비, 송유설비, 정치식운반하역설비, 정치식건설용설비, 시험연구설비로서 본선인도가격이 미화 50만 달러 상당액 이상의 수출을 말한다.

다만, 해외건설공사와 함께 위의 각 설비가 일괄수주되는 경우에는 단순산업설비만의 수출로 보지 아니하고 일괄수주방식으로 본다.

둘째, 일괄수주방식에 의한 수출로서 단순산업설비와 함께 기술·용역 및 시공을 포괄적으로 하는 수출을 말한다. 여기서 시공이라 함은 토목공사, 건축공사, 산업설비 설치공사(다만, 산업설비 수출업자 또는 수출용기자재를 설계·제작하는 자가 제작한 기계 및 장치를 직접 설치하는 경우를 제외한다)를 수행하는 것을 말한다.

그러나 위 단서의 규정에 불구하고 해외건설촉진법시행령의 규정(제 17조 1항 1호)에 의한 해외공사실적의 인정을 받고자 하는 경우에 한하여 산업자원부장관은 산업설비수출업자 또는 수출용기자재를 설계·제작하는 자가 제작한 기계 및 장치를 직접 설치하는 공사를 산업설비 설치공사로 인정할 수 있다.

이와 같이 대외무역법에서는 산업설비수출의 개념을 기계·장치 등과 기술·용역·시공 등이 복합된 본래의 의미만을 보지 아니하고 기술·용역 등이 포함되지 않은 기계·장치 등 물품(단순산업설비)만을 수출하는 경우에도 확대 적용하고 있다. 이는 단순산업설비는 일반상품과 다를 바가 없지만 일정규모 이상의 큰 거래일 경우에는 그 파급효과가 크기 때문에 이를 산업설비수출에 포함하여 특별히 관리하고 있다.

2 산업설비수출의 승인

Ⅰ. 산업설비수출 승인의 신청

산업설비수출의 승인을 얻고자 하는 자는 신청서에 산업자원부장관이 정하는 서류를 첨부하여 산업자원부장관에게 제출하여야 한다.

따라서 산업설비수출의 승인을 얻고자 하는 자는 산업설비수출승인신청서에 수출승인신청시에 필요한 다음의 서류 및 통합공고에 의하여 허가, 추천 등을 요하는 경우에는 그 허가 등을 받은 사실을 증명하는 서류를 첨부하여 수출승인기관의 장(일괄수주방식의 경우는 산업자원부장관, 연불금융지원거래인 경우는 한국수출입은행장, 기타의 경우는 한국기계공업진흥회의 장)에게 제출하여야 한다.

① 수출신용장 · 수출계약서 또는 주문서
② 수출대행계약서(공급자와 수출자가 다른 경우에 한한다)
③ 수출입공고 등에서 규정한 요건을 충족하는 서류
④ 수출이행계획서

또한 산업설비수출의 승인을 얻은 사항의 변경승인을 얻고자 하는 자는 산업설비수출승인사항 변경승인신청서에 수출승인서 · 변경사유서 · 관계증빙서류를 첨부하여 당초 수출승인기관의 장에게 신청하여야 한다.

Ⅱ. 수출승인 및 통보

산업자원부장관은 산업설비수출을 하고자 하는 자의 신청이 있는 경우에는 소정의 절차를 거쳐 당해 산업설비수출을 승인할 수 있다. 따라서 산업설비수출을 하고자 하는 자는 당해 산업설비수출에 관하여 산업자원부장관의 승인을 얻어야 한다. 승인한 사항을 변경할 때에도 또한 같다.

산업자원부장관은 산업설비수출의 승인 또는 변경승인을 얻기 위하여 필요한 때에는 산업설비수출의 타당성에 관하여 관계행정기관의 장의 의견을 들어야 하며, 그 의견을 요구받은 당해 행정기관의 장은 정당한 사유가 없는 한 의견을 지체없이 산업자원부장관에게 제시하여야 한다.

그리고 일괄수주방식에 의한 수출로서 건설용역 및 시공부문의 수출에 관하여는 해외건설촉진법에 의한 해외건설업자에 한하여 이를 승인 또는 변경승인할 수 있으며 산업자원부장관은 산업설비의 수출을 승인 또는 변경승인한 때에는 이를 관계행정기관의 장에게 지체없이 통보하여야 한다. 이와 같이 산업설비수출승인을 얻은 자는 일반적인 수출승인을 얻은 것으로 본다. 승인기관의 장은 산업설비수출승인 또는 변경승인신청이 있는 경우 접수일부터 5일 이내에 이를 처리하여야 한다. 다만, 다른 협의가 필요한 경우 그 협의기간은 처리기간에 산입하지 아니한다. 또한 산업설비수출 승인 또는 변경승인을 한 기관의 장은 승인 즉시 그 승인내용을 산업설비수출승인서 또는 산업설비수출 승인사항변경승인서에 따라 한국기계공업진흥회장에게 통보하여야 한다.

Ⅲ. 산업설비수출승인의 동의요청

산업자원부장관이 일괄수주방식에 의한 수출을 승인 또는 변경승인 하고자 할 때에는 미리 건설교통부장관과 노동부장관의 동의를 얻어야 하는데, 이 경우 건설교통부장관의 동의는 해외건설촉진법에 의하여 받아야 하는 해외공사수행계획이 신고된 것으로 보며, 노동부장관의 동의는 직업안정법에 의한 국외취업자의 모집이 신고된 것으로 본다.

따라서 산업자원부장관은 일괄수주방식에 의한 수출의 승인 또는 변경승인을 위하여 미리 건설교통부장관 또는 노동부장관의 동의를 얻고자 할 때에는 당해 산업설비수출의 개요와 그 내용을 명시한 서류를 송부하여야 한다.

그리고 이러한 동의요청을 받은 건설교통부장관 또는 노동부장관은 특별한 사유가 없는 한 동의요청이 있은 날부터 10일 이내에 그 동의여부를 산업자원부장관에게 통지하여야 한다.

IV. 산업설비수출촉진기관

산업설비수출을 하고자 하는 자는 산업설비수출에 관한 시장조사 및 정보교환과 수주 및 산업설비수출의 협동화사업을 추진할 수 있다.

이 경우 산업자원부장관은 산업설비수출관련기관 또는 단체를 지정하여 이들 사업을 촉진시키기 위한 활동을 수행하게 할 수 있다.

산업자원부장관은 산업설비수출에 관한 시장조사 등 사업을 촉진하기 위한 사업을 담당할 관련기관 또는 단체(이하 산업설비수출촉진기관이라 한다)를 지정하고자 하는 때에는 산업설비수출업자에 대한 대표성 · 시장조사 및 사업계획을 종합적으로 검토하여야 한다. 이 때의 산업설비수출촉진기관은 한국기계산업진흥회로 한다.

한편 산업자원부장관은 지정된 산업설비수출촉진기관에 대하여 산업설비수출의 시장조사 등 사업의 촉진과 관련하여 산업설비수출동향, 산업설비수출에 관한 시장조사 · 정보교환 · 수주 · 협동화촉진실적 등 촉진활동에 관한 사항, 기타 산업설비수출에 관하여 산업자원부장관이 요청하는 사항을 보고하게 할 수 있다.

3 전략물자의 수출에대한 특별관리

Ⅰ. 전략물자 수출통제제도의 의의

1. 전략물자 수출통제의 개요

전략물자란 무기 또는 무기 제조·개발에 이용가능한 민수용물품으로서 위험한 국가 또는 단체에게 이전될 경우 자국에게 위해를 가할 수 있기 때문에 자유로운 무역거래가 제한되는 품목을 말한다.[70)]

우리나라는 1992년부터 전략물자 수출통제제도를 도입하였고, 2003년 1월에는 수출통제품목 이외의 물품·기술이 대량파괴무기 등의 개발 등에 사용될 우려가 있는 경우 수출을 제한하는 "Catch-all(이중용도품목의 수출을 통제)제도"를 시행하고 있다.

전략물자 수출통제의 관련 법령으로는 대외무역법[71)]과 대외무역법시행령[72)]이 있으며, 이에 의하여 '전략물자·기술수출입통합공고'에서 수출통제 관련 구체적인 규정, 수출통제품목, 전략물자 수출지역 구분, 외국의 전략물자 거래부적격자명단 및 전략물자 수출통제 지침 등을 규정하고 있다.

산업자원부는 국제적으로 중요시되고 있는 전략물자의 수출입관리의 기능을 강화하기 위해 민간차원에서 전략물자 수출관리를 전담할 기구로 전략물자무역정보센터를 한국무역협회 부설기관으로 설립하였다.

전략물자무역정보센터는 전략물자 사전판정 업무를 정부로부터 위탁받아 수행하고

70) 전략물자무역정보센터, 전략물자수출입통제, 2005, pp.25-43에서 요약 인용

71) 대외무역법 제54조(벌칙) : 법령을 위반하여 전략물자를 수출한 자에 대해 5년 이하의 징역 또는 물품가액 3배 이하의 벌금

72) 대외무역법시행령 제45조(전략물자거래부적격사) : 국세무역질서를 위반한 사 등에 대하여 1년 이내의 기간을 정하여 전략물자 수출입을 금지

있으며, 산업자원부와 공동으로 전략물자 수출입관리정보시스템을 구축, 운영하여 온라인상에서 전략물자 판정/허가의 신청 처리 및 수출통제 관련 국제동향, 국내법령 등 관련 정보를 제공하는 등 기업이 자율적으로 전략물자 수출통제를 이행할 수 있도록 다각적으로 지원하고 있다.

2. 수출통제 품목

수출통제품목은 공고 별표 1내지 7에 게재한 품목이며, 별표 1에는 1종 전략물자 색인목록, 별표 2에는 WA 관련 품목, 별표 3에는 NSG 관련 품목, 별표 4에는 MTCR 관련 품목, 별표 5에는 AG 관련 품목, 별표 6에는 CWC 관련 품목의 규격 및 성능을 열거하고 있으며, 별표 7에는 2종 전략물자 목록을 열거하고 있다.

1) 1종 전략물자

1종 전략물자는 다자간 전략물자 수출통제체제에서 수출통제대상으로 지정한 물품 등(시행령 제39조 제1항)으로 공고 별표 1-6에서 열거되어 있으며 대표적인 품목은 다음과 같다.

	WA	NSG	MTCR	AG, CWC
통제 대상 품목	<일반산업용물자> · 신소재, 소재가공 · 전자, 컴퓨터 · 센서 및 레이저 · 해양기술, · 추진장치 등 장비 및 기술 <방산물자> · 무기, 탄약 · 군용차량, 전자장비 부품	<원자력 전용물품> · 핵원료물질, · 원자로 및 부속장비 · 핵연료가공용 품목 등 설계, 건설기술 <일반산업용물자> · 산업용장비 및 소재 동위원소분리장비 · 시험, 측정장비	· 완성로켓 · 추진체 부품 장비 · 계기항법장치 · 항공전자 · 컴퓨터 · 시험장비 · 소프트웨어, 기술	<AG> · 화학무기전구체 · 제조설비 및 기술 · 병원균 · 생물학적 병기(바이러스, 세균 등) <CWC> · 1,2,3종 화학물질 · 독성화학물질 및 원료

2) 2종 전략물자

2종 전략물자는 대량파괴무기 및 그 운반수단인 미사일의 제조·개발·사용 및 보관 등의 용도로 사용될 가능성이 높은 물품 등(시행령 제39조 제1항)으로 공고 별표 7에 열거되어 있는 물품을 말하며, 대상품목은 WMD 개발과 관련된 HS 25~40, 54~59, 68~76, 78~93, 95류 품목과 관련품목의 설계, 제조 또는 사용 등을 위한 기술이다.

3. 다자간 전략물자수출통제체제(비확산체제)를 통한 수출통제

냉전시기 첨단기술과 제품이 공산권으로 이전되는 것을 차단하기 위해 서방국들이 COCOM을 결성하여 비회원국으로의 수출을 집단적으로 통제하기 시작했다. 그리고 냉전이후 공산권붕괴로 COCOM은 해체되고, 테러단체 또는 테러지원국으로 민감한 물품이 이전되는 것을 막기 위해 COCOM의 회원국들이 다자간 전략물자수출통제체제[73]를 결성하게 된다. 현재 5개의 비확산체제(NSG, AG, MTCR 및 Wassenaar Arrangement)가 존재, 한국은 5개 비확산체제에 모두 가입된 상태이다.

다자간 전략물자수출통제체제가 수출통제를 위한 기본원칙과 통제대상품목의 성능과 규격만을 정하면, 회원국정부가 구체적인 절차와 기준 및 통제대상품목을 자국의 국내법에 반영하여 집행하게 된다.

Ⅱ. 특별관리의 주요내용

1. 전략물자 사전판정

1) 의의

사전판정이란 거래하고자 하는 물품과 기술등이 수출 통제품목 즉 1종 전략물자

---

73) 다자간 전략물자수출통제체제(비확산체제)란 여러 국가들로 구성되어 전략물자 수출입에 관한 사항을 협의·조정하는 국제적인 협의체, 또는 이와 유사한 기구를 말함.

에 해당하는지 여부를 판정하는 것으로 수출통제의 가장 기초가 되는 업무이다. 수출자가 자율적으로 판별하는 것을 원칙으로 하고 있으므로 제조 또는 수출자는 각각 취급하는 물품 · 기술에 대하여는 확실하게 1종 전략물자에 해당하는지 여부를 판단해 둘 필요가 있다.

2) 판정절차 및 방법

어떤 물품이 수출통제 품목 즉 1종 전략물자에 해당하는지 여부를 판정하기 위해서는 그 물품의 규격, 성능 및 기술수준이 수출통제체제별 통제품목인 전략물자 · 기술수출입통합공고에서 열거하고 있는 체제별 수출통제품목의 규격과 성능에 해당하는지 여부를 확인하여야 한다.

1종 전략물자를 수출하고자 하는 자는 수출허가기관의 장에게 허가 또는 신고를 하여야 하므로 수출하려는 물품이 허가 또는 신고 대상물품에 해당하는지 여부를 판단하는 것은 대단히 중요하다. 제조자 또는 수출자는 물품 설계자, 제조부문의 기술자 등 관련 분야의 전문가와 협의하여 제시된 절차와 방법으로 검토하면 더욱 효율적으로 판단할 수 있다.

3) 판정대상 물품

수출하는 물품 등이 수출통제품목에 해당하는 경우에는 허가기관의 허가를 받아야 함으로 수출하는 모든 물품에 대하여 1종 전략물자 해당여부 판정을 하는 것이 필요하다. 또한 국내에서 판매하는 물품이라도 고객이 해외로 가지고 나가는 경우도 생각할 수 있으므로 해당 여부 판정을 해두는 편이 좋다.

외국에서 구입한 것을 수출할 경우에도 해당여부 판정을 해야 하며, 이 경우는 상세한 성능, 기술수준 등 자료, 해당여부 판정의 결과 또는 그 근거가 될 자료를 구입처로부터 확보하는 것이 필요하다.

4) 판정시기

출하시기 직전에 판정을 하여 1종 전략물자에 해당되면 수출허가를 신청하는 것도 가능하다. 그러나 수출허가를 받기 위해서는 상당 기간이 소요되므로 납기지연 등 거래상의 문제가 발생할 위험이 있다. 미리 해당여부 판정을 하는 것이 어려운 경우를 제외하고 가능하면 수출상담을 추진하기 전 또는 계약을 체결하기 전까지는 해당여부 판정을 하는 것이 필요하며 상담과 계약의 유무에 관계없이 신제품이 나온 시점에서 해당여부 판정을 실시하는 것이 바람직하다.

국내라도 구매한 상대방이 물품을 수출할 경우에는 그 물품의 해당여부에 관하여 문의를 받거나 그 근거자료를 요구 받기도 하므로 국내거래를 전제로 한 물품이라도 판매전에 해당여부 판정을 받는 것이 좋다. 해당여부와 관련된 공고 등은 종종 개정되기도 하므로 과거에 해당여부 판정이 완료된 품목에 대해서는 공고 등이 개정될 때마다 재검토하는 것도 필요하다.

5) 사전판정 신청

수출하려는 물품 등이 1종 전략물자에 해당하는지의 여부에 대해 의문이 있는 수출자 또는 제조자는 온라인(www.sec.go.kr) 또는 오프라인(방문 또는 우편)으로 사전판정기관의 장(일반산업용물자는 전략물자무역정보센터장)에게 사전판정을 신청할 수 있다.

2. 전략물자의 수출허가

(1) 일반산업용물자 및 소프트웨어

전략물자는 4개 국제 수출통제 체제의 지침이 정하는 바에 따라 평화적 목적으로 사용될 경우에 한하여 수출 또는 재수출하는 것을 원칙으로 한다. 수출하려고 하는 물품 등이 1종 전략물자에 해당하는 경우에는 원칙적으로 수출허가를 받아야 한다. 다만 "가"지역 즉, 국제수출통제체제에 모두 가입한 28개국[74)]으로 수출하려는 자는 수출거래보고서를 작성하여 신고하는 것으로 수출허가를 갈음하도록 하고 있다.

2종 전략물자는 수입자 등이 WMD제조, 개발, 사용 및 보관 등에 이용하고자 하는 개연성이 명확한 경우 또는 의도가 있음을 인지한 경우 등 수요자와 용도에 따라 수출허가를 받아야 하는 경우가 있다.

1) 개별수출허가

전략물자의 수출허가신청(확인된 수량의 품목 및 거래상대방)건에 대하여 개별적으로 허가해 주는 형태로서 1건의 수출허가에 대하여 유효 기간내 분할 선적이 가능하다.

2) 포괄수출허가

매번 수출허가를 받는 번거로움을 피할 수 있도록 수출자에게 포괄적으로 수출허가해 주는 형태로서 자율준수 무역거래자로 지정된 경우에만 신청이 가능하다. AG, CWC품목, 원자력전용품목, 방산물자, 바세나르품목 중 초민감 품목, MTCR의 Category 1, 2는 포괄수출허가의 대상에서 제외한다.

3) 재수출허가

재수출허가는 수입 전략물자(원산지가 한국이 아닌 경우)를 제3국으로 재수출하는 것을 말하며 원 수출자의 동의 및 수출국정부의 허가를 요한다. 이는 불법재수출을 통한 WMD 확산을 방지하기 위한 규정이다.

4) 수출허가기관

수출허가는 방산물자 및 소프트웨어는 국방부, 원자력전용물자 및 기술은 과학기술부, 재래식무기 및 핵, 미사일에 사용될 수 있는 이중용도품목(산업용물자)은

74) 아르헨티나, 호주, 오스트리아, 불가리아, 벨기에, 카나다, 체코, 덴마크, 핀란드, 프랑스, 독일, 그리스, 헝가리, 아일랜드, 이태리, 일본, 룩셈부르크, 네덜란드, 뉴질랜드, 노르웨이, 폴란드, 포르투갈, 스페인, 스웨덴, 스위스, 터키, 영국, 미국

산업자원부에서 담당하는 등 품목별로 이루어지나, 품목과 관련없이 북한 반출시에는 통일부에서 처리한다.

5) 벌칙/행정제제

허위 기타 부정한 방법으로 전략물자 수출허가를 받거나, 수출허가를 받지 아니하고 전략물자를 제한되는 지역으로 수출한자는 5년 이하의 징역 또는 수출하는 물품 등의 가격의 3배에 상당하는 금액 이하의 벌금에 처하도록 하고 있다.

또한 전략물자의 수출 또는 수입에 관한 국제무역질서를 위반한 자로서 산업자원부장관이 전략물자의 수출 또는 수입의 제한이 필요하다고 인정하는 자는 1년 이내의 기간을 정하여 전략물자의 수출 또는 수입이 금지된다.

(2) 방산물자 및 소프트웨어

1) 수출통제의 목적

수출통제의 목적은 국제평화와 안전유지 및 외교적 마찰을 방지하기 위하여 수출통제 대상국 및 기술소유 국가와의 동의 여부 등을 검토하고, 보호를 요하는 군사시설 유출가능성 여부 등 국가안보상의 문제발생을 방지하며, 국내업체들 간의 과당경쟁, 수출질서 교란 및 대외신용 손상행위 방지를 위함이다.

2) 수출허가신청시 유의사항

수출허가 신청시 몇가지를 유의하여야 한다. 먼저 법정서류의 구비, 구매요구서 및 최종사용자 증명서(EUC)가 정당한 권한보유자의 발행 여부를 체크하여야 한다. 그리고 수출품 생산자와 수출자가 상이한 경우는 반드시 생산자로부터 물품공급 확약서를 받아 제출하여야 하고, 수입자가 비정부 단체(개인)가 아닌지 확인하여야 한다. 주요방산물자의 구매자는 원칙적으로 정부 또는 정부로부터 위임 받은 기관에 한정된다. 또한 외국으로부터 사전동의를 요하는 부품 또는 기술사용 여부도 확인하여야 한다.

(3) 원자력 전용물자 및 전략기술

1) 원자력 전용물자

1종 전략물자 중 원자력 비확산체제 관련 품목의 규격 및 성능 중 제1부 원자력 전용품목 및 4개 수출통제체제의 통제품목과 관련된 "기술"의 수출은 과학기술부 장관의 허가를 얻어 수출하게 되어 있다. 수출업체의 부담을 경감시키기 위하여 1종 전략물자로서 "가"지역에 대한 수출시에는 수출허가를 받지 않고 거래사실보고서로 갈음하도록 하고 있으나, 원자력 전용품목(기술포함)에 대해서는 "가"지역에 속한 국가로의 수출인 경우에도 반드시 과학기술부장관의 수출허가를 받아야 한다.

2종 전략물자의 수출인 경우 28류층 방사성동위원소의 유기 또는 무기화합물과 84류 중 원자로 및 이들의 부분품 및 관련기술, 그리고 별표 7에 게기된 품목과 관련된 기술을 수출하고자 할 때에는 catch-call 규정에서 정한 기준에 해당하는지의 여부를 판단하여 과학기술부 해당부서에 사전 상담을 의뢰하는 것이 안전한 방법이다. 필요시 과학기술부장관의 허가절차를 거쳐야 한다.

2) 전략기술

전략기술은 "당해기술의 이용이 국제평화 및 안전유지를 해칠 우려가 있다고 인정되는 기술"로 매우 광범위하게 정하고 있다. 또한 "전략물자 및 전략기술의 수출입에 관한 사항을 협의·조정하는 국제적인 협의체 또는 이와 유사한 기구에서 정하는 기준에 해당되는 기술", "당해기술의 이용이 국제평화 및 안전유지를 해칠 우려가 있다고 인정되어 과학기술부 장관이 정하는 기술로서 전략물자의 개발, 제조, 사용 및 저장에 사용되는 기술로서 세부범위는 별표 8에서 정한다"라고 규정함으로서 그 범위를 보다 구체화하고 있다.

전략기술은 과학기술부 장관이 통제범위 등을 정하도록 하고 있으나 수출승인(허가) 단계에서는 수출형태에 따라 민원인의 편의를 최대한 고려하여 동 제도를 운영하고 있다. 즉 시스템, 장비, 부품, 소재 및 소프트웨어 등 전략물자와 함께 전략기술이 수출되는 경우에는 전략물자 수출허가를 담당하는 부처가 처리하며, 전략기술만을 별도로 수출하는 경우에는 과학기술부가 전략기술 수출승인을 담당하고 있다.

(4) 북한 반출물품

「남북한교역대상물품및반출 · 반입승인절차에관한고시」 제3조제1항제1호는 전략물자 · 기술수출입통합공고에서 수출 · 수입에 허가 · 승인 · 추천 · 확인 · 증명 등의 제한이 있는 물품을 북한으로 반출하고자 할 때에는 통일부장관의 반출승인을 받도록 규정하고 있다.

1) 전략물자 반출 당사자

전략물자를 반출할 수 있는 자는 국가기관 · 지방자치단체 · 정부투자기관과 무역업고유번호가 부여된 업체가 추진할 수 있으며, 통일부장관은 특히 필요하다고 인정할 때에는 남북교류협력추진협의회의 의결을 거쳐 교역당사자 중 특정한 자를 지정하여 반출을 하게 할 수 있다.

2) 반출승인대상물품

북한으로 반출하고자 할 경우 통일부장관으로부터 반출승인을 받아야 하는 전략물자는 전략물자 · 기술수출입통합공고에서 1종 전략물자로 규정한 물품과 전략물자 · 기술수출입통합공고에서 2종 전략물자 중 수출허가기관의 장에게 수출허가를 신청하도록 규정한 품목이다.

3) 사후보고 및 벌칙

통일부장관이 필요하다고 인정되어 요구할 경우 전략물자 반출 및 관리에 대한 사후보고를 하여야 한다.

「남북교류협력에관한법률」 제27조제1항제2호는 통일부장관의 승인을 받지 아니하고 전략물자를 반출한 경우 3년이하의 징역 또는 1,000만원 이하의 벌금에 처하도록 규정하고 있다.

3. 전략물자의 수출입공고

산업자원부장관은 전략물자의 수출제한 및 수입증명서 발급에 관하여 필요한 사항을 공고한다. 동 공고에는 다음의 각 사항이 포함되어야 한다.

① 전략물자에 해당하는 품목 및 규격
② 전략물자수출이 제한되는 지역
③ 전략물자의 수출허가 및 수입증명서의 발급에 관한 절차
④ 기타 전략물자 수출·수입에 관한 사항

따라서 산업자원부장관이 전략물자의 수출제한·수입증명서 발급에 관하여 필요한 사항을 공고(이하, 전략물자수출입공고라 한다)하고자 할 때에는 관계행정기관의 장과 협의하여야 한다.

4. 전략물자거래 부적격자에 대한 거래 제한

1) 산업자원부장관은 다음의 하나에 해당하는 자(이하 전략물자거래 부적격자라 한다)에 대하여는 1년 이내의 기간동안 전략물자를 거래하기에 부적격한 자로 인정하고 전략물자의 수출 또는 수입을 금지할 수 있다.

① 대외무역법 제 21조(전략물자의 수출허가 등)의 규정 및 동 법 시행령에 위반한 자
② 전략물자의 수출 또는 수입에 관한 국제무역질서를 위반한 자로서 산업자원부장관이 전략물자의 수출 또는 수입의 제한이 필요하다고 인정하는 자

2) 산업자원부장관은 무역업자 등이 전략물자를 외국정부가 자국의 법에 의하여 전략물자의 수출 또는 수입을 제한하는 자(이하 외국의 전략물자거래 부적격자라 한다)에게 수출하거나 외국의 전략물자거래 부적격자로부터 수입하는 것을 금지할 수 있다.

산업자원부장관은 우리나라의 전략물자거래 부적격자와 외국의 전략물자거래 부적격자의 명단을 공고할 수 있으며, 이를 공고할 때에는 외국정부에 통보할 수 있다. 또한 관세청장, 기타 전략물자를 관장하는 관계행정기관의 장은 전략물자거래 부적격자의 요건에 해당하는 자가 있음을 안 경우에 즉시 당해 무역업자 등을 전략물자거래 부적격자로 지정하여 줄 것을 산업자원부장관에게 요청할 수 있다.

한편 산업자원부장관은 전략물자를 수입하고자 하는 자가 그 수입증명서의 발급을 신청하는 경우에는 이를 발급할 수 있다. 이 때의 수입증명서는 전략물자를 수입하는 자의 신청에 의하여 산업자원부장관이 이를 발급한다. 또한 수입증명서를 발급받은 자가 당해 전략물자를 국내로 수입하지 아니하고 외국으로 환적, 전송 또는 재수출(무상의 경우를 포함한다)하고자 하는 경우에는 전략물자의 수출허가절차에 따라 관계행정기관의 장의 수출허가를 받아야 한다.

8 외화획득용 원료·기재의 수입에 대한 관리

1 외화획득용 원료·기재의 수입

Ⅰ. 외화획득용 원료·기재의 정의

외화획득용 원료 · 기재라 함은 외화획득용 원료, 외화획득용 시설 · 기계 및 외화획득용 제품을 말한다.

외화획득용 원료라 함은 외화획득에 공하여지는 물품을 생산(물품의 제조 · 가공 · 조립 · 수리 · 재생 또는 개조하는 것을 말함)하는데 필요한 원자재 · 부자재 · 부품 및 구성품을 말하고, 외화획득용 시설기재라 함은 외화획득에 공하여지는 물품을 생산하는데 사용되는 시설 · 기계 · 장치 · 부품 및 구성품(하자 및 유지보수에 필요한 부품 및 구성품을 포함)을 말한다. 한편 외화획득용제품이란 수입한 후 생산과정을 거치지 아니하는 상태로 외화획득에 공하여지는 물품을 말한다.

II. 외화획득용 원료·기재의 수입에 대한 우대

이상의 외화획득용 원료 · 기재(원료 · 시설 · 기계 및 제품)는 수입되어 국내에서 소비 · 사용되거나 또는 국내에서 소비 · 사용될 제품을 제조 · 가공하는 것이 아니고 제조 · 가공되어 다시 수출 등의 외화획득용으로 사용되거나 수출 · 군납 · 관광 등의 외화획득용 물품을 제조 · 가공하는 것이 목적이므로 내수용 물품의 수입, 즉 일반 수입의 경우에 비하여 차별하고 있는데, 이는 산업자원부장관이 수출 등 외화획득을 위하여 사용되는 원료 · 시설 · 기계 및 제품(이하 원료 · 기재라 한다)의 수입에 대하여는 이를 우대하고 있다는 법률규정에 의거하고 있다.

그 결과 일반수입의 경우에 수입제한승인품목은 동 제품의 수입요령에 합당하여야만이 수입할 수 있으나 외화획득용 원료 · 기재의 수입에 대하여는 수출입공고 및 별도공고에서 그 수입이 제한되는 품목이라도 산업자원부장관이 따로 정하는 바에 의하여 그 수입을 승인할 수 있고, 또한 외화획득용 원료 · 기재를 수입하였을 경우에는 원칙적으로 전량을 대응수출 하여야 하나 제품생산공정에서 생기는 손실품이나 불량품이 발생할 것을 감안하여 일정한 평균손모량을 인정하고 있다. 따라서 산업자원부장관이 정하는 외화획득용 원료의 수량에 의화획득을 이행하는데 필요한 실제수량에 제품의 생산공정에서 생기는 평균손모량을 포함시킬 수 있도록 되어 있다.

III. 외화획득의 범위

다음의 하나에 해당하는 경우에는 외화를 획득하는 것으로 본다.

① 수출
② 군납(군납에 관한 법률에 의한 주한국제연합군 기타 외국군기관에 대한 물품의 매도를 말한다)
③ 관광
④ 용역 및 건설의 해외진출

⑤ 국내에서 물품을 매도하는 거래로서 산업자원부장관이 정하는 거래. 여기서 산업자원부장관이 정하는 거래란 다음의 하나에 해당하는 거래를 말한다.

i) 외국인으로부터 외화를 받고 국내의 보세지역에 물품을 공급하는 경우

ii) 외국인으로부터 외화를 받고 공장건설에 필요한 물품을 국내에서 공급하는 경우

iii) 정부 · 지방자치단체 또는 정부투자기관이 외국으로부터 받은 차관자금에 의한 국제경쟁입찰에 의하여 국내에서 유상으로 물품을 공급하는 경우(대금결제 통화의 종류를 불문한다)

iv) 외화를 받고 외항선박(항공기)에 선(기)용품을 공급하거나 급유하는 경우

v) 절충교역거래(off set)의 보완거래로서 외국으로부터 외화를 받고 국내에서 제조한 물품을 국가기관에 공급하는 경우 등이다.

IV. 외화획득의무자 및 이행기간

외화획득용 원료 · 기재의 수입과 관련하여 다음의 행위를 한 자(외화획득을 하여야 하는 자)는 그 수입에 대응하는 외화획득을 하여야 한다.

① 외화획득용 원료 · 기재를 수입한 자

② 외화획득용 원료 · 기재의 수입을 위탁한 자

③ 대통령령으로 정하는 자. 여기서 대통령령으로 정하는 자라 함은 다음의 구분에 따라 외화획득용 원료 · 기재를 수입한 자 또는 그 수입을 위탁한 자에 대응하는 자를 말한다.

i) 내국신용장, 구매확인서 또는 수입원자재구매확인서에 의하여 수입된 외화획득용 원료 · 기재 또는 당해 외화획득용 원료 · 기재를 생산된 물품의 공급의 경우에는 구매한 자가 외화획득의 의무자가 된다.

ii) 수입된 외화획득용 원료 · 기재 또는 당해 외화획득용 원료 · 기재로 생산된 물품의 양도의 경우에는 양수한 자가 외화획득의 의무자가 된다.

그리고 외화획득을 하여야 하는 자(외화획득의무이행자)가 선술한 ③의 i)

과 ii)의 행위를 한 경우에는 외화획득의 이행을 한 것으로 본다. 또한 외화획득이행 의무자가 외화획득의 이행을 한 때에는 해당 소요량은 당해 외화획득의 이행을 위한 물품의 생산에 모두 사용된 것으로 본다.

한편 외화획득의 이행기간은 다음의 구분에 따른 기간의 범위 안에서 산업자원부장관이 정하도록 되어 있다.

① 외화획득용 원료·기재로써 직접 외화획득의 이행을 하는 경우에는 수입통관일로부터 2년
② 외화획득용 원료·기재를 구매한 자 또는 양수한 자는 1년
③ 생산 또는 비축에 장기간이 소요되는 물품의 경우에는 그 기간에 상당하는 기간

그러므로 외화획득의무자는 위 기간내에 외화획득의 이행이 불가능하다고 인정되는 경우에는 산업자원부장관이 정하는 서류를 갖추어 그 기간연장을 산업자원부장관에게 신청하여야 하며, 기간연장의 신청을 받은 경우 그 신청이 타당하다고 인정할 때에는 외화획득의 이행기간을 1년의 범위안에서 연장할 수 있도록 되어 있다.

Ⅴ. 외화획득용 원료·기재의 사용목적변경

외화획득용 원료·기재를 수입한 자는 원칙적으로 소정의 기간내에 이에 따른 대응수출을 이행하여야 한다. 그러나 외화획득용 원료·기재를 수입하여 외화획득을 하여야 할 자가 그 수입한 원료·기재 또는 그 원료·기재로 제조된 물품을 다음과 같은 부득이한 사유로 인하여 당초의 목적 외로 사용하고자 할 때에는 대통령령이 정하는 바에 의하여 산업자원부장관의 승인을 얻어야 한다. 다만, 대통령령이 정하는 원료·기재 또는 원료·기재로 제조된 물품에 대하여는 그러하지 아니하다.

여기서 부득이한 사유라 함은 다음의 하나에 해당하는 경우를 말한다.

① 우리나라 또는 교역상대국의 전쟁·사변, 천재·지변 또는 제도변경으로 인하여 외화획득의 이행이 불가능한 경우
② 외화획득용 원료·기재로 생산된 물품으로서 그 생산이 고도의 기술을 필요로

하여 외화획득의 이행에 앞서 시제품(試製品)의 생산이 필요한 경우

③ 외화획득이행의무자에게 책임이 없는 사유로 외화획득의 이행을 할 수 없게 된 경우

④ 기타 산업자원부장관이 불가항력으로 외화획득의 이행이 불가능하다고 인정한 경우. 여기서 산업자원부장관이 불가항력적으로 외화획득의 이행이 불가능하다고 인정한 경우란 다음의 하나에 해당하는 것으로 본다.

i) 화재나 천재지변으로 인하여 외화획득이행이 불가능하게 된 경우

ii) 기술혁신이나 유행의 결과로 새로운 제품이 개발되어 수입된 원료로는 외화획득이행물품의 생산에 사용할 수 없는 경우

iii) 수입된 원료가 형질이 변화되어 외화획득이행물품의 생산에 사용할 수 없게 된 경우

iv) 기타 수입 또는 매수한 자에게 책임을 돌릴 사유가 없이 외화획득을 이행할 수 없는 경우로서 사용목적 변경승인을 승인기관의 장이 인정하는 경우

그러므로 단서에서 대통령령이 정하는 원료·기재 또는 원료·기재로 제조된 물품이란 다음의 하나에 해당하는 것을 말한다.

① 평균손모량에 해당하는 외화획득용 원료·기재

② 평균손모량에 해당하는 외화획득용 원료·기재로 생산된 물품

③ 당해 물품이 수입승인 대상에서 제외되는 물품 등을 말한다.

한편 외화획득용 원료·기재 또는 그 원료·기재로 제조된 물품의 사용목적 변경승인을 얻고자 하는 자는 산업자원부장관이 정하는 서류를 첨부하여 산업자원부장관에게 신청하여야 한다.

또한 수입한 원료·기재를 당초의 사용목적과 동일한 용도로 사용할 자에게 양도하고자 할 때에는 양도하고자 하는 자와 양수하고자 하는 자는 함께 산업자원부장관의 승인을 얻어야 한다. 다만, 대통령령이 정하는 원료·기재에 대하여는 그러하지 아니하다.

여기서 단서의 대통령령이 정하는 원료·기재란 외화획득용 원료·기재의 사후관리 대상에서 제외되는 원료·기재를 말한다.

VI. 외화획득용 원료·기재의 사후관리

1. 사후관리대상

외화획득용 원료·기재의 수입에 대하여는 내수용 수입에 비하여 우대조치를 부여하고 있으므로 외화획득용 원료·기재를 수입한 자가 수입한 목적대로 외화획득을 성실히 이행하도록 사후관리를 할 필요가 있다. 따라서 산업자원부장관은 수입승인을 얻어 수입한 외화획득용 원료·기재 및 그 원료기재로 제조된 물품에 대한 사후관리를 하여야 한다.

그리고 산업자원부장관은 일정한 요건(산업자원부장관이 정하여 고시)을 갖춘 자가 수입(양수자 포함)한 외화획득용 원료·기재에 대하여는 당해자가 이를 사후관리하도록 완화할 수 있다. 이러한 외화획득용 원료·기재에 대한 사후관리 및 사후관리의 완화는 외화획득 이행의무자별 및 품목별로 매분기에 수입한 총량을 대상으로 하여 행하되, 사후관리의 방법 등에 관하여 필요한 사항은 원료, 제품 등으로 나누어 산업자원부장관이 따로 정하게 되어 있다.

2. 사후관리의 면제

산업자원부장관은 다음과 같이 사후관리를 할 실익이 없는 경우에 대하여는 사후관리를 하지 않을 수 있다.

① 품목별 외화획득이행 의무량 중에서 미이행률이 10% 이하인 경우
② 외화획득이행 의무자의 분기별 미이행률이 10% 이하이고 그 미이행금액이 미화 2만 달러 상당액 이하인 경우
③ 외화획득이행 의무자에게 책임이 없는 사유로 외화획득의 이행을 하지 못한 경우로서 산업자원부장관이 인정하는 경우
④ 당해 품목이 수입승인대상에서 제외되는 경우
⑤ 기타 산업자원부장관이 사후관리를 할 필요성이 소멸된 것으로 인정하는 다음의 경우
　ⅰ) 수출입공고 등에서 수입이 제한되는 품목 중 수입신고 이전에 수입승인을

받아 수입한 품목(국산원료의 사용을 촉진하기 위하여 특별히 수입승인되는 품목 및 농림수산물은 제외)

ii) 사후관리대상이 되는 물품을 내국신용장 또는 구매확인서에 의하여 구매한 경우에 그 구매한 물품이 수출입공고 등에서 수입이 제한되지 아니하는 물품

iii) 보세공장 및 보세창고에 반입되는 외화획득용 원료

2 외화획득용 원료의 수입

Ⅰ. 외화획득용 원료의 정의

외화획득용 원료란 외화획득에 공하여지는 물품을 생산(물품의 제조·가공·조립·수리·재생 또는 개조하는 것을 말함)하는데 필요한 원자재·부자재·부품 및 구성품을 말한다.

외화획득용 원료의 범위는 다음과 같다.

① 수출실적으로 인정되는 수출물품을 생산하는데 소요되는 원료(포장재를 포함한다)

② 외화가득률(외화획득액에서 외화획득용 원료 수입금액을 공제한 금액이 외화획득액에서 차지하는 비율을 말한다)이 30%이상인 군납용물품을 생산하는데 소요되는 원료

③ 해외에서의 건설 및 용역사업용 원료

④ 외화획득용 물품을 생산하는데 소요되는 원료

⑤ 위의 ① 내지 ④까지에 해당되는 원료로 생산되어 외화획득이 완료된 물품의 하자 및 유지보수용 원료가 이에 해당된다.

II. 외화획득용 원료의 수입승인

수출실적으로 인정되는 수출물품을 생산하는데 소요되는 원료(포장재 포함), 외화가득률이 30%이상인 군납용물품을 생산하는데 소요되는 원료 및 해외에서의 건설 및 용역 사업용 원료, 외화획득용 물품을 생산하는데 소요되는 원료 등 또한 이상의 각 원료로 생산되어 외화획득이 완료된 물품의 하자 및 유지보수용 원료의 수입에 대하여는 수량제한을 받지 아니하고 승인할 수 있다. 다만, 농림수산물의 경우에는 당해 기관이 정하는 수입승인요령에 따라 승인을 받아 수입하여야 한다.

이상과 같이 외화획득용 원료의 수입기관의 장은 외화획득용 원료의 수입에 대하여는 수량제한을 받지 아니하고 승인할 수 있다. 또한 외화획득용 원료의 수입승인기관의 장은 유통업자가 구매확인서 또는 내국신용장을 근거로 수출품생산자에게 직접 공급하기 위하여 외화획득용 원료를 수입하고자 할 경우에도 위와 같이 수량제한을 받지 아니하고 그 수입을 승인할 수 있다.

외화획득용 원료의 수입승인기관의 장은 외화획득용 원료의 수입승인을 할 때에는 외화획득용 원료 수입승인신청서에 다음의 각 기재사항이 적정한지 여부를 확인하고 수입되는 품목이 외화획득용 원료 · 기재의 사후관리 대상이 되는 품목인지의 여부를 기재하여야 한다.

① 외화획득이행 의무자의 사후관리기관(수입대행의 경우에는 실수요자의 사후관리기관).
② 외화획득용 원료의 수입을 제한하고 있는 품목은 그 수입승인 여부

III. 외화획득용 원료 등의 국내구매

국내에서 외화획득용 원료 또는 물품을 구매하고자 하는 자는 외국환은행의 장에게 무역금융규정에 의한 내국신용장의 개설을 의뢰하거나 구매확인서 또는 수입원자재 구매확인서의 발급을 신청할 수 있다.

그리고 외국환은행의 장은 다음의 하나에 의하여 구매확인서를 발급할 수 있다.

① 수출신용장
② 수출계약서
③ 외화매입(예치)증명서
④ 내국신용장
⑤ 구매확인서
⑥ 외화획득에 공하는 물품을 생산하기 위한 경우임을 입증하는 서류

여기서 구매확인서라 함은 국내에서 생산된 물품이나 수입된 물품을 외화획득용 원료 또는 물품으로 사용하기 위하여 구매하는 경우 외국환은행의 장이 내국신용장에 준하여 발급하는 증서를 말한다.

구매확인서를 발급 받고자 하는 자는 외화획득용 원료구매승인신청서 3부에 다음의 서류를 첨부하여 외국환은행의 장에게 신청하여야 한다.

① 수출신용장, 수출계약서, 외화매입(예치)증명서, 내국신용장, 구매확인서 등에 해당하는 서류
② 외화획득용 물품공급계약서 또는 물품매도확약서
③ 소요량계산서

그리고 외국환은행의 장은 발급된 구매확인신청서에 의하여 제 2차 구매확인신청서를 발급할 수 있으며, 외화획득용 원료 또는 물품의 제조·가공과정이 여러 단계인 경우에는 각 단계별로 순차로 발급할 수 있다.

또한 구매확인서를 발급한 후 발급근거서류의 외화획득용 원료 또는 물품의 내용변경 등으로 이미 발급 받은 구매확인서와 내용이 상이하여 재발급을 요청하는 경우에는 이미 발급된 구매확인서를 회수하고 새로운 구매확인서를 발급할 수 있다.

Ⅳ. 외화획득의무

외화획득이행의무자는 외화획득용 원료의 수입신고수리일, 수입된 외화획득용 원료

또는 당해 원료로 제조된 물품(이하, 원료 등이라 함)의 구매일 또는 양수일로부터 다음의 각 기간이 경과한 날까지 외화획득의 이행을 하여야 한다.

① 외화획득행위인 경우에는 2년

② 국내공급(양도를 포함한다)인 경우에는 1년

③ 외화획득물품의 선적기일이 2년 이상인 경우에는 그 기일까지의 기간

④ 수출이 완료된 기계류의 하자 및 유지보수용 원료인 경우에는 10년

그리고 외화획득이행의무자는 소정의 기간내에 외화획득의 이행이 불가능하다고 인정되어 외화획득의 이행기간을 연장하고자 하는 자는 그 기간만료일 전에 외화획득이행기간연장신청서 3부에 다음의 서류를 첨부하여 시·도지사에게 신청하여야 한다.

① 다음에서 설명할 외화획득이행기간의 연장사유 (i) 생산에 장기간이 소요되는 경우, ii) 제품생산을 위탁한 경우 그 공장의 도산 등으로 인하여 제품생산이 지연되는 경우 등)를 증명할 수 있는 서류

② 사유서

한편 시·도지사는 다음과 같은 사유의 하나에 해당하는 경우 1년의 범위내에서 외화획득이행기간을 연장할 수 있다.

i) 생산에 장기간이 소요되는 경우

ii) 제품생산을 위탁한 경우 그 공장의 도산 등으로 인하여 제품생산이 지연되는 경우

iii) 외화획득이행의무자의 책임있는 사유가 없음에도 신용장 또는 수출계약이 취소된 경우

iv) 외화획득이 완료된 물품의 하자보수용 원료로서 장기간 보관이 불가피한 경우

v) 기타 부득이한 사유로 외화획득이행기간내에 외화획득이행이 불가능하다고 인정되는 경우

시·도지사가 외화획득이행기간연장을 승인한 때에는 그 사실을 신청자와 사후관리은행의 장에게 통보하여야 한다.

반면 농림수산물의 수입추천을 받아 수입승인된 원료의 외화획득이행기간 및 그 연장에 대하여는 중앙행정기관의 장이 정하도록 되어 있다.

V. 외화획득용 원료 등의 사후관리

1. 사후관리대상과 기관

사후관리기관의 장 및 자율관리기업의 장은 특별히 승인을 얻어 수입한 외화획득용 원료 및 그 원료로 제조된 물품에 대하여는 외화획득이행 의무자의 외화획득 이행 여부에 대한 사후관리를 하여야 한다.

외화획득용 원료에 대한 사후관리기관은 다음과 같다.

① 외화획득용 원료 중 특별히 수입승인을 받아야 하는 농림수산물에 대한 사후관리는 당해 품목을 관장하는 중앙행정기관의 장 또는 그 중앙행정기관의 장이 지정하는 기관의 장

② 위 ①의 내용에 의한 원료 등을 제외한 원료 등의 사후관리는 외화획득 이행 의무자가 지정한 외화획득용 원료의 승인기관의 장

③ 위 ②의 내용에 의한 원료 등 중 자유관리기업으로 선정된 자가 수입(국내구매 또는 양수를 포함한다)한 원료 등의 사후관리는 당해 자율관리기업의 장

2. 자율관리기업

산업자원부장관은 외화획득용 원료에 대한 사후관리를 하는 경우에 산업자원부장관이 정하여 고시한 요건을 갖춘 자에 대하여는 외화획득용 원료를 수입(국내구매 또는 국내양수를 포함한다)한 당사자에게 자율적으로 사후관리를 하도록 함으로써 민간기업의 자율적 관리를 통한 무역관리의 효율성을 도모하고 있다.

자율관리기업의 선정요건은 다음과 같다.

① 전년도 수출실적이 미화 50만 달러 상당액 이상인 업체, 수출유공으로 포상

(훈 · 포장 및 대통령 표창을 말한다)을 받은 업체(1984년도 이후 포상받은 업체에 한한다)또는 중견수출기업(산업자원부장관이 정한 "유망중소기업 및 중견수출기업 발굴지원 요령"에 의하여 중견수출기업으로 발굴된 기업을 말한다).

② 과거 2년간 미화 5천 달러 상당액 이상 외화획득 미이행으로 보고된 사실이 없는 업체

한편 국립기술품질원장은 자율관리기업으로 선정받은 자가 다음의 하나에 해당하는 경우에는 그 선정을 취소할 수 있다. 이 때 취소된 자율관리기업은 취소된 날로부터 3년 이내에는 재선정될 수 없다.

① 원료 등을 타상사에게 공급하고 공급이행 내역을 통보하지 아니하거나 승인없이 원료 등을 사용목적 이외의 용도에 사용하거나 양도 또는 양수한 때

② 파산 등으로 사후관리가 불가능한 때

③ 대외무역법 또는 동 법에 의한 명령이나 처분에 위반한 때

3. 사후관리대상 원료의 분류

외화획득용 원료 등의 사후관리는 다음의 경우를 제외하고는 외화획득이행 의무자별로 원료 등의 품목분류번호(HS 10단위)별로 분기마다 수입 및 국내구매한 총량을 대상으로 한다.

① 품목 분류번호(HS 10단위)가 다르더라도 원료 등의 성질상 동일 품목이거나 유사한 품목은 품명단위별로 분기마다 수입 및 구매한 총량을 대상으로 관리한다.

② 의류 및 가방 등의 부재료로 사용되는 지퍼는 품목분류번호(HS 10단위)별로 분기마다 수입 및 구매한 양의 총 길이로 관리한다.

4. 외화획득이행신고

외화획득이행의무자는 외화획득을 이행하고 외화획득이행신고서에 다음의 서류를 첨부하여 수출선적일 또는 외화입금일로부터 3월 이내에 사후관리은행의 장에게 신고하여야 한다.

① 수출신고필증(또는 외화입금증명서)원본
② 소요량증명서(또는 소요량계산서)
③ 조견표 및 집계표

그리고 외화획득이행신고자와 수출신고수리상의 명의가 상이한 경우에는 내국신용장, 구매확인서, 수출대행계약서 또는 물품구매계약서 등 거래관계를 입증하는 서류를 제출하여야 하며, 사후관리은행의 장은 외화획득이행신고가 있을 때에는 지체없이 외화획득이행신고서에 표시된 원료량을 외화획득용 원료 사후관리이행정리카드에서 차감하여 정리하고 당해 수출신고필증(또는 외화입금증명서)의 뒷면에 사후관리사실을 확인 · 표시하여야 한다.

5. 공급이행신고

사후관리대상품목을 원료 등으로 공급한 자는 외화획득용원료공급이행신고서 3부(공급자 사후관리기관용, 인수자사후관리기관용 및 인수자용)에 인수자의 날인(물품수령증을 포함한다)을 받아 다음의 서류를 첨부하여 공급대금결제일로부터 3월 이내에 사후관리기관의 장에게 신고하여야 한다.

① 내국신용장 또는 구매확인서
② 소요량증명서 또는 소요량계산서
③ 조견표 및 집계표

또한 공급자 사후관리기관의 장은 공급이행정리(내국신용장 등의 뒷면에 사후관리사실을 확인 표시한다)를 하여야 하며, 또한 공급자 사후관리기관의 장은 외화획득용원료공급이행신고서에 확인 · 날인한 후 1부는 인수자 사후관리기관의 장, 1부는 인수자에게 통보하여야 한다.

한편 원료 등을 보세공장에 반입한 자는 세관장이 발행한 반입확인서를 사후관리은행의 장에게 제출하여야 하며, 반입확인서를 받은 사후관리기관의 장은 공급이행정리를 하여야 한다.

그리고 자율관리기업이 사후관리대상기업에 원료 등을 공급할 경우에는 공급이행신고서 2부를 작성, 공급대금결제일로부터 3월 이내에 1부는 인수자 사후관리기관의 장에게, 1부는 인수자에게 통보하여야 한다. 다만, 사후관리기업에 공급하는 경우에는 인수자에게만 통보하도록 되어 있다.

VI. 외화획득용 원료의 사용목적 변경

외화획득용 원료 등의 사용목적 변경승인을 얻고자 하는 자는 외화획득용 원료사용목적 변경승인신청서 4부에 다음의 서류를 첨부하여야 한다.

① 사용목적변경신청서

② 변경하고자 하는 물량을 확인할 수 있는 서류

③ 변경신청하고자 하는 사유를 인정할 수 있는 서류

④ 기타 사용목적 변경승인기관의 장이 필요하다고 인정하는 서류

그리고 사용목적변경승인기관의 장은 승인서를 신청자 사후관리기관의 장, 신청자의 관할세무서장에게 각각 통보하여야 한다.

한편 외화획득용 원료의 양도·양수의 승인을 얻고자 하는 자는 외화획득용 원료양도승인신청서 3부에 다음의 서류를 첨부하여 양도자 또는 양수자의 사후관리기관의 장 또는 당해 중앙행정기관의 장에게 신청하여야 한다.

① 양수도계약서

② 수입신고필증 또는 기초원재료 납인증명서

그리고 자율관리기업이 다른 자율관리기업에 양도하고자 할 때는 양도자의 거래 사후관리기관의 장에게 신청하여야 하며, 양도자 및 양수자의 사후관리기관의 장은 승인한 원료 등을 공급이행신고에 준하여 처리한다.

Ⅶ. 지도감독·보고·제재 등

국립기술품질원장은 원료 등의 사후관리기관의 장 및 시·도지사에 대하여 다음과 같은 지도감독을 하여야 한다.

① 사후관리업무담당자의 교육
② 사후관리대장정리실태
③ 공급이행신고서통보실태
④ 미이행보고실태
⑤ 기타 제규정이행실태

사후관리기관의 장은 원료 등을 수입 또는 구매한 후 외화획득이행 만기일까지 외화획득을 미이행한 자에 대하여 그 내역을 대응외화획득미이행내역에 따라 해당 만기일 경과 후 20일까지 미이행자에게 통보하여야 한다.

그리고 외화획득만기일 경과 후 30일까지 이행신고가 없는 경우에 사후관리기관의 장은 분기별로 그 내역을 국립기술품질원장에게 보고하여야 한다.

또한 사후관리기관의 장은 전술한 정기보고 이외에 사후관리대상업체의 파산 등으로 사후관리가 불가능하다고 판단되는 경우에는 즉시 그 내역을 국립기술품질원장에게 보고하여야 한다.

중앙행정기관의 장은 보고된 외화획득미이행자에 대하여 대외무역법의 규정에 의한 제재에 필요한 조치를 하여야 한다.

3 외화획득용 제품의 수입

Ⅰ. 외화획득용 제품의 범위

외화획득용 제품의 범위는 다음과 같다.

① 주식회사 한국관광용품센타(이하, 관광용품센타라 한다)가 수입하는 식자재 및 부대용품

② 항만운송사업법에 의하여 수입물품공급업의 등록을 하고 세관장에 등록한 자(이하, 수입물품공급업자라 한다)가 수입하는 선용품(음식료 · 연료 · 소모품 · 밧줄 · 수리용 예비부분품 및 부속품 · 집기 기타 이와 유사한 물품으로서 당해 선박에서만 사용되는 것을 말한다).

③ 군납업자가 수입하는 군납용물품

이와 같이 외화획득용 제품은 외국으로 다시 수출하기 위한 것이 아니라 국내에서 외화획득용으로 사용하기 위하여 수입하는 것이므로 외국인관광객이나 국내거주 외국인 등에게만 공급하도록 제한적으로 운용된다.

Ⅱ. 외화획득용 제품의 수입승인

1. 외화획득용 제품의 수입승인기관

외화획득용 제품(단, 수출입공고 등에 의하여 제한되는 품목에 한한다)의 승인기관은 다음과 같다.

① 관광용품센타가 관광호텔 등에 공급하기 위하여 수입하는 물품 중 승인대상물품으로서 주방용품, 소모성기계, 기자재류 및 객실 또는 부대업장용 소모성물

품; 문화관광부장관

② 군납업자가 주한 국제연합군 기타 외국군 기관에 공급하는 군납용 물품

이와 같이 외화획득용 제품의 수입에 대하여는 동종의 국산품 공급을 촉진하고 수입물품의 국내 유출을 방지하기 위하여 그 우대의 범위를 제한하여 운영하고 있다.

2. 관광호텔용 물품의 공급 및 사후관리

(1) 관광호텔용 물품의 공급

관광용품센타는 수입한 식자재 및 부대용품(이하, 관광호텔용 물품이라 한다)을 다음의 하나에 해당하는 자에게 한하여 공급할 수 있다.

① 관광숙박업 중 관광진흥법에 의하여 등록된 호텔업 및 명의 이용허가를 얻은 식음료 사업장

② 문화관광부장관의 허가를 받아 설립된 외신기자클럽, 서울클럽 및 한국언론회관내 맴버스클럽과 기자클럽

③ 외화획득 및 관광진흥에 기여도가 높은 관광시설 중 문화관광부장관의 추천에 의하여 산업자원부장관이 지정한 시설

④ 청소년 기본법에 의하여 문화관광부장관에게 신고된 서울올림픽파크 호텔

⑤ 올림픽, 아시안게임 등 대규모 국제대회 선수촌, 기자촌 등

⑥ 관세법에 의한 설영특허를 받은 외교관면세매점

한편 관광용품센타가 관광호텔용 물품을 공급하고자 할 때에는 당해 구매자가 시설 규모 및 식자재구입 실적 등을 감안하여 적정량을 공급하여야 한다.

(2) 관광호텔용 물품의 관리

① 관광용품센타는 보관 중인 관광호텔용 물품에 대하여 연 2회 이상 정기 재고조사를 실시하여야 하며, 그 결과를 승인권자에게 보고하여야 한다.

② 관광용품센타는 관광호텔용 물품의 운송, 보관 및 공급과정에서 파손 등으로

당해 물품의 용도에 사용하기가 곤란한 물품은 손망실품 대장에 기재하고 그 사실을 입증할 수 있는 서류 등을 첨부하여 보관하여야 한다.

③ 관광용품센터는 관광호텔용 물품의 수입, 재고 및 판매현황에 대한 대장을 비치하고 기록보관하여야 하며 관광용품센타로부터 관광호텔용품을 구매한 자는 구매 및 소비현황에 대한 대장을 비치하고 기록보관하여야 한다.

④ 관광용품센터는 분기별 관광호텔용 물품의 수입 및 판매현황을 작성하여 분기종료 후 10일 이내에 승인권자에게 보고하여야 하며 매월 업체별 관광호텔용 물품의 공급현황을 익월 10일까지 당해 구매자의 소재지를 관할하는 시·도지사에게 통보하여야 한다.

⑤ 관광용품센터로부터 관광호텔용 물품을 구매한 자는 월별 구입 및 소비현황을 익월 10일까지 당해 시·도지사 및 관광용품센타에 제출하여야 한다.

(3) 관광호텔용 물품의 사후관리

관광용품센타가 수입한 관광호텔용 물품 중 승인대상 물품에 대하여는 승인권자의 사후관리를 받아야 한다. 그리고 승인권자가 사후관리에 필요한 세부지침을 정하고자 할 때에는 산업자원부장관과 협의하여야 한다.

(4) 관광호텔용 물품의 용도 외 사용금지

관광용품센타로부터 관광호텔용 물품을 구매한 자는 당해 사업이외의 용도에 사용하거나 유출하여서는 안된다. 또한 관광용품센타는 관광호텔용품을 용도 외에 사용하거나 유출한 자에 대하여는 문화체육부장관에게 이를 보고하여야 한다.

(5) 관광호텔용 물품의 사후관리에 따르는 제재

승인권자는 관광호텔용 물품의 용도 외 사용금지 규정에 위반한 자에 대하여는 대외무역법 제 55조 제 3호(대응외화획득의 미이행), 동법 동조 제 14호(승인받지 아니하고 용도 외 사용), 동법 동조 제 5호(승인을 받지 아니하고 양도한 자)의 규정에 의한 제재를 요청하거나 "관광진흥법 제 18조 등에 의한 행정처분(또는 문화관광부 장관에게 행정처분요청)"을 하여야 한다.

3. 선용품의 관리

수입물품공급업자는 선용품의 수입, 재고 및 공급현황에 대한 대장을 비치하고 기록·보관하여야 한다. 또한 수입물품공급업자는 선용품의 수입, 공급(외화 및 국내통화 구분) 및 재고현황을 작성하여 매분기 종료후 10일 이내에 관세청장에게 제출하여야 한다.

수입물품공급업자가 수입하는 선용품의 사후관리는 관세청장이 행한다. 그리고 수입물품공급업자는 수입선용품을 다음의 하나에 해당하는 자 이외의 자에게 공급하거나 유출하여서는 아니된다.

① 국내항에 정박중인 외항선박(원양어선을 포함한다)

② 신조선박 및 수리선박

한편 관세청장은 대외무역관리규정 제 4-4-8조 제 2항{수입물품공급업자는 수입선용품을 국내항에 정박 중인 외항선박(원양어선 포함)과 신조선박 및 수리선박 이외의 자에게 공급하거나 유출하여서는 안된다}의 규정에 위반한 자에 대하여는 대외무역법 제 55조 제 3호(대응외화획득 미이행), 동법 동조 제 4호(승인받지 않고 용도 외 사용), 동법 동조 제 5호(승인받지 않고 양도한 자)의 규정에 의한 제재를 요청하여야 한다.

4. 군납용물품의 사후관리

군납업자는 수입되는 물품을 군납 외의 용도에 이용하거나 유출하여서는 아니 되며, 수입되는 물품을 양도 또는 폐기하고자 할 경우에는 미리 승인기관의 장의 승인을 얻어야 한다. 그리고 수입된 군납용품에 의한 군납계약 이행 후 15일 이내에 외화획득 상황을 군납대금회수증명서를 첨부하여 승인기관의 장에게 보고하여야 한다. 승인기관의 장은 수입물품을 군납 외의 용도에 사용하거나 유출한 자에 대하여는 처벌을 할 수 있도록 제재를 요청하여야 한다.

4 소요량증명제도

Ⅰ. 소요량증명제도의 의의

수출 등 외화획득용 원료의 조달에 대하여 우대를 하기 때문에 당해 원료는 외화획득을 이행하는데 필요한 양이 적합하게 책정되어야 한다. 이와 같이 소요량증명제도는 책임있는 정부기관(수탁기관 포함)이 외화획득용 물품에 필요한 원료의 양을 책정하고 이를 증명함으로써 외화획득용 원료의 수입에 대한 우대조치의 적정화를 기할 목적으로 운영되는 제도이다.

따라서 산업자원부장관은 외화획득용 원료의 품목 및 수량의 결정기준과 그 범위를 정할 때 외화획득용 원료의 수량(외화획득을 위한 물품의 1단위를 생산하기 위하여 제공되는 외화획득용 원료의 기준요소량을 말한다)을 정하는 경우에는 당해 물품을 생산하는데 필요한 실제수량 외에 생산공정에서 생기는 평균손모량을 포함시킬 수 있다. 다시 말해서 기준소요량이라 함은 고시된 수출품 1단위를 생산하는데 소요된 원자재의 양으로서 단위실량[75]과 평균손모량[76]을 합한 양을 말한다. 그리고 소요량은 수출품 전량을 생산하는데 소요된 원자재의 실량과 손모량을 합한 양을 말하며 소요량증명서는 소요량증명서 발급기관이 외화획득을 이행하는데 소요되는 원자재의 양을 계산하고 동 내용을 확인한 증명서를 말한다. 이러한 소요량증명은 외화획득용 원료의 수입승인, 외화획득용 원료 등의 국내구매, 관세환급, 사후관리 및 무역금융의 이용 등의 경우에 적용된다.

75) 단위실량이라 함은 수출품 1단위를 형성하고 있는 원자재의 양을 말한다.
76) 평균손모량이라 함은 수출품을 생산하는 과정에서 생기는 원자재의 손모량(손실량 및 불량품 생산에 소요된 원자재의 양을 포함한다)의 평균량을 말한다.

이러한 기준소요량이 고시된 대부분의 품목에 대하여는 당해기업이 스스로 소요량계산서를 발급하여 소요량증명서로 사용할 수 있도록 소요량증명제도가 크게 완화 개선되고 있다.

Ⅱ. 소요량의 책정방법

소요량을 책정하는 방법은 첫째 관계행정기관의 장이 기준소요량을 품목별로 고시하는 방법이고 둘째는 기준소요량이 고시되지 아니한 품목에 대하여 소요량증명서 발급기관이 해당 품목별로 단위소요량을 직접 산출하는 방법이다.

또한, 기준 소요량이 고시되지 아니한 품목에 대하여도 당해 품목의 소요량증명서 발급기관 및 수출업체가 계속적인 수출이 예상되어 기준 소요량의 고시가 필요하다고 판단하여 당해품목의 소요량증명서에 단위소요량 책정자료를 첨부하여 고시기관에 기준 소요량 고시를 요청할 때에는 고시기관은 이를 고시하도록 함으로써 가능한 한 많은 품목에 대하여 기준 소요량이 고시되도록 하고 있다. 다만, 기준소요량이 빈번히 바뀌거나 농산물인 경우에는 그러하지 아니하다.

기준소요량이란 고시된 수출품 1단위를 생산하는데 소요된 원자재의 양으로써 단위실량과 평균손모량을 합한 양을 말한다.

외화획득용 물품의 생산을 관장하는 중앙행정기관의 장은 소관 품목에 대한 기준소요량을 가능한 한 고시하여야 하며 이 때 기준소요량을 고시하는데 필요한 자료를 해당 외화획득 행위를 하는 자로 하여금 제출하도록 할 수 있다.

이에 대하여 단위소요량이란 기준소요량이 고시되지 아니한 품목에 대하여 소요량증명서 발급기관이 산출한 수출품 1단위를 생산하는데 소요된 원자재의 양으로서 단위실량과 평균손모량을 합한 양을 말한다.

단위소요량은 부가가치세법 제 35조, 소득세법 제 201조 제 1항 및 법인세법 제 68조 제 1항의 규정에 의하여 제출하는 "생산수율(生産收率)[77] 및 원단위신고서"의 생산수율을 감안하여 책정할 수 있으며 그 구체적인 책정방법은 다음의 하나에 의한다.

① 현장조사
② 문헌조사
③ 실물 및 카탈로그 조사
④ 신청자 제시자료에 의한 조사
⑤ 유사품의 소요량 적용

그리고 단위소요량을 책정할 때에는 i) 제조공정 및 공정도 ii) 공정별 손모율·손모상태 및 그 발생원인 iii) 원료 등의 배합비율을 조사하되 필요한 최소한의 사항만을 조사하여야 한다. 구체적인 산출방식은 기준소요량과 같다.

III. 기준소요량의 고시

① 외화획득용 물품의 생산을 관장하는 중앙행정기관의 장(산업자원부장관이 관장하는 품목중 목재가구에 대하여는 임업연구원장, 기타의 품목에 대하여는 기술표준원장)은 소관품목에 대한 기준 소요량을 가능한 한 고시하여야 한다.

② 기준소요량이 고시되지 아니한 품목에 대하여 당해폼목의 소요량증명서 발급기관 및 수출업체는 계속적인 수출이 예상되어 기준소요량의 고시가 필요하다고 판단되는 때에는 당해품모의 소요량증명서에 단위소요량 책정자료를 첨부하여 고시기관에 기준소요량 고시를 요청할 수 있으며 고시기관은 이를 고시하여야 한다. 다만, 기준소요량이 빈번히 바뀌거나 농산물인 경우에는 그러하지 아니하다.

③ 수출물품의 생산을 관장하는 중앙행정기관의 장(산업자원부장관이 관장하는 품

---

77) $$생산수율 = \frac{제품생산량}{원재료투입량} \times 100$$

국세청은 연간 외형이 큰 제조업체에 대하여 생산수율을 조사하거나 각 업체가 보고한 생산수율을 토대로 하여 표준수율 및 표준원단위를 작성하고 상호 비교함으로써 적정 생산량의 산출근거로 삼고 있다. 원단위는 제품 1개를 만드는데 필요한 원료 혹은 소요시간을 의미하며 원단위가 적을수록 생산성이 높다.

목중 목재가구에 대하여는 임업연구원장, 기타의 품목에 대하여는 기술표준원장)은 기준소요량을 고시하는데 필요한 자료를 해당 외화획득행위를 하는 자로 하여금 제출하도록 할 수 있다.

Ⅳ. 자율소요량계산서 발급

소요량계산서를 발급할 수 있는 기업은 고시품목에 대한 자체발급 및 소요량자체관리기업의 자체발급 등 두 종류로 구분하여 인정하고 있다. 이와 같이 소요량계산서를 발급할 수 있는 업체를 이원적으로 운영하는 것은 소요량계산서의 자체발급에 따른 관세과다환급의 방지를 위해 관세환급액이 큰 대기업에 대하여 별도로 소요량자체관리기업으로 지정하고 1년 단위로 실제소요량을 반영할 수 있도록 구분하기 위한 것이다.

그리고 소요량자체관리기업이 발급하는 소요량계산서의 소요량책정기준은 다음의 하나에 의한다.

① 수출품 및 이에 소요되는 원료가 생산수율 및 원단위 신고품목일 경우에는 기준소요량 고시여부에 불문하고 1년 단위로 산출한 평균 실제소요량

② 수출품 및 이에 소요되는 원료가 생산수율 및 원단위 미신고 품목으로서 고시품목인 경우에는 기준소요량, 비고시 품목일 경우에는 단위소요량

한편 국립기술표준원장은 소요량자체관리기업으로 지정된 자가 다음의 하나에 해당할 경우에는 그 지정을 취소할 수 있으며, 지정이 취소된 기업은 취소된 날부터 3년 이내에는 다시 지정될 수 없다.

① 파산 등으로 자체발급이 불가능한 때

② 대외무역법 또는 동 법에 의한 명령이나 처분에 위반한 때

③ 1년 이상 계속하여 소요량계산서 발급실적이 없는 경우

소요량계산서의 작성방법은 다음과 같다.

① 사후관리대상품목을 외화획득용 원료 등으로 사용하거나 공급한 업체는 당해

업체가 자율적으로 작성한다.

② 자율소요량계산서는 단위자율소요량 또는 기준소요량에 외화획득용 물품 등이의 수량을 곱한 물량으로 표시하며 단위자율소요량의 산출건거를 품목 및 규격별로 명확히 표시하여야 한다.

③ 기준소요량이 고시된 품목이라 하더라도 수출계약서 등의 관련서류에 소요원료의 품명·규격 및 수량 등이 표시된 경우에는 이에 따라 자율소요량 계산서를 작성할 수 있다.

5 수출입실적의 범위와 금액

Ⅰ. 수출입실적 관리의 의의

수출입실적이란 무역업자가 일정한 기간 동안 법령에서 정하는 범위 내에서 수출입을 이행한 결과 나타나는 누적으로서 금액을 기준으로 표시한다. 국가적인 통계로서의 수출입실적은 통관금액만을 기준으로 한다. 왜냐하면 IMF가 중계무역의 가득액 등은 무역외거래에 포함하도록 권고하고 있고 외국인도수출의 경우에도 별도 계상절차를 거쳐 국가통계에 합산할 만큼 실익이 없다고 보기 때문이다. 그러나 앞으로 무역거래기법이 다양화되고 국내기업의 국제적인 영업활동이 활발하게 될 경우 이러한 형태의 수출비중이 커지게 될 것으로 보아 별도의 검토가 있어야 할 것으로 본다.

그러나 무역업자의 수출입실적은 수출통관액만이 아니라 가득액, 입금액 등을 모두 포함한다. 이는 무역관리의 결과가 결국 수출입 실적으로 나타나는 것이므로 이를 적절히 관리함으로써 거래의 확대를 도모하고 무역을 촉진하는데 목적이 있다. 따라서 수출입 실적에 따라 각 종 사후관리 기준의 결정, 금융 및 세제상의 지원도 이루어진다.

특히, 수출실적의 경우는 실적에 따라 우대조치가 많기 때문에 중요하다.

또한, 특기할 것은 수출실적의 인정대상으로서 국내에서 무역업자에게 수출용원자재를 공급한 경우에도 포함하고 있다는 점이다. 이러한 국내에서의 물품공급은 본래의 수출은 아니지만 이를 수출실적으로 인정함으로써 수출물품에 대한 국산원자재의 공급을 촉진하여 외화가득률을 높이려는 시책의 일환으로 볼 수 있다.

Ⅱ. 수출실적의 인정 범위

수출실적이란 산업자원부장관이 정하여 고시하는 기준에 해당하는 수출 통관액, 입금액 또는 가득액과 수출에 제공되는 외화획득용 원료·기재의 국내 공급액을 말한다. 따라서 산업자원부장관이 정하고 있는 수출 실적의 인정범위는 다음과 같다.

① 유상으로 거래되는 수출(대북한 유상반출실적 포함)

② 수출승인이 면제되는 수출 중 다음의 하나에 해당하는 수출

i) 외국에서 개최되는 박람회, 전람회, 견본시, 영화제 등에 출품하기 위하여 무상으로 반출하는 물품으로서 현지에서 매각된 것

ii) 해외에서 투자, 건설, 용역, 산업설비 수출 기타 이에 준하는 사업에 종사하고 있는 우리나라 업자(현지 합작법인 포함)에게 무상으로 송부하기 위하여 반출하는 기계, 시설자재, 근로자용 생활필수품 및 기타 그 사업에 관련하여 사용하는 물품으로서 주무부장관 또는 주무부장관이 지정한 기관의 장이 확인하는 물품 중 해외건설공사에 직접 공하여지는 원료·기재, 공사용 장비 또는 기계류의 수출(수출신고필증에 재반입 하지 않는다는 조건이 명시된 분에 한함)

③ 무역업자 또는 수출물품 제조업자에 대한 외화획득용 원료 또는 물품의 공급 중 수출에 공하여지는 것으로서 다음의 하나에 해당하는 경우

i) 내국신용장[78]에 의한 공급

ii) 구매확인서에 의한 공급

iii) 산업자원부장관이 지정하는 생산자의 수출물품 포장용 골판지 상자의 공급

④ 외국인으로부터 외화를 영수하고 외화획득용 시설기재를 외국인과 임대차계약을 맺은 국내업체에 인도하는 경우(이 경우 수출실적 인정금액은 외환은행 입금액으로 한다)

i)~ii)의 경우 공급자가 직접 수출한 것은 아니지만 내국신용장이나 구매확인서에 의하여 공급한 것은 그 최종 구매자인 무역업자가 수출하는 물품에 포함되어 수출되는 것이기 때문에 그 공급 실적을 수출실적으로 인정하여 그 공급을 지원하기 위한 것이다. 또한 수출물품 포장용 골판지 역시 그 자체가 수출물품은 아니지만 수출물품에 포함되어 수출되는 것이므로 그 공급실적도 또한 수출실적으로 인정하고자 하는 것이다.

III. 수출실적의 인정금액

수출실적의 인정금액은 원칙적으로 수출통관액(FOB가격기준)으로 한다. 다만, 통관절차를 거치지 않고 수출되는 다음의 경우는 각각 그 특성에 따라 인정되는 금액으로 한다.

① 중계무역에 의한 수출의 경우에는 수출금액(FOB가격)에서 수입금액(CIF가격)을 공제한 가득액. 이는 중계무역의 경우 형식상 수입과 수출이라는 두 가지 거래가 이루어지지만 사실은 그 두 개의 거래가 한 건으로 이루어지고 우리나라의 무역업자가 취득하는 금액은 수입액과 수출액과의 차액인 가득액이기 때문에

78) 내국신용장(Local L/C)이라 함은 한국은행 총재가 정하는 바에 의하여 외국환은행의 장이 발급하여 국내에서 통용되는 신용장으로서 외국환은행이 국내에서 생산된 수출용원자재 또는 수출용완제품을 구매(임가공위탁 포함)하고자 하는 업체의 신청에 의하여 개설하는 신용장을 말한다. 이때 물품공급자가 내국신용장의 수혜자가 되며 당해 내국신용장을 근거로 하여 소요원자재의 조달을 위한 2차 내국신용장의 개설을 의뢰할 수 있으며, 2차 내국신용장의 수혜자는 동 내국신용장을 근거로 하여 소요원자재의 조달을 위한 3차 내국신용장의 개설을 의뢰할 수 있다. 다만, 3차 내국신용장의 개설은 2차 내국신용장의 개설 근거가 된 1차 내국신용장이 완제품 구매를 위하여 개설된 내국신용장인 경우에 한한다.

그 가득액만을 수출실적으로 인정하는 것이다.

② 외국인도수출의 경우에는 외국환은행의 입금액(단, 위탁가공된 물품을 외국에 판매하는 경우에 판매액에서 원자재수출액 및 가공임을 공제한 가득액)

③ 외국에서 개최되는 박람회, 전람회, 견본시, 영화제 등에 출품하기 위하여 무상으로 반출한 물품이 현지에서 매각된 경우는 외국환은행을 통하여 입금된 금액

④ 원양어로에 의한 수출 중 현지경비 사용분은 외국환은행의 확인금액. 이는 원양어선의 어획물을 외국에서 직접 수출한 경우에는 그 대금을 외국환은행을 경유하여 결제하게 되는데 현지에서 어로경비 등으로 사용하여 입금되지 아니한 금액까지도 외국환은행이 확인한 적정금액은 수출실적에 포함해 주기 위한 것이다.

⑤ 무역업자 또는 수출물품 제조업자에 대한 외화획득용 원료 또는 물품의 공급 중 수출에 공하여지는 것으로서 i) 내국신용장에 의한 공급 ii) 구매확인서에 의한 공급 iii) 산업자원부장관이 지정하는 생산자의 수출물품 포장용 골판지상자의 공급에 의한 수출실적은 외국환은행의 결제액 또는 확인액

Ⅳ. 수출실적의 인정시점

수출실적은 수출이행과정에서 일정한 시점을 기준으로 정하여 이를 인정하게 되는데 수출의 형태에 따라 다음과 같이 구분된다.

① 수출신고수리일 기준으로 인정되는 경우

i) 유상으로 거래되는 수출

ii) 수출승인이 면제되는 수출 중 다음에 해당하는 경우, 즉

해외에서 투자, 건설, 용역, 산업설비 수출 기타 이에 준하는 사업에 종사하고 있는 우리나라 업자(현지 합작법인 포함)에게 무상 송부하기 위하여 반출하는 기계, 시설자재, 근로자용 생활필수품 및 기타 그 사업에 관련하여 사용하는 물품으로서 주무부장관 또는 주무부장관이 지정한 기관의 장이 확인한 물품 중 해외건설공사에 직접 공하여지는 원료·기재, 공사용 장비 또는 기계류의

수출(수출신고필증에 재반입하지 않는다는 조건이 명시된 분에 한한다)

② 입금일 기준으로 인정되는 경우

i) 외국에서 개최되는 박람회, 전람회, 견본시, 영화제 등에 출품하기 위하여 무상으로 반출한 물품이 현지에서 매각된 금액

ii) 중계무역에 의한 가득액

iii) 외국인도수출에 의한 외국환은행의 입금액

iv) 외국인으로부터 외화를 영수하고 외화획득용 시설기재를 외국인과 임대차계약을 맺은 국내업체에 인도하는 경우

③ 외국환은행을 통하여 대금을 결제한 경우는 그 결제일, 당사자간에 결제한 경우는 당사자간의 대금 결제일을 기준으로 인정하는 경우에는 무역업자 또는 수출물품 제조업자에 대한 외화획득용 원료 또는 물품의 공급 중 수출에 공하여지는 것으로 i) 내국신용장에 의한 공급 ii) 구매확인서에 의한 공급 iii) 산업자원부장관이 지정하는 생산자의 수출물품 포장용 골판지상자의 공급의 경우이다.

【표 Ⅰ-6】 수출실적의 인정대상, 인정금액 및 인정시점

구분	인정금액	인정시점
Ⅰ. 유상으로 거래되는 수출		
1. 수출통관을 거친 수출	수출통관액	수출신고수리일
2. 수출통관을 거치지 않은 수출		
① 중계무역에 의한 수출	가득액	입금일
② 외국인도수출	외국환은행 입금액	입금일
③ 원양어로수출의 현지경비 사용분	외국환은행 확인액	확인일
Ⅱ. 수출승인이 면제되는 수출		
1. 박람회 등에 출품한 물품의 현지매각분	외국환은행 입금액	입금일
2. 해외건설공사에 직접 소요되는 물품	수출통관액	수출신고수리일
Ⅲ. 외화획득원료 등의 국내공급	외국환은행의 결제액 또는 확인액	결제일 또는 확인일

V. 수입실적

수입실적이란 산업자원부장관이 정하여 고시하는 기준에 해당하는 수입통관액 및 지급액을 말한다. 따라서 산업자원부장관이 정하고 있는 수입실적의 인정범위는 '유상으로 거래되는 수입'을 그 대상범위로 한다.

그리고 수입실적의 인정금액은 수입통관액(CIF가격기준)으로 한다. 다만, 외국인수수입의 경우에는 외국환은행의 지급액으로 한다.

수입실적의 인정시기는 수입신고수리일로 한다. 다만, 외국인수수입의 경우에는 대금의 지급일로 한다.

객관식 연습문제

【문 62】 대외무역법상 산업설비의 범위에 속하지 않는 것은?

① 광업 ② 제조업 ③ 전기 · 가스업 ④ 방송 · 통신업 ⑤ 금융업

해설 법 제22조

【문 63】 산업설비수출의 특징에 대한 설명으로 옳지 않는 것은?

① 건당 계약금이 대규모화되고 있다.
② 대금회수기간이 비교적 장기이다.
③ 연불조건수출방식이 일반적이다.
④ 부가가치율 및 외화가득율이 낮다.
⑤ 국가간 경제 협력수단으로 잘 이용된다.

해설 산업설비수출은 부가가치율 및 외화가득율이 높은 것이 특징이다.

【문 64】 산업설비수출이 수출입국에 미치는 경제적 효과에 대한 설명으로 옳지 못한 것은?

① 수출국에 외화가득율을 제고시킨다.
② 수출국에 자원소비 효율을 높인다.
③ 수출국관련산업에 대한 파급효과를 높인다.
④ 수입국의 고용증대를 꾀한다.
⑤ 수입국의 교역조건이 개선된다.

해설 플랜트 수출이 수입국에 미치는 경제상의 효과는 산업발전, 고용증대, 국제수지개선 효과가 있다.

【문 65】 산업설비의 범위와 관련하여 일정규모이상의 산업설비란 본선인도가격으로 미화 ( )만 달러 상당액 이상인 산업설비를 말한다. 괄호를 채울 말로 알맞은 것은?

① 30 ② 50 ③ 100 ④ 500 ⑤ 200

해설 규정 5-0-1조

【문 661】 산업설비 · 기술용역 및 시공을 포괄적으로 행하는 수출을 ( )이라 한다. 괄호를 채울 말로 알맞은 것은?

① 포괄수주방식에 의한 수출
② 일괄수주방식에 의한 수출
③ 종합수주방식에 의한 수출
④ 일괄방식에 의한 수출
⑤ 포괄방식에 의한 수출

해설 법 제22조 ①항 2호

【문 67】 대외무역법상 원칙적으로 수출입은 자유이나 국제평화 및 안전을 위하여 수출통제가 필요한 경우에는 일정한 제한을 가하고 있다. 제한 내용으로 알맞은 것은?

① 허가 ② 인가 ③ 승인 ④ 신고 ⑤ 허가 · 승인

해설 법 제21조, '전략물자'는 수출허가를 받아야 한다.

【문 68】 전략물자의 수출입에 대한 내용으로 잘못 설명하고 있는 것은?

① 전략물자란 국제평화 및 안전을 위해 수출통제가 필요하다고 인정되는 것으로 전략물자 수출입공고에 게기한 물질, 시설과 장비 · 기술을 말한다.
② 전략물자를 수출하고자 하는 자는 관계행정기관의장으로부터 수출 승인을 받아야 한다.

③ 전략물자의 수출은 승인대상이 아니고 허가대상이다.
④ 전략물자의 수출입공고에는 해당 품목 및 규격이 포함되어야 한다.
⑤ 전략물자의 수출입공고에는 제한되는 지역이 포함되어야 한다.

해설 【문 72】 해설참조, 허가대상이다.

【문 69】 외화획득용 원료 · 기재가 아닌 것은?

① 외화획득용원료 ② 외화획득용시설
③ 외화획득용기계 ④ 외화획득용소재
⑤ 외화획득용제품

해설 시행령 제2조 7호, '용어의 정의' 참조.

【문 70】 외와획득용 원료에 해당되지 않는 것은?

① 외화획득에 공하여지는 원자재 ② 외화획득에 공하여지는 부자재
③ 외화획득에 공하여지는 부품 ④ 외화획득에 공하여지는 구성품
⑤ 외화획득에 공하여지는 반제품

해설 시행령 제2조 8호

【문 71】 외화획득용 시설기재가 아닌 것은?

① 시설 ② 기계 ③ 장치 ④ 부품 및 구성품 ⑤ 장비

해설 시행령 제2조 9호

【문 72】 외화획득의 범위에 속하지 않는 것은?

① 군납 ② 관광
③ 국내에서 외국인에게 물품을 매도하는 모든 거래
④ 용역 ⑤ 건설의 해외진출

해설 시행령 제34조

【문 73】 국내에서 물품을 매도하는 거래로서 외화획득의 범위로 볼 수 없는 것은?

① 외국인으로부터 외화를 받고 국내의 보세지역에 물품을 공급하는 거래
② 비거주자로부터 외화를 받고 공장건설에 필요한 물품을 국내에서 공급하는 거래
③ 정부투자기관이 외국으로부터 받은 차관자금에 의한 국제경쟁입찰에 의하여 국내에서 유상으로 물품을 공급하는 거래
④ 외화를 받고 선용품 · 기용품을 공급하는 거래
⑤ 절충교역거래(offer set)의 보완거래로서 외국으로부터 외화를 받고 국내에서 제조된 물품을 국가기관에 공급하는 거래

해설 규정 제4-1-1효

【문 74】 대외무역법상 외화획득의무자가 아닌 자는?

① 외화획득용 원료 · 기재 수입자
② 외화획득용 원료 · 기재 수입의 위탁자
③ 외화획득용 원료 · 기제 수입의 대행자
④ 수입된 외화획득용 원료 · 기재를 양도한 경우의 양수인
⑤ 내국신용장, 구매확인서 또는 수입원자재 구매확인서에 의하여 수입된 외화획득용 원료 · 기재 또는 당해 외화획득용 원료 · 기재를 생산된 물품의 공급의 경우에는 구매한 자

해설 시행령 제35조

【문 75】 외화획득용 원료·기재로서 직접 외화획득의 이행을 하는 경우에는 수입통관일로부터 (　　)년이 외화획득의 이행기간이다. 괄호를 채울 내용으로 옳은 것은?

① 2　② 1　③ 3　④ 5　⑤ 4

해설 시행령 제35조 ①항 2호

【문 76】 외화획득용 원료기재를 구매한 자 또는 양수한 자의 외화획득의 이행기간은 (　　)년이다. 괄호를 채울 내용으로 옳은 것은?

① 2　② 1　③ 5　④ 3　⑤ 4

해설 규정 제 4-2-8조

【문 77】 외화획득용 원료기재의 사용목적 변경사유로 볼 수 없는 것은?

① 교역상대국의 전쟁·사변
② 외화획득의 이행에 앞서 시제품의 생산이 필요한 경우
③ 외화획득이행 의무자의 귀책사유없이 이행이 불능한 경우
④ 우리나라에서의 제도변경으로 이행이 불능한 경우
⑤ 우리나라에서의 노사분쟁으로 이행이 불능한 경우

해설 시행령 제38조

【문 78】 불가항력 사태로 외화획득의 이행이 불가능하다고 인정할 수 없는 사유에 해당되는 것은?

① 화재나 천재지변이 발발한 경우
② 유행으로 신제품이 개발되어 수입된 원료로는 생산에 사용할 수 없는 경우
③ 기술혁신으로 신제품이 개발되어 수입된 원료로는 생산에 사용할 수 없는 경우
④ 수입된 원료의 형질에 약간의 변화가 생긴 경우
⑤ 수입 또는 매수한 자의 귀책사유없이 외화획득을 이행할 수 없는 경우

해설 규정 제 4-2-19조 ②항

【문 79】 외화획득용원료의 범위에 속하지 않는 것은?

① 수출실적으로 인정되는 수출품을 생산하는데 소요되는 원료
② 외화가득율이 70%이상인 군납용 물품을 생산하는데 소요되는 원료
③ 해외에서의 건설 및 용역사업용 원료
④ 외화획득용 물품을 생산하는데 소요되는 원료
⑤ 외화획득이 완료된 물품의 하자 및 유지보수용 원료

해설 규정 제 4-2-1조. 30% 이상이 군납용물품을 생산하는데 소요되는 원료

【문 80】 외화획득이행기간의 연장사유로 볼 수 없는 것은?

① 생산에 장기간이 소요되는 경우
② 제품생산을 위탁한 경우, 공장도산으로 제품생산이 지연되는 경우
③ 외화획득이행의무자의 귀책사유로 수출계약이 취소된 경우
④ 외화획득이 완료된 물품의 하자보수용 원료로서 장기간 보관이 불가피한 경우
⑤ 부득이한 사유로 외화획득이행기간내에 외화획득이행이 불가능한 경우

해설 규정 제4-2-8조 ③항

【문 81】 외화획득용원료 등의 사후관리를 일정한 요건을 갖춘 자율관리기업에 맡기는 취지로 옳지 않는 것은?

① 무역관리의 효율성제고　② 민간기업의 자율관리 능력배양
③ 무역관리의 능률성제고　④ 무역관리의 간소화 지양
⑤ 무역행정의 신속화지향

해설 무역관리행정의 간소화?신속화?능률성 제고에 그 목적이 있다.

【문 82】 대외무역법상 자율관리기업은 (　)이(가) 수시로 해당업체를 선정한다. 괄호를 채울 내용으로 옳은 것은?

① 산업자원부장관　② 국립기술품질원장
③ 시장　④ 도지사　⑤ 시 · 도지사

해설 규정 제4-2-12조

【문 83】 외화획득용 제품의 범위에 속하지 않는 것은?

① 관광용품센타가 수입하는 식자재
② 관광용품센타가 수입하는 부대용품
③ 수입물품공급업자가 수입하는 선용품
④ 군납업자가 수입하는 군납용 물품
⑤ 관광용품센타가 수입하는 기용품

해설 규정 제4-2-1조

【문 84】 다음 중 연결이 잘못된 것은?

① 외화획득용원료 · 기재 - 외화획득용제품

② 외화획득용원료 - 외화획득용시설기재

③ 외화획득용시설기재 - 외화획득물품생산에 공하여지는 시설 · 기계 · 장치 · 부품 및 구성품

④ 외화획득용제품 - 외화획득에 제공되는 물품

⑤ 외화획득의 범위 - 수출 · 군납 · 관광 등

해설 시행령 제2조 7내지 10호. 외화획득용원료는 외화획득에 제공되는 물품을 생산(물품의 제조•가공•조립 • 수리 • 재생 또는 개선하는 것)하는데 필요한 원자재 • 부자재 • 부품 및 구성품을 말한다.

【문 85】 수입물품공급업자가 수입하는 물품으로서 당해 선박에서만 사용되는 선용품 중 틀린 것은?

① 음식료 ② 연료 ③ 소모품 ④ 밧줄 ⑤ 부분품 및 부속품

해설 선용품은 음식료•연료 • 소모품 • 밧줄 • 수리용 예비부분품 및 부속품 • 집기 기타 이와 유사한 물품으로서 당해 선박에서만 사용되는 것을 말한다. 기타 이와 유사한 물품은 닻, 구명용품 Dunnage, 게기류 및 사소한 전기기구류 등 선박의 항해에 직간접으로 필요한 물품을 말한다
(관세법 제2조 ⑩항 및 통칙2-0...4 참조).

【문 86】 관광호텔용 물품의 공급 및 사후관리에 관한 설명 중 잘못된 것은?

① 관광용품센터는 수입한 식자재를 관세법에 의한 설영허가를 받은 외교관면세 매점에 공급할 수 있다.

② 관광용품센터는 물품의 수입 · 제고 및 판매현황에 대한 대장을 비치하고 기록, 보관하여야 한다.

③ 관광용품센터가 수입한 물품 중 승인대상물품에 대하여는 승인권자의 사후관리를 받아야 한다.

④ 관광호텔용 물품을 구매한 자는 당해사업 이외의 용도에 사용을 하여서는 아니된다.

⑤ 관광호텔용 물품의 용도 외 사용금지 규정에 위반한 자는 제재를 받는다.

해설 규정 제4-4-4조 및 동 4-4-3조

【문 87】 수입물품공급업자가 수입하는 선용품의 사후관리기관은 어느 것인가?

① 산업자원부장관 ② 문화관광부장관 ③ 관세청장
④ 국립기술품질원장 ⑤ 시도지사

해설 규정 제4-4-8조

【문 88】 다음은 소요량 증명에 관한 기술이다. 틀린 것은?

① 소요량증명은 외화획득용 원료의 수입, 국내구매, 관세 환급, 사후관리 및 무역금융의 이용 등의 경우에 적용된다.
② 기준소요량이란 수출품 1단위를 생산하는데 소요된 원자재의 양으로서 단위 실량과 평균 손모량을 합한 양이다.
③ 단위실량이란 수출품 1단위를 형성하고 있는 원자재의 양을 말한다.
④ 평균손모량이란 수출품을 생산하는 과정에서 생기는 원자재의 손모량의 평균량을 말한다.
⑤ 평균손모량에는 손실량 및 불량품생산에 소요된 원자재의 양은 포함하지 아니한다.

해설 규정 제1-0-2조 19호 ⑤의 양은 포함된다.

【문 89】 단위소요량에 관한 기술 중 잘못된 것은?

① 단위소요량이란 기준소요량이 고시되지 아니한 품목에 대하여 소요량증명서 발급기관이 산출한 수출품 1단위를 생산하는데 소요된 원자재의 양

으로서 단위 실량과 평균손모량을 합한 양이다.

② 단위소요량의 책정은 생산수율 및 원단위신고서의 생산수율을 감안하여 책정할 수 있다.

③ 단위소요량의 책정방법은 반드시 현장조사에 의하여야만 한다.

④ 단위소요량을 책정함에 있어서 문헌조사에 의해서도 가능하다.

⑤ 단위소요량의 산출방식은 기준소요량과 같다.

해설 규정 제4-3-1조. 반드시 현장조사 할 필요는 없다.

【문 90】 단위소요량의 책정방법으로서 틀린 것은?

① 유사품의 소요량적용 ② 현장조사 ③ 실물 및 카탈로그조사
④ 신청자 제시자료에 의한 조사 ⑤ 대체품의 소요량 적용

해설 【문 94】 해설 참조.

【문 91】 다음 중 단위소요량을 책정함에 있어서 고려기준이 되는 '생산수율'의 산출공식으로 맞는 것은?

① $\text{생산수율} = \dfrac{\text{제품생산량}}{\text{원재료투입량}} \times 100$ ② $\text{생산수율} = \dfrac{\text{원재료투입량}}{\text{제품생산량}} \times 100$

③ $\text{생산수율} = \dfrac{\text{제품생산량}}{\text{부재료투입량}} \times 100$ ④ $\text{생산수율} = \dfrac{\text{부재료투입량}}{\text{제품생산량}} \times 100$

⑤ $\text{생산수율} = \dfrac{\text{제품생산량}}{\text{소재투입량}} \times 100$

해설 이춘삼, 「한국통상법」 172면, 주3 참조.

【문 92】 고시품목에 대한 소요량증명서의 발급기관으로 맞는 것은?

① 중소기업청장　② 시 · 도지사　③ 세관장
④ 당해기업　⑤ 시장 · 군수

해설 고시품목은 당해기업에서 발급한다.

【문 93】 대외무역법상 수출실적의 인정범위에 포함되지 않은 것은?

① 매매　② 교환　③ 임대차　④ 사용대차　⑤ 대북한유상반출실적

해설 규정 제3-6-1조. '사용대차'는 무상 거래이기 때문에 실적에 포함되지 않는다. 대북한 유상반출 실적은 수출거래는 아니나 수출실적의 결과인 외화입금이 수반된 거래이므로 특히 수출실적 범위에 포함시키고 있는 점을 유의해야 한다.

【문 94】 대외무역법상 수출실적의 인정범위로 볼 수 없는 것은?

① 교환　② 매매　③ 임대차　④ 대북한유상반출실적　⑤ 증여

해설 【문 100】 해설 참조. 증여는 무상거래이기 때문에 실적이 없다.

【문 95】 대외무역법상 수출실적의 인정범위에 해당되지 않은 것은?

① 유상으로 거래되는 수출
② 외국 박람회에 무상으로 반출하여 현지에서 매각된 것
③ 재반입하지 않는다는 조건이 명시된 해외건설공사에 직접 공하여지는 원료 · 기재 · 공사용장비 또는 기계류의 수출
④ 무역업자 또는 수출물품제조업자에 대한 외화획득용원료 또는 물품의 공급 중 수출에 공하여지는 것으로서 내국신용장 · 구매확인서 등에 의한 공급
⑤ 외국인으로부터 외화를 영수하고 외화획득용 시설기재를 외국인과 사용대차계약을 맺는 국내업체에 인도하는 경우

해설 【문 100】 해설 참조.

【문 96】 다음 중 수출실적의 인정범위에 속한 것은?

① 증여 ② 사용대차 ③ 수출물품 포장용 골판지

④ 무상으로 거래되는 수출

⑤ 외국전람회에 반출한 물품으로서 현지 매각이 교섭중인 물품

해설 규정 3-6-1조 ①항 3호 다

【문 97】 소요량 관련용어에 대해 잘못 정의하고 있는 것은?

① 소요량이라 함은 수출품전량을 생산하는데 소요된 원자재의 실량과 손모량을 합한 양을 말한다.

② 소요량증명서라 함은 소요량증명서 발급기관이 외화획득을 이행하는데 소요된 원자재의 양을 계산하고 동 내용을 확인한 증명서를 말한다.

③ 소요량계산서라 함은 외화획득을 이행하는데 소요된 원자재의 양을 국립기술품질원장이 계산한 서류를 말한다

④ 평균손모량이라 함은 수출품을 생산하는 과정에서 생기는 원자재의 손모량, 즉 손실량 및 불량품생산에 소요된 원자재의 양을 포함한 평균량을 말한다.

⑤ 손모율이라 함은 평균손모량을 백분율로 표시한 값을 말한다.

해설 손모량계산서는 외화획득을 이행하는데 소요된 원자재의 양을 당해기업이 자체 계산한 서류를 말하기 때문에 ③의 정의는 옳지 않다 (규정 제 1-0-1조 26호).

【문 98】 대외무역법상의 내국신용장에 대하여 바르게 정의하고 있는 것은?

① 내국신용장이란 한국은행총재가 정하는 바에 의하여 외국환은행의 장이 발급하여 국내에서 통용되는 신용장을 말한다.

② 내국신용장이란 한국은행총재가 정하는 바에 의하여 한국외국환은행 장

이 발급하여 국내에서 통용되는 신용장을 말한다.

③ 내국신용장이란 산업자원부장관이 정하는 바에 의하여 한국외국환은행장이 발급하여 국내에서 통용되는 신용장을 말한다.

④ 내국신용장이란 산업자원부장관이 정하는 바에 의하여 외국환은행의 장이 발급하여 국내에서 통용되는 신용장을 말한다.

⑤ 내국신용장이란 산업은행총재가 정하는 바에 의하여 외국환은행의 장이 발급하여 국내에서 통용되는 신용장을 말한다.

해설 내국신용장(Local Credit)은 수익자인 수출업자가 수출상품생산에 필요한 원료공급자나 하청업자 앞으로 자기가 받은 신용장을 견질로 하여 자기거래은행으로 하여금 제2의 신용장(Secondary Credit)을 개설해 주게 하는데 이런 방법으로 개설된 신용장을 말한다. 무역관리규정에서는 이러한 실무상의 내국신용장을 한국은행 총재가 정하는 바에 의하여 외국환은행의 장이 발급하여 통용되도록 정의하고 있다. (규정 제 1-0-1조 18호)

【문 99】 구매확인서라 함은 국내에서 생산된 물품이나 수입된 물품을 외화획득용 원료 또는 물품으로 사용하기 위하여 구매하고자 하는 경우 (가)의 장이 (나)에 준하여 발급하는 증서를 말한다. 괄호에 들어갈 내용으로 맞는 것은?

① 가 - 한국무역협회　　나 - 신용장
② 가 - 외국환은행　　나 - 내국신용장
③ 가 - 한국외환은행　　나 - 내국신용장
④ 가 - 외국환은행　　나 - 신용장
⑤ 가 - 한국수출입은행　　나 - 취소불능신용장

해설 구매확인서는 외국환은행의 장이 내국신용장에 준하여 발급하는 증서이다. (규정 제 1-0-1조 17호)

【문 100】 수출실적의 인정금액으로 올바른 것은?

① 수출통관액 - CFR가격기준　　② 수출통관액 - FCR가격기준
③ 가득액 - FOB가격기준　　④ 수출통관액 - FOB가격기준
⑤ 가득액 - CIF가격기준

해설 예외적인 몇 가지 경우를 제외하고 원칙적으로 수출실적의 인정금액은 수출통관액(FOB가격기준)으로 한다. (규정 제 3-6-2조 ①항)

【문 101】 중계무역에 의한 수출의 경우 수출실적의 인정금액은 (가) 수출가격에서 (나) 수입가격을 공제한 (다)이다. 괄호안에 들어갈 내용으로 올바른 것은?

① 가 - CIF 나 - CFR 다 - 통관액
② 가 - FOB 나 - CIF 다 - 입금액
③ 가 - CIF 나 - FOB 다 - 결제액
④ 가 - FOB 나 - CIF 다 - 확인액
⑤ 가 - FOB 나 - CIF 다 - 가득액

해설 중계무역은 수출입이 한 건으로 이루어지고 취득하는 금액은 CIF수입액과 FOB수출액과의 차액인 가득액만 수출실적으로 인정된다.

【문 102】 외국인도 수출의 경우 수출실적 인정금액으로 타당한 것은?

① 입금액 ② 통관액 ③ 결제액 ④ 확인액 ⑤ 가득액

해설 외국인도수출이라 하더라도 위탁 가공된 물품을 외국에 판매하는 경우에는 판매액에서 원자재 수출금액 및 가공임을 공제한 가득액이 수출실적이 됨을 유의해야 한다. (규정 제 3-6-2조 2호 단서)

【문 103】 수출실적의 인정금액으로 틀리게 짝지어 진 것은?

① 중계무역 - 가득액
② 외국인도 수출 - 외국환은행입금액
③ 박람회등 출품 물품현지매각분 - 외국환은행입금액
④ 외화획득원료 등의 국내공급 - 외국환은행의 결제액 또는 확인액
⑤ 원양어로수출의 현지경비사용분 - 외국환은행결제액

해설 ⑤는 외국환은행 결제액이 아니고 확인액이 맞는 내용이다. (규정 제 3-6-2조 4호)

【문 104】 수출실적의 인정시점으로 틀리게 짝지어 진 것은?

① 수출통관을 거친 수출 - 수출신고수리일

② 중계무역 - 입금일

③ 외국인도수출 - 입금일

④ 외화획득용원료 등의 국내공급 - 결제일

⑤ 박람회출품물품의 현지매각분 - 확인일

해설 ⑤는 확인일이 아니고 입금일을 수출실적인정시점으로 본다. (규정 제 3-6-3조 ①항)

【문 105】 수입실적의 인정시점으로 올바른 것은?

① 수입신고수리일 ② 확인일 ③ 결제일 ④ 입금일 ⑤ 통관일

해설 원칙적으로 유상으로 거래되는 수입의 경우에는 수입신고 수리일이 수입실적의 인정시점이다.

【문 106】 외국인수수입의 경우 수입실적의 인정시점으로 올바른 것은?

① 지급일 ② 수입신고수리일 ③ 결제일 ④ 확인일 ⑤ 통관일

해설 수입대금은 국내에서 지급되지만 수입물품은 외국에서 인수하는 수입에 해당하는 외국인수수입의 경우 수입실적 인정시점은 지급일이다.

【문 107】 수입실적에 대한 설명으로 타당한 것은?

① 수입실적이란 수입통관액을 말한다.

② 수입실적이란 지급액을 말한다.

③ 수입실적이란 수입통관액 및 지급액을 말한다.

④ 수입실적이란 수입통관액 및 결제액을 말한다.

⑤ 수입실적이란 결제액을 말한다.

해설 수입실적의 인정범위는 '유상으로 거래되는 수입' 만을 대상범위로 하고 그 실적은 수입통관액 및 지급액을 말한다. (시행령 제2조 12호)

해답

62	⑤	63	④	64	⑤	65	②	66	②	67	①	68	②	69	④	70	⑤	71	⑤
72	③	73	②	74	③	75	①	76	②	77	⑤	78	④	79	②	80	③	81	④
82	②	83	⑤	84	②	85	⑤	86	①	87	③	88	⑤	89	③	90	⑤	91	①
92	④	93	④	94	⑤	95	⑤	96	③	97	③	98	①	99	②	100	④	101	⑤
102	①	103	⑤	104	⑤	105	①	106	①	107	③								

9

과학적 무역업무의 처리시스템 구축

1 무역업무의 과학화와 처리기반 형성

Ⅰ. 무역업무의 과학화

그동안 무역거래 당사자들은 종이문서로 표시된 정보를 우편이나 전신에 의해서 교환하고 자국내에서의 각종 행정절차도 종이문서로 된 양식에 의해서 작성된 자료를 근거로 이루어져 왔다. 그러나 급격한 과학기술의 발전에 따라 1980년대 이래 산업의 모든 분야에서 전자화된 정보교환과 업무처리가 일반화되기 시작하였다. 이러한 전자화된 업무처리는 다양한 절차가 요구되는 무역분야에 더욱 필요하게 되었으며 그 결과 민간기업의 경영효율화만이 아니라 국가경제의 효율적 발전에도 커다란 영향을 미치게 되었다.

정부는 1980년대 후반부터 신속한 무역업무처리를 통한 비용절감 등 무역업체의 경쟁력 강화를 지원하기 위하여 무역자동화사업(EDI)을 추진하여 왔으나 동 사업이 계약체결 후의 무역업무처리 절차에만 집중되어 있을 뿐만 아니라 상역, 통관, 물류, 금융 등 각 부문별로 분산되어 국가 전체로 볼 때 비효율적인 면이 있었다.

한편, 세계적인 무역업무처리의 새로운 경향은 단순히 무역처리절차의 간소화가 아니라 체계적인 무역관련 정보의 수집 및 제공, 무역거래의 모든 과정을 지원하기 위한 유기적인 서비스의 개발 등으로 확대되고 있고 이에 관하여 국제기구와 선진국을 중심으로 다각적인 논의가 진행되어 왔다.

따라서 정부에서는 무역에 관한 각종 관리 및 지원업무에 전산관리체제를 도입하여 무역관리의 효율화 및 행정서비스의 확대를 도모하기 위하여 1996년 12월 대외무역법을 개정하고 전자문서의 교환, 전자우편 및 무역정보의 데이터베이스화 등의 무역업무의 과학적 처리를 위한 기반을 구축하도록 하는 규정을 도입하였다.

II. 과학적 무역업무의 처리기반

산업자원부장관은 물품의 수출입거래가 질서 있고 효율적으로 이루어질 수 있도록 전자문서교환체제 등 과학적 무역업무의 처리기반을 구축하기 위하여 노력하여야 한다. 그리고 산업자원부장관은 이러한 과학적 무역업무의 처리기반을 구축하기 위하여 필요하다고 인정되는 경우에는 관계행정기관의 장에게 통관기록 등 물품의 수출입거래에 관한 정보의 제공을 요청할 수 있으며, 이 경우 관계행정기관의 장은 이에 협조하여야 한다.

또한 관계행정기관의 장은 대외무역법의 목적의 범위 내에서 필요하다고 인정되는 경우 위와 같이 구축된 물품의 수출입거래 관련 정보의 제공을 요청할 수 있다. 이 경우 역시 산업자원부장관은 이에 협조하여야 한다.

III. 전산관리체제의 개발·운영

산업자원부장관은 수출입거래가 질서있고 효율적으로 이루어질 수 있도록 다음의 각 내용과 같은 전산관리체제를 개발·운영하여야 한다. 산업자원부장관은 이러한 전산관리체제를 개발·운영하기 위하여 필요하다고 인정하는 경우에는 그 경비의 일부를 당해 전산관리체제의 개발·운영에 필요한 정보를 제공한 기관에 지원할 수 있다.

① 수출입통계 데이터베이스 등 무역정책수립을 위한 전산관리체제

② 다음과 같은 불공정한 수출입행위를 방지하기 위한 전산관리체제

i) 국내의 법령 또는 교역상대국의 법령에 의하여 보호되는 특허권·실용신안권·의장권·상표권·저작권·저작인접권·프로그램저작권 및 반도체직접회로의 배치설계권을 침해하는 물품을 수출 또는 수입하는 행위

ii) 원산지를 허위로 표시한 물품 또는 원산지의 표시를 손상하거나 변경한 물품을 수출 또는 수입하는 행위

iii) 기타 수출입질서를 저해할 우려가 있는 행위로서 대통령령이 정하는 행위

③ 효율적인 수출입거래를 위한 다음의 각 전산관리체제

i) 부분별 무역전산관리체제의 유기적 연계를 위한 전산관리체제

ii) 관계행정기관의 장이 필요하다고 인정하여 산업자원부장관과 협의하여 정한 당해기관 소관 무역관련 전산관리체제

④ 기타 무역업계의 요청에 의하여 산업자원부장관이 필요하다고 인정하는 전산관리체제

IV. 무역거래 정보의 수집·분석

산업자원부장관은 전산관리체제의 개발·운영을 위하여 필요한 경우에는 관세청장에게 다음의 내용의 정보를 요청할 수 있다.

① 수출입신고를 한 무역거래자의 상호 · 성명, 무역업신고번호 등 무역거래자관련 정보
② 수출입신고별 신고수리일, 수출입물품의 품명, 수량, 금액, 거래형태 등에 관련된 정보로서 산업자원부장관이 정하는 정보

또한 산업자원부장관은 전산관리체제의 개발 · 운영을 위하여 관세청장으로부터 수집된 통관 관련정보, 무역 · 통상관련 기타의 단체로부터 수집한 수출입동향 분석 또는 전망에 관한 정보업무를 위임 · 위탁한 자로부터 보고받은 무역업무처리결과, 무역거래자 등에 의하여 수집된 관련정보를 종합적으로 분석 · 관리하여야 한다.

2 무역업무의 자동화 지원

Ⅰ. 무역업무 자동화의 의의

컴퓨터산업의 발전에 따라 지금까지 서류를 가지고 직접 방문하거나 우편 · 모사전송 등에 의하여 처리되던 행정기관과 무역업자와의 업무, 무역업자간의 업무를 컴퓨터를 이용한 전자자료교환(Electronic Data Interchange ; EDI) 방식으로 처리함으로써 시간과 비용을 대폭 절감할 수 있게 되었다.

이와 같이 EDI 방식으로 문서를 처리하기 위해서는 상호합의된 표준화된 문서양식이 필요하다. 그러나 이러한 기술적 발전을 실용화하기 위해서는 제도적으로 이를 수용하지 않으면 안 된다. 우리나라의 경우 무역업무는 대외무역법 등 제반 무역관련법령에 따라 전통적인 종이서류 양식에 의하여 작성되고 서명 · 날인이 있어야 처리될 수 있도록 하고 있다. 따라서 EDI가 법률적으로 효력을 얻기 위해서는 별도의 법적장치가 마련되어야 한다.

이를 위해서 정부에서는 무역업무자동화촉진에 관한 법률(법률 제 4479호 1991. 12. 31 ; 이하, 무역자동화법이라 한다)을 제정하고 동법에 따라서 이루어진 EDI 자료는 대외무역법 등 일반 무역관련법령에서 정한 문서로 인정함으로써 무역관련법령에서 요구하는 소정양식의 종이서류가 EDI에 의한 전자문서로 대체될 수 있게 되었다. 또한 서명 · 날인에서도 무역업자 · 무역관련기관이 무역자동화망을 이용하여 신청 · 승인 등을 한 전자문서상의 전자서명은 무역관련법령에서 정한 문서상의 서명 · 날인으로 인정하고 있다.

앞으로 정보산업이 발전함에 따라 모든 무역정보의 교환이 전자화될 수 있다면 대외무역법과 무역자동화법이 통합됨으로써 기본적인 무역관리업무가 EDI로 처리될 수 있을 것으로 본다.

Ⅱ. 무역업무자동화법의 주요내용

1. 자동화대상 무역업무

무역자동화대상 무역업무는 대외무역법 · 수출보험법 · 외국환거래법 · 한국은행법 · 수출품질향상에 관한 법률 · 농수산물수출진흥법 · 중재법 · 상법 · 통합공고와 관련되는 법률에서 정한 무역업무이다. 관세청이 별도로 통신망을 추진함에 따라 관세법은 포함되지 않았다.

2. 자동화망 가입대상 무역업자

무역관련기관에게 무역관련법령에서 정하는 신청 · 신고 · 보고 등(이하, 신청 등이라 한다)을 하는 다음의 자

① 대외무역법에 의한 무역업자
② 대외무역법에 의한 무역대리업자

3. 자동화망 가입대상 무역유관기관

무역업자에게 무역관련법령에서 정하는 승인 · 면허 · 인증 등(이하, 승인 등이라 한다)을 하는 다음의 기관이 이에 해당한다.

① 대외무역법에 의한 무역업 및 무역대리업

② 다음의 각 공고를 하는 기관

대외무역법에 의한 수출입공고 · 통합공고 · 별도공고

③ 대외무역법에 의한 다음의 기관

수출입승인기관 · 외화획득용 원료 · 기재의 목적 외 사용에 대한 승인 및 수입한 원료 · 기재의 양도 · 양수에 대한 승인기관, 산업설비수출의 승인기관, 통합공고와 관련되는 법령에서 수출 · 수입에 관하여 허가 · 추천 · 신고 · 검사 · 검정시험방법 및 형식승인 등을 행하는 기관

④ 수출품질향상법에 의한 수출검사기관

⑤ 수출보험법에 의한 한국수출보험공사

⑥ 외국환거래법에 의한 외국환은행

⑦ 중재법에 의한 대한상사중재원

⑧ 상공회의소법 및 대외무역법시행령에 의한 원산지증명서 등 무역관련증명서의 발급기관

⑨ 상법에 의한 수출입화물에 대한 손해보험회사

⑩ 기타 산업자원부장관이 관계행정기관의 장과 협의하여 고시하는 수출입화물의 제조업자, 수출입화물의 원료, 부품 공급업자, 수출입화물의 유통업자

4. 자동화 사업자

① 지정자 : 산업자원부장관

② 지정대상 : 전기통신사업자

③ 지정기준

i) 상법상 주식회사로서 납입자본금이 50억원 이상일 것

ii) 동일인(정부 · 정부투자기관관리기본법에 의한 정부투자가관 및 비영리법인 제외)이 무역자동화사업자가 발행한 의결권 있는 주식총수의 15%를 초과하여 소유하거나 사실상 지배하지 아니할 것

iii) 지정사업자가 제공하는 무역자동화가 무역유관기관 및 무역업자의 수요를 적절하게 충족시킬 수 있을 것

iv) 규정된 사업을 영위하기 위해 설비와 기술인력을 보유할 것

우리나라에는 한국무역정보통신(주)과 데이콤(주)이 지정사업자로 되어 있다.

한편 지정사업자의 사업은 다음과 같다.

① 다음의 무역업무에 관한 무역자동화사업

i) 대외무역법에 의한 종합무역상사의 지정 및 취소업무, 수출입공고 · 통합공고 · 별도공고의 공고 및 변경공고 업무, 수입승인과 관련한 물품매도확약서의 발행 또는 확인 등의 업무, 수출승인과 관련한 수출물품의 구매 · 알선 및 그에 따른 부내업무, 수출입승인 · 변경승인 및 사후관리업무, 수출입승인의 유효기간 및 연장승인업무, 외화획득용 원료 · 기재의 목적 외 사용에 대한 승인 및 수입한 원료 · 기재의 양도 · 양수에 대한 승인업무, 산업설비계획의 승인 및 변경승인업무, 수출물품 디자인 지정물품의 지정신청 · 지정 · 지정취소 및 인정기관의 지정 · 지정취소와 인정기관의 업무

ii) 상공회의소법 및 대외무역법에 의한 원산지증명서 등 무역관련증명서의 발급업무

iii) 대외무역법에 의한 통합공고와 관련되는 법령에 의한 요건확인업무

iv) 수출보험법에 의한 수출보험업무

v) 외국환거래법에 의한 무역결제방법에 대한 허가업무

vi) 외국환거래법, 대외무역법, 한국은행법에 의한 신용장(내국신용장 포함)의 개설 · 수취 및 양도업무

vii) 한국은행법에 의한 무역금융업무

viii) 중재법에 의한 상사중재절차에 관한 업무

② 전자문서 또는 무역화물유통정보 등 무역관련정보의 진송 등의 사업

③ 전자문서 및 무역정보를 체계적으로 처리 보관하여 검색 등에 활용할 수 있는 집합체(데이터 베이스)의 제작 및 보급사업

④ 무역업자 및 무역유관기관에 대한 전자문서교환방식과 관련한 기술의 보급 및 보급한 기술에 대한 사후관리 사업

⑤ 무역자동화망에 가입하지 아나한 무역업자를 위하여 무역자동화망을 이용하여 무역업무를 대행 처리하는 사업(대행처리사업)에 대한 관리

⑥ 기타 다음의 사업

i) 무역자동화망의 설계 및 구성

ii) 무역자동화를 위한 전자문서의 표준화지원

iii) 무역자동화를 위한 교육 및 홍보

iv) 무역자동화에 관한 자문 및 사후봉사

v) 전자문서교환방식과 관련한 기술의 개발

vi) 전자문서와 무역정보의 보안관리

5. 무역자동화망의 구성 및 이용

(1) 사업자의 사업계획승인

사업자지정을 받고자 하는 자는 무역자동화망의 구성 등에 관하여 필요한 사업계획을 수립하여 산업자원부장관의 승인을 받아야 한다.

(2) 무역자동화망 가입약정

지정사업자는 무역자동화망(network)에 가입하고자 하는 자(무역업자, 무역유관기관업자, 대행처리사업자)와 무역자동화망에의 가입 및 이용 등에 관하여 약정(network agreement)을 체결할 수 있다.

(3) 전자문서의사용

무역업자 무역유관기관 등 가입자가 무역자동화망에 의하여 무역업무를 처리하고자 하는 경우에는 표준화된 전자문서를 사용하여야 한다. 그리고 가입자가 무역자동화대상 무역업무를 무역자동화망을 이용하여 행하고자 할 경우에는 지정사업자를 통하여야 한다.

6. 전자문서의 표준화 및 효력

(1) 전자문서의 표준화 계획 수립

산업자원부장관은 무역자동화의 효율적 추진을 위하여 무역업무에 관한 전자문서의 표준화계획을 수립하고 이를 고시한다. 이 표준화계획에는 전자문서의 표준화추진기구 · 표준화대상 무역업무 · 표준화 대상 무역업무의 표준화 범위 · 표준화 절차 · 표준화 추진일정 · 표준의 시행방법 · 표준화를 위한 국제협력 등이 포함된다.

(2) 업무처리의 효력

무역업자 · 무역유관기관이 무역자동화망을 이용하여 신청 · 승인 등을 한 전자문서는 무역관련 법령 등이 정한 문서로 본다. 이로서 무역관련법령에서 요구하는 소정양식의 종이서류가 EDI에 의한 전자문서로 대체될 수 있게 된다.

(3) 전자서명의 효력

무역업자 · 무역관련기관이 무역자동화망을 이용하여 신청 · 승인 등을 한 전자문서는 사업자의 컴퓨터화일에 기록된 후 상대방의 컴퓨터화일에 기록된 때에 그 상대방에게 도달한 것으로 본다.

전자서명이라 함은 전자문서의 명의인을 표시한 문자와 작성자를 식별할 수 있게 하는 기호 또는 부호를 말한다.

(4) 전자문서의 도달시기

1) 원칙

무역업자·무역유관가관이 무역자동화망을 이용하여 신청·승인 등을 한 전자문서는 사업자의 컴퓨터화일에 기록된 후 상대방의 컴퓨터화일에 기록된 때에 그 상대방에게 도달한 것으로 본다. 또한 동 신청·승인 등은 사업자의 컴퓨터화일에 기록된 후 통상 전송에 소요되는 시간이 경과된 때에 상대방의 컴퓨터화일에 기록된 것으로 추정한다.

일반적으로 의사표시는 상대방에게 도달한 때에 효력이 발생하는 것으로 되어 있기 때문에 EDI에 의한 의사표시의 도달에 대한 명확한 규정이 필요하다.

【그림 Ⅰ-3】 전자문서의 도달시기

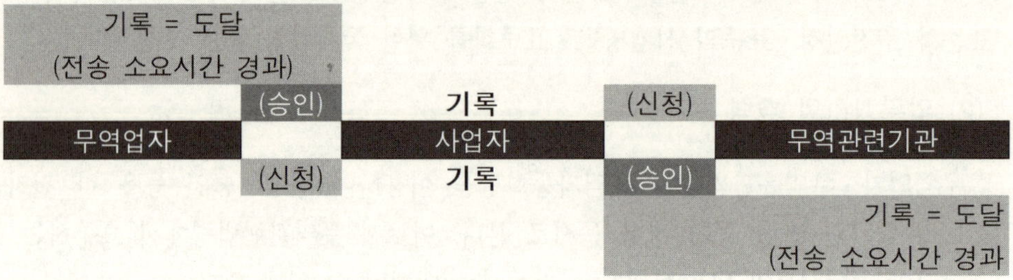

EDI를 사용하는 경우에도 도달주의 원칙이 적용되는데 그 도달시기는 상대방이 당해 전자문서를 수령할 수 있는 상태가 된 때 즉시 당사자의 전자우편함에 기록된 때로 보는 것이다. 그리고 상대방이 그 전자문서를 일람하지 않아서 도달시각에 문제가 발생할 때에는 사업자를 통해서 당연히 전송되었을 것으로 보는 시간이 경과하였으면 당사자의 컴퓨터화일에 도달된 것으로 추정하고 있다.

2) 특례

전자문서의 도달시기에 관하여 다른 법률이나 거래약정(interchange agreement)에서 달리 규정한 경우에는 그 규정에 따른다.

(5) 전자문서 내용의 효력

무역업자·무역관련기관이 무역자동화망을 이용하여 신청·승인 등을 한 당해 전자문서의 내용에 대하여 당사자 또는 이해관계자 사이에 다툼이 있을 때에는 사업자의 컴퓨터화일에 기록된 전자문서의 내용대로 작성되어진 것으로 추정한다.

(6) 관련서류의 제출면제 등

무역관련 법령 등에서 신청 등을 위한 서류 중 전자문서로 전송하는 것이 기술상 곤란하다고 인정하여 산업자원부장관이 고시하는 서류에 관하여는 그 제출을 면제하거나 특정의 방식으로 제출하게 할 수 있다.

7. 전자문서 및 무역정보의 보안관리

(1) 전자문서 및 무역정보의 보안

누구든지 지정사업자·무역업자·무역관련기관 및 대행처리사업자의 컴퓨터화일에 기록된 전자문서 또는 데이터베이스에 입력된 무역정보를 위조 또는 변조하거나 이를 행사하여서는 안 된다. 또한 데이터베이스에 입력된 무역정보를 위조 또는 변조하거나 이를 행사하여서는 안 된다. 또한 누구든지 지정사업자·무역업자·무역유관기관 및 대행처리사업자 등의 컴퓨터화일에 기록된 전자문서 또는 데이터베이스에 입력된 무역정보를 훼손하거나 그 비밀을 침해하여서는 안 된다.

그리고 지정사업자의 임원 또는 직원이거나 임원 또는 직원이었던 자는 업무상 취득한 전자문서상의 비밀과 무역정보에 관한 비밀을 누설하거나 도용하여서는 안 된다.

(2) 전자문서 및 무역정보의 보관기간

지정사업자는 전자문서 및 데이터베이스를 3년 동안 보관하여야 한다.

(3) 전자문서 및 무역정보의 공개

지정사업자는 컴퓨터화일에 기록된 전자문서 및 데이터베이스에 입력된 무역정보 중 국가의 안전보장에 위해가 없고 기업의 영업비밀을 침해하지 아니하는 경우로서 다음의 것을 제외하고는 공개하여서는 안 된다.

① 전자문서의 명의인 등이 신청하는 경우
② 무역정보가 입력된 데이터베이스를 제작·보급하는 자가 신청하는 경우
③ 중앙행정기관 또는 지방자치단체가 행정목적에 필요하여 신청하는 경우
④ 수사기관이 수사목적상 필요하여 신청하는 경우
⑤ 법원의 제출명령에 의한 경우
⑥ 무역 및 국제수지에 관한 통계작성·조사·연구 및 정책수립에 필요한 경우
⑦ 기타 지정사업자가 요청하여 산업자원부장관이 공개하는 것이 필요하다고 인정하는 경우

(4) 전자문서 및 무역정보의 공개절차

지정사업자가 전자문서 및 무역정보를 공개하고자 할 때에는 이해관계인의 의견을 들은 후 다음의 절차에 따라 산업자원부장관의 승인을 얻어야 한다.

① 지정사업자가 이해관계인의 의견을 듣고자 할 때에는 공개신청을 받은 날부터 60일 이내에 서면 또는 전자문서 또는 전자문서교환방식에 의하여 의견을 들어야 한다.

② 지정사업자는 이해관계인의 의견을 들은 날부터 10일 이내에 다음의 서류 또는 전자문서를 갖추어 산업자원부장관에게 공개승인신청을 하여야 한다.

i) 승인신청서(소정양식)

ii) 공개하고자 하는 전자문서 및 무역정보의 내용을 기재한 서류

iii) 공개하고자 하는 전자문서 및 무역정보의 이해관계인의 의견을 확인할 수

있는 서류

ⅳ) 공개에 관한 지정사업자의 의견서

ⅴ) 공개하고자 하는 전자문서 및 무역정보의 국내외 공개사례가 있는 경우에는 그 사본

ⅵ) 산업자원부장관은 승인신청서를 받은 날부터 30일 이내에 공개승인여부를 서면 또는 전자문서로 지정사업자에게 통지하여야 한다(필요한 경우 30일 이내에 연장가능).

ⅶ) 산업자원부장관이 승인을 하고자 할 때에는 관계 중앙행정기관의 장 또는 지방자치단체의 장과 협의하여야 한다.

ⅷ) 공개된 전자문서 및 무역정보를 이용하고자 하는 자는 지정사업자에게 그 내용을 신청하여야 한다.

10 수출입물품의 원산지표시와 원산지 증명제도

1 WTO 원산지규정에 관한 개요

Ⅰ. 원산지규정의 개념

원산지규정이란 회원국이 국제교역상 거래되는 물품의 원산지를 결정하는데 적용되는 법률, 규정, 판례 그리고 행정결정 등을 의미한다. 이러한 원산지 규정은 실체적으로 상품의 원산지를 결정하기 위한 판정기준과 절차적으로 통관과정에서 세관공무원이 상품의 원산지를 결정 또는 확인하는 절차 및 과정 등 크게 2가지 부분으로 구성되어 있다.

현재 국제적으로 이용되고 있는 원산지 판정기준은 ① 세번변경기준(稅番變更基準), ② 부가가치기준, ③ 주요공정기준을 들 수 있으며, 원산지의 확인절차로서 각종 원산지 관련 증명서의 제출을 의무화하거나, 또는 수입국의 통관부처에서 관련서류에 대해

조회를 통해 원산지를 확인 가능하게 함으로써 원산지 규정이 실효성에 대한 확보를 기하는 것이 보통이다.

II. 원산지규정의 필요성

EU, NAFTA 등 이른 바 자유무역 협정의 체결로 세계경제가 점차 블록화 되는 경향을 보이자 수출국들은 자유무역협정에 의한 관세혜택을 받기 위하여 현지공장설립 등 해외직접투자를 증대시키거나 제3국을 통한 우회수출을 도모하여 이에 대응해 왔다. 그 결과 이러한 생산공정의 세계화(internationalization of manufacturing processes)현상은 더욱 가속화되었다. 이에 따라 수입통관시 관세결정, 쿼터적용, 반덤핑관세, 상계관세부과 등에 있어서 2개국 이상에 걸쳐 생산된 물품의 원산지 결정이 필연적인 문제로 등장하게 되었다. 특히 원산지 규정은 수출국의 식별을 통하여 지역경제통합의 경제적 효과를 확인하고 역외국의 우회침투를 방지하는 주요 수단으로 사용된다.

III. 원산지규정에 관한 국제적 논의 배경

상품의 품목분류와 관세평가를 위한 획일적 규칙이 설정되어 있다 하더라고 각국이 통관에 필요한 그 밖의 절차들, 특히 원산지규정 즉, 상품의 국가별 결정기준을 마음대로 채택할 수 있었기 때문에 비관세장벽으로 작용하였던 것이다.

특히 EFTA, NAFTA, EU 등의 지역경제통합체의 경우 역내국의 입장에서는 역외국의 우회침투를 방지하기 위하여 원산지를 판정하여야 할 필요성이 증대되는 한편, 자의적인 원산지규정이 역외국에 대하여는 무역장벽으로 이용할 수 있다. 그러나 GATT는 제9조에서 단지 원산지표시(marks of origin)에 관하여만 규정하고 있을 뿐이고, 원산지 규정에 관해서는 어떠한 언급도 없다. 따라서 '조화된 원산지규정'(harmonized rules of origin)을 제정하기 위하여 우루과이라운드에서 협상이 진행되었으며, 그 결과 "원산지 규정에 관한 협정"(Agreement on Rules of Origin)이 채택되었다.

Ⅳ. WTO원산지 규정의 적용범위

각국이 준수해야 할 원산지규정 관련 규칙은 1994년 GATT 제1조, 제2조, 제3조, 제11조, 제13조의 최혜국대우의 원칙 및 1994년 GATT 제6조의 반덤핑 관세 및 상계관세, 1994년 GATT 제19조의 긴급수입제한조치, 1994년 GATT 제9조의 원산지표시 요건 및 모든 개별적인 수량제한조치 또는 관세쿼터 등에 적용됨은 물론 비특혜적인 무역정책수단의 적용, 그리고 정부조달 및 무역통계에 사용되는 원산지 규정에도 적용된다.

그러나, 주의해야 할 점은 NAFTA 등 지역주의 무역협정, 일반특혜관세(GSP), 또는 EU, 아프리카, 카리브해, 태평양 연안(ACP) 국가들에 부여하는 관세경감조치 등 특혜무역은 원산지규정의 적용대상에서 제외하고 있으나, 부속서의 공동성명에서는 이러한 경우에도 본 협정상의 원칙에 입각해야 한다고 선언하고 있다.

Ⅴ. WTO원산지규정의 주요 내용

이 협정은 원산지규정에 관한 법규 및 관행의 투명성과 예측가능성 및 중립성을 확보하고, 원산지규정이 그 자체로서 무역에 대해 불필요한 장애를 필요하지 않도록 하는 것을 목표로 하고 있다.[79] 이 협정의 목적상 원산지규정이란 "회원국이 상품의 원산지 국가를 결정하는데 적용되는 법률, 규정 및 일반적으로 적용되는 행정적인 판정"을 말한다.[80] 원산지규정의 조화작업이 완성되기까지의 과도기간 동안 그리고 이것이 완성된 후에도 회원국들은 자국의 원산지규정을 공정하게 적용하는 등의 여러 가지 의무를 부담한다. 다시 말해서 이 협정은 조화된 원산지규정 자체를 담고 있지 못하며, 그 대신 이것을 제정할 임무를 관세협력이사회와 동 협정의 운영을 위하여 이 협정에 의거하여 설치된 "원산지규정 위원회"(Committee on Rules of Origin) 및 "원산지규정에 관한 기술위원회"(Technical Committee on Rules of Origin)[81]에 맡겨놓고 있을 따름이다. 원산

79) WTO "원산지규정에 관한 협정", 전문.
80) 동 협정 제1호 1항.
81) 동 협정 제4호

지규정의 조화작업은 WTO협정 발표 후 조속히 개시되며, 개시 후 3년 이내에 완결되어야 한다.[82] 과도기간동안 각 회원국은 자국 원산지규정을 WTO사무국에 제출해야 하며, 이를 수정할 경우에는 신규정이 발효하기 적어도 60일 이전에 공표하여야 한다.[83] 원산지규정위원회는 이 협정의 운영을 매년 검토한다.[84] DSB에 의하여 발전되고 적용되는 GATT 제22조와 제23조가 이 협정에 관한 협의와 분쟁해결에 적용된다.[85]

요컨대, 이 협정은 '원산지 규정의 조화'라는 목표와 그 원칙을 규정하고, 이의 달성을 위한 계획을 제시하고 있으며, 상기 두 위원회에 이의 이행을 위한 역할을 부여하고 있다. 각료회의는 조화작업계획의 결과를 부속서에 이 협정의 불가분의 일부로서 설정하며, 이 부속서의 발효를 위한 시간계획을 설정한다.[86]

이 협정에는 부속서 1(원산지규정에 관한 기술위원회)과 부속서 2(특혜원산지규정에 관한 공동선언)가 첨부되어 있다.

VI. WTO 원산지규정적용상의 주요원칙

1. 무역장벽의 지양

① 원산지규정은 통상정책상의 조치나 수단과 연계되어 있으나 원산지규정자체가 교역상의 목적을 달성하기 위한 직·간접적인 수단으로 사용되어서는 안 된다.

② 원산지규정의 부당한 적용으로 세계교역을 제한하거나 왜곡 또는 교란시키는 효과를 초래해서는 안 된다.

③ 원산지규정은 원산지판정을 위한 전제조건으로서 지나치게 엄격한 요건을 부과하거나 제조 또는 가공과 관련이 없는 특정 조건의 충족을 요구해서는 안 된다.

---

82) 동 협정 제9조 2항.
83) 동 협정 제5조.
84) 동 협정 제6조.
85) 동 협정 제8조.
86) 동 협정 제9조 4항.

2. 무차별의 원칙

① 수출입물품에 적용되는 원산지규정은 국내물품판정에 적용되는 원산지 규정보다 엄격해서는 안되며, 해당물품 제조업자들간의 제휴여부와 관계없이 모든 회원국에게 무차별적으로 적용되어야 한다.

② 원산지 규정은 일관되고, 통일되며, 공정하고 합리적인 방식으로 운용되어야 한다.

3. 명료성의 보장

특히, 세번변경기준이 적용될 경우 세번변경으로 인정되는 세번단위(HS 4단위 또는 6단위)를 분명히 명시해야 하며, 부가가치기준이 적용될 경우 부가가치 비율의 산정방법이 원산지규정에 명시되어야 하고, 주요 공정기준이 적용될 경우 관련물품의 원산지를 부여하는 공정이 정확하게 명시되어야 한다.

4. 불소급의 원칙과 비밀의 보장

원산지규정을 개정하거나 새로운 원산지 규정을 도입할 경우 소급적용해서는 안된다는 원칙이다. 또한, 비밀보장의 근거 준수, 정보공개 등은 허용되지 아니한다.

2 우리나라의 원산지표시와 원산지증명제도

Ⅰ. 수출입물품의 원산지표시

1. 원산지표시 대상물품의 지정공고

산업자원부장관은 공정한 무역질서의 확립을 도모하기 위하여 원산지를 표시하여야 하는 대상으로 공고한 물품(이하 원산지표시대상물품이라 한다)을 수출 또는 수입하고자 하는 자는 그 물품에 대하여 원산지의 표시를 하여야 한다. 이 경우 원산지표시방법·확인, 기타 표시에 관하여 필요한 사항은 대통령령으로 정한다.

그리고 산업자원부장관은 원산지 표시대상물품을 공고하고자 하는 경우에는 당해 물품을 관장하는 관계행정기관의 장과 미리 협의하여야 한다.

이와 같이 원산지표시를 한 물품에 대하여 무역거래자 또는 물품의 판매업자는 그 물품의 원산지표시와 관련하여 다음의 하나에 해당하는 행위를 하여서는 아니된다.

① 원산지를 허위로 표시하거나 오인하게 하는 표시를 하는 행위
② 원산지의 표시를 손상하거나 변경하는 행위
③ 원산지표시 대상물품에 대하여 원산지표시를 하지아니하는 행위(단, 무역거래자의 경우에 한함)

2. 원산지표시

(1) 수출물품의 원산지표시

i) 한글·한물 또는 영문으로 표시할 것
ii) 최종구매자가 용이하게 판독할 수 있는 활자체로 표시할 것

iii) 식별하기 용이한 위치에 표시할 것

iv) 쉽게 지워지거나 떨어지지 아니하는 방법으로 표시할 것

(2) 수입품목의 원산지표시

1) 원산지표시대상물품지정

산업자원부장관은 당해 물품을 관장하는 관계행정기간의 장과 협의를 거쳐 원산지표시대상물품을 지정·공고하여야 한다. 따라서 원산지표시 대상물품은 대외규정 별표 6-1에 게기된 물품으로 하며, 동 물품은 수입시에 원산지표시를 하여야 한다.

2) 원산지표시 방법

① 원산지표시의 일반원칙

원산지표시대상물품을 수입하고자 하는 자는 다음의 각 방법에 따라 당해 물품에 원산지를 표시하여야 한다. 다만, 원산지를 표시하는 것이 곤란하거나 또는 원산지를 표시할 필요가 없다고 인정하여 산업자원부장관이 정하여 고시하는 기준에 해당하는 경우에는 그에 따라 원산지를 표시하거나 원산지표시를 생략할 수 있다.

이러한 표시요령 외에 수입물품의 원산지표시방법에 관하여 필요한 사항은 산업자원부장관이 정하여 고시한다. 다만, 수입물품을 관장하는 중앙행정기관의 장은 수입물품으로부터 소비자를 보호하기 위하여 필요한 경우에는 산업자원부장관과 협의하여 당해 물품의 원산지 표시에 관한 세부적인 사항을 따로 정하여 고시할 수 있다. 그리고 수입된 원산지표시대상물품을 단순가공(실질적 변형을 발생시키지 아니한 가공을 말한다)함으로써 당해물품의 원산지 표시를 손상 또는 변형한 자는 그 단순가공한 물품[87]에 당초의 원산지 표시를 하여야 한다.

가. 다음과 같은 방식으로 한글·한자 또는 영문으로 표시할 것

87) 단순가공물품이라 함은 외국산 원재료를 수입하여 국내에서 제조·가공된 물품이 실질적 변형을 겪지 않은 경우를 말한다.

i) "원산지 : 국명" 또는 "국명 산(産)"
ii) "Made in 국명" 또는 "Product of 국명"
iii) Made by 물품제조자의 회사명, 주소, 국명
iv) "물품제조자의 회사명, 주소, 국명"
v) 수입물품의 크기가 작아 위와 같은 방식으로 당해 물품의 원산지를 표시할 수 없는 경우에는 국명만을 표시할 수 있다.
vi) "Brewed in 국명" 또는 "Distilled in 국명" 등 최종구매자가 원산지를 오인할 우려가 없는 방식

나. 최종구매자가 당해 물품의 원산지를 쉽게 판독할 수 있는 크기의 활자체로 표시할 것.

다. 최종구매자가 당해 물품의 원산지를 쉬운 곳에 표시할 것. 식별하기 쉬운 곳이라 함은 최종구매자가 정상적인 물품구매과정에서 표시된 원산지를 쉽게 발견할 수 있는 곳을 의미한다.

라. 표시된 원산지가 쉽게 지워지지 않으며 물품(또는 포장 · 용기)에서 쉽게 떨어지지 않는 방법으로 할 것. 고의적인 행위로 원산지표시를 제거하지 않는 한 물품의 정상적인 유통 · 보관과정에서 표시된 원산지가 손상되지 아니하고, 최종구매자에게 전달될 수 있으면 쉽게 떨어지지 않는 상태로 본다.

마. 수입물품의 원산지는 제조단계에서 인쇄(printing), 등사 (stenciling), 날인(stamping), 낙인(branding), 주조(molding), 식각(etching), 박음질(stitching) 또는 이와 유사한 방식으로 원산지를 표시하는 것을 원칙으로 한다. 다만, 제조단계에서 원산지를 표시를 하기 곤란한 합리적인 사유가 있는 경우에는 라벨링(labelling) 또는 꼬리표(tag)를 사용하여 표시할 수 있다.

바. 최종구매자가 수입물품의 원산지를 오인할 우려가 없는 경우에는 통상적으로 널리 사용되고 있는 국가명의 약어를 사용하여 원산지를 표시할 수 있다(예 : United States of America를 "USA"로 표기).

동 물품이 다음의 하나에 해당하는 경우는 당해물품의 포장·용기 등에 수입물품의 원산지를 표시할 수 있다.

가. 당해물품에 원산지를 표시하는 것이 불가능한 경우

나. 원산지표시로 인하여 당해 물품이 크게 훼손되는 경우(예 : 당구공, 콘택트렌즈, 직접회로 등)

다. 원산지표시로 인하여 당해 물품의 가치가 실질적으로 저하되는 경우

라. 원산지표시의 비용이 물품의 수입을 막을 정도로 과도한 경우(예 : 물품값 보다 표시 비용이 더 많이 드는 경우 등)

마. 상거래 관행상 최종구매자에게 포장·용기에 봉인되어 판매되는 물품(예 비누, 칫솔, VIDED TYPE 등) 또는 봉인되지는 않았으나 포장·용기를 뜯지 않고 판매되는 물품(예 : 비누, 칫솔, VIDED TYPE 등)

바. 기타 관세청장이 산업자원부장관과 협의하여 정한 경우

② 원산지오인가능 수입물품의 원산지표시

원산지표시 대상물품이 다음과 같은 경우에는 원산지오인 표시물품으로 본다.

가. 주문자 상표부착(OEM)방식에 의해 생산된 수입물품의 원산지와 주문자가 위치한 국명이 상이하여 최종구매자가 당해 물품의 원산지를 오인할 우려가 있는 물품

나. 물품 또는 포장·용기에 현저하게 표시되어 있는 상호·상표·지역·국가 또는 언어명이 수입물품의 원산지와 상이하여 최종구매자가 당해 물품의 원산지를 오인할 우려가 있는 물품

따라서 이에 해당되는 수입물품은 당해 물품 또는 포장·용기의 전면에 원산지를 표시하여야 한다. 다만, 다음의 각 내용을 충족하는 경우에는 그러하지 아니할 수 있다.

i) 한글로 "원산지 : 국명"또는 "국명 산(産)"의 형태로 원산지를 표시

ii) 원산지표시에 사용된 활자체의 크기 및 색상이 주변 활자체와 상당히 구별되어 최종구매자가 정상적 구매과정에서 당해 물품의 원산지를 분

명하게 식별할 수 있도록 원산지를 표시

iii) 대외무역관리규정 제6-2-3조 제3항 및 제4항을 충족하는 방식으로 원산지를 표시

이러한 수입물품을 판매하는 자는 판매 또는 진열시 소비자가 알아볼 수 있도록 상품에 표시된 원산지와는 별도로 스티커, 푯말 등을 이용하여 원산지를 표시하여야 한다.

③ 단순가공 물품의 원산지표시

원산지표시대상 물품이 수입된 수, 최종 구매자가 구매하기 이전에 국내에서 단순 제조·가공처리되어 수입물품의 경우에는 원산지가 은폐·제거되거나 은폐·제거될 우려가 있는 물품의 경우에는 제조·가공업자(수입자가 제조업자인 경우를 포함한다)는 완성 가공품에 수입물품의 원산지가 분명하게 나타나도록 원산지를 표시하여야 한다.

그리고 원산지표시대상 물품이 대형 포장형태로 수입된 후에 최종구매자가 구매하기 이전에 국내에서 소매단위도 재포장되어 판매되는 물품인 경우에는 재포장 판매업자(수입자가 판매업자인 경우를 포함한다)는 재포장 용기에 수입물품의 원산지가 분명하게 나타나도록 원산지를 표시하여야 한다. 재포장되지 않고 낱개 또는 산물로 거래되는 수입물품이 판매되는 경우에도 물품 또는 판매용기·판매장소에 스티커 부착, 푯말부착 등의 방법으로 수입품의 원산지를 표시하여야 한다.

또한 원산지표시대상 물품이 수입된 후에 최종구매자가 구매하기 이전에 다른 물품과 결합되어 판매되는 물품인 경우에는 제조·가공업자(수입자가 제조업자인 경우를 포함한다)는 수입된 당해 물품의 원산지가 분명하게 나타나도록 "(당해 물품명)의 원산지 : 국명"의 형태로 원산지를 표시하여야 한다.

이와 같이 단순가공물품의 원산지표시에 해당되는 경우에는 세관장이 수입자에게 수입 통관 후 법령에 따른 원산지표시를 준수하도록 명할 수 있다. 그리고 해당되는 물품을 수입하는 자가 동 물품을 제3자(중간 구매업자 또는 판매자 등)에게 양도(제3자가 재양도하는 경우 포함)하는 경우에는 양수인에게 서면으로

법령에 따른 원산지표시의무를 준수하여야 할 것을 통보하여야 한다.

또한 단순가공물품의 경우에도 위와 같은 원산지표시를 함과 동시에 원산지표시의 일반원칙, 원산지오인가능 수입물품의 원산지표시, 수입세트 물품의 원산지표시에 해당하는 사항에 대하여는 동 표시요령에 따른 원산지표시를 하여야 한다.

④ 수입세트 물품의 원산지표시

수입 세트물품의 경우 당해 세트물품을 구성하는 개별물품들의 원산지가 동일한 경우에는 개별물품 및 세트물품의 포장·용기에 원산지를 표시하여야 한다. 또한 세트물품을 구성하는 개별물품들의 원산지가 2개국 이상인 경우에는 개별물품에 각각의 원산지를 표시하고, 세트물품의 포장·용기에는 개별 물품의 원산지를 모두 나열·표시하여야 한다.(예 : Made in China, Taiwan, …)

⑤ 수입용기의 원산지표시

관세율표에 따라 용기로 별도 분류되어 수입되는 물품의 경우에는 용기에 "(용기명)의 원산지 : (국명)"에 상응하는 표시를 하여야 한다.(예 : "Bottle made in 국명") 그러나 1회 사용으로 폐기되는 용기의 경우에는 최소 판매단위의 포장에 용기의 원산지를 표시할 수 있으며, 실수요자가 이들 물품을 수입하는 경우에는 용기의 원산지를 표시하지 않아도 무방하다.

⑥ 수입물품 원산지표시방법의 세부사항

관세청장은 산업자원부장관과의 사전협의를 거쳐 원산지표시방법에 따라 물품의 특성을 감안한 세부적인 표시방법을 정할 수 있다. 그리고 관세청장은 수입물품의 원산지표시방법에 관한 세부사항을 정할 경우 이를 고시하여야 한다.

3) 원산지표시방법의 사전확인

위와같은 원산지표시방법에 의하여 원산지표시를 하여야 하는 자는 그 물품이 수입되기 전에 문서로 당해물품의 적정한 원산지표시방법에 관한 확인을 산업자원부장관(관세청장에 위탁)에게 요청할 수 있다. 이때 산업자원부장관의 확인에 관하여 이의가 있는 자는 확인결과를 통보받은 날부터 30일 이내에 서면으로 산업자원부장관에게 이의를 제기할 수 있다.

따라서 관세청장은 적정한 원산지표시방법에 관한 확인을 요청받은 경우에는 신청을 접수한 날부터 30일 이내에 당해 물품의 적정한 표시방법을 확인하여 요청인에게 통보하여야 한다. 이러한 통보내용에 대하여 이의 제기를 접수한 관세청장은 접수한 날부터 30일 이내에 이의 제기에 대하여 결정을 하고 이를 요청인에게 통보하여야 한다. 관세청장은 원산지표시 사전확인 및 이의 제기에 필요한 사항을 산업자원부장관과 협의하여 별도로 정할 수 있다.

4) 원산지표시의 면제

원산지표시 대상품목으로 지정된 물품이 다음의 하나에 해당하는 경우에는 수입물품원산지표시 의무를 면제할 수 있다.

① 외화획득용 원료 및 시설기재로 수입되는 물품
② 개인에게 무상송부된 탁송품·별송품 또는 여행자 휴대품
③ 수입 후 제조공정에 투입되는 부품 및 원재료로서 실수요자가 직접 수입하는 경우(실수요자를 위하여 수입을 대행하는 경우 포함)
④ 판매 또는 임대 목적이 아닌 물품 제조에 사용할 목적으로 수입되는 제조용 시설 및 기자재(부분품 및 예비부품을 포함한다)로서 실수요자가 직접 수입하는 경우(실수요자를 위하여 수입을 대행하는 경우 포함)
⑤ 연구개발용품으로서 실수요자가 수입하는 경우(실수요자를 위하여 수입을 대행하는 경우 포함)
⑥ 견본품(진열·판매용이 아닌 것에 한함) 및 수입된 물품의 하자보수용 물품
⑦ 보세운송·환적 등에 의하여 우리나라를 단순히 경유하는 통과물품
⑧ 재수출조건부 면세대상물품 등 일시 수입품
⑨ 우리나라에서 수출된 후 재수입되는 물품

⑩ 외교관 면세대상물품

⑪ 기타 관세청장이 산업자원부장관과 협의하여 타당하다고 인정하는 물품

3. 수입물품의 원산지 및 원산지표시의 확인

(1) 원산지표시의 확인

원산지표시대상물품을 수입하고자 하는 자는 당해 물품의 통관시 원산지표시 여부에 대하여 세관장의 확인을 받아야 한다. 이 때 세관장은 수출·수입되는 물품이 원산지표시에 관한 규정에 위반되는 것으로 인정되는 경우에는 원산지의 표시·정정·말소 등 적절한 조치를 지시할 수 있다. 또한 관계행정기관의 장, 서울특별시장, 광역시장 또는 도지사는 수입신고수리 후 통관된 물품이 원산지 표시관련규정에 위반된 것으로 인정되는 경우에는 원산지의 표시·정정·말소 등 적절한 조치를 지시할 수 있다.

(2) 원산지표시대상 물품의 검사

산업자원부장관은 무역거래자 또는 물품의 판매업자가 그 물품의 원산지표시와 관련하여 위반하였는지 여부를 확인하기 위하여 필요하다고 인정하는 때에는 수입물품을 검사할 수 있다. 이때 검사를 하는 공무원은 증표를 소지한다.

(3) 원산지의 확인

1) 원산지판정

산업자원부장관은 필요하다고 인정하는 경우에는 수출 또는 수입물품의 원산지판정을 할 수 있다. 그리고 무역거래자 또는 물품의 판매업자 등은 수출 또는 수입물품의 원산지판정을 산업자원부장관에게 요청할 수 있다. 산업자원부장관은 요청받은 경우 당해 물품의 원산지판정을 하여 요청인에게 통보하여야 한다. 이때 통보를 받은 자가 원산지판정에 대하여 불복이 있는 경우에는 통보받은 날부터 30일 이내에 산업자원부장관에게 이의를 제기할 수 있다. 산업자원부장관이 이의 제기를 받은 경우에는 이의 제기를 받은

날부터 150일 이내에 이의 제기에 대한 결정을 통보하여야 한다.

① 수입물품의 원산지 사전판정

가. 사전판정신청

물품을 수입하기 전에 수입물품의 원산지에 관하여 판정을 받고자 하는 자는 대상물품의 관세・통계 통합품목분류표(HSK)상의 품목번호, 품목명(모델명을 포함한다), 요청사유, 요청자가 주장하는 원산지 등을 기재한 요청서에 견본 1개 기타 원산지판정에 필요한 자료를 첨부하여 산업자원부장관에게 제출하여야한다. 다만, 물품의 성질상 견본을 제출하기 곤란하거나 견본이 없어도 그 물품의 원산지 판정에 지장이 없다고 인정되는 경우에는 견본의 제출을 생략할 수 있다. 이 경우 제출된 요청서 등이 미비하여 수입물품의 원산지를 판정하기 곤란한 경우에는 일정한 기간을 정하여 자료의 보정을 요청할 수 있으며, 동기간 내에 보정을 하지 않을 때는 이를 반려할 수 있다. 원산지 확인 결과 및 사전판정 결과에 대해 이의 제기를 하고자 하는 자는 당해 처분청을 거쳐 산업자원부장관에게 신청하여야 한다. 이러한 이의제기를 접수한 처분청은 이를 접수한 날부터 7일 이내에 의견서를 첨부하여 산업자원부장관에게 송부하여야 한다.

나. 원산지 사전판정

산업자원부장관은 원산지 사전판정요청을 받은 경우에는 60일 이내에 원산지 사전판정을 하고 그 결과를 문서로 요청인에게 통보하여야 한다. 다만, 당해 판정과 관련된 자료수집 등을 위하여 필요한 기간은 이에 산입하지 아니한다.

그리고 원산지 사전판정 결과가 요청인의 주장과 다른 경우에는 판정의 근거 등을 기재하여야 한다. 산업자원부장관은 원산지 판정을 위하여 필요한 경우 당해 사안과 관련된 행정기관의 장, 무역업자 및 기타 이해관계인에게 자료의 제출을 요청할 수 있다.

② 이의 제기

산업자원부장관으로부터 원산지 판정의 통보를 받은 무역거래자 등은 그 원산지 판정에 대하여 불복이 있는 경우에는 통보를 받은 날부터 30일 이내에 산업자원부장관에게 이의를 제기할 수 있다. 따라서 이의를 제기하고자 하는 자는 대상물품의 관세·통계 통합품목분류표상의 품목번호, 품목명(모델명을 포함한다), 이의 제기의 사유, 신청자가 주장하는 원산지 등을 기재한 이의 신청서에 원산지 판정에 필요한 자료를 첨부하여 산업자원부장관에게 제출하여야 한다.

동 제출된 신청서 등이 미비하여 이의 제기에 대한 결정을 하기 곤란한 경우에는 기간을 정하여 자료의 보정을 요구할 수 있으며 동 기간 내에 보정을 하지 아니할 때에는 이를 반려할 수 있다. 산업자원부장관은 이의 제기에 대한 결정을 하고자 하는 경우에는 원산지 판정위원회의 심의를 거쳐야 한다.

2) 원산지판정의 기준 등

① 원산지판정의 기준

수입물품에 대하여는 다음의 기준에 의하여 원산지를 판정한다.

가. 수입물품의 전부가 하나의 국가에서 채취 또는 생산된 물품(이하 완전생산품이라 한다)인 경우에는 그 국가를 당해물품의 원산지로 할 것.

이에 대하여 구체적인 인정기준은 다음과 같다.

i) 당해국 영역에서 생산한 광산물, 농산물 및 식물성 생산물

ii) 당해국 영역에서 번식, 사육한 산동물과 이들로부터 채취한 물품

iii) 당해국 영역에서 수렵, 어로로 채포한 물품

iv) 당해국 선박에 의하여 채포한 어획물, 기타 물품

v) 당해국에서 제조, 가공공정 중에 발생한 설(屑)

vi) 당해국 또는 당해국 선박에서 위의 사항들의 내용에 해당하는 물품을 원재료로 하여 제조·가공한 물품

나. 수입물품의 생산·제조·가공과정이 2이상의 국가가 관련된 경우에는 최종

적으로 실질적 변형을 행하여 그 물품의 본질적 특성을 부여하는 활동(이하 실질적 변형이라 한다)을 수행한 국가를 당해 물품의 원산지로 본다.

수입물품의 생산 · 제조 · 가공과정에서 2개국 이상이 관련되는 경우 최소한의 가공활동(이하 최소가공이라 한다)을 수행한 국가를 원산지로 하지 아니한다.

여기서 최소가공이라 함은 다음의 하나에 해당하는 경우를 말하며 최소가공활동을 수행하는 국가에는 원산지를 부여하지 아니하다.

가. 운송 또는 보관목적으로 물품을 양호한 상태로 보존하기 위해 행하는 가공활동

나. 선적 또는 운송을 용이하게 하기 위한 가공활동

다. 판매 목적으로 물품의 포장 등과 관련된 활동

라. 제조 · 가공결과 HS 6단위의 변경이 발생하지 않은 가공활동

여기서 실질적인 변형이라 함은 당해국에서의 제조 · 가공과정을 통하여 원재료의 세번(稅番) 과 상이한 세번(HS 6단위 기준)의 제품을 생산하는 것을 말한다. 다만, 특정수입물품의 원산지에 대해서 별도로 정한 품목은 다음과 같은 경우를 실질적인 변형 및 원산지로 본다.

가. 당해 물품에 제조 · 사용된 원료 및 구성품의 부가가치의 35%이상을 생산 또는 최초로 공급한 국가

여기서 부가가치의 비율은 당해 물품의 제조 · 생산에 사용된 원료 및 구성품의 원산지별 가격누계가 당해 물품의 수입가격(FOB가격기준)에서 점하는 비율로 한다.

나. 당해 물품에 제조 · 사용된 원료 및 구성품의 부가가치의 35%이상을 생산 또는 최초로 공급한 국가가 없거나 2개국 이상인 경우에는 주요부품을 생산한 국가 또는 주요공정이 이루어진 국가

여기서 말하는 주요부품에 대하여는 다음의 국가를 원산지로 본다.

i) 당해 주요 부품의 원료 및 구성품의 부가가치 생산에 최대로 기여한 국가가 당해 완제품의 부가가치비율 기준 상위 2개국 중 하나에 해당

하는 경우는 당해국가

ii) 당해 주요 부품의 원료 및 구성품의 부가가치 생산에 최대로 기여한 국가가 당해 완제품의 부가가치비율 기준 상위 2개국 중 하나에 해당하지 아니하는 경우는 당해 완제품을 최종적으로 제조한 국가

이 때 부가가치비율을 산정하는 경우 당해 물품의 제조·생산에 사용된 원료 및 구성품의 가격은 다음의 하나에서 정하는 가격으로 한다.

i) 당해 제조·생산국에서 외국으로부터 수입 조달한 원료 및 구성품의 가격은 각기 수입단위별 FOB가격

ii) 당해 제조·생산국에서 국내적으로 공급된 원료 및 구성품의 가격은 각기 구매단위별 공장도 가격

② 원산지판정기준의 특례

기계·기구·장치 또는 차량에 사용되는 부속품·예비부분품 및 공구로서 기계 등과 함께 수입되어 동시에 판매되고 그 종류 및 수량으로 보아 정상적인 부속품·예비부품 및 공구라고 인정되는 물품의 원산지는 당해 기계·기구·장치 또는 차량의 원산지와 동일한 것으로 본다.

그리고 포장용품의 원산지는 당해 포장된 내용품을 원산지와 동일한 것으로 본다. 다만, 법령에 의하여 포장용품과 내용품을 각각 별개로 구분하여 수입신고하도록 규정된 경우에는 포장용품의 원산지는 내용품의 원산지와 구분하여 결정한다.

촬영된 영화용 필름에 대하여는 그 영화제작자가 속하는 나라를 원산지로 한다.

3) 원산지의 확인

원산지를 확인하여야 할 물품을 수입하는 자는 세관장이 요청하는 경우 수입신고 전까지 원산지증명서 등 관계자료를 제출하고 확인을 받아야 한다. 이 때 관계자료를 제출한 자는 자료제출기관에 제출한 자료를 영업상 비밀로 보호하여 줄 것을 요청할 수 있다. 그리고 관계자료를 제출받은 세관장은 당해자료의 발행기관에 이의 확인을 요청할 수 있다. 또한 관세청장은 원산지확인에 필요한 사항을 산업

자원부장관과 협의하여 별도로 정할 수 있다.

4) 원산지확인에서의 직접운송원칙

수입물품의 원산지는 그 물품이 원산지국가 이외의 국가(이하 비원산국이라 한다)를 경유하지 아니하고 원산지국가로부터 직접 우리나라로 운송반입된 물품에 한하여 당해물품의 원산지를 인정한다. 다만, 다음의 하나에 해당하는 경우에는 당해물품이 비원산국의 보세구역 등에서 세관감시하에 환적 또는 일시장치 등이 이루어지고, 이들 이외의 다른 행위가 없었음이 인정되는 경우에 한하여 이를 우리나라로 직접 운송된 물품으로 본다. 이와 같이 직접운송원칙의 예외적용이 허용되는 물품의 경우에는 관세청장이 정하는 서류를 원산지증명서와 함께 원산지확인에 필요한 절차에 따라 세관장에게 제출하여야 한다.

① 지리적 또는 운송상의 이유로 비원산국에서 환적 또는 일시장치가 이루어진 물품의 경우

② 박람회, 전시회, 기타 이외 준하는 행사에 전시하기 위하여 비원산국으로 수출하였던 물품으로서 당해 물품의 전시목적에 사용 후 우리나라로 수출한 물품의 경우

II. 원산지증명서의 제출

1. 수출물품의 원산지증명서 발급

교역상대국의 관세양허를 받기 위하여 수출하는 물품의 원산지증명서를 발급받고자 하는 자는 산업자원부장관이 정하는 바에 따라 원산지증명서의 발급을 신청하여야 한다. 이 때 원산지증명서를 발급 받고자 하는 자는 소정의 수수료를, 재발급 받고자 하는 자도 소정의 수수료를 납부하여야 한다.

이에 따른 원산지증명은 "관세양허대상 수출품 원산지증명서 발급규정(통상산업부고시 제1996-378호)"에 의하여 발급하고 있는데 그 발급대상을 보면 다음과 같다.

① 일반특혜관세(GSP) 원산지증명
② GATT 개발도상국간 관세양허수출품의 원산지증명
③ ESCAP(Economic and Social Commission of Asia and Pacific ; 유엔 아시아태평양 경제사회위원회) 개발도상회원국간 무역협상에 관한 1차 협정에 의한 관세양허대상 수출품의 원산지증명
④ 개발도상국간 무역특혜제도(Global System of Trade Preference among developing countries ; GSTP)에 관한 관세양허대상수출품의 원산지증명

이러한 원산지증명의 발급기관은 수출자유지역관리소장, 시・도지사, 구미시, 천안시, 여수시, 포항시, 기타 발급건수가 많은 군(郡) 등 33개 기관이 있다.

2. 수입물품의 원산지증명서 제출

(1) 특정지역·특정물품의 원산지증명서 제출

산업자원부장관은 원산지의 확인을 위하여 필요하다고 인정하는 때에는 물품을 선적한 국가의 정부 등이 발행하는 원산지증명서를 제출하도록 할 수 있다. 이 때의 원산지증명서 제출과 그 확인에 관하여 필요한 사항은 대통령령으로 정한다.

따라서 산업자원부장관은 산업자원부장관이 정하여 고시하는 지역으로부터 산업자원부장관이 정하여 고시하는 물품을 수입하고자 하는 자에 대하여 당해 물품의 선적국 또는 원산지국의 정부 또는 정부가 인정하는 기관에서 발행하는 원산지증명서를 그 물품을 수입하는 때에 제출하도록 할 수 있다.

(2) 특정지역·특정물품의 지정공고

산업자원부장관은 원산지증명서에 관하여 필요한 사항을 정하여 고시한다.

(3) 원산지증명서 등의 제출면제

다음에 해당하는 물품에 대하여는 원산지증명서 등의 제출을 면제한다.

① 과세가격(종량세의 경우에는 이를 관세법 제9조의 규정에 준하여 산출한 가격)이 10만원이하인 물품
② 우편물(관세법 제152조 제2항에 해당하는 것을 제외한다)
③ 개인에게 무상 송부된 탁송품 · 별송품 또는 여행자의 휴대품
④ 재수출조건부 면세대상물품 등 일시수입물품
⑤ 보세운송, 환적 등에 의하여 우리나라를 단순히 경유하는 통과화물
⑥ 물품의 종류 · 성질 · 형상 또는 그 상표 · 생산국명 · 제조자 등에 의하여 원산지가 인정되는 물품
⑦ 기타 관세청장이 산업자원부장관과 협의하여 타당하다고 인정하는 물품

객관식 연습문제

【문 108】 과학적 무역업무의 처리기반구축에 관한 기술 중 부적당한 것은?

① 무역에 관한 각종관리 및 지원업무에 전산관리 체제를 도입하기 위한 것이다.
② 무역관리의 효율화를 꾀하기 위한 조치이다.
③ 무역행정서비스의 확대를 도모하기 위한 조치이다.
④ 물품의 수출입거래가 질서 있고 효율적으로 이루어 질 수 있도록 하기 위하여 마련된. 조치이다.
⑤ 상역 · 통관의 자동화사업의 일환으로 마련된 조치이다.

해설 무역자동화사업(EDI)의 비효율성, 즉 상역, 통관, 물류, 금융 등 각부분별로 분산된 업무를 체계적이고도 효율적으로 관리하기 위하여 마련된 제도이므로 ⑤의 내용은 옳지 않다.

【문 109】 다음 중 WTO 원산지규정적용상의 주요원칙과 관계가 먼 사항은?

① 무역장벽의 지양 ② 무차별원칙 ③ 상호주의원칙
④ 명료성의 보장 ⑤ 불소급원칙과 비밀보장

해설 상호주의 원칙은 WTO 원산지규정과 무관하다.
(WTO 원산지규정에 관한 협정 제 1조 1항 이하 참조)

【문 110】 원산지규정의 필요성과 관계가 없는 것은?

① 관세결정 ② 쿼터적용 ③ 품목분류
④ 반덤핑관세 부과 ⑤ 상계관세 부과

해설 원산지규정은 WTO 회원국이 상품의 원산지국가(상품의 국적)를 결정하는데 적용되는 법률, 규정 및 일반적으로 적용되는 행정적인 판정으로 수입국 통관시 관세결정, 쿼터적용, 반덤핑•상계관세 해당상품인지 여부를 식별하기 위하여 마련된 제도이므로 ③의 품목분류는 관계가 먼 사항이다.

【문 111】 물품의 원산지 표시와 관련하여 무역거래자 또는 물품의 판매업자에게 금지행위에 속하지 않은 것은?

① 원산지를 허위로 표시하는 행위

② 원산지를 오인하게 표시하는 행위

③ 원산지의 표시를 손상하는 행위

④ 원산지의 표시를 변경하는 행위

⑤ 원산지의 표시를 약어로 사용하는 행위

해설 최종구매자가 수입물품의 원산지를 오인할 우려가 없는 경우에는 통상적으로 널리 사용되고 있는 국가명의 약어를 사용하여 원산지를 표시할 수 있다.
(예 : United States of America를 "USA"로 표시)

【문 112】 수입물품 원산지표시의 일반원칙에 어긋나는 것은?

① "원산지 : 국명" 또는 "국명 산(産)"

② "Made in 국명" 또는 "Product of 국명"

③ "물품제조자의 회사명, 주소, 국명"

④ 수입물품의 크기가 특별히 큰 것은 "국명"만을 표시

⑤ "Brewed in 국명" 또는 Distilled in 국명"

해설 수입물품의 크기가 작아 당해물품의 원산지를 표시할 수 없을 때에 한하여 "국명"만을 표시할 수 있다. (규정 제 6-2-3조 ①항)

【문 113】 수입물품의 원산지 표시방법으로 타당한 것은?

① 반드시 한글로 표시해야 한다.

② 반드시 한자로 표시해야 한다.

③ 반드시 영문으로 표시해야 한다.

④ 한글, 한자 또는 영문으로 표시할 수 있다.

⑤ 한글 또는 영문으로 표시해야 한다.

해설

수입물품의 원산지는 한글, 한자 또는 영문으로 표시할 수 있다. (규정 제6-2-3조 ①항)

【문 114】 수입물품 원산지 표시의 일반원칙으로 틀린 것은?

① 한글, 하자 또는 영문으로 표시할 수 있다.

② 판독이 용이한 크기의 활자체로 표시하여야 한다.

③ 식별하기 용이한 곳에 표시하여야 한다.

④ 쉽게 지워지지 않고 떨어지지 않도록 표시하여야 한다.

⑤ 원칙적으로 널리 사용되고 있는 국가명의 약어를 사용하여 원산지를 표시하여야 한다.

해설

약어를 사용할 경우에는 예외적인 경우, 즉 최종구매자가 수입물품의 원산지를 오인할 우려가 없는 경우에만 사용할 수 있다. 이외에도 일반원칙으로 수입물품의 원산지는 제조단계에서 인쇄, 등사, 탁인, 주조, 식각(etching), 박음질(stitching) 또는 이와 유사한 방식으로 표시하여야 함을 유의해야 한다. (규정 제 6-2-3조 ①~⑥항)

【문 115】 수입물품의 포장이나 용기 등에 원산지 표시를 할 수 없는 경우에 속하는 것은?

① 당해물품에 원산지 표시가 불가능한 경우

② 원산지표시로 당해물품이 크게 훼손된 경우

③ 원산지표시로 당해물품 가치가 실질적으로 저하된 경우

④ 물품값과 원산지 표시비용이 비슷하게 드는 경우

⑤ 실질적 변형을 일으키는 제조공정에 투입되는 부품 및 원재료를 수입후 실수요자에게 직접 공급하는 경우

해설

원산지 표시의 비용이 당해 물품의 수입을 막을 정도로 과도한 경우, 즉 물품 값보다 표시비용이 더 많이 드는 경우에만 포장?용기 등에 원산지를 표시할 수 있다. 또한 상거래관행상 최종구매자에게 포장?용기에 봉인되어 판매되는 물품 (예 : 비누, 칫솔 등) 또는 봉인되지는 않았으나 용기를 뜯지 않고 판매되는 물품도 포장?용기 등에 원산지를 표시 할 수 있다.

【문 116】 원산지 오인가능 수입물품의 원산지 표시 중 틀린 것은?

① 물품전면에 원산지를 표시한다.

② 포장전면에 원산지를 표시한다.

③ 용기의 전면에 원산지를 표시한다.

④ 한글로 "원산지 : 국명" 또는 "국명 산(産)"의 형태로 원산지를 표시한 경우에는 물품 또는 포장·용기의 전면에 원산지를 표시하지 아니 할 수 있다.

⑤ 물품 또는 포장·용기의 후면에 원산지를 표시한다.

해설

첫째, OEM 방식에 의해 생산된 수입물품의 원산지와 주문자가 위치한 국명이 상이하여 최종구매자가 당해물품의 원산지를 오인할 우려가 있는 물품이나 둘째, 물품 또는 포장?용기에 현저하게 표시되어 있는 상호, 상표, 지역, 국가 또는 언어 명이 수입물품의 원산지와 상이하여 최종구매자가 당해물품의 원산지를 오인할 우려가 있는 물품을 "원산지 오인가능 수입물품"이라 하는데 이 경우에는 원칙으로 ①~③과 같이 원산지를 표시하고 다만 ④의 경우에는 예외이다.

【문 117】 단순가공물품 등의 원산지 표시 의무에 대한 설명으로 틀린 것은?

① 제조·가공업자(수입자가 제조업자인 경우 포함)에게 원산지 표시의무가 있다.

② 재포장되어 판매되는 경우에는 재포장 판매업자에게 원산지표시의무가 있다.

③ 단순가공물품을 수입한 자가 제 3자에게 양도한 경우의 원산지표시의무는 양도인에게 있다.

④ 재포장되지 않고 낱개 또는 산물로 거래되는 수입물품이 판대되는 경우에는 물품 또는 판매 용기·판 매 장소에 스티커 부착·푯말부착 등의 방법으로 수입품의 원산지를 표시해야 한다.

⑤ 원산지표시대상물품이 수입된 후 최종구매자가 구매하기 이전에 타 물품과 결합되어 판매되는 물품인 경우에는 제조·가공업자는 수입된 당해물품의 원산지가 분명하게 나타나도록 "원산지 : 국명"의 형태로 원산지를 표시해야 한다.

해설

단순가공물품을 수입한 자가 동 물품을 제 3자(중간구매업자 또는 판매자 등)에게 양도(제 3자가 재양도하는 경우 포함)하는 경우에는 양도인이 아닌 양수인에게 원산지 표시 의무가 있다. (규정 제 6-2-5조 제③항)

【문 118】 수입세트물품의 원산지표시에 대한 설명으로 틀린 것은?

① 당해 세트물품을 구성하는 개별물품들의 원산지가 동일한 경우에는 개별물품 및 세트물품의 포장·용기에 원산지를 표시하여야 한다.

② 세트물품을 구성하는 개별물품들의 원산지가 2개국이상인 경우에는 개별물품에만 각각의 원산지를 표시하여야 한다.

③ 세트물품을 구성하는 개별물품들의 원산지가 2개국이상인 경우에는 개별물품에 각각의 원산지를 표시하고, 세트물품의 포장·용기에는 개별물품의 원산지를 모두 나열·표시하여야 한다.

④ 수입세트물품이란 마이크로폰·스피커복합세트와 같이 무역관리규정 별표 6-3에 게기된 세트물품만을 말한다.

⑤ 세트물품을 구성하는 개별물품들의 원산지가 두 나라 이상인 경우, 세트물품의 포장·용기에는 Made in China, Taiwan과 같은 방법으로 원산지를 표시하여야 한다.

해설 원산지가 두 나라 이상인 경우에는, 첫째 개별물품에 각각의 원산지를 표시하고, 둘째 세트물품의 포장•용기에도 개별물품의 원산지를 ⑤와 같은 방법으로 모두 표시•나열하여야 한다. (규정 제 6-2-6조 ②항)

【문 119】 수입물품의 원산지표시방법에 관한 세부사항을 정하는 기관은 어느것인가?

① 산업자원부장관이 정한다.

② 세관장이 정한다.

③ 관세청장이 정한다.

④ 관세청장이 산업자원부장관과 사전협의를 거쳐 정한다.

⑤ 세관장이 관세청장과 사전협의를 거쳐 정한다.

해설 규정 제 6-2-8조, ④에 따라 세부사항을 정한 경우 관세청장은 이를 고시하여야 한다.

【문 120】 수입물품원산지 표시의 면제에 속하지 않은 것은?

① 외화획득용 원료 및 시설 기재로 수입된 경우

② 개인에게 무상송부된 탁송품·별송품 또는 여행자 휴대품

③ 수입 후 실질적 변형을 일으키는 제조공정에 투입되는 부품 및 원재료로서 실수요자가 직접 수입하는 경우

④ 외교관 면세대상물품

⑤ 연구개발용품

해설 실수요자가 수입하는 경우(실수요자를 위하여 수입대행포함)의 연구개발용품만 원산지표시 의무가 면제다. 따라서 ⑤의 연구개발용품은 면제대상이 아니다. 위 ①②③④ 이외에도 ⑤견본품(진열·판매용이 아닌 것에 한함)및 수입된 물품의 하자보수용물품 ⑥보세운송•환적 등에 의하여 우리나라를 단순히 경유하는 통과화물 ⑦재수출조건부 면세대상물품등 일시수입물품 ⑧우리나라에서 수출된 후 재수입되는 물품 ⑨판매 또는 임대 목적이 아닌 물품제조에 사용할 목적으로 수입되는 제조용 시설 및 기자재로서 실수요자가 직접 수입하는 경우 ⑩기타 관세청장이 산업자원부장관과 협의하여 타당하다고 인정하는 물품 등은 원산지 표시의무가 면제된다.
(규정 제 6-2-9조)

【문 121】 원산지표시대상물품을 수입하고자하는 자는 당해물품의 통관시 원산지표시여부에 대하여 (　　)의 확인을 받아야 한다. 빈칸에 들어갈 내용으로 옳은 것은?

① 관세청장 ② 통관국장 ③ 세관장
④ 수입국장 ⑤ 시·도지사

해설 규정 제 6-2-10조

【문 122】 수입물품의 원산지 판정기준의 내용이 아닌 것은?

① 수입물품의 전부가 하나의 국가에서 채취 또는 생산된 물품(완전생산물품)인 경우에는 그 국가를 당해 물품의 원산지로 한다.

② 수입물품의 생산·제조·가공과정에 2이상의 국가가 관련된 경우에는 최종적으로 실질적 변형을 행하여 그 물품의 본질적 특성을 부여하는 활동(실질적 변형)을 수행한 국가를 당해 물품의 원산지로 한다.

③ 수입물품의 생산 · 제조 · 가공과정에 2이상의 국가가 관련된 경우 최소한의 가공활동(최소가공)을 수행한 국가를 원산지로 한다.

④ 수입물품의 생산 · 제조 · 가공과정에 2이상의 국가가 관련된 경우 최소한의 가공활동(최소가공)을 수행한 국가를 원산지로 하지 아니한다.

⑤ 완전생산물품 · 실질적 변형 및 최소가공의 기준 등 원산지판정기준에 관한 구체적인 사항은 관계중앙행정기관의 장과 협의하여 산업자원부장관이 정하여 고시한다.

해설 시행령 제 55조 ①~②항

【문 123】 완전생산물품에 대한 구체적인 원산지인정기준의 설명으로 틀린 것은?

① 당해국영역에서 생산한 광산물, 농산물 및 식물성 생산물

② 당해국영역에서 번식, 사육한 산동물과 이들로부터 채취한 물품

③ 당해국영역에서 수렵, 어로로 채포한 물품

④ 당해국선박에 의하여 채포한 어획물, 기타물품

⑤ 당해국에서 제조 · 가공 공정 중에 발생한 손모량

해설 당해국에서 제조•가공 공정 중에 발생한 '설'과 예시된 ①~④의 물품을 원재료로 하여 제조•가공한 물품을 완전생산물품으로 본다. (규정 제 6-3-1조)

【문 124】 수입물품의 생산 · 제조 · 가공과정에 2이상의 국가가 관련된 경우에는 최종적으로 실질적 변형을 행하여 그 물품의 본질적 특성을 부여하는 활동을 수행한 국가를 당해물품의 원산지로 하는데 여기서 실질적 변형이란 당해국에서 제조 · 가공과정을 통하여 원재료의 세번과 상이한 세번 즉, (   )의 제품을 생산하는 것을 말한다. 빈칸에 들어갈 내용으로 옳은 것은?

① HS 6단위기준　　② HS 8단위기준

③ HS 10단위기준　　④ HS 4단위기준

⑤ HS 7단위기준

해설 규정 제 6-3-1조 ②항

【문 125】 수입물품의 생산·제조·가공과정에 2이상의 국가가 관련된 경우의 원산지 판정기준이 아닌 것은?

① 실질적 변형기준 ② 부가가치기준 ③ 주요부품기준
④ 주요공정기준 ⑤ 주요가공기준

해설 설문의 경우 원칙적으로 실질적 변형기준이나 산업자원부장관이 별도로 정한 품목에 대하여는 ②내지 ④의 기준으로도 판정할 수 있다. 그러므로 ⑤의 기준은 옳지 않다.

【문 126】 부가가치비율은 당해물품의 제조·생산에 사용된 원료 및 구성품의 원산지별 가격누계가 당해물품의 수입가격, (　　)에서 점하는 비율로 한다. 빈칸에 들어갈 내용으로 옳은 것은?

① FAS가격기준 ② FOB가격기준 ③ CIF가격기준
④ CFR가격기준 ⑤ FCR가격기준

해설 규정 제 6-3-1조 ④항

【문 127】 원산지판정기준의 특례에 관한 다음 설명 중 옳지 않은 것은?

① 기계·기구·장치 또는 차량에 사용되는 부속품·예비부분품 및 공구로서 기계 등과 함께 수입되어 동시에 판매되고 그 종류 및 수량으로 보아 정상적인 부속품·예비부분품 및 공구라고 인정되는 물품의 원산지는 당해 기구·기계·장치 또는 차량의 원산지와 동일한 것으로 본다.
② 포장용품의 원산지는 당해 포장된 내용품의 원산지와 동일한 것으로 본다.
③ 촬영된 영화용 필름에 대하여는 그 영화제작자가 속하는 나라를 원산지로 한다.
④ 법령에 의하여 포장용품과 내용품을 각각 별개로 구분하여 수입신고하도록 규정된 경우에는 포장용품의 원산지는 내용품의 원산지와 구분하여 결정한다.

⑤ 촬영된 영화용 필름에 대하여는 그 영화 촬영회사가 속하는 나라를 원산지로 한다.

해설 규정 제 6-3-2조 ③항. 영화제작자가 속하는 나라가 원산지이다.

【문 128】 원산지 확인에 있어서의 직접운송원칙에 해당하지 아니한 것은?

① 수입물품이 비원산국을 경유하지 않고 직접 우리나라로 운송반입된 물품의 경우
② 수입물품이 지리적 또는 운송상의 이유로 비원산국에서 환적 또는 일시 장치가 이루어진 물품의 경우
③ 박람회, 전시회, 기타 이에 준하는 행사에 전시하기 위하여 비원산국으로 수출하였던 물품이 당해물품의 전시목적에 사용된 후 우리나라로 수출한 물품의 경우
④ 수입물품이 비원산국의 보세구역 등에서 일시장치하여 단순 가공 처리된 물품의 경우
⑤ 수입물품이 비원산국의 보세구역 등에서 환적이나 일시장치가 이루어질 경우 반드시 세관의 감시하에 이루어지고 환적, 일시장치 이외의 여타 행위가 없었음이 인정되어야 한다.

해설 ①②③⑤는 직접운송원칙에 해당하며 ④의 경우 비원산국에서 단순 가공 처리된 경우에는 직접운송원칙에 반한다. (규정 제 6-3-7조)

【문 129】 관세양허대상 수출품 원산지 증명서 발급대상이 아닌 것은?

① 일반특혜관세(GSP) 원산지 증명
② GATT 개도국간 관세양허수출품의 원산지 증명
③ ESCAP개도국간 무역협상에 관한 1차 협정에 의한 관세양허대상 수출품의 원산지 증명
④ 개도국간 무역특혜제도(Global System of Trade Preferenced among Developing Countries : GSTP)에 관한 관세양허대상 수출품의 원산지증명
⑤ WTO 개도국간 무역협상의정서에 의한 양허관세대상 수출품의 원산지증명

해설 관세양허대상 수출품원산지증명서는 산자부고시 제 1996-378호에 의거 발급하고 있는데 ⑤는 그 대상이 아니다.

【문 130】 수입물품의 원산지증명서 제출면제대상 중 틀린 것은?

① 과세가격이 50만원이하인 물품

② 개인에게 무상 송부된 탁송품 · 별송품 또는 여행자 휴대품

③ 재수출조건부 면세대상물품 등 일시수입물품

④ 우편물

⑤ 보세운송, 환적 등에 의하여 우리나라를 단순히 경유하는 통과화물

해설 ②내지 ⑤이외에도 물품의 종류?성질?형상 또는 그 상표 생산국명?제조자 등에 의하여 원산지가 인정되는 물품은 원산지 증명서 제출면제대상에 해당되고 ①은 과세가격이 10만원 이하인 물품에 대하여 면제된다.

【문 131】 다음 중 WTO 원산지규정협정이 적용되는 것은?

① EU ② NAFTA ③ 자유무역지대(FTA) ④ GSP ⑤ 반덤핑관세

해설 원산지규정은 그 적용목적에 따라 특혜원산지규정과 비특혜원산지규정이 있는 바 전자는 EU, NAFTA, GSP, 카리브해연안이니셔티브(CBI) 등에 적용되고 후자는 수입제한, 반덤핑관세, 상계관세, 원산지 표시, 무역통계작성 등 무역정책상 일반적으로 물품의 원산지를 식별할 필요가 있는 경우에 적용된다.

해답

108	⑤	109	③	110	③	111	⑤	112	④	113	④	114	⑤	115	④	116	⑤	117	③
118	②	119	④	120	⑤	121	③	122	③	123	⑤	124	①	125	⑤	126	②	127	⑤
128	④	129	⑤	130	①	131	⑤												

11

통상의 진흥 및 무역질서유지를 위한 관리

1 무역과 통상진흥시책의 수립

Ⅰ. 무역정책과 통상정책

그동안 우리는 무역·통상의 개념과 이들 정책에 대하여 큰 구별없이 사용하여 왔다. 그러나 WTO의 출범 등 21세기 국제경제 환경변화의 핵심적인 사항은 국제화(internationalization) 및 세계화(globalization)의 급속한 진행에 따라 이들 두 가지 용어가 빈번하게 혼용되고는 있지만 이들이 각각 정확히 무엇을 의미하고 두 개념 사이에 어떤 차이가 있는지에 대해서 많은 사람들이 잘 알지 못하고 있는 것 같다.

결론적으로 '통상'이라 함은 물품·서비스·기술·자본거래 등을 포함하는 국가간에 이루어지는 모든 형태의 상행위 및 그 '지원활동'까지를 의미하며 세계화와 가장 밀접한 관계를 가지고 있는 분야로써 국가간에 거래될 수 있는 모든 자원이 그 대상이 되기 때문에 재화·용역을 주 대상으로 삼고 있는 무역보다 넓다.

마찬가지로 통상정책 역시 국가간 통상문제 및 대외협상과 관련된 전략적 차원의 입장 수립을 포함한 포괄적 정책을 의미하는 것으로 무역정책보다 그 범위가 넓다. 말하자면 통상정책이란 비교우위체제를 기초로 교역상대국의 특수성 및 여건변화와 세계 경제여건 및 환경변화를 고려하여 일국이 특정경제목적을 달성하기 위해 양국간 또는 다국간 무역관계의 이해조정을 통해 자국의 무역이익을 극대화하기 위한 정책이다.

종래 무역정책이 주로 재화의 자유무역확대를 위한 시장개방, 수입규제완화, 수출촉진 등과 관련된 정책이었다면 오늘날의 통상정책은 무역에 영향을 주는 산업정책을 비롯한 모든 국내경제정책 뿐만 아니라 인류의 공동관심사인 '환경보존' 문제까지도 포괄하게 되었다(WTO 환경위원회 창설 등). 그리하여 통상정책 수단도 전통적인 관세 중심이 아닌 여러 형태의 NTB 관련 조치들이 사용되게 된다.

대외무역법은 원칙적으로 제2조에서 규정된 바와 같이 '물품의 수출입을 관리하는 법'이지만 다른 한편 제2장에서 통상의 진흥을 위한 여러 규정을 아울러 두고 있다.

Ⅱ. 무역·통상정책의 기본원칙

1. 자유·공정무역의 원칙

우리나라 대외무역법의 목적은 대외무역을 진흥하고 공정한 무역거래질서를 확립한다는 이념하에 이 법 제3조에서「정부는 헌법에 의하여 체결·공포된 무역에 관한 조약과 일반적으로 승인된 국제법규가 정하는 바에 따라 자유롭고 공정한 무역을 조장함을 원칙으로 한다」고 선언적 규정을 두고 있으며 또한 정부는「대외무역법이나 다른 법률 또는 헌법에 의하여 체결·공포된 무역에 관한 조약과 일반적으로 승인된 국제법규 기타 국제협정에서 무역에 대한 제한을 정한 규정이 있는 경우에도 그 제한을 정한 목적을 달성하기 위하여 필요한 최소한의 범위 안에서 이를 운영하여야 한다」고 함으로써 GATT 등 국제무역규범의 원칙을 준수할 것을 천명(闡明)하고 있다.

오늘날 미국을 중심으로 한 선진제국들의 무역정책의 특징은 공정무역과 상호주의 중심의 기본이념에서 찾아볼 수 있다.

다시 말해서 이들 국가들은 보호무역주의의 강화와 상호주의원칙의 적용을 위하여 국제무역질서에 대한 기본이념을 종래의 자유무역(free trade)에서 질서있는 무역, 공정무역(fair trade) 또는 관리무역(managed trade)으로 전환하였다.

이러한 변천추이를 구체적으로 살펴보면 우선 제2차 세계대전 이후부터 월남전까지의 제1기에는 'Free Trade'의 의미로서 자유무역주의의 원칙에 따라 자국시장의 개방을 추진하는 한편 타국에 대해서는 보호정책도 인정하였으나 월남전 이후 석유파동시까지의 제2기에는 'Fair Trade'의 의미로서 타국가도 동일조건에서의 경쟁, 즉 수입규제나 산업지원을 하지 않도록 요구하고 이들 GATT체제내에서 해결하려고 하였다.

그러나 제3기에 해당하는 석유파동 이후 현재까지는 'Fair Trade'의 개념이 상호주의(Reciprocity)의 의미로 변질되었다. 즉 타국가와 동일한 조건에서의 경쟁을 요구할 뿐만 아니라 그렇지 않을 경우 보복조치를 취하겠다(미 슈퍼 301조 등)는 것으로 이들 2국간에 쌍무적인 차원에서 해결하려고 하였다.

따라서 이러한 이념에 따라 오늘날 각국의 국제무역법은 우선 덤핑·보조금지급 등 불공정무역행위는 공정무역의 입장에서 철저히 규제할 뿐만 아니라 상호주의 입장에서 상대국의 시장개방을 강요하고 각종 보복조치 및 무역규제법을 마련하고 있으며 더욱이 최근에는 개발도상국에까지 상호주의를 요구하며 시장개방강요 및 보복적 규제를 강화하고 있다.

2. 무역제한의 최소화원칙

「정부는 대외무역법이나 다른 법률 또는 헌법에 의하여 체결·공포된 무역에 관한 조약과 일반적으로 승인된 국제법규(國際法規) 기타 국제협정(國際協定)에서 무역에 대한 제한을 정한 규정이 있는 경우에는 그 제한을 정한 목적을 달성하기 위하여 필요한 최소한의 범위안에서 이를 운용하여야 한다」고 규정함으로써 무역제한에 대한 최소화원칙을 천명하고 있다.

무역의 자유는 헌법상의 직업선택의 자유(영업의 자유)의 일부이므로 그 제한은 공공복리를 위하여 필요한 최소한도에 그쳐야 한다는 것은 말할 것도 없다. 따라서 대외무역법도 무역에 대한 제한은 그 제한을 정한 목적, 즉 무역관리의 목적을 달성하기 위하여 필요한 최소한의 범위 안에 그쳐야 한다는 것을 밝히고 있다. 또 이러한 "무역제한의 최소화원칙"은 WTO설립협정상의 기본이념인 무역자유화의 원칙과도 일치된다.

III. 무역진흥을 위한 조치

1. 조치의 내용

우리나라 경제가 갖는 가능성을 최대한으로 발휘하고, 국제수지의 호전상태를 계속 유지하기 위해서는 유동적인 국제경제의 환경속에서 수출진흥을 도모하는 것이 우리 경제질서의 당위로 간주되고 있다. 따라서 각종의 강력한 무역진흥책이 강구되는 한편, 그 적극적인 실천만이 요망되고 있는 실정이다. 즉 국내경제의 호·불황에 의하여 수출이 크게 변동되는 상태가 아니라, 항구적인 수출이 가능한 경제사회적 환경 속에서 수출체제의 확립, 수출시장의 확대 등의 제반시책이 강구되어야 한다. 대외무역법에서도 이러한 취지하에 산업자원부장관은 무역의 진흥을 위하여 필요하다고 인정할 때에는 물품의 수출·수입을 지속적으로 증대하기 위하여 다음의 각 조치를 하거나 관계행정기관의 장에게 필요한 조치를 하여 줄 것을 요청할 수 있다는 규정을 설정해 두고 있다.

① 수출산업의 국제경쟁력을 높이기 위한 여건의 조성 및 설비투자의 촉진
② 외화가득율을 높이기 위한 품질향상 및 국내에서 생산되는 원료·기재 등의 사용촉진
③ 통상협력증진을 위한 국가기관 등의 수출·수입에 대한 조정
④ 지역별 무역균형을 위한 국가기관 등의 수출·수입의 연계
⑤ 민간의 통상활동 및 산업협력의 지원
⑥ 무역관련 시설 등에 대한 조세 등의 감면

⑦ 과학적 무역업무 처리기반을 효율적으로 구축·운영하기 위한 여건의 조성 및 무역업계 등 유관기관의 과학적인 무역업무처리기반 이용 촉진
⑧ 기타 수출·수입을 지속적으로 증대하기 위하여 필요하다고 인정하는 조치 등이 그것이다.

2. 무역진흥활동에 대한 지원

산업자원부장관은 무역의 진흥을 위하여 필요하다고 인정되는 때에는 다음에 해당하는 자에게 필요한 지원을 할 수 있다.

① 무역의 진흥을 위한 자문·지도·대외홍보·전시·연수·상담알선 등을 업으로 하는 자
② 무역전시장·무역연수원 등의 무역관련시설을 설치·운영하는 자
③ 과학적인 무역업무처리기반을 구축·운영하는 자. 여기서 과학적 무역업무처리기반을 구축·운영하는 자는 무역업무 자동화촉진에 관한 법률에 의한 지정사업자 중에서 과학적 무역업무처리 기반을 구축·운영하고 있는 사업자를 말한다.

이에 따라서 산업자원부장관의 지원대상이 되는 무역관련시설은 다음의 기능 및 규모를 갖춘 시설로서 산업자원부장관이 지정하는 것으로 한다.

i) **무역전시장** : 무역관련 견본전시가 가능한 시설 및 그 부대시설로서 연면적이 2천 제곱미터 이상일 것
ii) **무역연수원** : 무역전문인력의 양성이 가능한 시설로서 연면적이 2천 제곱미터 이상이고 최대 수용인원이 500명 이상일 것
iii) **콘벤션 센터** : 회의용 시설로서 연면적이 4천 제곱미터 이상이고 최대수용인원이 2천 명 이상인 것.

이와 같이 무역관련 시설로 지정받고자 하는 자는 다음의 서류를 첨부하여 산업자원부장관에게 신청하여야 한다.

i) 사업계획서 1부

ii) 사업실적서(최근 2개년) 1부

산업자원부장관은 동 신청을 받은 경우 시설기준과 무역진흥에의 기여도 등을 검토하여 무역관련 시설로 지정하여야 한다.

Ⅳ. 통상진흥시책의 수립

1. 통상진흥시책의 수립방향

산업자원부장관은 무역 및 통상을 진흥하기 위하여 매년 다음 연도의 통상진흥시책을 수립하여야 한다. 이 통상진흥시책에는 다음의 사항이 포함되어야 한다.

① 통상진흥시책의 기본방향

② 국제통상여건의 분석과 전망

③ 무역관련협상 추진방안과 대외산업협력 추진방안

④ 통상진흥을 위한 자문·지도, 대외홍보, 전시, 상담·알선, 전문 인력 양성 등 해외시장개척 지원방안

⑤ 통상관련 정보수집·분석 및 활용방안

⑥ 기타 대통령령이 정하는 사항으로서 다음의 각 사항을 포함한다.

i) 주요지역별·경제권별 또는 업종별 통상진흥시책

ii) 무역 및 통상의 진흥과 관련되는 기관 또는 단체 등의 통상활동계획

iii) 기타 산업자원부장관이 무역 및 통상의 진흥과 관련하여 필요하다고 인정하는 통상진흥시책

따라서 산업자원부장관은 통상진흥시책을 수립하고자 하는 경우에는 관계행정기관, 지방자치단체·대한무역투자진흥공사, 민법 제32조 규정에 의해 산업자원부장관 허가를 받아 설립된 한국무역협회 기타 무역 및 통상과 관련되는 기관 또는 단체에 필요한 협조를 요청할 수 있다.

2. 통상관련 제도조사

산업자원부장관은 통상진흥시책의 수립을 위한 기초자료를 수립하기 위하여 교역상대국의 통상관련제도·관행 등과 기업이 해외에서 겪는 애로 사항을 조사할 수 있다.

또한 산업자원부장관은 해외에 진출한 기업에게 통상진흥시책의 수립에 필요한 자료를 요청하고, 필요한 경우 지원조치를 할 수 있다. 따라서 산업자원부장관은 통상진흥시책의 수립을 위하여 필요한 경우 관계행정기관, 대한 무역투자진흥공사, 한국무역협회 기타 무역 및 통상관련 기관 또는 단체에 해당분야 또는 특정사안에 대한 조사 또는 사실확인을 요청할 수 있다.

3. 지방자치단체와의 협조

산업자원부장관은 통상진흥시책을 수립하는 경우에는 미리 시·도지사의 의견을 들어야 하고, 통상진흥시책을 수립한 때에는 이를 시·도지사에게 통보하여야 한다. 이를 변경한 때에도 또한 같다.

이때 통상진흥시책의 통보를 받은 시·도지사는 그 관할구역의 실정에 맞는 지역별 통상진흥시책을 수립·시행하여야 한다. 또한 시·도지사는 지역별 통상진흥시책을 수립한 때에는 이를 산업자원부장관에게 통보하여야 한다. 이를 변경한 때에도 또한 같다.

따라서 산업자원부장관은 지역별 통상진흥시책이 효과적으로 추진될 수 있도록 시·도 및 무역·통상관련 기관 또는 단체 등이 포함되는 협의기구를 설치·운영할 수 있다. 동 협의기구의 구성 및 운영 등에 관하여 필요한 사항은 산업자원부장관이 정한다.

이는 국제적인 통상마찰의 심화에 더욱 효율적으로 대응하기 위하여 1992년 12월 8일 대외무역법 개정시에 신설된 규정으로서 산업자원부장관이 실시하고 있는 통상진흥시책의 법적인 근거를 마련하고 매년 통상진흥에 관한 종합시책을 수립하여 체계적으로 이를 시행하도록 의무화하고 있다.

더 나아가서 지방자치단체와 긴밀한 협조를 통하여 지방자치단체의 통상진흥활동을 적극지원하고 상호유기적인 통상진흥시책을 수행할 수 있도록 협의기구를 두도록 하고 있다. 따라서 산업자원부장관은 매년 통상진흥시책을 수립하기 전에 각 지방자치단체의 의견을 수렴하고 이를 기초로 수립된 통상진흥시책을 각 시·도에 설명 및 홍보를 실시하고, 지속적으로 일관성 있게 통상진흥시책이 지방정부와 연결하여 시행될 수 있도록 함으로써 지방정부와 원활하고 신속한 통상관련 정보를 교류할 수 있는 체제가 마련되었다.

4. 민간협력활동의 지원

산업자원부장관은 무역·통상관련기관 또는 단체가 교역상대국과의 정부·지방정부·기관 또는 단체와 통상·산업·기술·에너지 등 협력활동을 추진하는 경우 필요한 지원을 할 수 있다.

따라서 이러한 지원을 받고자 하는 관련기관 또는 단체는 신청서에 사업내역, 사업성과 등이 포함된 사업계획서를 첨부하여 산업자원부장관에게 제출하여야 한다. 그리고 산업자원부장관은 제출받은 사업계획서를 검토하여 통상·산업·기술 또는 에너지 등 협력활동을 효율적으로 추진하기 위하여 필요하다고 인정되는 경우 자금·인력 및 정보 등에 관한 지원을 할 수 있으며, 지원의 기준 등에 관하여 필요한 사항은 산업자원부장관이 정한다.

이때 산업자원부장관은 이러한 지원과 관련하여 필요한 경우에는 관계행정기관의 장에게 협조를 요청할 수 있다. 그리고 지원을 받은 관련단체는 당해 사업이 완료된 이후 3월 이내에 사업결과보고서를 산업자원부장관에게 제출하여야 한다. 또한 산업자원부장관은 기업의 대외진출을 지원하기 위하여 무역·통상관련기관 또는 단체로부터 정보를 체계적으로 수집·분석하여 지방자치단체 및 기업에 대하여 필요한 정보를 제공할 수 있다. 따라서 산업자원부장관은 정보의 수집·분석을 위하여 필요한 경우에는 무역·통상관련기관 또는 단체에 수출입동향분석 또는 전망에 관한 정보를 요청할 수 있다.

2 무역질서의 유지

Ⅰ. 무역에관한 제한 등 특별조치

1. 특별조치의 대상

산업자원부장관은 다음의 하나에 해당하는 때에는 대통령령이 정하는 바에 의하여 물품의 수출·수입의 제한 또는 금지에 관한 특별조치를 할 수 있다.

① 우리나라 또는 우리나라의 무역 상대국(이하, 교역상대국이라 한다)에 전쟁·사변 또는 천재·지변이 있을 때

② 교역상대국이 조약과 일반적으로 승인된 국제법규에서 정한 우리나라의 권익을 부인할 때

③ 교역상대국이 우리나라의 무역에 대하여 부당하거나 차별적인 부담 또는 제한을 가할 때

④ 헌법에 의하여 체결·공포된 무역에 관한 조약과 일반적으로 승인된 국제법규에서 정한 국제평화의 안전유지 등의 의무의 이행을 위하여 필요한 때

⑤ 인간의 건강과 안전, 동·식물의 생명 및 건강, 환경보전 또는 국내자원보호를 위하여 필요한 때

대외무역법은 특별조치의 대상국가로서 ①이라크, ②라이베리아, ③시에라레온, ④아프가니스탄, ⑤소말리아, ⑥르완다, ⑦코트디부와르, ⑧콩고민주공화국을 도착항으로 하는 특정물품의 수출 그리고 이들 국가를 원산지 또는 선적항으로 하는 수입에 대한 특별조치를 시행하고 있다.

이상과 같은 무역에 대한 특별조치는 전쟁 등 비상사태가 발생하여 보통의 관리체

제로는 이에 신속하게 대처하기가 어렵거나 교역상대국이 우리나라의 보편적인 무역관리 원칙에 상응하는 태도를 취하지 아니하고 우리나라의 무역에 대하여 부당한 조치를 할 때에 그에 대응하는 조치이다.

이는 GATT/WTO의 무차별원칙과는 별개의 개념으로서, 비상사태 또는 상대국의 불공정조치를 선행조건으로 하는 대응행위이기 때문에 그 타당성을 인정할 수 있다. 또한 최근에 들어서 국제적 안전유지와 환경보존 등에 대한 문제의 중요성이 부각되면서 교역상대국과의 대응조치가 아니더라도 보편적인 국제규범에서 인정하는 국제평화와 안전유지, 국민건강과 환경보전, 더 나아가 동·식물의 생명보호를 위하여 필요하다고 인정할 때에도 산업자원부장관이 무역의 제한에 관한 특별조치를 할 수 있도록 한 것은 대외무역법의 영역을 확대한 것으로서 무역정책의 새로운 방향을 제시한 것으로 볼 수 있다.

2. 특별조치를 위한 조사 및 협의 절차

산업자원부장관은 무역에 관한 제한 등 특별조치의 사유 중 교역상대국이 조약과 일반적으로 승인된 국제법규에서 정한 우리나라의 권익을 부인하거나, 교역상대국이 우리나라의 무역에 대하여 부당하거나 차별적인 부담 또는 제한을 가할 때 그리고 인간의 생명·건강 및 안전, 동물·식물의 생명 및 건강, 환경보전 또는 국내자원보호를 위하여 필요한 때에 해당하는 이유로, 교역상대국에 대하여 물품의 수출·수입의 제한 또는 금지에 관한 조치를 하고자 할 때에는 미리 그 사실에 관하여 조사를 하여야 한다.

또한 이와 같은 특별조치사유 즉, 교역상대국이 조약과 일반적으로 승인된 국제법규에서 정한 우리나라의 권익을 부인하거나, 교역상대국이 우리나라의 무역에 대하여 부당하거나 차별적인 부담 또는 제한을 가할 때 그리고 인간의 생명·건강 및 안전, 동물·식물의 생명 및 건강, 환경보전 또는 국내자원보호를 위하여 필요한 때에 해당하는 사실에 대하여 이해관계가 있는 자는 산업자원부장관에게 특별조치를 하여 줄 것을 신청할 수 있으며, 산업자원부장관은 이러한 신청이 있을 때에는 신청일로부터

30일 이내에 그 조사여부를 결정하고 신청인에게 그 결정된 내용을 통지하여야 한다.

그리고 산업자원부장관은 이와 같이 조사를 함에 있어서 필요하다고 인정하는 때에는 미리 당해 교역상대국과 협의를 하여야 한다. 그리고 조사를 개시한 때에는 지체없이 그 사실을 공고하고 당해 조사를 개시한 날부터 1년 이내에 종료하여야 한다.

아울러 산업자원부장관은 이러한 특별조치를 하고자 할 때에는 미리 관계행정기관의 장과 협의하여야 한다.

또한 산업자원부장관은 수출·수입의 제한 등의 특별조치를 할 때에는 그 특별조치의 내용을 공고하고 당해 특별조치가 신청에 의한 것일 때에는 당해 신청인에게 그 사실을 통지하여야 하며, 이는 당해 특별조치를 해제할 때에도 또한 같다.

II. 무역업자 등의 수출입질서유지

1. 불공정한 수출입행위의 금지와 그 유형

우리나라의 무역거래자는 다음의 하나에 해당하는 행위(이하 불공정수출입행위라 한다)를 하여서는 아니된다. 관세법령에서는 외국업자의 불공정한 수출에 대하여 대응(딤핑방지관세 등)할 수 있도록 규정한 반면 내외무역법에서는 우리나라 무역거래자들의 불공정한 수출입행위를 규제함으로써 외국으로부터의 무역규제를 예방하는 효과를 거두고자 한다.

① 국내의 법령 또는 교역상대국의 법령에 의하여 보호되는 특허권·실용신안권·의장권·상표권·저작권·저작인접권·프로그램저작권 및 반도체 집적회로의 배치 설계권을 침해하는 물품을 수출 또는 수입하는 행위. 산업자원부장관은 이러한 위반행위의 유형 및 기준을 정하여 공고할 수 있다.

② 원산지를 허위로 표시한 물품 또는 원산지의 표시를 손상하거나 변경한 물품을 수출 또는 수입하는 행위.

③ 기타 수출입질서를 저해할 우려가 있는 다음의 각 행위.

i) 품질 등을 허위로 표시하거나 과장하여 표시한 물품을 수출·수입하는 행위.

ii) 수출·수입물품의 인도, 대금의 결제 등 수출입 계약사항을 계약된 내용대로 이행하지 아니함으로써 대외신용을 손상시켜 당해 지역에 대한 수출·수입에 지장을 초래하는 행위

iii) 계약내용과 현저하게 다른 물품 등을 수출·수입하거나 수출·수입과 관련하여 분쟁을 고의적으로 야기시키는 등 대외신용을 손상시키는 행위. 다만, 화해 또는 중재에 의하여 분쟁이 해결된 경우를 제외한다.

iv) 수출·수입거래의 이행과 관련하여 선하증권 등 선적서류를 허위로 발행하거나 위조·변조하는 행위, 선하증권 원본이나 수입화물선취보증서 제출 등 정당한 절차에 의하지 아니하고 수입물품을 인도하는 행위

앞의 특별조치에 관한 규정이 대외적인 대응조치를 위한 규정임에 비추어, 이는 우리나라의 무역업자 등이 국내외 법령에 위반하여 지적재산권을 침해하는 행위를 하거나 원산지 허위표시물품의 수출입, 기타 불공정수출입행위를 하지 못하도록 단속하기 위한 대내적 조치를 위한 규정이다. 즉, 우리나라의 무역업자들에 대하여 국제적으로 불공정행위를 못하도록 규제함으로써 외국으로부터의 무역규제를 예방하고 또한 일반적으로 승인된 국제규범에 따라 자유롭고 공정한 무역을 조장하려는 의지를 나타낸 것이다.

2. 불공정수출입행위의 신고 및 통보

(1) 불공정수출입행위의 신고

무역업자 등이 불공정수출입행위에 대하여 이해관계가 있는 무역거래자·생산업자·관련조합·협회·운송인 또는 보험업자는 당해 불공정 수출입행위가 있음을 무역위원회에 서면으로 신고할 수 있다.

(2) 불공정수출입행위의 통보

세관장은 수출입물품이 통관되는 경우에 당해 물품이 국내의 법령 또는 교역상대국

의 법령에 의하여 보호되는 특허권·실용신안권·의장권·상표권·저작권·저작인접권 및 프로그램저작권을 침해하는 물품을 수출 또는 수입하는 행위, 원산지를 허위로 표시한 물품 또는 원산지의 표시를 손상하거나 변경한 물품을 수출 또는 수입하는 행위 등의 불공정수출입행위에 의하여 수출입 되는 물품인지의 여부를 확인하여야 하며 그 결과 불공정수출입행위에 의하여 수출 또는 수입되는 물품이라고 의심되나 통관단계에서 확정적 판단이 곤란하여 별도의 조사를 필요로 하는 사항에 대하여는 세관장 의견을 첨부하여 그 사실을 무역위원회에 통보하여야 한다.

3. 불공정수출입행위의 조사 및 건의

(1) 불공정수출입행위의 조사

무역위원회는 무역거래자가 불공정수출입행위의 금지규정을 위반하는지 여부에 대하여 조사할 수 있다. 따라서 무역위원회는 신고를 받거나 불공정수출입행위로 인정할 만한 명백한 사유가 있는 때 및 세관장의 통보가 있는 때에는 당해 행위에 대하여 불공정수출입행위가 있는지의 여부를 조사하여야 하고, 이 조사를 위하여 필요하다고 인정할 때에는 이해관계인 또는 참고인의 의견을 들을 수 있다.

또한 무역위원회는 관계인 또는 참고인의 의견을 듣고자 할 때에는 그 시기 및 장소를 명시한 서면으로 이를 통지하여야 하고 요청한 참고인에 대하여 예산의 범위 안에서 여비를 지급할 수 있다. 그리고 무역위원회는 불공정수출입행위 조사를 위하여 필요하다고 인정할 때에는 관계행정기관의 장에게 협조를 요청할 수 있다.

(2) 시정조치명령 등의 건의

무역위원회는 이와 같이 조사를 실시한 결과 불공정수출입행위의 금지규정을 위반하는 행위가 있는 경우에는 시정조치명령 또는 과징금의 부과를 산업자원부장관에게 건의할 수 있다.

4. 시정조치명령 등의 조치

산업자원부장관은 무역거래자가 불공정수출입행위 금지규정에 위반하였다고 인정하거나 무역위원회로부터 불공정한 수출입행위에 대한 처리의 건의를 받은 경우에는 시정조치를 명하거나 3천만 원 이하의 과징금을 부과할 수 있다.

따라서 산업자원부장관은 규정상의 불공정수출입행위에 해당하는 행위에 대하여 무역위원회로부터 시정조치명령 또는 과징금의 부과를 건의받은 경우에는 지체없이 이를 해당 세관장에게 통보하여야 한다. 그리고 시·도지사 또는 세관장은 과태료를 부과하고자 하는 경우에는 각각 세관장 또는 시·도지사와 미리 협의하여야 한다.

그리고 산업자원부장관은 시정조치명령 및 과징금의 부과를 하고자 할 경우에는 7일 전에 서면으로 통지하여 처분의 상대방 또는 그 대리인에게 의견을 진술할 기회를 주어야 한다. 다만, 처분의 상대방 또는 그 대리인이 정당한 사유없이 이에 응하지 아니하거나 주소불명 등으로 의견진술의 기회를 줄 수 없는 경우에는 그러하지 아니하다. 이 때의 통지에는 정당한 사유없이 이에 응하지 아니하는 경우에는 의견을 진술할 기회를 포기한 것으로 본다는 뜻을 명기해야 한다. 이러한 통지를 받은 처분의 상대방 또는 그 대리인은 지정된 일시 및 장소에 출석하여 의견을 진술하거나 서면으로 의견을 제출할 수 있다. 이와 같이 처분의 상대방 또는 그 대리인이 출석하여 의견을 진술한 경우에는 관계공무원은 그 요지를 서면으로 작성하여 진술한 자로 하여금 이를 확인한 후 서명·날인하게 하여야 한다.

각 조치별 절차를 보면 다음과 같다.

(1) 시정조치명령

시정조치명령은 ⅰ) 당해 불공정수출입행위, ⅱ) 시정조치명령 사유, ⅲ) 시정기한 등을 명시한 서면으로 하여야 한다.

(2) 과징금의 부과·징수

과징금을 부과하는 위반행위의 종별과 정도에 따른 과징금의 금액 기타 필요한 사항은 대통령령으로 정한다.

따라서 산업자원부장관은 과징금을 부과하고자 할 때에는 그 위반행위의 종별과 해당과징금의 금액을 서면으로 명시하여 이를 납부할 것을 서면으로 통지하여야 한다. 또한 과징금의 납부통보를 받은 자는 산업자원부장관이 정하는 수납기관에 납부통지일부터 20일 이내에 납부하여야 한다. 다만, 천재·지변 기타 부득이한 사유로 인하여 그 기간내에 과징금을 납부할 수 없을 때에는 그 사유가 해소된 날부터 7일 이내에 납부하여야 한다.

그리고 과징금의 납부를 받은 수납기관은 과징금을 납부한 자에게 과징금영수증을 교부하여야 하며, 수납기관은 과징금을 수납한 때에는 그 사실을 지체없이 산업자원부장관에게 통보하여야 한다. 이러한 과징금은 이를 분할하여 납부할 수 없다.

【표 Ⅰ-6】 과징금의 부과기준

(단위 : 만원)

위반행위	해당조항	과징금 금액
1. 국내의 법령 또는 교역상대국의 법령에 의하여 보호되는 특허권·실용신안권·의장권·상표권·저작권·저작인접권·프로그램저작권 및 반도체집적회로의 배치설계권을 침해하는 물품을 수출 또는 수입하는 행위를 할 때	대외무역법 제39조 1항 1호	3,000
2. 원산지를 허위로 표시한 물품 또는 원산지표시를 손상하거나 변경한 물품을 수출 또는 수입하는 행위를 한 때	대외무역법 제39조 1항 2호	2,000
3. 대외무역법 제23조 1항의 규정에 의한 원산지를 표시하지 아니하는 행위를 한 때 또는 원산지를 혼동하거나 오인할 수 있는 방법으로 원산지표시를 한 물품을 수출 또는 수입하는 행위를 한 때	대외무역법 제39조 1항 3호	2,000
4. 수출입질서를 저해할 우려가 있는 행위로서 대외무역법 제87조 1호·4호 내지 6호의 1에 해당하는 행위를 한 때	대외무역법 제39조 1항 3호	1,000

과징금을 부과하는 위반행위와 과징금의 금액을 부과할 수 있는 위반행위의 종별과

과징금의 금액은【표 Ⅰ-6】과 같다.

그리고 산업자원부장관은 당해 무역거래자 등의 수출입의 규모·위반행위의 정도 및 회수 등을 참작하여 과징금의 금액의 2분의 1 범위안에서 이를 가중 또는 경감할 수 있다. 다만, 가중한 경우에는 과징금의 총액은 3천만 원을 초과할 수 없다.

과징금을 부과받은 자가 과징금을 납부기한 내에 납부하지 아니한 때에는 산업자원부장관이 국세체납처분의 예에 의하여 이를 징수할 수 있다.

5. 수출입 물품가격의 조작금지

무역거래자는 외화를 도피할 목적으로 물품의 수출·수입의 가격을 조작하여서는 아니된다. 이는 무역거래자가 외화를 도피할 목적으로 외국의 거래상대와 공모하여 수출가격을 부당하게 낮게 하거나 수입가격을 부당하게 높게 책정하여 그 차액을 외국으로 도피하는 경우를 규제하기 위한 규정이다.

Ⅲ. 무역분쟁의 신속한 해결

1. 사법상의 분쟁과 행정지도

무역클레임은 무역거래당사자간에 국제매매계약의 불이행 등으로 이하여 발생하는 분쟁으로서 성격상 거래당사자간의 문제이고 당사자간에 분쟁이 원만하게 해결되지 않을 경우에는 민사분쟁의 해결을 위한 법률적 절차를 밟게 된다. 이 경우 대외무역법은 비록 무역분쟁의 발생과 해결이 거래당사자간의 문제라 하더라도 이를 사법상(私法上)의 해결에만 맡기지 않고 당해 무역분쟁을 신속·공정하게 해결하고 수출입질서의 확립 및 대외신용의 유지 등을 도모하기 위하여 정부가 개입하도록 하고 있다.

그러나 산업자원부장관이 분쟁의 해결에 직접적으로 개입하는 것은 아니고 중재에 의하여 해결하도록 중재계약을 권고하거나 기타 의견조정·알선 등 행정지도로서 간접적으로만 개입을 하고 있다.

2. 분쟁의 신속한 해결과 사실조사

무역거래자는 그 상호간이나 교역상대국의 무역거래자와 물품의 수출·수입과 관련하여 분쟁이 발생한 때에는 정당한 사유가 없이 그 분쟁의 해결을 지연시켜서는 안된다. 산업자원부장관은 이러한 무역분쟁이 발생한 때에는 무역거래자에게 분쟁의 해결에 관한 의견을 진술하게 하거나 그 분쟁에 관련되는 서류의 제출을 요구할 수 있다. 이 때 무역분쟁관련서류의 제출을 요구받은 무역거래자는 i) 무역분쟁의 당사자, ii) 무역분쟁발생경위 및 내용, iii) 기타 필요한 서류 등을 기재한 서류를 산업자원부장관에게 제출하여야 한다.

산업자원부장관은 서류를 제출받거나 의견을 들은 후에 필요하다고 인정할 때에는 그 분쟁에 관하여 사실조사를 할 수 있다.

3. 중재계약의 체결권고

산업자원부장관은 분쟁을 신속하고 공정하게 처리하는 것이 필요하다고 인정하는 때에는 무역거래자에게 그 분쟁의 해결을 위한 중재계약을 체결할 것을 권고할 수 있다.

4. 무역분쟁의 통지

대한민국 재외공관의 장이 교역상대국의 무역거래자 및 무역분쟁해결 기관의 장으로부터 무역분쟁의 신고를 받거나 업무수행상 이를 알게 된 때에는 지체없이 그 사실을 산업자원부장관에게 통지하여야 한다. 그리고 이러한 통지의무는 대한무역투자진흥공사, 수출조합, 수입조합 기타 수출·수입과 관련된 기관의 경우에도 동일하게 부여된다. 이러한 통지를 받은 경우에 산업자원부장관은 그 분쟁의 신속한 해결을 위하여 필요하다고 인정할 때에는 의견 조정 또는 알선을 할 수 있다.

Ⅳ. 선적전검사와 관련한 분쟁조정

1. 총설

무역업자들은 무역거래를 하는 경우 복잡한 국제거래의 절차를 이용하여 거래가격을 조작함으로써 부당하게 외화를 해외로 도피하는 수단으로 악용할 수가 있다. 또한 무역업자간의 공모에 의하여 서류상의 내용과는 달리 불량한 품질의 물품을 수입국으로 이전하는 경우도 있다.

따라서 수입국정부에서는 이러한 사례를 예방하기 위하여 선적전검사 전문기관과 계약을 체결하고 자국으로 수입되는 물품에 대하여 수출국에서 선적되기 전에 물품의 수량·품질, 수출가격의 적정성 등에 관하여 당해 검사기관의 검사를 받지 않으면 수입을 할 수 없도록 하는 선적전 검사제도(Pre-Shipment Inspection : PSI)를 운영하는 경우가 있다.

이러한 선적전 검사제도는 수입을 억제하려는 개발도상국이 주로 활용하는 경향이 있다.

최근 국내에서는 선적전 검사기관이 수입국기준으로 일방적인 가격판정을 하거나 관세율을 과도하게 적용하며, 수량을 잘못 판정하는 등 국내 수출자가 불이익을 입어 이에 대한 이의를 제기하는 경우에 선적전 검사기관은 수입국정부에 모든 책임을 돌리고 회피하는 등 우리나라 수출업자와 선적전 검사기관간에 분쟁이 빈발하고 있으나 국내에 이에 관한 별도의 분쟁해결절차가 없어 곤란을 겪어 왔다.

또한 선적전 검사제도는 수출국의 처지에서 볼 때는 적기선적 및 대금결제지연 등 수출에 지장을 초래함으로써 무역장벽으로 인식되기 때문에 그 타당성에 관하여 많은 논란을 초래하여 왔다. 따라서 우루과이협상에서도 이 문제가 논의되어 WTO출범과 함께 부속협정으로 선적검사에 관한 협정(Agreement on Pre-Shipment Inspection)이 체결됨으로써 선적전 검사제도에 관한 통일된 국제규범이 마련되기에 이르렀고 우리나라에서도 1997년 3월부터 대외무역법에 근거규정을 도입함으로써 분쟁해결을 위한 제도적 장치를 마련하였다.

주요 검사업무는 다음과 같다.

첫째, 물품검사로써 선적하기 전에 수출물품이 무역계약내용과 수량, 품질, 포장상태 등이 일치되는지를 검사하여 이상 유무를 확인한다.

둘째, 가격검사로써 수입국의 처지에서 외화의 부당한 유출방지와 정당한 수입관세 부과를 위하여 당해 물품의 계약가격이 국제시세에 비추어 적정한지 여부를 검토한다.

셋째, 검사계약 및 검사증서 발급으로 선적전 검사계약은 수입국 정부의 해당기관과 검사기관간에 체결된다. 검사결과 이상이 없는 경우 검사증서(Clean Record of Finding)가 발급된다.

2. WTO 선적전검사에 관한 협정

(1) 협정 적용의 범위

이 협정은 선적전 검사활동이 회원국정부 또는 정부기관(이하 사용국이라 한다)에 의하여 계약된 것이거나 위임된 것이거나를 불문하고 회원국내에서 이루어지는 모든 선적전 검사활동에 대하여 적용한다.[88)]

(2) 선적전 검사활동의 정의

선적전 검사활동이란 사용국의 영토로 수출될 물품의 품질, 수량, 환율과 금융조건을 포함한 가격 또는 관세분류의 검증과 관련된 모든 활동을 의미한다.[89)]

(3) 사용국의 의무

사용국은 선적전 검사활동이 무차별한 방식-실행절차와 기준이 객관성 있고 관련된 모든 수출자들에게 동등하게 적용-으로 실시되도록 하여야 한다.[90)] 그리고 사용

88) WTO 선적전 검사에 관한 협정 제1조 1항.
89) 동 협정 제1조 2항.

국은 자국의 법률, 규정 및 이행 요건과 관련된 선적전검사과정에서 GATT(1994) 제3조 4항이 관련된다는 것을 보장해야 한다.[91)]

사용국은 선적전 검사기관이 수출자가 제기한 불만에 관하여 접수하고 검토하며 어떤 결정을 제시하는 절차를 만들고 그 절차에 관한 정보를 수출자가 입수가능하도록 보장하여야 한다.[92)]

(4) 수출회원국의 의무

수출회원국은 선적전 검사활동에 관한 법률 및 규정이 무차별적인 방법으로 적용되도록 보장하여야 하며 타국 정부 및 무역업자들이 인지할 수 있도록 선적전 검사와 관련된 모든 적용가능한 법률 및 규정을 즉시 공표하여야 한다.[93)]

(5) 독립적 재심절차

회원국은 선적전 검사기관과 수출자간의 분쟁을 상호간에 해결하도록 장려하여야 한다. 그러나 수출자가 이의를 제기한 후 2일이 경과하면 각 당사자는 동 분쟁을 독립적인 재심에 회부할 수 있다.[94)]

(6) 분쟁해결

본 협정의 운용과 관련한 회원국들간의 분쟁에는 WTO부속협정인 분쟁해결 규칙 및 절차에 관한 양해각서에 의하여 자세히 적용되는 바에 따라 GATT(1994) 제23조의 규정이 적용되어야 한다.[95)]

---

90) 동 협정 제2조 1항.
91) 동 협정 제2조 2항.
92) 동 협정 제2조 21항.
93) 동 협정 제3조 1항~2항.
94) 동 협정 제4조.
95) 동 협정 제8조.

3. 대외무역법상의 선적전 검사에 관한 규정

(1) 선적전 검사의 분쟁조정

수입국정부와의 계약체결 또는 수입국정부의 위임에 의하여 기업이 수출하는 물품에 대하여 국내에서 선적전에 검사를 실시하는 기관(이하 선적전 검사기관이라 한다)은 WTO 선적전 검사에 관한 협정을 준수하여야 한다. 이 경우 선적전 검사기관은 선적전 검사가 기업의 수출에 대한 무역장벽[96]으로 작용하도록 하여서는 안된다.

이러한 선적전 검사와 관련하여 수출자와 선적전 검사기관간에 분쟁이 발생하였을 경우에는 산업자원부장관은 그 해결을 위하여 필요한 조정을 할 수 있다.

(2) 분쟁 중재기관 설치

정부는 선적전 검사와 관련된 분쟁에 관한 중재를 담당할 수 있도록 독립적인 중재기관을 설치할 수 있다. 동 중재기관은 중재법(제4조 3항)의 규정에 의하여 산업자원부장관이 시녕하는 사단법인(이하 대한상사중재원이라 한다)으로 하고 그 중재에 대하여는 중재법의 규정을 적용한다.

중재는 본질적으로 분쟁 당사자들이 분쟁을 중재로 해결하기로 하는 중재합의가 요구된다. 따라서 이러한 선적전 검사와 관련된 분쟁의 경우에는 당사자간 중재계약이 이루어지지 않으면 사실상 중재는 성립될 수 없는 문제점이 남는다.

---

96) 선적전 검사기관의 검사행위가 무역장벽으로 작용한다고 보는 행위는 영업비밀 정보의 보호, 명료성의 원칙, 김사의 지연 등 WTO 선적전 섬사에 관한 협정 제2조의 규정을 위반하여 그 수출이행에 장애를 초래하는 행위를 말한다(대외무역법 시행령 제94조).

(3) 분쟁조정위원회 운영

1) 조정위원 후보자명부의 작성·유지

산업자원부장관은 수출자와 선적전 검사기관 사이에 발생하는 분쟁을 해결하기 위하여 분쟁조정위원회(이하 조정위원회라 한다)를 구성하여 분쟁을 조정하게 할 수 있다. 그리고 산업자원부장관은 다음의 자를 조정위원회의 조정위원 후보로 위촉하여 조정위원 후보자명부를 작성 · 유지하여야 한다.

① 선적전 검사기관을 대표하는 단체가 추천한 조정위원 20인 이내
② 수출자를 대표하는 단체가 추천한 조정위원 20인 이내
③ 다음의 하나에 해당하는 조정위원 20인 이내
- i) 판사, 검사 또는 변호사경력이 10년 이상인 자
- ii) 상장기업 임원으로서 5년 이상 근무한 자
- iii) 관련분야를 전공한 자로서 부교수 이상인 자
- iv) 한국주재 외국상사 임원 이상인 자
- v) 위에 준하는 경력을 소지한 자로서 산업자원부장관이 다음과 같이 정하는 기준에 해당하는 자
  - · 대한상사중재원 소속의 이사 이상인 자
  - · 중재원소속 직원으로서 10년 이상 관련업무의 경력이 있는 자

2) 조정위원회 구성

조정위원회는 3인의 조정위원으로 구성한다. 그리고 조정위원회의 조정위원은 조정위원후보자 명부에 등재된 조정위원후보 중에서 다음의 자가 각 1인을 추천하여 산업자원부장관이 임명하며 조정위원회 위원장은 산업자원부장관이 추천한 자가 된다.

① 산업자원부장관
② 선적전 검사기관을 대표하는 단체(한국검수검정협회)

③ 수출자를 대표하는 단체(대한상공회의소)

이 경우 대한상사중재원장은 선적전 검사기관을 대표하는 단체와 수출자를 대표하는 단체에 조정위원위촉을 위한 후보의 추천을 요청한다. 이때 추천요청이 통지된 후 2일이 경과한 때까지 추천이 없는 경우에는 대한상사중재원장이 조정위원을 위촉할 수 있다.

그리고 조정의 결과에 이해관계가 있는 자는 조정위원이 될 수 없다. 그리고 당사자가 그러한 사정을 알면서도 이의를 제기하지 아니한 경우에는 그러하지 아니하다.

따라서 조정위원으로 지명된 자는 자신의 공정성 또는 독립성에 관하여 이의가 제기될 우려가 있는 때에는 이를 조정위원회에 통지하여야 한다. 이 경우 조정위원회는 결정에 의하여 조정위원의 변경여부를 결정하여야 한다. 따라서 산업자원부장관은 조정위원의 재위촉이 필요한 경우 및 조정위원이 조정의 역할을 거부하거나 이를 수행할 수 없는 경우에는 새로운 조정위원을 위촉하여야 한다. 그리고 조정위원회에는 간사 1인을 두되 간사는 산업자원부장관(대한상사중재원장에 위탁)이 지명하는 중재원 직원이 된다. 간사는 조정위원회 위원장의 명을 받아 위원회의 서무를 처리한다.

3) 조정위원회의 임기

조정위원회의 임기는 2년으로 하고 연임할 수 있다. 다만, 조정위원이 사망했기나 건강 등 이유로 조정업무 수행이 곤란하다고 인정되는 경우에는 중재원장은 임기 내에도 불구하고 해촉할 수 있다.

4) 조정위원회 회의

조정위원회의 위원장은 조정위원회의 회의를 소집하고 그 의장이 된다. 위원장이 회의를 소집하고자 할 때에는 회의의 일시, 장소 및 부의사항을 정하여 회의개시 2일 전에 각 조정위원에게 통지하여야 한다. 다만, 긴급한 사정 등 불가피한 사정이 있는 경우에는 그러하지 아니하다.

조정위원회 회의는 위원장을 포함하여 조정위원 2인 이상의 찬성으로 의결한다.

동 회의는 공개하지 아니한다.

조정위원회는 분쟁의 원만한 해결을 위하여 필요한 경우에는 조정위원이 분쟁당사자의 의견을 듣거나 필요한 조사를 할 수 있다. 그리고 조정위원회는 분쟁에 관한 외부 전문가의 기술적인 조언을 받을 수 있으며 이에 필요한 경비는 분쟁당사자에게 부담하게 할 수 있다. 또한 조정위원회는 분쟁의 해결을 위하여 필요한 경우 당사자들에게 서류 및 정보를 제출하게 할 수 있다.

5) 분쟁조정 신청

선적전 검사와 관련한 분쟁이 발생하는 때에는 당사자의 일방 또는 쌍방은 산업자원부장관에게 분쟁의 조정을 신청할 수 있다. 이 경우 분쟁조정 신청인이 수출자인 경우에는 미리 분쟁당사자인 선적전 검사기관에 이의를 제기하여 이에 대한 당해 선적전 검사기관의 검토결과가 표시된 후 분쟁조정을 신청하여야 한다. 다만, 이의 제기 후 2 근무일이 경과한 때에는 그러하지 아니하다.

6) 신청접수 및 통지

조정을 신청하고자 하는 자(이하 신청인이라 한다)는 조정비용의 예납과 함께 다음의 각 사항을 기재한 조정신청서 5부를 중재원장에게 제출하여야 한다.

① 당사자의 성명 및 주소(단, 법인인 경우는 법인의 명칭 및 주소와 그 대표자의 성명 및 주소를 병기)
② 조정을 구하는 취지 및 이유
③ 대리인이 있는 경우는 그 성명 및 주소
④ 기타 분쟁조정을 위한 참고자료

중재원장은 조정신청을 접수하였을 때에는 이를 당사자에게 서면으로 통지한다. 접수된 사항의 추가 또는 변경하고자 하는 때에도 또한 같다. 다만, 경미한 사항에 대하여는 그러하지 아니하다.

7) 답변

조정신청 통지를 받은 조정의 피신청인(이하 피신청인이라 한다)은 3일 이내에 중재원에 서면으로 이에 대한 의견을 제출할 수 있다.

8) 반대신청

피신청인은 조정위원회가 구성된 때부터 3일 이내에 반대신청을 할 수 있다. 다만, 반대신청이 정상적인 조정절차를 방해한다고 인정되는 경우 조정위원회는 직권으로 이를 허가하지 아니할 수 있다. 이 경우 피신청인의 반대신청은 신청인의 조정신청과 병합하여 심리한다. 반대 신청의 경우에도 처음의 조정신청 절차 및 답변절차를 준용한다.

9) 조정당사자의 대리

당사자는 그가 상당하다고 인정하는 자로 하여금 조정절차에 관한 행위를 대리하게 할 수 있다. 이 경우 조정위원회는 대리인의 선임이 부적당하다고 판단되는 경우에는 그 대리인을 거부할 수 있다.

10) 조정위원회 구성 및 조정안 작성

산업자원부장관은 조정신청을 받은 때에는 3일 이내에 조정위원회를 구성하고 조정위원회 구성 후 7일 이내에 조정안을 작성하여 당사자에게 제시하도록 하여야 한다. 다만, 조정위원이 조정을 거부할 경우, 질병 등 사유로 업무수행이 불가능한 경우 등 불가피한 사정에 의하여 조정안을 기간 내에 작성할 수 없는 경우에는 7일 이내의 기간을 정하여 그 기간을 연장할 수 있다.

그리고 동 조정안에는 다음의 각 사항을 기재하고 조정위원 전원이 서명・날인하여야 한다.

① 조정사건의 표시
② 조정의 일시 및 장소

③ 당사자의 성명 또는 명칭

④ 조정안의 주요 내용

11) 조정안의 통지

조정위원회는 조정안이 작성된 때에는 이를 당사자에게 통지하여야 한다. 조정안의 통지를 받은 분쟁당사자는 7일 이내에 조정안에 대한 수락여부를 서면으로 조정위원회에 통지하여야 한다.

12) 조정의 종료

조정위원회는 다음의 하나에 해당하는 경우 당해 조정사건을 종료할 수 있다. 조정위원회는 조정이 종료된 때에 이를 당사자에게 통지하여야 한다.

① 당사자간 합의가 이루어지거나 조정위원회의 조정안이 수락된 경우

② 조정신청인 또는 당사자가 조정신청을 철회한 경우

③ 당사자가 조정위원회의 조정안을 거부한 경우

④ 당사자간 합의가 성립될 가능성이 없다고 인정되는 경우 및 기타 조정이 불필요하다고 판단되는 경우

13) 조정비용

산업자원부장관은 이러한 조정과 관련하여 당사자에게 조정비용을 부담하게 할 수 있다. 조정비용은 신청요금, 경비, 수당으로 구분하며 조정비용의 금액, 예납절차 등 필요한 사항은 산업자원부장관이 정하여 고시한다.

조정비용은 당사자의 신청에 의한 경우 조정위원 및 간사의 소요경비, 증인 또는 감정인의 소요경비, 검사 또는 조사경비, 통역 또는 번역경비 등 조정에 소요되는 일체의 경비로서 당해 당사자가 부담한다. 다만, 그 경비가 조정위원회의 요청에 의한 것일 경우에는 당사자간에 따로 정함이 없는 경우 신청인이 부담한다.

그리고 조정신청을 하고자 하는 신청인은 조정비용을 중재원에 예납하여야 한다. 예

납액이 부족한 경우 중재원장은 신청인에게 추가 예납을 요청할 수 있다. 당사자가 조정비용의 예납요청을 받은 날부터 3일 이내에 이를 수행하지 않은 때에는 조정위원회는 조정절차를 정지하거나 종료할 수 있다. 다만, 일방당사자가 다른 당사자가 지급하여야 할 조정비용을 지급한 경우에는 그러하지 아니하다. 중재원장은 조정이 종료된 때에는 예납된 조정비용을 정산하고 잔액이 있는 경우에는 이를 당사자에게 반환하여야 한다.

(4) WTO 분쟁해결절차와의 관계

선적전검사와 관련한 분쟁해결절차는 WTO의 분쟁해결절차를 방해하지 아니한다.

V. 무역질서유지를 위한 조정명령

1. 조정명령의 의의

조정명령은 규제행정분야에 있어서의 규제하명(規制下命)으로서의 성질을 갖는다. 따라서 그 권력의 기초는 국가의 통치권에 있으며 사회공공의 복리를 증진하기 위하여 개인의 무역활동을 규율 또는 조정하는 행정작용이다. 이러한 조정명령은 무역업자 등의 자율적 규제만으로서는 무역질서를 유지할 수 없을 때에 제2차적인 보완수단으로 발동되며 따라서 그 발동은 최소한도에 그쳐야만 한다. 만일 발동한계를 벗어난 조정명령은 위법이며 경우에 따라서는 교역상대국과의 무역마찰의 심화를 야기시킬 수 있음을 주의해야 한다.

2. 조정명령의 범위

산업자원부장관은 수출입질서의 유지를 위하여 다음의 범위 안에서 무역거래자에게 수출 또는 수입하는 물품의 가격·수량·품질 기타 거래조건과 그 대상지역 등에 관하여 필요한 조정을 명할 수 있다. 이 경우에 동 조정명령의 이행에 대하여는 독점규제 및 공정거래에 관한 법률을 적용하지 아니한다. 이러한 조정은 사업자간의 경쟁제한 등 불공정한 결과를 초래할 수 있기 때문에 일반적으로 공정경쟁을 통한 시장질서유지를 지향하는 공정거래에 관한 법률에 의하여 제한을 받는다. 그러나 무역거래와 관련하여 대외무역법에 의한 규정에 따라 이루어진 산업자원부장관의 조정명령의 경우에는 독점규제 및 공정거래에 관한 법률을 적용하지 않음으로써 예외적으로 취급하고 있다. 이는 국내거래와는 다른 무역거래의 특수성을 인정하고 있기 때문이다. 다만, 산업자원부장관은 동 조정명령이 독점규제 및 공정거래에 관한 법률 제2조 1호의 규정에 의한 사업자간의 국내시장에서의 경쟁을 제한하는 것인 때에는 미리 공정거래위원회와 협의하여야 한다.

① 수출기반의 안정, 새로운 상품의 개발 또는 해외시장의 개척에 이바지할 것
② 다른 무역거래자의 권익을 부당하게 해하거나 차별하지 아니할 것
③ 물품의 수출·수입의 질서유지를 위한 목적에 필요한 정도를 초과하지 아니할 것.

그러나 산업자원부장관은 조정명령을 하고자 하는 경우에는 7일 전에 서면으로 통지하여 처분의 상대방 또는 그 대리인에게 의견을 진술할 기회를 주어야 한다. 다만, 처분의 상대방 또는 그 대리인이 정당한 사유없이 이에 응하지 아니하거나 주소불명 등으로 의견진술의 기회를 줄 수 없는 경우에는 그러하지 아니하다. 이때의 통지에는 정당한 사유없이 이에 응하지 아니하는 경우에는 의견을 진술할 기회를 포기한 것으로 본다는 뜻을 명기하여야 한다. 이러한 통지를 받은 처분의 상대방 또는 그 대리인은 지정된 일시 및 장소에 출석하여 의견을 진술하거나 서면으로 의견을 제출할 수 있다. 이와 같이 처분의 상대방 또는 그 대리인이 출석하여 의견을 진술한 경우에는 관계공무원은 그 요지를 서면으로 작성하여 진술한 자로 하여금 이를 확인한 후 서명·날인하게 하여야 한다.

3. 조정명령의 방법

산업자원부장관은 수출입질서유지를 위한 조정명령을 하는 경우에 필요하다고 인정할 때에는 수출조합·수입조합 또는 관련 협회 등의 단체가 있는 경우에는 그 수출조합·수입조합 또는 협회 등의 단체를 통하여 조정명령을 할 수 있다. 그리고 산업자원부장관은 이러한 조정명령을 하는 경우에 필요하다고 인정할 때에는 규정에 의한 수출·수입의 승인을 하지 아니하거나 관계기관의 장으로 하여금 승인에 관련된 절차를 중지하게 할 수 있다.

3 수입수량제한조치 제도

Ⅰ. 수입수량제한조치의 의의

수입수량제한조치 제도는 특정물품의 수입증가로 인하여 동종물품 또는 직접적인 경쟁관계에 있는 물품을 생산하는 국내산업이 심각한 피해를 입고 있거나 입을 우려가 있음이 불공정무역행위조사 및 산업피해구제에 관한 법률 제27조의 규정에 의한 무역위원회의 조사를 통하여 확인되고 심각한 피해 등을 구제하기 위한 조치가 건의된 경우, 당해 국내산업을 보호할 필요가 있다고 인정되는 때 당해물품의 국내산업에 대하여 심각한 피해 등을 방지하거나 치유하고 조정을 촉진하기 위하여 필요한 범위 안에서 물품의 수입수량을 제한하는 조치를 말한다.

Ⅱ. 수입수량제한조치의 성립요건

첫째, 특정물품의 수입증가사실이 존재하여야 한다.

둘째, 동종 또는 직접적인 경쟁관계에 있는 국내산업이 심각한 피해를 입고 있거나 입을 우려가 있어야 한다.

셋째, 둘째 요인과 첫째 요인 간에 인과관계가 존재하여야 한다.

이상의 요건이 성립되면 산업자원부장관은 무역위원회의 건의, 당해국의 산업보호의 필요성, 국제통상관계, 수입수량제한조치의 시행에 따른 보상수준 및 국민경제영향 등을 검토하여 시행여부 및 내용을 결정한다.

정부가 제한조치를 시행할 때에는 이해당사국과 제한조치의 부정적 효과에 대한 적절한 무역보상에 관하여 협의할 수 있다. 수입수량제한조치는 조치시행일 이후 수입되는 물품에 한하여 적용한다.

III. 수입수량제한조치의 주요내용

첫째, 수입수량제한수량은 최근의 대표적인 3년간의 수입량을 연평균수입량으로 환산한 수량(기준수량)이상으로 하여야 하며, 이 경우 최근의 대표적인 연도를 정함에 있어서는 통상적인 수입량과 비교하여 수입량이 급증하거나 급감한 연도는 제외한다.

한편 기준수량 이상으로 수입수량제한조치를 하는 경우 당해 산업의 심각한 피해를 방지하거나 구제하기 어렵다고 명백하게 인정되는 때에는 기준수량 미만으로 수입수량을 제한할 수 있다. 그리고 제한되는 위 수입수량을 각 국가별로 할당할 수도 있다.

둘째, 수입수량제한조치의 적용기간은 원칙적으로 4년을 초과할 수 없다. 그러나 무역위원회가 그 조치내용의 변경 또는 적용기간의 연장을 건의한 때에는 그 건의가 접수된 날부터 1월 이내에 당해조치의 변경 또는 적용기간의 연장을 결정·시행할 수 있다.

위 적용기간을 연장하는 때에는 수입수량제한조치의 적용기간과 긴급관세 또는 잠정긴급관세의 부과기간 및 그 연장기간을 전부 합산한 기간이 8년을 초과할 수 없다.

IV. 특정물품에 대한 특별 수입수량제한조치

헌법에 의하여 체결·공포된 조약 또는 일반적으로 승인된 국제법규에 의하여 허용되는 한도안에서 대통령령이 정하는 국가를 원산지로 하는 물품의 수입으로 인하여 다음의 각 경우에 해당된다고 무역위원회의 조사를 통하여 확인되고 이를 구제하기 위한 조치가 건의되는 때에는 피해를 구제하거나 방지하기위하여 필요범위 내에서 "특별수입수량제한조치"를 시행할 수 있다.

첫째, 당해물품의 수입증가로 인하여 동종물품 또는 직접적인 경쟁관계에 있는 물품의 국내시장이 교란되거나 또는 교란될 우려가 있는 경우

둘째, WTO 회원국이 당해물품의 수입증가에 대하여 자국의 시장교란을 구제하거나

방지하기 위하여 취한 조치로 인하여 중대한 무역전환이 발생하여 당해물품이 우리나라로 수입되거나 수입될 우려가 있는 경우

셋째, 당해물품이 섬유 및 의류에 관한 협정의 대상이 되는 품목인 경우에는 당해물품의 수입이 국내시장을 교란하여 동품목의 교역발전을 저해하거나 저해할 우려가 있는 경우

이상의 요건이 성립되어 특별수입수량제한조치를 시행할 때에는 이행당사국과 해결방안을 모색하기 위한 사전협의를 할 수 있으며, 또한 급박한 경우에는 잠정특별수입수량제한조치도 시행할 수 있는데 이 경우 적용기간은 200일 이내이다.

한편 앞에서의 대통령령이 정하는 국가라 함은 중화인민공화국, 즉 중국을 지칭하며 홍콩과 마카오는 여기에 해당되지 않는다. 그리고 중국을 원산지로 하는 물품에 시행하는 특별수입수량제한조치는 2013년 12월 10일까지 한시적으로 적용하며 섬유·의류의 경우, 중국을 원산지로 하는 물품에 시행하는 특별수입수량제한조치는 2008년 12월 31일까지 수입신고된 물품에 한하여 적용되도록 규정하고 있다.

Ⅴ. 섬유 및 의류에 대한 수입제한조치

섬유 및 의류에 관한 협정이 적용되는 섬유 및 의류의 경우, 전술한 수입수량제한조치의 성립요건에 해당될 때 절차 등 모든 내용이 동일하게 적용된다.

객관식 연습문제

【문 132】 다음 중 우리나라 무역 · 통상정책의 내용이 아닌 것은?

① 자유무역원칙 ② 공정무역원칙 ③ 관리무역원칙
④ 무역제한의 최소화원칙 ⑤ 통상진흥원칙

해설 대외무역법 제3조 제①항의 "자유롭고 공정한 무역의 원칙선언"과 동조 제2항의 "무역제한의 최소화원칙" 및 제4조 "무역진흥을 위한 조치"와 제1조 목적조항에서의 "대외무역을 진흥하고" 등의 제규정은 우리나라 무역·통상정책의 기본방향을 제시하고 있다. 따라서 ③의 원칙은 옳지 않다.

【문 133】 한국과 미국이 무역협정에서 두 나라가 쌍무적으로 제공하는 양허가 한미간에 전반적인 또는 전체적인 균형을 이루도록 합의하였다면 이러한 형태의 무역을 무엇이라고 하는가?

① 호혜주의무역 ② 상호주의무역 ③ 링크무역
④ 협정무역 ⑤ 관리무역

해설 상호주의무역은 특정협상라운드에서 협상대상이 된 모든 산업 또는 상품부문에서 각국이 제공한 부문별 양허 수준을 종합하여 포괄적으로 평가해 볼 때 협상국간에 대강의 균형이 이루어진 경우를 말한다.

【문 134】 관리무역에 관한 설명으로 타당하지 않은 것은

① 정부가 무역흐름을 조절하기 위해 직접적으로 통제하거나 관리하는 상태에서 이루어지는 무역을 말한다.
② 관리무역수단이 거의 모두 회색지대조치(grey area measurer)로 불리고 있는 것과 같이 관리무역은 자유무역과 보호무역의 중간지대에 속한다.
③ 보호무역이 주로 국내산업보호에 주안점을 두고 있다면 관리무역은 양국간 국제수지균형과 국제무역의 안정적 발전과 같이 그 목적이 넓고 다양하다.

④ 한·일간 고질적인 무역수지 불균형시정을 목적으로 협정을 체결하였다면 이러한 협정은 미시적 또는 부문별 관리무역협정이라고 볼 수 있다.

⑤ 규칙지향적 관리무역협정은 특정부문의 무역흐름에 영향을 미칠 수 있는 개별국가의 정책행동을 제어하기 위해 일정한 규칙이나 지침을 설정하는 협정을 말한다.

해설 ④는 거시경제적 관리무역협정에 관한 설명이다. 미시적 또는 부문별 관리무역협정은 특정산업의 모든 상품 또는 개별상품무역을 규제하거나 관리하려는데 목적이 있다.

【문 135】 산업자원부장관에게 주어진 물품의 수출입을 지속적으로 증대하기 위한 조치사항으로 볼 수 없는 것은?

① 수출산업의 국제 경쟁력을 높이기 위한 물가안정조치
② 통상협력증진을 위한 수출입 조정
③ 지역별 수출입의 연계
④ 민간 통상활동 및 산업협력의 지원
⑤ 무역관련시설에 대한 조세 등 감면

해설 ①은 물가안정조치가 아니고 국제경쟁력을 높이기 위한 여건 조성 및 설비투자촉진이며 ②내지 ⑤이외에도 ⑥ 외화가득율을 높이기 위한 품질향상 및 국내에서 생산되는 외화획득용 원료, 기재의 사용 촉진 ⑦ 과학적 무역업무처리기반구축 등의 사항이다.

【문 136】 다음 중 무역진흥활동에 대한 지원대상자가 아닌 것은?

① 무역진흥을 위한 '대외홍보'를 업으로 하는 자
② 무역진흥을 위한 '전시'
③ '무역연수원'을 설치 운영하는 자
④ 과학적 무역업무 처리기반을 구축 운영하는 자
⑤ 무역진흥을 위한 '통관'을 업으로 하는 자

해설 ① 무역진흥을 위한 자문, 지도, 대외홍보, 전시, 연수, 상담, 알선 ② 무역전시장, 무역연수원 ③ 과학적 무역업무처리 관련자만 지원개산에 속한다. 따라서 ⑤는 지원대상에 포함되지 아니한다.

【문 137】 우리나라 통상진흥시책의 수립에 있어서 반드시 포함되어야 할 사항이 아닌 것은?

① 통상진흥시책의 기본방향
② 국제통상여건의 분석과 전망
③ 무역관련협상 추진방안과 대외산업협력 추진방안
④ 통상진흥을 위한 자문 · 지도 · 홍보 · 전시 등 지원방안
⑤ 수출입공고시책의 수립방안

해설 ①내지 ④이외에도 통상관련 정보수집, 분석 및 활동방안과 주요지역별, 경제권별 또는 업종별 통상진흥시책 등의 내용이 포함되어야 한다. 따라서 ⑤는 옳지 않다.

【문 138】 산업자원부 장관의 통상진흥시책 수립과 관련하여 틀린 것은?

① 특별시장 · 광역시장 또는 도지사(시 · 도지사)의 의견을 미리 들어야한다..
② 시책수립 후 그 내용을 시도지사에게 통보하여야한다.
③ 시책내용을 변경한 경우에는 시도지사에게 통보할 필요가 없다.
④ 지방자치단체와의 유기적인 협조가 필요하다.
⑤ 지역별 통상시책이 효과적으로 추진될 수 있도록 협의기구를 설치 · 운영할 수 있다.

해설 시행령 제16조 ①항 설치근거 마련.

【문 139】 오늘날 각국은 보편적 국제규범에서 정한 바에 따라 인간의 건강과 안전, 동 · 식물의 생명 및 건강, 환경보전 등을 위하여 필요하다고 인정할 때에는 무역을 제한 할 수 있다. 여기서 보편적 국제규범으로 맞는 것은?

① WCO ② WTO ③ UNCTAD
④ OECD ⑤ WHO

해설 GATT/WTO 제20조는 무역제한에 대한 일반적 예외로서 공중도덕의 보호, 인간•동식물의 생명•건강보호, 제소자 노동상품에 대한 조치, 유한 천연자원의 보존 등을 위하여 무역을 제한할 수 있도록 근거 규정을 마련해두고 있다.

【문 140】 다음 중 불공정무역행위의 금지 유형에 속하지 않은 것은?

① 지적재산권 침해물품 등을 수입하거나 수입된 지적재산권 침해물품 등을 국내에서 판매하는 행위
② 원산지허위표시 물품의 수출입
③ 원산지 표시를 손상하거나 변경한 물품을 수출입하는 행위
④ 상표권 침해 물품의 수출입
⑤ 품질 등의 식별이 곤란한 물품을 수출입하는 행위

해설 품질 등을 허위로 표시하는 경우와 과장하여 표시한 물품의 수출입을 한 행위에 대해서만 불공정무역행위의 유형에 속한다.

【문 141】 수출입질서를 저해할 우려가 있는 불공정 수출입 행위가 아닌 것은?

① 수출입물품의 원산지를 표시하지 아니하는 행위
② 품질 등을 허위로 표시하거나 과장하여 표시한 물품을 수출입하는 행위
③ 원산지를 혼동하거나 오인할 수 있는 방법으로 원산지 표시를 한 물품을 수출입하는 행위
④ 수출입으로 인하여 다른 사람의 영업비밀을 침해하는 행위
⑤ 수출입과 관련하여 분쟁을 고의적으로 야기시켜 대외신용을 손상하는 행위

해설 산업자원부장관이 공정한 무역질서의 확립을 도모하기 위하여 원산지를 표시하여야 하는 대상으로 공고한 물품, 즉 '원산지 표시대상물품'의 수출입에 한하여 원산지를 표시하여야 한다. 따라서 ①의 경우에는 막연히 수출입물품이라고 하여 지정공고 대상이 아닌 물품도 포함되는 것으로 해석되어 옳지 않다. (법 제23조 ①항, 시행령 제87조 1내지 7호)
이밖에도 ⑥인도•결제 등 무역계약 위반사항 ⑦ 계약내용과 상이한 물품의 수출입 ⑧ B/L허위발행, 위조, 변조 등의 각 행위가 포함된다.

【문 142】 산업자원부장관은 무역거래자가 불공정수출입행위의 금지 규정에 위반하였다고 인정하거나 무역위원회로부터 건의를 받은 경우 시정조치를 명하거나 (가) 만원이하의 (나)을(를) 부과할 수 있다.

① 가 : 3000 나 : 부과금 ② 가 : 2000 나 : 과징금

③ 가 : 3000 나 : 범칙금 ④ 가 : 2000 나 : 과태료
⑤ 가 : 3000 나 : 과징금

해설 법 제 39조 ⑤항 시정조치명령을 통지할 때에는 ①당해 불공정 수출입행위 ② 시정조치 명령사유 ③시정기한을 명시한 서면으로 하여야만 유효하다.

【문 143】 불공정수출입행위의 금지규정 위반시 과하여지는 '과징금'에 관한 설명으로 옳지 않은 것은?

① 과징금제도는 행정법상의 의무위반자에게 경제적 이익이 발생한 경우 그 이익을 박탈하여 경제적 불이익을 과하기 위한 제도이다.
② 우리나라에서는 1986년 12월 대외무역법을 통해 처음으로 도입되었다.
③ 과징금제도는 벌금 등 형사벌을 과함으로써 전과자를 양산하는 것을 피할 수 있다.
④ 독점규제 및 공정거래에 관한 법률에서도 과징금을 부과 · 징수할 수 있는 규정을 두고 있다.
⑤ 과징금제도는 금전상의 제재로서 활용되는 경향이 있다.

해설 1980년 말의 독점규제 및 공정거래에 관한 법률을 통하여 우리나라에 처음으로 도입되었다.

【문 144】 원산지를 표시하여야 할 물품을 수입하여 분할 · 재포장 또는 단순제조, 가공을 거쳐 거래하거나 낱개 또는 산물로 거래함에 있어서 원산지 표시를 하지 아니한 상태로 판매를 목적으로 유통시킨 무역거래자 또는 판매업자는 (가) 만원 이하의 (나)에 처한다.

① 가 : 500 나 : 벌금 ② 가 : 1000 나 : 부과금
③ 가 : 2000 나 : 과태료 ④ 가 : 1000 나 : 과태료
⑤ 가 : 2000 나 : 과태료

해설 법 제60조 2항 1호

【문 145】 대외무역법상의 각종 금지규정 위반자에 대해서는 '과태료'에 처하게 되어 있는바 여기서 과태료에 관한 설명으로 옳은 것은?

① 국가 또는 공공단체가 국민에게 과하는 금전벌로써 형벌이 아니고 행정처분이다.
② 벌금과 마찬가지로 재산형의 일종이다.
③ 금전상의 제재라는 점에서 '과징금'과 그 성격이 전적으로 동일하다.
④ 제재라는 점에서 당연히 형법총칙의 적용을 받는다.
⑤ '과태료', '과징금', '부과금'은 단순한 용어의 차이일 뿐 그 법적 성격은 모두 같다.

해설 과태료의 정의는 ①에 해당하여 ③의 과징금은 부당이득금 박탈적 성격을 갖고 있기 때문에 과태료와 그 성격이 다르다. 한편 부과금은 어떤 사업을 수행하기 위하여 필요경비를 다수관계자로부터 징수하는 금전적 부담을 말한다. (예 : 대기환경보전법상의 배출부과금 등)

【문 146】 불공정한 수출입행위의 위반에 대한 과징금의 부과기준과 관련하여 그 내용이 잘못된 것은?

① 특허권 · 실용신안권 · 의장권 · 상표권 · 저작권 · 저작인접권 · 프로그램저작권 및 반도체 직접회로의 배치설계권을 침해하는 물품을 수출입한 자 - 3천만원
② 원산지허위표시 물품을 수출입한 자 - 2천만원
③ 원산지 혼동 또는 오인할 수 있는 방법으로 원산지표시를 한 물품을 수출입한 자 - 2천만원
④ 품질 등을 허위로 표시하거나 과장하여 표시한 물품을 수출입한 자 - 1천만원
⑤ 수출입으로 인하여 다른 사람의 영업비밀을 침해하는 행위를 한 자 - 2천만원

해설 시행령 제92조 ①항 ⑤는 99년 3월 법개정시 삭제되었다.

【문 147】 산업자원부장관은 당해 무역거래자 등의 수출입 규모, 위반행위의 정도 및 위반횟수 등을 참작하여 불공정한 수출입행위의 위반에 대한 과징금액의 (가)의 범위 안에서 이를 가중 또는 경감할 수 있다. 단, 가중시의 과징금의 총액은 (나)천 만원을 초과할 수 없다. 빈칸에 들어갈 내용으로 옳은 것은?

① 가 : 3분의 1 나 : 3
② 가 : 2분의 1 나 : 3
③ 가 : 2분의 1 나 : 2
④ 가 : 4분의 1 나 : 2
⑤ 가 : 4분의 1 나 : 3

해설 시행령 제92조 ②항 본문. 경감은 2분의 1범위내, 가중은 3천만원까지가 한도이다.

【문 148】 불공정수출입행위의 위반에 대한 과징금 납부와 관련한 내용으로 옳지 못한 것은?

① 과징금은 분할하여 납부할 수 있다.
② 과징금 납부통보를 받은 자는 원칙적으로 납부통지일로부터 20일 이내에 납부하여야 한다.
③ 천재지변 등 부득이한 경우에는 그 사유가 없어진 날로부터 7일 이내에 과징금을 납부할 수 있다.
④ 과징금은 분할하여 납부할 수 없다.
⑤ 과징금은 산업자원부장관이 정하는 수납기관에 납부하여야 한다.

해설 시행령 제91조 ⑤항

【문 149】 대외무역법은 무역분쟁의 발생시 '중재'를 통하여 신속·공정하게 해결할 것을 권고하고 있다. 중재의 특징과 관련하여 잘못 설명된 것은?

① 중재는 신속하며 비용이 적게 드는 장점이 있으나 상사의 비밀보장이 어렵다는 단점이 있다.
② 중재는 사실에 입각하여 판정을 하게 되며, 법규에 기속되지 않는다.

③ 중재는 무역관습·법률 등에 대한 전문지식과 경험이 있는 중재인이 판정한다.

④ 중재판정은 당사자를 기속한다.

⑤ 무역분쟁을 중재에 따라 해결할 때에는 당사자간에 중재계약이 성립되어야만 한다.

해설 분쟁당상자간의 비밀보장이 중재제도의 장점이기도 하다.

【문 150】 다음 중 신속·공정한 무역분쟁해결과 관련하여 공통점이 가장 희박한 하나는?

① 중재 ② 알선 ③ 조정 ④ 주선 ⑤ 소송

해설 소송은 막대한 비용과 시간이 필요하며 그 절차 또한 복잡하기 때문에 신속•공정한 무역분쟁해결에는 적합하지 않다.

【문 151】 대외무역법상 무역분쟁의 신속한 해결과 관련하여 다음에 기술된 내용으로 옳은 것은?

① 무역분쟁은 상사산의 순수한 사법상 문쟁이므로 정부가 개입해서는 안 된다.

② 무역분쟁이 비록 사법상 분쟁이라 하더라도 수출입질서 확립과 대외신용 유지상 정부가 직접적으로 개입하여 신속히 해결하여야 한다.

③ 무역분쟁이 발생하였을 때 정부는 다만 중재계약을 해결할 것을 권고할 수 있을 따름이다.

④ 무역분쟁이 발생하였을 때 정부는 의견조정을 할 수 없다.

⑤ 무역분쟁이 발생하였을 때 정부는 알선 등 행정지도를 하여서는 안 된다.

해설 무역분쟁은 비록 사법상 순수 분쟁이라 하더라도 정부가 중재, 알선, 조정 등 간접적 행정지도를 통하여 신속히 해결할 것을 권고 할 수 있다. 따라서 ③의 답이 옳다. 정부가 강제적으로 또는 직접적으로 개입해서는 안 된다.

【문 152】 선적 전 검사와 관련한 분쟁조정의 설명으로 옳지 못한 것은?

① 선적 전 검사기관은 WTO선적 전 검사 협정을 준수하여야 한다.
② 선적 전 검사기관은 선적 전 검사가 수출에 대한 무역장벽으로 작용하도록 하여서는 안 된다.
③ 선적 전 검사제도는 무역업자간의 공모에 의하여 불량품 수출을 저지하기 위하여 마련된 제도이다.
④ 선적 전 검사제도는 자국산업을 보호하고 수입을 억제하려는 선진국이 주로 활용하는 경향이 있다.
⑤ 수출업자는 선적 전 검사기관간에 발생하는 분쟁을 해결하기 위하여 분쟁조정위원회를 구성하여 운영하고 있다.

해설 선적 전 검사제도는 수입을 억제하려는 개발도상국이 주로 활용하는 제도이다.

【문 153】 선적 전 검사와 관련된 분쟁에 관한 중재기관은?

① 대한상사중재원 ② 한국무역협회 ③ 대한중재인협회
④ 대한상공회의소 ⑤ 한국중재협회

해설 중재법 제4조에 따라 ①의 기관이 담당할 수 있도록 되어 있다.

【문 154】 선적 전 검사와 관련한 분쟁조정위원회의 구성으로 맞는 것은?

① 3인 ② 2인 ③ 5인 ④ 4인 ⑤ 7인

해설 시행령 제96조 : 3인의 조정위원으로 구성한다고 되어 있다.

【문 155】 수출입 질서유지를 위한 조정명령의 성질에 대하여 잘못 설명하고 있는 것은?

① 조정명령은 규제행정분야에 있어서의 규제하명으로서의 성격을 갖는다.

② 조정명령을 발동하는 권력의 기초는 국가의 통치권에 있다.

③ 조정명령은 사회공공의 복리를 증진하기 위하여 개인의 무역활동을 조장하는 행정작용이다.

④ 조정명령의 발동은 무역질서를 유지할 수 없을 때 제2차적인 보완수단으로 발동되어야 한다.

⑤ 발동한계를 벗어난 조정명령은 당연히 위법이다.

해설 조정명령은 사인의 무역활동을 조장하는 것이 아니고 개인의 무역활동을 규율 또는 조정하는 행정작용이다. 따라서 ③의 내용은 옳지 않다.

【문 156】 수출입질서유지를 위한 조정명령의 대상으로 틀린 것은?

① 가격 ② 수량 ③ 품질 ④ 대상지역 ⑤ 거래방법

해설 법 제43조 ①항 본문. 거래방법이 아니고 거래조건이 그 대상이다.

【문 157】 수출입질서유지를 위한 조정명령의 발동 범위(한계)에 대한 내용으로 틀린 것은?

① 수출기반의 안정

② 신상품 개발

③ 다른 무역거래자의 권익을 부당하게 해하거나 차별하지 아니할 것

④ 수출입질서유지를 위한 목적에 필요한 정도를 초과하지 아니할 것

⑤ 해외시장의 다변화

해설 신상품 개발 또는 해외시장개척의 범위 내에서 조정명령을 발동할 수 있다.

【문 158】 WTO 선적 전 검사협정 중 수입회원국의 의무가 아닌 것은?

① 무차별적용의무 및 명료성 보장의무
② 지연방지의무 및 가격검증보장의무
③ 영업비밀정보의 보호의무 및 이해상충회피보장의무
④ 기술지원제공의무
⑤ 이의절차보장의무

해설 기술지원제공의무는 수출회원국의 의무로서 동 협정 제3조 3항에 의한다.

해답

132	③	133	②	134	④	135	①	136	⑤	137	⑤	138	③	139	②	140	⑤	141	①
142	⑤	143	②	144	④	145	①	146	⑤	147	②	148	①	149	①	150	⑤	151	③
152	④	153	①	154	①	155	③	156	⑤	157	⑤	158	④						

12 수입에 의한 산업피해구제제도

1 제도화의 필요성과 그 배경

종래 우리나라 수출의 급격한 신장은 세계경제의 황금기인 1960년대의 자유무역주의의 혜택에 힘입은 바 컸으나 1970년대 이후에는 미국 등 선진국을 위시한 세계적 보호무역주의의 만연으로 우리나라 수출에 대한 수입규제가 크게 강화되고 있다.

수입규제의 방법 또한 종래의 관세장벽 위주에서 케네디 라운드(Kennedy Round)이후에는 반덤핑관세, 상계관세 등 각종 비관세장벽조치의 남용 등으로 그 형태가 다양해지고 있다.

또한 선진국들은 자국시장의 보호와 함께 무역상대국에 대한 시장개방압력을 강화함에 따라 우리나라와 같은 수출주도형국가와는 많은 통상마찰을 야기시키고 있다.

그동안 우리나라는 국제경쟁의 도입을 통하여 국내산업을 효율적으로 발전시키고 선진국의 시장개방요구에 능동적으로 대처하기 위하여 활발한 수입자유화정책을 지속적으로 추진하여 왔다.

그 결과 우리나라의 수입자유화율은 99% 수준을 상회하여 선진국수준의 수입자유화율에 접근하게 되었으며 특히 공산품의 경우 거의 모든 상품의 완전자유화를 달성하게 되었다.

아울러 우리나라의 개방정책에 대한 대외신뢰를 제고하고 실질적이고 진정한 의미에서의 수입자유화 달성을 위해 수입제한 또한 금지성격이 강한 개별특별법에 의한 규제나 수입감시제 운영, 수입선다변화제도 등도 모두 폐지시켰다.

이러한 수입의 증대는 국내관련제품 및 산업의 국제경쟁력을 제고시키는 긍정적 효과가 있는 반면 지나치게 수입이 증가하거나 또는 덤핑이나 보조금의 수혜 등 불공정한 형태로 수입됨으로써 국내산업에 야기시키는 부정적 효과도 발생할 수 있다.

따라서 시장개방으로 인한 긍정적인 효과를 극대화하기 위해서는 시장개방으로 야기될 수 있는 부정적인 효과를 극소화할 수 있는 제도적인 안전장치의 필요성이 요청된다.

수입자유화에 대비하여 국내산업에 대한 영향을 구제할 수 있는 것이 곧 산업피해구제제도이다.

대외무역법에 의한 산업피해구제제도의 도입 및 무역위원회의 설치로 인하여 수입으로 인해 국내산업의 발전이 저해되거나 저해될 우려가 있을 때 산업자원부장관은 후술하는 바와 같이 무역위원회의 심의·의결을 거쳐 수입물품의 수량·품질 등에 대한 제한, 기술 및 생산성향상지원, 공업발전법에 의한 산업합리화 업종지정 등의 구제조치를 취할 수 있게 된다.

이하, 산업피해구제제도의 개념, 동 제도와 관련된 GATT규정, 동 제도를 실시하고 있는 주요 선진국의 사례개관, 그리고 우리나라의 현행 법제의 순서에 따라 보다 상세히 검토·설명하기로 한다.

2 산업피해구제제도의 기본개념

Ⅰ. 광의의 산업피해구제제도

산업피해구제제도란 광의로는 대내외의 경제여건의 변화로 국내산업의 효율적이고도 균형적인 경제활동이 피해를 입거나 그러한 우려가 존재할 때 이를 방지 또는 시정하기 위한 국가차원의 공공개입인 무역정책의 일환이다.

본 제도와 관련된 무역정책은 일반적으로 자국시장의 대외개방과 관련된다. 즉 자국시장을 개방함으로써 자국과 국제경제전반의 효율성을 높일 수 있는 자유무역정책을 많은 국가들이 선호하고 있으나 이러한 정책은 국내산업과 관련 근로자들에게 미치는 일시적인 부정적 효과 때문에 정치적으로는 매우 감당하기 어려운 측면이 많다.

수입증대에 따라 야기될 수 있는 이러한 정치적 불만을 해소하기 위하여 해외로부터의 수입을 한시적으로 일정한도내에서 조정하고 규제하기 위한 각종 무역조치들이 본 제도에 속한다.

Ⅱ. 소극적 산업피해구제제도와 적극적 산업피해구제제도

일반적으로 수입규제나 통제는 수입물품이 자국의 관세영역을 통과할 때 행하여지는 것이며, 그 주요 수단으로는 관세장벽과 비관세장벽조치를 들 수 있다.

이러한 관세영역상의 수입통제를 통해 국내산업에 미치는 영향과 효과를 조정하는 것이 소극적 산업피해구제제도이며, 그 특징은 정부의 재정부담이 따로 없다는 점이다.

이에 반해 적극적 산업피해구제제도는 수입물품의 자국관세영역 통과 후 국내산업에 미치는 부정적 영향을 국가의 재정부담에 의하여, 즉 금융과 세제상의 지원, 기술지원, 근로자의 직종전환 및 재훈련 등을 통하여 관련 국내산업과 근로자에게 직접적인 혜택을 제공한다는 점에서 전자와 구별된다.

또한 수입규제정책으로서의 소극적 산업피해구제제도는 수입물품 경쟁조건의 공정성 여부에 따라 공정무역과 불공정무역으로 대별된다.

Ⅲ. 불공정무역과 공정무역에 의한 산업피해구제제도

외국물품이 외국산업의 의도적인 덤핑행위로 인하여 또는 외국정부의 보조금수혜의 결과로 수출국 국내가격보다 저렴한 가격으로 수입국에 수입될 때 반덤핑관세나 상계관세에 의하여 불공정무역행위로 간주받아 규제된다.

반면, 외국의 불공정무역관행이 아닌 정상적인 경쟁조건하에서 실시된 무역거래일지라도 수입이 과도하게 증대되어 국내산업에 나쁜 영향을 끼칠 때 이를 일시적으로 수량규제나 관세인상 등의 방법으로 보호할 때(예컨대 세이프가드조치를 발동하는 것 등) 이는 공정무역에 대한 소극적 산업피해구제제도라고 말할 수 있다.

산업피해구제제도의 발동에는 발동요인, 대상과 요청주체, 발동요건과 구제조치 등이 명백히 실정법에 규정되어야 하며 그렇지 못할 경우에는 제소의 남용이 우려된다.

산업피해구제제도의 발동요인은 수입패턴의 변화를 의미한다. 수입패턴의 변화는 수입상품구조를 근본적으로 변화시키는 일부 품목의 과다한 수입 또는 급격한 수입수준의 변화를 포함한다.

한편 산업피해구제대상에 포함시켜야 할 요청주체는 직·간접적으로 수입의 급증에 의해 산업피해를 받는 모든 관련산업과 기업, 노동자 등을 대상으로 하고 있다.

또한 이 제도의 발동에 있어 가장 중요한 것은 발동요건으로써 수입급증으로 인해 야기되는 국내산업에 대한 피해를 입증하는 피해조사(injury test)이다.

피해조사의 기준은 무역관행의 공정성 여부에 따라 달라진다. 즉 불공정무역의 경우 실질적인 피해(material injury)나 피해우려만을 입증해야 되고 공정무역에 의한 경우에는 더욱 엄격한 기준인 심각한 피해나 피해우려를 입증해야 한다.

개발도상국의 경우에는 산업의 발전단계로 보아 과거의 피해사실보다 미래의 산업피해에 대한 가능성, 즉 신규산업의 확립둔화 및 그 가능성이 이 제도와 관련하여 더 큰 의미를 갖는다.

발동요건의 규정에는 그 대상기간이 명확하게 설정되어야 하며 피해판단의 기준은 국내가격의 하락, 이윤율의 저하, 심각한 실업발생, 국내생산품의 시장점유율저하 등과 수입급증간의 요인관계이다.

이러한 피해조사의 결과 본 제도가 취할 수 있는 조치는 소극적인 방법으로 관세인상, 수량쿼터, 관세쿼터, 시장질서유지협정 등이며 적극적인 조치로는 관련산업과 근로자에 대한 직접적인 금융, 세제상의 지원과 직업전환, 재훈련 등이 있다.

3 산업피해구제제도와 관련된 GATT/WTO 규범

Ⅰ. 서설

무역거래를 공정거래와 불공정거래로 나눌 때 산업피해를 구제하기 위하여 적용될 수 있는 GATT 관련규정은 【표 Ⅰ-11】과 같다.

즉 GATT의 제12조, 제18조와 제Ⅳ부의 규정들은 기본적으로 산업의 피해구제를 위해 활용될 수 있는 조항들이다.

그러나 이들 규정은 산업의 피해구제를 직접적으로 언급하고 있지 않으며 또한 특별히 개발도상국을 위하여 만들어진 조항들이다. 그러므로 급속한 경제성장과 수출로 인해 선진국들의 통상마찰의 표적이 되고 있는 한국을 비롯한 이른바 신흥공업국들이 이들 규정을 산업피해구제조치를 위해 원용할 때에는 신중한 검토와 정책상의 상당한 기교가 요청된다.

불공정무역거래가 야기한 산업피해를 구제하기 위해서는 GATT에서 규정된 조항들을 국내법체계에 적절히 수용하여 활용하는 것이 최선의 방법이다.

즉 덤핑이나 보조금이 지급된 상품의 수입에 의하여 관련 국내산업이 피해를 입게되는 경우에는 반덤핑관세와 상계관세를 부과함으로써 그 피해를 효과적으로 구제할 수 있다.

【표 Ⅰ-11】 산업피해를 구제하기 위해 채용될 수 있는 관련 GATT/WTO 규정

구분	GATT 조항	주요 내용
공정무역과 관련되는 것	제19조 : 특정상품 의 수입에 대한 세이프가드조치	GATT에 의해 관세양허를 받고 있는 특정상품의 수입 증대로 인하여 국내산업이 심각한 피해를 받고 있거나 받을 우려가 있는 경우에 국내산업의 보호를 받기 위하여 취하는 관세 또는 비관세 수입제한조치
불공정무역과 관련되는 것	제6조 : 반덤핑관세 및 상계관세 반덤핑코드	정상적인 가격보다 부당하게 저렴한 가격으로 수입되는 물품으로 인하여 국내산업이 실질적인 피해를 입거나 입을 우려가 있을 때 혹은 국내산업의 설립을 실질적으로 지연시킬 때 이를 방지하고 공정한 거래를 확보하기 위하여 반덤핑관세를 부과
	제6조·제16조 : 보조금 및 상계관세코드	보조금이 지급된 상품의 수입에 의하여 자국의 확립된 국내산업이 실질적인 피해를 주거나 줄 우려가 있는 경우 또는 자국의 국내산업의 확립을 실질적으로 지연시킬 경우, 이를 방지하기 위하여 상계관세를 부과
산업피해구제를 위하여 원용될 수 있는 것	제12조 : 국제수지의 옹호를 위한 제한	국제수지의 방어를 위해 또는 외환상의 문제점들을 해결하기 위해 제11조(수량제한의 일반적 폐지)의 예외로 관련국으로 하여금 수입제한조치의 허용
	제18조 : 경제개발에 대한 정부의 지원	제18조 A : 특정산업의 확립을 위하여 관세양허의 수정·철회를 용인(양허품목) 제18조 B : 개발도상국의 국제수지방어를 위한 제한 조치 제18조 C : 특정산업의 확립을 위한 비양허품목의 관

		세율조정과 정부지원 제18조 D : 제18조 C와 같으나 제18조 제4항 (b)국에만이 조치가 허용됨
	제IV부 : 무역과 개발	1965년에 신설된 개발도상국의 경제발전을 촉진하기 위한 대표적인 개도국조항

II. 산업피해구제제도의 유형

WTO에서는 선진국과 개도국이 국내산업 보호를 위해 적용할 수 있는 무역조치를 각각 다르게 규정하고 있다. 개도국에 대해서는 자국의 독립적 판단에 따라 비교적 자유롭게 수입을 금지할 수 있게 하는 등 자국시장에 대한 원천적 접근을 제한할 수 있도록 허용하고 있는 반면, 선진국에 대해서는 원천적으로 자유로운 시장접근을 보장하되 다만 긴급한 수입급증이나 덤핑 등 불공정한 수입으로 인한 산업피해 발생의 경우에만 사후적으로 제한조치를 취할 수 있도록 하고 있다. 이들 구제조치를 선진국과 개도국이 활용하는 수단으로 나누어 보면 【표 I-12】와 같다.

【표 I-12】 개도국과 선진국의 산업피해구제제도 비교

		개도국	선진국
기본태도		• 시장에 대한 원천적 접근 제한	• 개방 후 산업피해발생시 장벽 형성
관세	보호수단	• 고율관세	• 저율관세(Tariff peak 유지)
		• 낮은 양허폭	• 높은 양허폭(철회수단 확보)
	개방후 보완수단	• 조정관세 등 일부 탄력관세 조치 적용	• 반덤핑 · 상계관세
비관세	보호수단	• 수입중지, 수입허가 · 추천, 수입권 지정 등	• 긴급수입제한조치, 쿼터
	수량제한 근거	• GATT 제18조 B	• GATT 제12, 19, 20, 21조
	발동의 용이성	• 용이	• 용이
	발동절차	• 자국의 독립적 판단결정	• 당사국과 사전협의

선진국 · 개도국간 보호수단 비교표에서 보는 바와 같이 산업피해구제제도는 일반적으로 수입자유화에 따른 국내산업피해를 구제하기 위한 사후적 수입관리수단으로서 주로 수입자유화가 이루어진 선진국에서 사용되고 있다. 자국의 국내산업보호를 위하여 사전에 수입을 제한하는 등 개도국의 사전적 수입관리수단과는 다르다.

WTO에서 산업피해구제제도에 적용할 수 있는 조항으로는 공정무역거래와 관련된 제19조의 세이프가드조항과 불공정무역거래와 관련된 제6조의 반덤핑관세 및 상계관세 조항이 있다. 한편 WTO 제6조의 반덤핑관세 및 상계관세조항과 관련하여서는 부속합의서로서 반덤핑코드와 상계관세코드가 마련되어 있다.

4 주요선진국의 산업피해구제제도의 개관

본 제도는 미국 · EU · 캐나다 · 일본 · 호주 등 거의 모든 선진국에서 명시적으로 실시되고 있으며 거의 대부분의 개발도상국들은 유치산업의 발전과 국내산업의 급속한 성장을 위한 경제발전정책의 일환으로써 일부는 명시적으로 대부분의 국가는 함축적으로 실시하고 있다.

다음은 이 제도를 가장 빈번히 활용하며 우리나라와의 교역비중이 높은 미국 · 캐나다 · 일본의 제도를 주요한 특징만을 중심으로 개괄적으로 검토하여 보기로 한다(【표 I -13】 참조).

【표 Ⅰ-13】 주요 선진국의 산업피해구제제도

국가	구분	제도	법적근거	비고
미국	공정무역	세이프가드조치	1974년 통상법 제201조	
	불공정무역	반덤핑법 상계관세법 특정 외국의 불공정무역관행에 대한 미국의 대응 수입시의 불공정관행	1984년 통상법 제IV편 수정된 미국 1930년 관세법 제 VII편 1974년 통상법 제301조 1930년 관세법 제337조	상호주의 조치
	기타	무역조정지원제도	1974년 통상법	미국특유의 제도, 수회개정
캐나다	공정무역	세이프가드조치	특별수입규제조치법 (SIMA) 제48조	
	불공정무역	반덤핑관세·상계관세제도	특별수입규제조치법	SIMA 전반에 걸쳐 관련규정산재
일본	공정무역	긴급관세제도	관세정율법 제9조 제2항	발동전례 없음
	불공정무역	덤핑방지관세 상계관세	관세정율법 제9조 관세정율법 제8조	수출자율규제(VER)와 약속제도로 해결

Ⅰ. 미국의 산업피해구제제도

미국의 제도는 다른 선진국에 비해 그 역사가 길고 또한 제도 자체의 정비가 매우 정교하게 되어 있다는 점이 특징이다.

즉, 덤핑이나 보조금수혜를 규제하는 반덤핑법의 최초 제도는 1916년에 행하여졌을 정도로 반세기 이상을 거슬러 올라가고 있다.

공정무역거래를 규제하는 긴급수입제한조치법도 1934년의 무역협정법에 처음으로 도입되었다.

제도의 정교성을 살펴보면 긴급수입제한조치와 반덤핑관세 · 상계관세 · 특허권침해구제조치 등이 있으며 다른 나라와는 달리 1974 통상법 제301조에 의하여 상호주의조치가 허용되어 있다는 점이다.

즉 산업피해의 판정을 미국제무역위원회(International Trade Commission : ITC)가 담당하는 반면 불공정행위의 사실 유무에 관한 판단은 미상무성이 독자적으로 담당하고 있다.

그러나 미국의 산업피해구제제도 중 가장 두드러진 특징은 적극적 산업피해구제제도의 조치인 무역조정지원제도(Trade Adjustment Assistance)의 확립을 들 수 있다.

이 제도는 수입경쟁에 의해 타격을 입은 근로자 · 기업체 · 지역에 대하여 재정 및 기술지원을 제공하는 것을 목적으로 시행되는 것으로 많은 재정부담이 수반되는 제도이다.

II. 캐나다의 산업피해구제제도

캐나다의 제도는 1984년 기존법의 통 · 폐합을 통해 새로 제정된 특별수입규제조치법(Special Import Measure Act : SIMA)에 의거하고 있다. 이 나라는 미국과 유사한 면이 많으면서도 제도운영에 있어서는 상당한 차이를 보이고 있다.

즉 덤핑과 보조금지급의 사실 유무 판정과 마진 산정은 국세청차관이 담당하고 캐나다수입심의위원회(Canadian Import Tribunal : CIT)가 국내산업에 대한 피해판정을 하고 있다. 그러나 CIT의 기능은 미국의 ITC에 비해 그 기능이나 정책집행과정의 영향력에서는 뒤떨어진다고 볼 수 있다. 여기에 추가할 점은 긴급수입제한조치의 발동은 캐나다연방정부의 특정 부서가 전담을 하지 않고 최종 결정은 연방정부의 내각회의에서 결정된다는 점에서 미국의 엄격한 사법적 심사제도와는 좋은 대조를 보이고 있다.

III. 일본의 산업피해구제제도

일본의 제도는 법제상으로는 완벽하게 정비되어 있으나 공식적으로는 거의 활용되지 않고 사문화되어 있다는 점이 두드러진 특징이다.

즉 불공정무역거래에 대해서는 수출자율규제나 약속제도와 같은 방법을 원용하는 사례가 많고 반면, 공정무역거래에 대해서는 산업피해를 구제하기 위한 조치가 단 한 차례도 실시된 바 없다.

이와 같은 사실은 일본산업에 피해를 끼치는 수입의 급증이 없었다기보다는 일본의 전반적인 수입관리체계가 치밀하여 특정 산업에 피해가 야기되기 전에 관련된 수입을 행정조치 등의 방법으로 효과적으로 관리하였기 때문인 것으로 풀이되고 있다. 나아가 외국과의 불가피한 통상마찰을 회피하기 위하여 이들 제도의 발동에 신중을 기하고 있는 것도 동 제도가 제대로 활용되지 않은 이유로 분석되고 있다.

5 우리나라 대외무역법상의 산업피해구제제도

I. 총설

우리나라는 1987년 7월 1일부터 대외무역법을 통해 공정무역거래상의 수입급증으로 인해 야기되는 국내산업에 대한 피해를 구제받을 수 있는 객관적이고도 공정한 제도를 구비하였다.

이 제도는 관세법에 규정된 외국의 불공정무역거래행위를 규제하는 반덤핑관세와 상계관세제도와 더불어 우리나라의 산업피해구제제도의 쌍벽을 이루고 있다.

특히 대외무역법상의 산업피해구제제도는 소극적 의미의 수입품에 대한 수량 및 품질제한과 함께 적극적 의미의 산업피해구제제도인 기술 및 생산성향상을 위한 직접적 지원제도와 공업발전법에 의한 산업합리화업종지원제도를 도입함으로써 과감한 수입자유화를 통한 우리나라 경제의 개방화에 능동적으로 대처하고 있다.

제도면에서도 기존의 행정조직체계와는 별도로 독립된 무역위원회의 신설을 통하여 판정의 객관성과 공정성을 확보하게 하는 획기적인 발전을 꾀하였다.

Ⅱ. 산업피해조사절차의 진행과정

1. 산업피해의 범위

외국으로부터의 수입이 증가하여 관련 국내산업이 다음의 하나에 해당하는 피해를 받는다고 인정하는 때에는 당해 국내산업에 이해관가 있는 자 및 당해 국내산업을 관장하는 관계행정기관장(이하, 이해관계자라 한다)은 무역위원회에 당해 특정물품의 수입 또는 무역 및 유통서비스의 공급(이하, 특정한 물품의 수입 등이라 한다)이 국내산업에 미치는 피해를 조사하여 줄 것을 신청할 수 있다.

① 특정한 물품의 수입의 증가로 인하여 동종의 물품 또는 직접적인 경쟁관계에 있는 물품을 생산하는 국내산업이 심각한 피해를 받거나 받을 우려가 있을 때, 이는 물품수입이 양적 증가로 이하여 동종의 국내산업이 피해를 입게 되는 경우를 말한다.

② 외국인(대한민국 법률에 의하여 설립된 법인으로서 그 주식 또는 지분의 2분의 1 이상을 외국인이 소유하고 있는 법인 포함)에 의한 무역 및 유통서비스의 공급증가로 인하여 동종의 무역 및 유통서비스를 공급하는 국내산업이 심각한 피해를 받거나 받을 우려가 있을 때, 이는 국내유통시장의 개방으로 인하여 무역업을 포함한 동종의 유통서비스업이 피해를 입게 되는 경우를 말한다.

③ 국내에서 보호되는 특허권, 실용신안권, 의장권, 상표권, 저작권, 저작인접권 · 프로그램저작권 및 반도체직접회로의 배치설계권을 침해하는 물품의 수입행위로 인하여 당해

물품과 직접적인 경쟁관계에 있는 물품을 생산하는 국내산업이 피해를 받거나 받을 우려가 있을 때, 이는 지적재산권을 침해하는 물품이 수입됨으로써 국내 지적재산권 관련법률에 의하여 보호되는 동종의 국내산업이 피해를 입게 되는 경우를 말한다.

2. 이해관계인의 범위

당해 국내산업에 이해관계가 있는 자라 함은 다음의 각 내용에 해당하는 자를 말한다.

① 당해 국내산업에서 차지하는 생산량 또는 업체수의 비중이 100분의 20이상인 생산자, 다만, 농림수산업인 경우에는 5인 이상의 당해 물품의 생산자를 말한다. 이 때 생산자의·범위에서 당해 물품의 상당량을 수입하는 생산자를 제외할 수 있도록 함으로써 영업활동에서 수입의 비중이 큰 생산자는 이해관계인에서 배제하고 있다.

② 당해 국내산업에서 차지하는 서비스의 공급액 또는 업체수의 비중이 100분의 20이상인 서비스의 공급자

③ 국내에서 보호되는 특허권, 실용신안권, 의장권, 상표권, 저작권, 저작인접권·프로그램저작권 및 반도체직접회로의 배치설계권을 침해하는 물품의 수입행위로 인하여 당해 물품과 직접적인 경쟁관계에 있는 물품을 생산하는 자인 경우에는 국내 관계법령에 의하여 보호를 받을 수 있는 자

④ 당해 국내산업의 생산자 또는 서비스의 공급자로 구성된 협회·조합 또는 산업별 노동조합

3. 산업피해조사의 신청

특정한 물품 등의 수입 등이 국내산업에 미치는 피해를 조사(이하, 산업피해조사라 한다)하여 줄 것을 신청하고자 하는 자(이하, 신청인이라 한다)는 다음의 각 사항을 기재한 신청서(이하, 신청서라 한다)에 필요한 증빙자료를 첨부하여 무역위원회에 제출하여야 한다.

① 당해 물품의 품명·규격·특성·용도 및 생산자명 또는 당해 서비스의 내용·종류·특성·용도 및 공급자명

② 당해 물품의 수출자·수입자·수입실적(물량 및 금액) 및 일정기간 동안의 예

상수입량 또는 당해 서비스의 공급자 · 공급받는 자 · 공급실적 및 일정기간 동안의 예상공급액

③ 국내의 동종 또는 직접적인 경쟁관계에 있는 물품의 품명 · 규격 · 특성 · 용도 및 생산자명 또는 서비스의 내용 · 종류 · 특성 · 용도 및 공급자명. 다만, 국내에서 보호되는 특허권, 실용신안권, 의장권, 상표권, 저작권, 저작인접권 · 프로그램저작권 및 반도체 직접회로의 배치설계권을 침해하는 물품의 수입행위로 인하여 당해 물품과 직접적인 경쟁관계에 있는 물품을 생산하는 국내산업이 피해를 받거나 받을 우려가 있을 때인 경우에는 당해 침해받는 권리 등과 그 내용을 기재한다.

④ 특정한 물품 등의 수입 등으로 국내산업이 심각한 피해를 받거나 받을 것으로 우려되는 사항

⑤ 당해 국내산업이 산업지원 관계법령에서 지원받고 있는 내용 및 정도

⑥ 당해 국내산업의 피해를 구제하기 위하여 요청되는 조치의 내용 · 정도 및 기간

⑦ 첨부한 자료를 비밀로 취급할 필요가 있는 경우에는 그 사유

III. 산업피해의 조사

1. 산업피해조사의 개시결정

무역위원회는 산업피해조사의 신청을 받은 때에는 관계행정기관의 장과 협의하여 그 신청일로부터 30일 이내에 조사의 개시 여부를 결정하여야 한다. 그러나 무역위원회는 산업피해조사의 개시 여부를 결정함에 있어서 다음의 하나에 해당하는 경우에는 조사의 개시를 하지 아니하는 것으로 결정할 수 있다.

① 신청서 및 증빙자료가 미비하여 기간을 정하여 신청인에게 이를 보완하도록 하였으나 신청인이 이에 불응하는 경우,

② 신청서 및 증빙자료를 심사한 결과 특정한 물품의 수입 등으로 인하여 국내산업이 심각한 피해를 받거나 받을 우려가 있다고 인정할 만한 사실이 발견되지 아니한 경우,

따라서 무역위원회는 산업피해조사의 개시 여부를 결정한 때에는 그 사실을 관보에

기재하고 신청인에게 그 내용을 통지하여야 한다.

2. 조사단 구성

무역위원회는 산업피해조사의 실시를 위하여 필요하다고 인정하는 때에는 다음에 해당하는 자로 조사단(이하, 조사단이라 한다)을 구성할 수 있다.

① 무역위원회 소속 공무원
② 당해 산업을 관장하는 관계행정기관의 소속 공무원
③ 당해산업과 관련있는 정부출연 연구기관 또는 단체의 임원 및 직원
④ 변호사·변리사 또는 공인회계사의 자격이 있는 자
⑤ 기타 산업·무역 및 국제경제에 관하여 학식과 경험이 풍부한 자

이러한 조사단을 구성하고자 할 때에는 관계행정기관의 장·정부출연 연구기관 또는 단체의 장 등에게 필요한 협조를 요청할 수 있으며, 조사단의 구성원에 대하여는 예산의 범위 안에서 사당이나 여비를 지급할 수 있다. 다만, 공무원이 그 소관업무와 직접적으로 관련하여 조사단의 구성원이 되는 경우에는 수당을 지급하지 아니한다.

3. 조사사항

조사단은 다음의 사항에 관한 조사를 한다.

① 수입수량 또는 서비스공급의 증가추이 및 그 요인
② 특정한 물품의 수입 등이 국내산업에 심각한 피해를 주거나 피해를 줄 것으로 우려되는 사항과 그 정도
③ 국내에서 보호되는 특허권, 실용신안권, 의장권, 상표권, 저작권, 저작인접권·프로그램저작권 및 반도체 직접회로의 배치설계권을 침해하는 물품의 수입행위로 인하여 당해 물품과 직접적인 경쟁관계에 있는 물품을 생산하는 국내산업이 피해를 받거나 받을 우려가 있을 때인 경우에는 당해 권리 등의 침해사실 여부 및 그로 인한 국내산업의 피해규모

④ 당해 국내산업의 국제경쟁력 현황과 전망, 국내업계의 국제경쟁력 향상을 위한 자구노력 정도

⑤ 당해 국내산업에 대한 효과적인 피해구제수단과 당해 조치가 수출관련산업·소비자의 이익 및 통상관계 등에 미치는 영향

⑥ 기타 무역위원회가 필요하다고 인정하는 사항

4. 조사의 실시

(1) 조사의 개시

무역위원회는 다음의 하나에 해당하는 때에는 공청회의 개최 등 대통령령이 정하는 바에 의하여 조사를 하여야 한다.

① 무역위원회가 이해관계인의 신청을 받아들여 관계행정기관의 장과 협의하여 국내산업 피해조사의 개시를 결정한 때

② 무역위원회의 고유기능에 의하여 "특정한 물품의 수입 등이 산업의 경쟁력에 미치는 영향의 조사" 결과 특정한 물품의 수입 등이 국내산업에 피해를 미친다고 인정한 때

(2) 조사방법

① 무역위원회는 산업피해조사를 위하여 필요하다고 인정할 때에는 관계행정기관의 장, 관련기관 또는 단체의 장 기타 이해관계인에게 자료의 제출을 요청할 수 있다. 이 경우 요청을 받은 자는 특별한 사유가 없는 한 이에 응하여야 한다.

② 무역위원회는 산업피해조사를 위하여 필요하다고 인정할 때에는 조사단을 교역상대국에 파견하여 국내로의 수출증대 가능성 등을 조사하게 할 수 있다.

③ 이해관계인의 의견의 진술이나 상반된 이해관계인과의 협의 등을 위하여 필요하다고 인정할 때에는 무역위원회의 요청에 의하여 공청회에 참석하는 증인 또는 참고인에 대하여는 예산의 범위 안에서 여비를 지급할 수 있다.

④ 이해관계인은 산업피해조사기간 중에는 언제든지 무역위원회에 국내산업에 미치는 피해의 유무 및 구제방안에 관하여 자기의 의견을 진술하거나 이를 서면으로 제출할 수 있다.

⑤ 무역위원회는 이해관계인이 신청인 또는 다른 이해관계인이 제출한 자료에 대하여 열람을 요청할 때에는 특별한 사유가 없는 한 이에 응하여야 한다. 이 경우 이해관계인의 자료열람요청은 그 사유 및 자료목록을 기재한 서면으로 하여야 한다.

5. 조사관련자료의 목적 외의 사용금지 및 영업상 비밀자료 취급

(1) 조사자료의 목적 외의 사용금지

무역위원회 및 조사단의 구성원은 당해 산업피해조사와 관련하여 이해관계인으로부터 취득한 자료나 인지한 사실을 산업피해조사 외의 목적으로 사용할 수 없다.

(2) 영업상 비밀자료 취급

신청인 또는 산업피해조사와 이해관계가 있는 자(이하, 이해관계인이라 한다)는 신청서 및 이와 관련하여 제출하는 자료가 다음의 하나에 해당하는 경우에는 이를 영업상의 비밀자료로 취급하여 줄 것을 무역위원회에 요청할 수 있으며, 이 경우 신청인 또는 이해관계인은 공개 가능한 요약서를 제출하여야 하며, 요약서 제출이 어려울 경우에는 그 사유서를 제출하여야 한다.

① 제조원가에 관한 자료

② 개별거래선의 명칭 · 주소 · 판매가격 및 거래량에 관한 자료

③ 생산공정 및 생산설비 또는 공표되지 아니한 회계에 관한 자료

④ 비밀정보제공자에 대한 자료

⑤ 기타 경쟁자에게 공개됨으로써 기업손실을 초래하는 등 비밀로 취급하는 것이 타당하다고 인정되는 자료

그리고 무역위원회는 신청인 또는 이해관계인으로부터 영업상 비밀자료로 취급하여

줄 것을 요청받은 때에는 영업상 비밀자료로 취급하여야 할 것인지의 여부를 결정하고, 그 결정 내용을 신청인 또는 이해관계인에게 통보하여야 한다. 이 경우 영업상 비밀자료는 제출한 자의 명시적인 동의 없이 산업피해조사 외의 목적으로 이를 공개하거나 열람하게 하여서는 아니 된다. 영업상 비밀자료의 신청 및 취급에 관하여 필요한 사항은 무역위원회가 정한다.

6. 조사의 종결 및 판정

⑴ 조사기간 및 판정

무역위원회는 조사를 개시한 때에는 그 조사의 개시일로부터 120일 이내에 당해 국내산업에 미치는 피해의 여부를 판정하여야 한다. 다만, 그 조사 내용이 복잡한 경우 또는 이해관계자가 정당한 사유를 제시하여 그 기간의 연장을 신청한 경우에는 120일의 기간내에서 조사 기간을 연장할 수 있다.

⑵ 조사기간 중 종결

무역위원회는 조사기간 중에 다음의 각 사유가 발생한 때에는 그 조사를 종결할 수 있다.

① 신청인이 산업피해조사의 신청을 철회한 때

② 국내에서 보호되는 특허권, 실용신안권, 의장권, 상표권, 저작권, 저작인접권·프로그램저작권 및 반도체 직접회로의 배치 설계권을 침해하는 물품의 수입행위로 인하여 당해 물품과 직접적인 경쟁관계에 있는 물품을 생산하는 국내산업이 피해를 받거나 받을 우려가 있는 경우, 신청인과 이해관계인간에 화해계약을 체결한 때

③ 무역위원회는 이와 같이 조사중에 종결을 한 때에는 그 사실을 관보에 게재하고 신청인에게 그 내용을 통지하여야 한다.

7. 산업피해유무의 판정시 검토사항

(1) 일반적인 경우의 검토사항

무역위원회는 산업피해조사 결과 국내산업이 미치는 피해의 유무를 판정할 때에는 다음의 각 사항을 검토한다.

① 수입수량 또는 외국인에 의한 서비스의 공급이 증가하고 있는지 여부

② 국내산업이 심각한 피해를 받고 있는지 여부
이 경우에는 판매, 생산성, 가동율, 이윤, 손실, 고용, 재고, 시장점유율 등의 변화를 고려하여 국내산업이 증대하고 전반적인 피해를 받고 있는지 여부를 평가하여야 한다.

③ 국내산업이 심각한 피해를 받을 우려가 있는지 여부
이 경우에는 위 ②에서와 같은 피해가 명백하게 급박한지 여부를 평가하여야 한다.

④ 국내에서 보호되는 특허권, 실용신안권, 의장권, 상표권, 저작권, 저작인접권·프로그램저작권 및 반도체 직접회로 배치설계권을 침해하는 물품의 수입행위로 인하여 당해 물품과 직접적인 경쟁관계에 있는 물품을 생산하는 국내산업의 판매감소, 손실의 발생 또는 그 우려 여부

⑤ 특정한 물품의 수입수량의 증가로 인한 경우에는 피해의 정도가 심각하거나 그 우려가 있는지의 여부

⑥ 당해 국내산업의 특성과 산업정책 및 관련산업과의 관계, 국내물가 및 소비자이익 등 국민경제에 대한 영향, 통상관계 기타 사회·문화적 요인

(2) 농림수산업의 피해에 대한 특별 검토

무역위원회는 수입에 의한 피해를 받은 국내산업이 농림수산업에 해당하는 경우에는 심각한 피해 유무를 판정함에서의 검토사항 및 심각한 피해우려 유무를 판정함에서의 검토사항에 관하여 농림수산업의 특성을 고려하여 관계행정기관의 장과의 협의를 거쳐 세부검토사항을 정할 수 있다.

8. 산업피해가 없는 경우의 통지 및 재조사신청

무역위원회는 산업피해조사를 실시한 결과 국내산업에 피해가 없다고 판정한 때에는 이해관계자에게 그 사실을 통지하여야 한다. 이러한 통지를 받은 경우 신청인은 재조사사유를 기재한 신청서에 관계증빙자료를 첨부하여 무역위원회에 재조사를 신청할 수 있으며 무역위원회가 재조사를 하기로 결정한 때에는 당초의 국내산업피해조사절차를 준용한다. 다만, 재조사를 실시하여야 하는 명백한 사유가 없는 한 무역위원회는 산업피해의 유무를 결정한 날부터 1년 이내에는 재조사의 결정을 할 수 없다.

Ⅳ. 피해구제조치의 건의 및 조치

1. 한시적 수입제한의 건의

무역위원회는 산업피해조사의 결과 국내산업에 미치는 피해가 있다고 판정한 때에는 그 판정일로부터 45일 이내에 관계행정기관의 장에게 일정한 기간을 정하여 다음의 하나에 해당하는 조치(이하, 구제조치라 한다)를 하여 줄 것을 건의할 수 있다. 무역위원회는 구제조치를 건의하고자 할 때에는 당해 국내산업을 관장하는 관계행정기관의 장, 당해 국내산업과 관련있는 협회·조합 등의 의견을 종합적으로 검토하여야 한다.

종전에는 구제조치의 건의를 산업자원부장관에게 하고 산업자원부장관이 그 구제조치를 하는 경우에 필요하다고 인정할 때에는 관계행정기관의 장에게 요청할 수 있도록 하였으나 1992년 12월 개정시에 무역위원회가 직접 관계행정기관의 장에게 건의할 수 있도록 함으로써 무역위원회의 기능을 제한적이나마 강화하고 그 구제조치의 신속성과 실효성을 높였다.

① 수입물품의 수량 제한

② 관세율의 조정

③ 관계법령의 규정에 의한 공업·농림수산업·광업·중소기업에 대한 기술 지원

i) 당해 국내산업의 보호 육성 또는 업종 전환 등을 위하여 정부가 출연하고

있는 각종 기금에서의 지원 또는 세제상의 지원

ii) 당해 국내산업의 근로자에 대한 재교육 또는 전직훈련

iii) 기타 정부가 출연하는 연구기관에 의한 기술개발의 지원 등

이러한 지원은 일시적 수입제한만이 아니라 당해 산업분야의 경쟁력 향상을 도모함으로써 수입물품과의 경쟁에서 우위를 점할 수 있도록 하는 산업정책적 지원일 수도 있고, 업종 자체가 경쟁력 확보가 어려운 사양산업이라고 판단될 경우에는 다른 부문으로의 업종전환, 그에 따른 노동력의 이동 등을 지원해 주는 제도이다.

④ 조사대상인 산업의 업종에 대한 공업발전법에 의한 합리화업종의 지정

⑤ 특정물품 또는 특정 무역업자에 대한 수입의 중지 또는 금지(지적재산권 침해의 경우에 한함)

⑥ 기타 국내산업의 구제를 위하여 대통령령이 정하는 다음의 조치

i) 국가안보 또는 국민의 생명·건강에 대한 위해 방지 등을 위한 조치

ii) 기타 국내산업의 피해를 구제하기 위하여 필요하다고 인정되는 조치

2. 관계행정기관의 장의 조치

(1) 구제조치여부 결정

관계행정기관의 장은 무역위원회의 구제조치 건의를 받은 때에는 그 건의를 받은 날로부터 45일 이내에 구제조치의 여부를 결정하여야 한다. 이 경우 당해 구제조치의 시행을 위하여 주요 이해당사국과 협의가 필요하거나 당해 구제조치의 시행을 위하여 특히 필요한 경우 그에 소요된 기간은 이에 포함하지 아니한다.

(2) 구제조치여부 결정시 고려사항

관계행정기관의 장은 구제조치를 하는 때에는 국제통상관계 및 국민경제에 대한 영향을 고려하여야 한다.

(3) 구제조치의 시행

1) 구제조치의 기간

구제조치의 내용이 수입물품의 수량제한, 관세율의 조정 등 수입제한일 때에는 그 기간은 4년 이내로 하여야 한다. 다만, 무역위원회가 재검토 결과 구제조치의 연장을 건의한 때에는 잠정조치를 포함한 구제조치의 총 기간이 8년을 초과하지 아니하는 범위에서 그 기간을 연장할 수 있다.

2) 구제조치의 완화

구제조치의 내용이 수입물품의 수량제한, 관세율의 조정 등 수입제한일 때에는 구제조치기간 동안에도 그 구제조치의 내용이 점차적으로 경감되도록 하여야 한다. 또한 그 중에서도 수입물품의 수량을 제한하는 경우에는 심각한 피해를 방지 또는 구제하기 위한 다른 수준이 명백하게 제시되지 아니하는 한 최근 대표적인 3년간의 수입수량의 평균이하로 제한할 수 없다.

이는 구제조치로서의 수입제한이라 하더라도 가능한 한 수입제한을 축소함으로써 이로 인한 대외통상마찰의 발생 등을 방지하기 위한 조치라고 할 수 있다. 그리고 수입물품의 수량제한 및 관세율 조정 등이 취하여진 수입물품과 동일한 수입물품에 대하여는 그 구제조치기간이 종료된 날부터 당해 구제조치가 시행되었던 기간만큼의 기간이 경과되기 전(구제조치가 시행되었던 기간이 2년 미만인 경우에는 2년이 경과되기 전)에는 다시 수입물품의 수량제한 및 관세율 조정 등의 구제조치를 할 수 없다. 다만, 당해 수입물품에 대한 구제조치가 취하여진 날부터 1년이 경과된 경우로서 최근 5년 동안에 2회 이내의 구제조치가 시행된 경우에는 시행기간을 180일 이내로 하여 구제조치를 할 수 있다.

(4) 구제조치의 해제

관계행정기관의 장은 구제조치를 한 경우 그 구제조치의 원인이 되는 사실이 소멸되는 등 해제하여야 할 사유가 있다고 인정하는 때에는 이를 해제하여야 한다. 이 경우 무역위원회의 의견을 들을 수 있다.

3. 잠정조치

(1) 잠정조치의 건의

무역위원회는 산업피해의 조사를 하는 기간 중이라도 긴급히 조치를 하지 아니하면 조사의 대상이 되는 산업이 회복할 수 없을 정도를 피해를 받거나 받을 우려가 있다고 인정하는 때에는 관계행정기관의 장에게 잠정적으로 관세후의 조정을 통한 구제조치(이하, 잠정조치라 한다)를 하여 줄 것을 건의할 수 있다. 이러한 잠정조치의 건의는 직권으로 또는 신청인의 신청에 의하여 할 수 있다.

그리고 무역위원회는 신청인으로부터 잠정조치의 건의신청을 받은 때에는 그 신청이 있는 날로부터 30일 이내에 잠정조치의 건의 여부를 결정하여야 한다. 다만, 조사내용이 복잡한 경우에는 30일의 범위내에서 그 기간을 연장할 수 있다.

(2) 잠정조치여부의 결정

관계행정기관의 장은 무역위원회의 잠정조치의 건의를 받은 때에는 조사대상이 되는 산업이 농림수산업인 경우에는 그 건의를 받은 날로부터 15일 이내에 잠정조치의 시행여부를 결정하여야 한다. 다만, 당해 잠정조치의 시행을 위하여 관계행정기관의 장·관련기관 또는 단체와의 협의 등 필요한 절차를 거쳐야 하는 경우 그에 소요되는 기간은 이에 포함하지 아니한다.

또한 일반적으로 당해 잠정조치의 시행을 위하여 주요 이해당사국과 협의가 필요하거나 당해 잠정조치의 시행을 위하여 특히 필요한 경우 그에 소요된 기간은 이에 포함하지 아니한다. 이 때에도 관계행정기관의 장은 잠정조치를 하는 때에는 국제통상관계 및 국민경제에 대한 영향을 고려하여야 한다.

(3) 잠정조치의 기간 및 효력상실

잠정조치의 기간은 조치일로부터 200일을 초과하여서는 아니되며, 그 잠정조치는 무역위원회가 산업피해조사 결과 산업피해가 없다고 판정하거나 또는 관계행정기관의 장이 결정한 피해구제조치가 효력을 발행한 날로부터 그 효력을 잃는다.

4. 재검토

(1) 구제조치내용의 변경 등의 건의

무역위원회는 관계행정기관의 장이 한 구제조치가 국내산업에 미치는 영향 및 효과 등을 검토하여 당해 구제조치의 내용의 변경·해제 또는 적용기간의 연장을 관계행정기관의 장에게 건의할 수 있다.

무역위원회는 재검토 결과 당해산업의 심각한 피해를 방지하거나 구제하기 위하여 조치의 변경 또는 적용기간의 연장이 필요하다고 인정하는 경우에는 구제조치기간 종료 45일 전까지 관계행정기관의 장에게 이를 건의할 수 있다.

(2) 구제조치내용의 변경 등의 여부결정

이러한 건의가 있을 때 관계행정기관의 장은 그 건의를 받은 날부터 45일 이내에 구제조치내용의 변경 등의 여부를 결정해야 하고(주요 이해당사국 등과 협의 등으로 필요한 경우 그에 소요되는 기간은 제외한다) 구제조치내용의 변경 등을 하는 때에는 국제통상관계 및 국민경제에 대한 영향을 고려하여야 한다.

(3) 재검토의 시기

무역위원회는 관계기관의 장이 행한 구제조치기간이 3년을 초과하는 경우에는 그 기간의 중간이 되는 날부터 소급하여 120일 이내에 당해 구제조치의 변경 또는 해제의 필요성을 재검토하여 그 변경 또는 해제의 건의 여부를 결정하여야 한다. 또한 무역위원회는 신청인으로부터 구제조치기간 종료 120일 전까지 신청이 있거나 무역위원회가 필요하다고 인정하는 경우에는 동 조치의 변경 또는 그 적용기간의 연장의 필요성을 재검토하여야 한다.

(4) 자료제출요청

무역위원회는 재검토 등을 위하여 필요하다고 인정하는 때에는 산업피해조사 대상이 되었던 국내산업을 관장하는 관계행정기관의 장 · 관련기관 또는 단체에 대하여 수입실적이나 국내산업의 생산동향에 관한 자료의 제출을 요청할 수 있다.

6 섬유 및 의류에 대한 수입제한 조치

Ⅰ. 배경

산업자원부장관은 섬유 및 의류의 수입증가로 인하여 동종의 물품 또는 직접적인 경쟁관계에 있는 물품을 생산하는 국내 산업이 심각한 피해를 받거나 받을 우려가 있을 때에는 수입제한 조치를 할 수 있다. 이러한 수입제한 조치를 하는 경우 그 대상품목, 대상국가, 제한범위 및 조사절차는 대통령령에서 정한다. 우루과이라운드 협상에서는 궁극적으로 섬유제품의 무역도 GATT체제에 복귀시키기로 하고 WTO 협정의 부속문서로서 “섬유 및 의류에 관한 협정”을 체결하였다.

즉, UR협상결과 MFA 규제를 철폐하고 GATT에 완전히 통합시키는 시기는 2005년 1월 1일로 규정되었다. 따라서 MFA 및 MFA의 모든 제한은 WTO 설립협정이 발효하여 제121번째가 되는 달의 첫 번째 일자(2005년 1월 1일)에 종료되며, 동 일자에 섬유와 의류분야는 완전히 GATT 1994에 통합된다(제9조). 이 협정의 발효 예정일인 1995년 1월 1일을 기준으로 할 때 경과기간은 10년인 바, 이는 12년 내외를 주장한 주요 섬유수입 선진국의 입장과 6~8년을 주장한 인도, 파키스탄 등 수출국의 입장이 절충된 것이라 할 수 있다

동 협정은 아직 GATT에 복귀하지 않은 품목의 수입급증으로 인하여 자국내 섬유산업의 피해가 발생하거나 발생할 우려가 있을 경우 특정국을 대상으로 쿼터설정과 같은 수입규제조치를 할 수 있도록 하고 있다. 따라서 우리나라도 일반상품에 대한 긴급수입제한 제도와 별도로 섬유 및 의류에 대한 긴급수입제한 제도를 1995년 7월부터 도입하게 되었다.

II. 주요 수입제한조치 내용

1. 대상품목

섬유 및 의류에 대한 긴급수입제한조치 적용대상이 되는 품목은 섬유 및 의류에 관한 협정부속서에 규정된 것으로 한다. 다만, GATT(1994)체제로 복귀되는 품목은 제외한다.

2. 섬유 및 의류 산업의 피해조사

산업자원부장관은 섬유 및 의류 품목의 수입제한조치를 하고자 하는 경우에는 이해관계인의 신청 또는 직권으로 무역위원회에 국내산업의 피해를 조사하여 줄 것을 요청할 수 있다. 무역위원회가 이와 같이 조사요청을 받은 경우에는 일반 품목의 산업피해조사규정에 준하여 국내산업피해 여부를 조사할 수 있다.

3. 판정결과의 통보

무역위원회는 섬유 및 의류산업의 피해조사를 한 때에는 15일 이내에 그 결과를 산업자원부장관에게 통보하여야 한다.

4. 수입제한조치 여부의 결정 및 이해관계국과의 협의

⑴ 수입제한조치 여부의 결정

산업자원부장관은 무역위원회로부터 국내산업에 미치는 피해가 있다고 통보를 받은 때에는 그 통보를 받은 날부터 45일 이내에 수입제한조치의 여부를 결정하여야 한다. 다만, 이해당사국과의 협의 또는 수입제한조치의 시행을 위하여 필요한 때에는 30일의 기간 내에서 그 기간을 연장할 수 있다.

⑵ 수입제한조치여부의 결정시 고려사항

산업자원부장관은 수입제한조치의 시행여부를 결정할 때에는 국민경제에 미치는 영향 및 국제통상관계를 참작하여야 한다.

⑶ 이해관계국과의 협의

산업자원부장관은 수입제한조치의 여부를 결정한 경우에는 미리 그 수입제한조치로 인하여 영향을 받게 될 국가와 협의를 하여야 한다. 다만, 긴급한 조치를 하지 아니하면 해당산업이 회복할 수 없을 정도의 피해를 받거나 받을 우려가 있다고 인정하는 경우에는 해당국가의 협의없이 수입제한조치하되 그 조치일로부터 5일 이내에 해당국가에 협의요청을 하고 세계무역기구(WTO) 섬유감시기구에 이를 통보하여야 한다. 동 협의에서 산업의 피해효과를 제거하기 위한 적절한 조치에 대하여 상호협의가 이루어진 경우에는 산업자원부장관은 그 조치로서 수입제한조치가 취하여진 것으로 갈음할 수 있다.

섬유 등에 대한 수입제한조치의 경우에는 일반품목과는 달리 특정국에 대하여 차별적으로 수입제한조치를 적용할 수 있기 때문에 해당국과의 마찰을 줄이기 위하여 협의를 하도록 하고 있는 것이다.

5. 수입제한조치의 시행

산업자원부장관은 수입제한조치의 대상국가를 지정하여 국가별로 수입제한조치를 발동할 수 있다. 이때 산업자원부장관은 섬유 및 의류에 관한 협정 제6조 6항의 규정에 의한 개별국가의 이해를 특별히 참작하여야 한다. 산업자원부장관은 이러한 수입제한조치를 하는 경우 최초 1년간의 수입수준은 당해 국가에 협의를 요청한 달 이전 2월부터 소급하여 12월 동안 해당국가로부터 수입한 양 이상이어야 하며, 동조치가 1년 이상 지속될 경우 최초 1년이 경과한 이후의 기간 동안에는 수입량이 매년 6% 이상씩 증가되도록 하여야 한다.

다만, 수입제한 수준에 대하여 WTO 섬유감시기구에 의하여 달리 정당화되는 경우에는 수입량의 증가폭을 6% 미만이 되도록 할 수 있다.

동 섬유 및 의류품목에 대한 수입제한기간은 3년을 초과할 수 없으며, 수입제한조치가 시행되는 기간 중에 당해 품목이 GATT(1994)체제로 복귀되는 경우에는 산업자원부장관은 지체없이 수입제한조치를 해제하여야 한다.

6. 재검토

무역위원회는 수입제한조치가 국내산업에 미치는 영향 및 효과분석 등을 재검토하여 수입제한조치의 내용을 변경하거나 이를 존속시킬 필요가 없다고 판단될 경우에는 이의 변경 또는 해제를 산업자원부장관에게 건의할 수 있다. 동 건의가 있는 경우 산업자원부장관은 그 건의를 받은 날부터 30일 이내에 수입제한조치의 변경 또는 해제 여부를 결정하여야 한다.

7. 관계기관의 협조요청

산업자원부장관은 섬유 및 의류 품목의 수입제한조치를 하는 경우에 해당품목의 수입통관감시 등을 위하여 필요한 때에는 관계기관에 협조를 요청할 수 있다.

【그림 Ⅰ-4】 우리나라의 산업피해구제 절차도

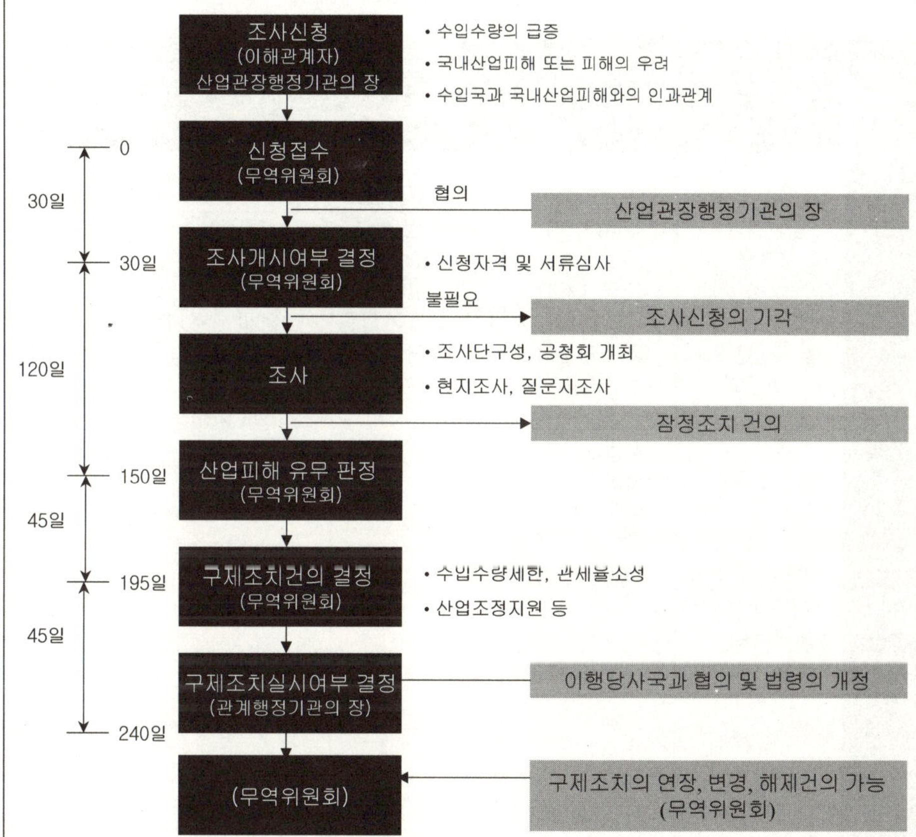

* 복잡한 경우 120일 이내 조사기간 연장가능.

** 구제조치 여부 결정시 이해당사국과 협의, 법령의 개정 등 준비조치가 필요한 경우 그 에 소요되는 기간은 포함되지 않음.

【표 Ⅰ-14】 주요국의 산업피해구제기관 비교

	미국 국제무역위원회 (USITC)	캐나다 국제무역조사위원회 (CITT)	호주 산업지원위원회 (IAC)	EU EU집행위원회 (DGI)	한국 무역위원회 (KTC)
성 격	대통령산하 독립규제위원회	재무부 산하 독립규제위원회	상공기술성 소속 자문위원회		산업자원부 소속 준독립행정위원회
위 원 인 원	6명(상임) 472명 (3국 14실 24과)	9명(상임) 100명 (3국 13과)	9명(상임) 260명 (2국 2실 12과)	17명 100명 (1국 1실)	7명(상임 1명) 50명 (1실 1담당관 4과)
기 능	▸산업피해조사 및 구제건의 • 수입급증 •덤핑(보조금 지급) •지적소유권 등 불공정 수입 ▸무역 및 관세제도 조사·연구 •산업교역상품 모니터링	▸산업피해조사 및 구제건의 •수입급증 •덤핑(보조금 지급) •서비스 ▸경제, 무역, 관세문제에 관한 일반적 조사	▸산업지원업종 및 수단건의 * 반덤핑(상계)관세 부과조치는 호주 관세성과 반덤핑청에서 담당	▸산업피해조사 및 구제건의 •수입급증 •덤핑(보조금 지급)	▸산업피해조사 및 구제건의 •수입급증 •덤핑(보조금 포함) 수입 •지적소유권 피해 등 불공정 수입 •무역 및 유통 서비스 공급 급증 ▸수입이 산업경쟁력에 미치는 영향의 조사분석 ▸국제무역제도 및 경쟁사례조사 ▸불공정수출입 행위조사
구 제 수 단	관세, 수량규제 및 무역조정지원 등	관세 및 수량 규제	산업조정지원 및 수량규제	관세 및 수량 규제	관세, 수량 규제 및 산업조정 지원

객관식 연습문제

【문 159】 특정물품의 수입증가 등에 의한 국내산업피해의 조사신청사유에 속하지 않는 것은?

① 특정물품의 수입증가로 인하여 동종 또는 유사물품을 생산하는 국내산업이 실질적인 피해를 받거나 받을 우려가 있을 때

② 특정물품의 수입증가로 동종물품 또는 직접적 경쟁관계에 있는 물품을 생산하는 국내산업이 심각한 피해를 받거나 받을 우려가 있을 때

③ 외국인에 의한 무역 · 유통서비스의 공급증가로 인하여 동종무역 · 유통서비스 또는 직접적인 경쟁관계에 있는 무역 · 유통서비스를 공급하는 국내산업이 심각한 피해를 받거나 받을 우려가 있을 때

④ 국내에서 보호되는 특허권 침해물품의 수입으로 인하여 당해물품과 직접적인 경쟁관계에 있는 물품을 생산하는 국내산업이 피해를 받거나 받을 우려가 있을 때

⑤ 국내에서 보호되는 상표권 · 저작권 등을 침해하는 물품의 수입으로 인하여 당해물품과 직접적인 경쟁관계에 있는 물품을 생산하는 국내 산업이 피해를 받거나 받을 우려가 있을 때

해설 심각한 피해를 받거나 받을 우려가 있어야 한다. 반덤핑관세 및 상계관세 조사대상은 실질적인 피해를 받거나 받을 우려가 있는 때 구성요건에 해당한다. 양자 구별에 유의하여야 한다.

【문 160】 산업피해 조사대상으로서의 국내에서 보호되는 지적재산권의 범위에 속하지 않는 것은?

① 특허권 · 실용신안권 ② 의장권 · 상표권
③ 저작권 · 저작인접권 ④ 프로그램 저작권 ⑤ 정보재산권

해설

반도체 직접회로 배치설계권은 보호되나 영업기밀권?데이터베이스권?뉴미디어권 등 소위 정보재산권은 보호대상에 포함되지 않는다.

【문 161】 특정물품의 수입증가로 국내산업에 피해가 발생할 때, 국내산업에 이해관계가 있는 자는 피해조사신청을 할 수 있다. 여기서 국내산업에 '이해관계가 있는 자'가 아닌 것은?

① 국내산업에서 차지하는 생산량 또는 업체수의 비중이 100분의 20이상인 생산자
② 국내산업에서 차지하는 서비스 공급액 또는 업체수의 비중이 100분의 20 이상인 서비스 공급자
③ 국내생산자 또는 공급자로 구성된 협회·조합 또는 산업별 노동조합
④ 국내산업에서 차지하는 생산량 또는 업체수의 비중이 100분의 10이상인 생산자
⑤ 국내에서 보호되는 특허권 등의 법령에 의하여 보호를 받을 수 있는 자

해설

100분의 20이상인 생산자 또는 100분의 20이상인 서비스 공급자를 국내산업에 이해관계가 있는 자로 본다. 다만 농림수산업인 경우에는 5인 이상의 당해물품의 생산자를 말한다.

【문 162】 농림수산품의 수입증가로 국내산업에 피해가 발생할 때 이해관계가 있는 자의 범위로 맞는 것은?

① 5인 이상의 당해물품의 생산자 ② 10인 이상의 당해물품의 생산자
③ 15인 이상의 당해물품의 생산자 ④ 20인 이상의 당해물품의 생산자
⑤ 30인 이상의 당해물품의 생산자

해설

시행령 제61조 제1호 단서 규정

【문 163】 특정물품의 수입증가 등에 의한 국내산업피해조사의 개시여부에 대한 결정기관으로 맞는 것은?

① 산업자원부 ② 무역위원회
③ 무역분쟁조정위원회 ④ 한국무역협회 ⑤ 관세청

해설 조사 및 판정, 구제조치의 건의 등 전반에 관한 권한이 무역위원회의 소관사항이다.

【문 164】 특정물품의 수입증가 등에 의한 국내산업 피해조사 신청에 대하여 무역위원회는 그 신청일로부터 ( )일 이내에 조사개시여부를 결정하여야 한다. 괄호 안에 들어갈 내용으로 맞는 것은?

① 20 ② 30 ③ 40 ④ 50 ⑤ 60

해설 법 제27조

【문 165】 무역위원회가 국내산업에 대한 피해조사를 개시한 때 그 조사의 개시일부터 (가)일 이내에 당해국내 산업에 미치는 피해유무를 판정하여야 한다. 단, 조사내용이 복잡하거나 신청인이 정당사유를 제시하여 기간 연장을 신청한 경우에는 (나)일의 범위 내에서 조사기간을 연장할 수 있다. 괄호 안에 들어갈 내용으로 맞는 것은?

① 가 : 90 나 : 120 ② 가 : 100 나 : 120
③ 가 : 120 나 : 120 ④ 가 : 60 나 : 90
⑤ 가 : 120 나 : 150

해설 법 제27조 ②항

【문 166】 특정물품의 수입증가로 국내동종산업에 심각한 피해가 발생할 때 신청인 또는 이해관계인은 조사관련 자료제출 요구시 이에 응하여야 한다. 다음 중 제출된 조사관련자료가 영업상 비밀자료의 취급대상으로 볼 수 없는 것은?

① 제조원가에 관한 자료
② 비밀정보제공자에 관한 자료
③ 경쟁자에게 공개됨으로써 기업손실을 초래할 자료
④ 생산공정 · 생산설비 또는 미공표된 회계자료
⑤ 매출액 · 영업이익에 관한 자료

해설 개별거래선의 명칭, 주소, 판매가격 및 거래량에 관한 자료는 포함되나 ⑤는 영업상 비밀자료에 속하지 않는다. (시행령 제67조)

【문 167】 국내산업피해유무의 판정시 검토사항 내용으로 틀린 것은?

① 수입수량이나 외국인에 의한 서비스 공급이 증가하고 있는지의 여부
② 국내산업이 심각한 피해를 받고 있는지의 여부
③ 국내산업이 심각한 피해를 받을 우려가 있는지의 여부
④ 특정물품의 수입 등이 관련국내산업의 심각한 피해 또는 피해우려의 원인이 되는지의 여부
⑤ 수입수량이나 외국인에 의한 서비스공급이 절대적 또는 상대적으로 증가하고 있는지의 여부

해설 시행령 제69조 ①항 1호, 절대적•상대적 증가 여부는 고려사항이 아니다.

【문 168】 특정물품의 수입증가로 국내산업이 심각한 피해를 받고 있는지의 여부를 검토함에 있어서 고려요인이 아닌 것은?

① 판매동향　② 시장점유율　③ 가동율변화
④ 재고　⑤ 주가변동추이

해설 ① 내지 ④이외에도 생산 • 생산성 • 이윤 • 손실 • 고용 등의 변화를 고려하여 국내산업이 중대하고 전반적인 피해를 받고 있는지 여부를 평가한다. ⑤의 주가변동추이는 직접적인 고려대상이 아니다.

【문 169】 특정물품의 수입증가로 국내산업이 심각한 피해를 받을 우려가 있는지의 여부를 검토함에 있어서 고려사항으로 맞는 것은?

① 피해우려가 명백하고 급박하다.
② 잠재적으로나마 피해우려가 예측된다.
③ 피해우려가 잠재적으로 임박하다.
④ 피해우려가 중대하다.
⑤ 피해우려가 명백하다.

해설 WTO협정 제4조 및 시행령 제69조 ③항에 의하면 ①과 같은 상황존재가 충족되어야만 한다.

【문 170】 산업피해 구제제도와 관련한 다음의 사항들이 서로 잘못 연결된 것은?

① 광의의 산업피해구제조치 - 한시적 수입제한
② 소극적 산업피해구제조치 - 관세율의 조정
③ 적극적 산업피해구제조치 - 수입물품의 수량제한
④ 불공정무역에 의한 산업피해구제조치 - 반덤핑관세
⑤ 공정무역에 의한 산업피해구제조치 - 세이프가드

해설 적극적 산업피해구제조치는 수입물품의 자국관세영역 통과후 국내산업에 미치는 부정적 영향을 국가의 재정부담에 의하여, 즉 금융과 세제상의 지원, 기술지원, 근로자의 직종전환 및 재훈련 등을 통하여 구제한다. 따라서 소극적 산업피해구제조치인 관세?비관세조치에 의한 피해구제와는 구별된다.

【문 171】 국내 산업피해의 구제를 위한 적극적인 행정구제조치와 거리가 먼 것은?

① 기술지원 ② 세제지원 ③ 근로자재교육
④ 기술개발지원 ⑤ 관세율조정

해설 【문 180】 해설참조

【문 172】 국내산업피해의 구제를 위한 소극적인 행정구제조치의 내용으로 옳은 것은?

① 수입물품의 수량제한 ② 근로자전직훈련
③ 세제상의 지원 ④ 기술개발지원
⑤ 금융지원

해설 【문 180】 해설참조

【문 173】 1999년, 우리나라는 380%의 고율관세를 물고도 12,000톤의 마늘이 중국으로부터 수입되어 국내마늘 가격이 kg당 3,000원 대에서 1,400원 대로 급락하여 마늘 농가의 피해가 극심하였다. 이러한 상황에서 취할 수 있는 마늘 농가의 피해구제조치로 맞는 것은?

① 반덤핑관세부과조치 ② 상계관세부과조치 ③ 긴급관세부과조치
④ 계절관세부과조치 ⑤ 할당관세부과조치

해설 공정무역에 의한 산업피해구제조치인 ③의 조치가 정답이다. ①과 ②는 불공정무역에 의한 구제조치의 표본이며, ④와 ⑤는 설문과 직접적인 관계가 없다.

【문 174】 대외무역법에 의한 산업피해구제조치의 최고한도는?

① 4년 ② 3년 ③ 2년 ④ 5년 ⑤ 8년

해설 원칙적으로 구제조치의 한도는 4년이나 무역위원회의 요청이 있을 때에는 8년을 초과하지 아니하는 범위 안에서 그 기간을 연장할 수 있다.

【문 175】 중국으로부터 참깨 수입이 급증함에 따라 무역위원회가 긴급히 조사단을 구성하여 피해유무를 조사하던 중, 긴급히 구제조치를 취하지 아니하면 참깨 농가가 회복할 수 없을 정도로 피해를 받을 우려가 있다고 판단하는 경우의 구제조치로 타당한 것은?

① 긴급조치 ② 잠정조치 ③ 소급조치
④ 별도조치 ⑤ 특별조치

해설 법 제29조, 잠정조치에 의한 한시적 수입제한 조치를 취할 수 있다.

【문 176】 산업피해구제를 위한 잠정적인 구제조치의 기간은 조치일로부터 ( )을 초과하여서는 않된다. 괄호 안에 들어갈 내용으로 옳은 것은?

① 100일 ② 150일 ③ 200일 ④ 300일 ⑤ 90일

해설 시행령 제75조 ④항

【문 177】 섬유 및 의류의 수입증가로 인하여 동종물품 또는 직접적인 경쟁관계에 있는 물품을 생산하는 국내산업이 심각한 피해를 받거나 받을 우려가 있을 때 수입제한조치를 취할 수 있는 근거협정으로 맞는 것은?

① MFA ② OMA ③ MIA ④ MSA ⑤ GATT

해설 ①은 다섬유협정 ②는 시장질서유지협정 ③은 다투자협정 ④는 다철강협정 ⑤는 관세•무역일반협정으로 ②내지 ⑤는 설문과 무관하다.

【문 178】 WTO의 '섬유 및 의류에 관한 협정'에 따라 섬유류 무역에 관한 제한은 원칙적으로 ( )년부터 수입제한 조치를 취할 수 없다. 괄호 안에 들어갈 내용으로 맞는 것은?

① 2003 ② 2004 ③ 2005 ④ 2006 ⑤ 2007

해설 섬유무역은 2005년부터는 MFA규제를 철폐하고 GATT 1994체제로 완전히 복귀된다.

【문 179】 섬유 및 의류품목에 대한 수입제한기간의 최고한도는?

① 2년 ② 3년 ③ 1년 ④ 4년 ⑤ 5년

해설 시행령 제80조 ④항

【문 180】 섬유 및 의류에 대한 수입제한조치와 관련한 다음의 설명으로 틀린 것은?

① 국민경제에 미치는 영향을 고려하여 결정하여야 한다.
② 국제통상관계를 참작하여 결정하여야 한다.
③ 미리 이해관계국과의 협의를 거쳐 결정하여야 한다.
④ 수입제한조치를 취할 경우 10일 이내에 WTO섬유감시기구에 통보하여야 한다.
⑤ 긴급한 경우 이해관계국과 협의 없이도 수입제한조치를 취할 수 있다.

해설 ④의 경우 5일 이내에 WTO 관련기구에 통보하여야 한다.

【문 181】 종합무역상사로 지정된 자가 지정기준에 적합하지 아니하게 된 때에는 그 지정을 취소하게 되어 있다. 다음 중 지정취소시에 거쳐야 하는 절차로 맞는 것은?

① 청문절차 ② 조정절차 ③ 중재절차 ④ 심문절차 ⑤ 협의절차

해설 법 제49조, 청문절차를 통하여 의견진술의 기회를 제공하고 있다.

【문 182】 WTO 섬유 및 의류협정의 주요내용 중 그 내용이 틀린 것은?

① 섬유무역감시기구 설치
② 섬유류에 대한 우회수출금지
③ 섬유류 무역에 대한 GATT 일반원칙 적용
④ 협정대상품목의 WTO에의 즉각 통합
⑤ WTO협정 미적용 품목의 기준협정적용

해설 각국은 WTO 발효일로부터(1995. 1. 1) 10년간을 과도기간으로 설정하고 동 과도기간 중 3회에 걸쳐 1990년 기준으로 협정대상품목 총 수입량의 51% 이상을 자유화하여야 한다. (WTO섬유협정 제2조)

【문 183】 다음에 열거된 지적재산권 중 산업재산권에 속하는 것은?

① 특허 · 의장 · 실용신안 · 상표 및 지리적 표시
② 저작권, 저작인접권
③ 지적생산물에 대한 소유권
④ 유전공학, 전자 및 정보산업
⑤ 데이터베이스권, 신방송매체권

해설 ②는 저작권이다. ③은 산업저작권이다. ④는 첨단산업재산권이다. ⑤는 정보재산권이다.

해답

159	①	160	⑤	161	④	162	①	163	②	164	②	165	③	166	⑤	167	⑤	168	⑤
169	①	170	③	171	⑤	172	①	173	③	174	⑤	175	②	176	③	177	①	178	③
179	②	180	④	181	①	182	④	183	①										

13

대외무역법상의 행정법

1 행정벌의 의의 및 성질

Ⅰ. 행정벌의 의의

대외무역법에 벌칙을 규정한 것은 무역행정 본래의 목적을 보장하고 실현하기 위하여 대외무역법 또는 이 법에 의하여 발한 명령이나 제 금지규정에 위반한 행위를 제재하기 위한 것이다.

원래 행정의 목적을 달성하기 위하여 국가는 공익을 위해서는 그 통치권력으로서 개인의 자유·재산까지도 통제를 가하고 징벌을 과하는 전반적인 규정을 설정할 필요가 있다.

특히, 대외무역법은 그 성격에 있어서 2국간 또는 그 이상의 다수국가간에서 이루어지는 대외적인 상거래를 규제하고 있다는 점에서 볼 때 국가 전체의 이미지에 미치는 영향 등을 고려하여 벌칙위반자에 대한 강력한 제재를 가하고 있다.

이와 같이 무역행정상의 목적을 실현하기 위하여 후술하는 바와 같이 대외무역법은 국민에 대하여 여러 가지의 명령·금지를 가하고 이에 따라야 할 의무를 부과하고 있다.

아울러 그 의무의 이행을 담보하여 무역행정법규의 실효성을 확보하고자 그 의무위반에 대하여 일정한 제재를 과할 수 있도록 많은 벌칙조항을 두고 있다.

이처럼 행정법상의 의무위반에 대하여 과하여지는 제재를 통상 '행정벌'이라고 한다. 그리고 행정벌이 과하여질 비행을 '행정범'이라고 부른다.

II. 행정벌의 성질

행정벌은 일정한 의무위반에 대한 제재로서 과하여지는 처벌이라는 점에서 다른 종류의 처벌과 조금도 다름이 없다.

그러나 행정벌은 그 성질상 징계벌·집행벌 및 형사벌과는 다르다.

III. 행정벌의 근거

행정벌은 처벌이라는 관점에서 볼 때 형벌과 다름이 없으며 따라서 법률의 근거없이는 행정벌을 과할 수 없다. 더욱이 행정벌법규의 소급입법이 허용되지 아니함은 일반형벌법규의 경우와 동일하다.

법률은 행정벌법규의 제정을 행정입법에다 위임할 수도 있다.

한편, 대외무역법은 벌칙개정권을 위임함에 있어서 명령에 개별적 위임을 하고 있다. 즉, 산업자원부장관은 대외무역법에 의하여 발하는 명령에 위반한 무역업자 등에 대하여 일정한 제재를 가하고 있다.

2 행정벌의 종류

Ⅰ. 행정질서벌

1. 과태료부과의 통지 및 의견진술

산업자원부장관이 대외무역법 제60조 1항~2항에 의한 과태료를 부과할 때에는 당해 위반행위를 조사 · 확인한 후 위반사실과 과태료 금액 등을 서면으로 명시하여 이를 납부할 것을 과태료처분 대상자에게 통지하여야 한다. 그리고 산업자원부장관이 과태료를 부과하고자 할 때에는 10일 이상의 기간을 정하여 과태료 처분대상자에게 구술 또는 서면에 의한 의견진술의 기회를 주어야 한다. 이 경우 지정된 기일까지 의견진술이 없는 때에는 의견이 없는 것으로 본다.

이러한 과태료를 부과 · 징수함에 있어서는 당해 위반행위의 동기와 그 결과 등을 참작하되, 부과금액은 【표 Ⅰ-15】와 같다.

【표 Ⅰ-15】 위반행위의 종별 및 과태료 금액

(단위 : 만 원)

처분대상자	과태료금액 기준		3차
	1차	2차	
1. 대외무역법 제41조 제2항의 규정에 위반하여 관련되는 서류를 제출하지 아니한 자	50	500	2,000
2. 대외무역법 제41조 제3항의 규정에 의한 사실조사를 거부·방해 또는 기피한 자	30	300	1,500
3. 대외무역법 제50조 제1항의 규정에 의한 보고를 하지 아니하거나 허위			

의 보고를 한 자 가. 수출입사후관리보고 불이행자 나. 산업피해조사관련보고 불이행자 다. 기타	 50 30 10	 500 300 100	 2,000 1,500 1,000
4. 대외무역법 제50조 제2항의 규정에 의한 검사를 거부·방해 또는 기피한 자	50	500	1,500
5. 원산지의 표시를 하여야 할 물품을 수입하여 분할·재포장 또는 단순제조가공을 거쳐 거래하거나 낱개 또는 산물로 거래함에 있어서 대외무역법 제23조 1항의 규정에 의한 원산지의 표시를 하지 아니한 상태로 판매를 목적으로 유통시킨 무역거래자 또는 판매업자(다만, 농수산물의 경우는 농림부장관, 해양수산부장관이 각각 고시한 기준에서 정한 과태료를 적용한다)	당해물품의 판매 및 양도장소에서 원산지 표시를 하지 아니하고 유통시킨 물량(판매를 위한 창고저장물량과 이미 판매된 물량 중 확인 가능한 물량을 포함한다)에 현지의 실거래가격을 곱한 금액 또는 30만원 중 많은 금액	당해 물품이 판매 및 양도장소에서 원산지 표시를 하지 아니하고 유통시킨 물량(판매를 위한 창고저장물량과 이미 판매된 물량 중 확인 가능한 물량을 포함한다)에 현지의 실거래가격을 곱한 금액 또는 300만원 중 많은 금액	1,000
6. 대외무역법 제23조 제4항의 규정에 의한 검사를 거부·방해 또는 기피한 자 (다만, 농수산물의 경우는 농림부장관·해양수산부장관이 각각 고시한 기준에서 정한 과태료를 적용한다.	당해물품의 판매 및 양도장소에서 원산지표시를 하지 아니하고 유통시킨 물량(판매를 위한 창고저장물량과 이미 판매된 물량 중 확인 가능한 물량을 포함한다)에 현지의 실거래가격을 곱한 금액 또는 10만원 중 많은 금액	당해물품의 판매 및 양도장소에서 원산지표시를 하지 아니하고 유통시킨 물량(판매를 위한 창고저장물량과 이미 판매된 물량 중 확인 가능한 물량을 포함한다)에 현지의 실거래가격을 곱한 금액 또는 100만원 중 많은 금액	1,000

비고 : 1. 위반행위의 횟수에 따른 과태료의 부과기준은 최근 5년간 같은 위반행위를 한 경우에 적용한다.

2. 제5호 및 제6호의 규정에 의한 과태료의 금액은 1천만원을 초과하지 못한다.

2. 과태료에 대한 불복

산업자원부장관이 한 과태료처분에 불복이 있는 자는 그 처분이 있음을 안 날부터 30일 이내에 산업자원부장관에게 이의를 제기할 수 있다. 이와 같이 과태료처분을 받은 자가 이의를 제기한 때에는 산업자원부장관은 지체없이 관할 법원에 그 사실을 통보하여야 하며, 그 통보를 받은 관할법원은 비송사건절차법에 의한 과태료의 재판을 한다.

이 기간 내에 이의를 제기하지 아니하고 과태료를 납부하지 아니한 때에는 국세체납처분의 예에 의하여 이를 징수한다.

Ⅱ. 행정형벌

대외무역법에 의한 징역 또는 벌금을 과하는 행정형벌은 형사소송법에 의하여 집행하게 된다.

1. 5년 이하의 징역 또는 물품가격의 3배에 상당하는 벌금에 처할 자

다음 각 호의 1에 해당하는 자는 5년 이하의 징역 또는 수출·수입하는 물품의 가격의 3배에 상당하는 금액이하의 벌금에 처한다.

① 법 제5조(무역에 관한 제한 등 특별조치) 각 호의 1의 규정에 의한 수출 또는 수입의 제한이나 금지조치를 위반한 자

법 제5조 각 호의 1의 규정은 산업자원부장관으로 하여금 다음 각 호의 1에 해당하는 때에는 대통령령이 정하는 바에 의하여 물품의 수출·수입을 제한하거나 금지할 수 있다.

i) 우리나라 또는 우리나라의 무역의 상대국(이하 "교역상대국"이라 한다)에 전쟁·사변 또는 천재·지변이 있을 때

ii) 교역상대국이 조약과 일반적으로 승인된 국제법규에서 정한 우리나라의 권익을 부인할 때

iii) 교역상대국이 우리나라의 무역에 대하여 부당하거나 차별적인 부담 또는 제한을 가할 때

iv) 헌법에 의하여 체결·공포된 무역에 관한 조약과 일반적으로 승인된 국제법규에서 정한 국제평화와 안전유지 등의 의무의 이행을 위하여 필요한 때

v) 인간의 생명·건강 및 안전, 동물·식물의 생명 및 건강, 환경보전 또는 국내자원보호를 위하여 필요한 때

② 허위 기타 부정한 방법으로 제21조 제1항의 규정에 의한 전략물자 수출허가를 받거나, 수출허가를 받지 아니하고 전략물자를 동조 제2항의 규정에 의하여 산업자원부장관이 공고하는 수출이 제한되는 지역으로 수출한 자

③ 제40조(수출입물품가격의 조작금지)의 규정에 위반하여 물품의 수출·수입의 가격을 조작한 자

④ 제43조 제1항(수출입질서유지를 위한 조정명령)의 규정에 의한 조정명령에 위반한 자

2. 3년 이하의 징역 또는 3천 만원 이하의 벌금에 처할 자

다음 각 호의 1에 해당하는 자는 3년 이하의 징역 또는 3천 만원 이하의 벌금에 처한다.

① 허위 기타 부정한 방법으로 제14조 제2항 또는 제3항(수출입의 제한 등)의 규정에 의한 승인 또는 변경승인을 얻거나 그 승인 또는 변경승인을 면제받고 물품을 수출 또는 수입한 자

② 제19조 제3항 본문(제20조 제3항에서 준용하는 경우를 포함한다)의 규정(외화획득용 원료·기재 수입자의 외화획득의무 등)에 의한 수입에 대응하는 외화획득을 하지 아니한 자

③ 제20조 제1항 본문(외화획득용 원료·기재의 목적 외 사용 등)의 규정에 의한 승인을 얻지 아니하고 목적 외의 용도로 원료·기재 또는 그 원료·기재로 제조된 물품을 사용한 자

④ 제20조 제2항의 규정에 의한 승인을 얻지 아니하고 원료·기재 또는 그 원료·

기재로 제조된 물품을 양도한 자

⑤ 허위 기타 부정한 방법으로 제22조(산업설비수출의 승인 등)의 규정에 의한 승인 또는 변경승인을 얻은 자

⑥ 제23조 제1항의 규정에 의한 원산지의 표시를 하지 아니하고 물품을 수출 또는 수입한 자

⑦ 제23조 제3항의 규정에 위반하여 원산지를 허위로 표시하거나 원산지를 오인하도록 표시한 자 또는 원산지의 표시를 손상하거나 변경한 자

⑧ 제39조 제1항 제2호의 규정에 의한 원산지를 허위로 표시한 물품 또는 원산지의 표시를 손상하거나 변경한 물품을 수출 또는 수입한 자

⑨ 제39조(불공정수출입행위의 금지) 제5항의 규정에 의한 시정조치명령에 위반한 자

3. 과실범의 처벌

다음 각 호의 1에 해당하는 자는 2천 만원 이하의 벌금에 처한다.

① 중대한 과실로 원산지표시를 하지 아니하고 물품을 수출 또는 수입한 자

② 중대한 과실로 원산지를 오인하도록 원산지를 표시한 자 또는 원산지의 표시를 손상하거나 변경한 자

③ 중대한 과실로 원산지를 허위로 표시한 물품 또는 원산지의 표시를 손상하거나 변경한 물품을 수출 또는 수입한 자

4. 미수범의 처벌

대외무역법 제54조 제2호(허위 기타 부정한 방법으로 전략물자 수출허가를 받는 경우 등), 제55조 제7호(원산지 불표시 수출입자) 또는 제9호(원산지 허위표시 물품 또는 원산지 표시를 손상·변경한 물품을 수출입한 자)의 미수범은 각각 해당하는 본죄에 준하여 처벌한다.

5. 양벌(兩罰) 규정

대외무역법은 법인의 대표자, 법인 또는 개인의 대리인·사용인 기타 종업원이 그 법인 또는 개인의 업무에 관하여 제54조(벌칙) 내지 제57조(벌칙)의 규정에 해당하는 행위를 한 때에는 행위자를 벌하는 외에 그 법인 또는 개인에 대하여도 각 해당조의 벌금형을 과한다.

이와 같이 행위자를 벌하는 이외에 법인 자체에 대해서도 형벌을 과하도록 한 것은 경제범죄로 인한 실질적 이익이 그 위반행위를 한 행위자 자신에게보다는 오히려 법인에게 귀속되는 경우에 단속의 필요상 법인 자신에 대한 책임을 추궁할 필요에서 생겨난 규정이다.

6. 벌칙적용에 있어서의 공무원 의제(擬制)

무역위원회의 위원장·위원, 산업자원부장관이 제53조의 규정에 의하여 위탁한 사무에 종사하는 한국은행, 한국수출입은행, 외국환은행 기타 대통령령이 정하는 법인 또는 단체의 임원 및 직원은 형법 기타 법률에 의한 벌칙의 적용에 있어서는 이를 공무원으로 본다.

객관식 연습문제

【문 184】 법인인 'A' 무역회사의 직원으로 근무하는 '갑'이 허위기타 부정한 방법으로 산업설비수출의 승인을 받은 사실이 적발되었다. 이 경우 대외무역법상 벌칙의 적용에 있어서 원칙적인 것은?

① 직원인 갑만을 벌한다.
② 직원인 갑을 벌하는 외에 법인인 A에게도 징역 또는 벌금형을 과한다.
③ 직원인 갑을 벌하는 외에 법인인 A에게도 벌금형을 과한다.
④ 직원인 갑에 대하여는 형벌을 과하나 법인인 A는 승은취소 등 행정제재만을 가할 수 있다.
⑤ 직원인 갑은 물론 법인인 A에게도 동일하게 징역형을 과한다.

해설

대외무역법은 법인의 대표자, 법인 또는 개인의 대리인•사용인 기타 종업원이 그 법인 또는 개인의 업무에 관하여 벌칙의 규정에 해당하는 행위를 한 때에는 행위자를 벌하는 외에 그 법인 또는 개인에 대하여도 각 해당 법조문의 벌금형을 과하도록 '양벌규정'을 두고 있다. 양벌규정의 목적은 경제범죄로 인하여 그 실실이익이 행위자 보다는 법인에게 귀속되기 때문에 단속의 필요상 법인 자신에 대한 책임을 추궁할 필요가 있어서 생겨난 규정이다.

【문 185】 외화획득용 원료기재를 수입한 자가 승인을 얻지 아니하고 원료 · 기재 또는 그 원료 · 기재로 제조된 물품을 양도하였을 경우 양도자에게 적용되는 벌칙은?

① 3년 이하의 징역 또는 2천 만원 이하의 벌금
② 3년 이하의 징역 또는 3천 만원 이하의 벌금
③ 3년 이하의 징역 또는 3천 만원 이하의 과태료
④ 5년 이하의 징역 또는 3천 만원 이하의 벌금
⑤ 5년 이하의 징역 또는 3천 만원 이하의 과내료

해설 법 제55조 징역 또는 벌금형에 속한다.

【문 186】 대외무역법에 의한 과태료 처분의 최고한도는?

① 1000만원 ② 1500만원 ③ 2000만원 ④ 2500만원 ⑤ 3000만원

해설 법 제60조 및 별표 위반행위의 종별 및 과태료 금액 참조.

【문 187】 대외무역법을 위반한 자에 대한 벌칙에 관한 설명 중에서 맞는 것은?

A. 승인 없이 외화획득용 원료·기재를 목적 외 사용한 경우
B. 수출입물품의 가격을 조작한 경우
C. 중대한 과실로 원산지표시를 하지 아니하고 물품을 수출입한 자

R. 3년 이하의 징역 또는 물품가격의 3배 이하의 벌금
T. 3년 이하의 징역 또는 3000만원 이하의 벌금
Q. 3년 이하의 징역 또는 2000만원 이하의 벌금
Y. 5년 이하의 징역 또는 물품가격의 5배 이하의 벌금
M. 5년 이하의 징역 또는 물품 가격의 3배에 상당하는 금액이하의 벌금
N. 2000만원 이하의 벌금

① A-T B-M C-N ② A-Y B-M C-T ③ A-N B-Q C-M
④ A-Q B-N C-Y ⑤ A-T B-R C-N

해설 법 제54조

【문 188】 대외무역법 제5조의 무역에 관한 제한 등 특별조치의 규정에 의한 수출입의 제한이다. 금지조치를 위반한 자에게 적용되는 벌칙은?

① 5년 이하의 징역 또는 수출입물품가격의 3배 상당금액이하의 벌금
② 5년 이하의 징역 또는 3000만원 이하의 벌금
③ 5년 이하의 징역 또는 5000만원 이하의 벌금
④ 3년 이하의 징역 또는 3000만원 이하의 벌금
⑤ 5년 이하의 징역 또는 수출입물품가격의 5배 상당금액 이하의 벌금

해설 무역에 관한 제한 등 특별조치규정위반, 허위로 전략물자 수출허가를 받은 자 등, 수출입물품가격의 조작 행위, 수출입질서 유지 조정명령 위반의 각 경우에는 ①의 벌칙이 주어진다.

【문 189】 대외무역법 제57조의 과실범 처벌에 관한 다음 설명 중 잘못된 것은?

① 경과실이든 중과실이든 불문하고 모두 처벌한다.
② 과실범은 정상의 주의를 태만함으로 인하여 죄의 성립요소인 사실을 인식하지 못한데서 비롯된다.
③ 무역행정질서의 유지와 목적을 달성하기 위하여 죄질이 경미한 질서범을 처벌의 대상으로 한다.
④ 징역형을 과하지 않고 벌금형만을 과한다.
⑤ 무역질서확립을 도모하기 위하여 규정한 원산지표시대상물품이 대외무역법상 과실범 처벌의 대상이다.

해설 대외무역법은 과실범 처벌에 있어 "중대한 과실로 원산지 표시를 하지 아니하고 물품을 수출입한 자는 2000만원 이하의 벌금에 처한다"고 되어 있어 중과실 벌금형 처벌을 원칙으로 하고 있다.

【문 190】 다음 중 미수범을 처벌할 수 있는 경우는?

① 수출입 물품의 가격을 조작한 경우
② 외화획득용 원료·기재를 승인을 받지 아니하고 목적 외 사용한 경우

③ 허위 기타 부정한 방법으로 산업설비 수출의 승인을 받은 경우
④ 불공정 수출입 행위의 금지규정에 의한 시정조치 명령에 위반한 경우
⑤ 허위 기타 부정한 방법으로 전략 물자 수출허가를 받은 경우

해설
대외무역법상 미수범을 처벌할 수 있는 경우는 ⑤의 경우와 원산지 허위표시 물품 혹은 원산지 표시를 손상•변경한 물품을 수출입한 경우 등 2가지 유형만 처벌된다.

【문 191】 대외무역법상 미수범에 관한 처벌 중 맞는 것은?

① 본죄보다 중하게 처벌한다.
② 본죄보다 경하게 처벌한다.
③ 미수에 그쳤기 때문에 처벌하지 아니한다.
④ 본죄에 준하여 처벌한다.
⑤ 죄질에 따라 본죄보다 중하게 또는 경하게 처벌한다.

해설
3 유형의 미수범 처벌 (【문 191】 해설참조) 은 각각 해당하는 본죄에 준하여 처벌하도록 되어 있다. (법 제56조 참조)

【문 192】 대외무역법상 벌칙적용에 있어서 공무원으로 의제 되지 않는 자는?

① 무역위원회 위원장 ② 한국은행총재 ③ 외국환은행 의장
④ 한국무역협회장 ⑤ 대한무역투자진흥공사장

해설
①내지 ④이외에도 한국외국기업협회장, 국립기술품질원장, 한국기계공업진흥회장, 대한상사중재원장 등이 산업자원부장관으로부터 위탁받은 사무에 대하여 그 단체의 장은 물론 임원 및 직원도 형법 기타 대외무역법에 의한 벌칙 적용에 있어서 이를 공무원으로 본다.

【문 193】 다음에 열거한 자 중 대외무역법에서 정한 벌칙적용에 있어서 공무원으로 볼 수 있는 자는?

① 전국경제인연합회장 ② 대한상공회의소회장
③ 중소기업협동조합회장 ④ 대한무역투자진흥공사장
⑤ 한국수출입은행장

해설 법 제59조 ①내지 ④는 권한의 위임•위탁규정과 무관하다.

【문 194】 대외무역법상의 행정벌에 관한 설명으로 틀린 것은?

① 대외무역법에 벌칙을 규정한 것은 무역행정 본래의 목적을 보장하고 실현하기 위하여 당해 법에서 발한 명령이나 금지규정을 위반한때 제재하기 위한 것이다.

② 행정벌은 그 성격이 의무위반에 대한 제재로서 과하여지는 처벌이란 점에서 징계벌 · 집행벌 및 형사벌과 같다.

③ 행정벌은 법률의 근거 없이는 처벌할 수 없다.

④ 대외무역법은 벌칙개정권을 위임함에 있어서 명령에 개별적 위임을 하고 있다.

⑤ 행정벌 법규의 소급입법은 허용되지 아니한다.

해설 징계벌은 특별권력 내부에서 성립한 특별권력관계의 질서 유지를 위하여 과하여지는 질서벌이고 집행벌은 장래에 향하여 행정법상의 의무의 이행을 강제하기 위하여 과하는 처벌이며 형사벌은 행위 그 자체가 이미 반사회적 · 반도덕적으로 되어 있는 범죄(살인 · 절도죄)를 처벌하는 것이므로 행정벌과 그 성격이 다르다.

【문 195】 대외무역법상 과태료를 부과할 때에는 (　　)일 이상의 기간을 정하여 과태료처분대상자에게 구술 또는 서면에 의한 의견진술의 기회를 주어야 한다. 괄호안에 들어갈 내용으로 옳은 것은?

① 10　　② 20　　③ 30　　④ 7　　⑤ 15

해설 시행령 제118조 ②항

【문 196】 대외무역법 시행령에서 규정하는 벌칙적용에 있어서 공무원으로 볼 수 있는 법인 또는 단체가 아닌 것은?

① 한국무역협회 ② 한국외국기업협회
③ 한국기계공업진흥회 ④ 한국전자공업진흥회
⑤ 대한상사중재원

해설 시행령 제119조

해답

184 ③ 185 ② 186 ③ 187 ① 188 ① 189 ① 190 ⑤ 191 ④ 192 ⑤ 193 ⑤
194 ② 195 ① 196 ⑤

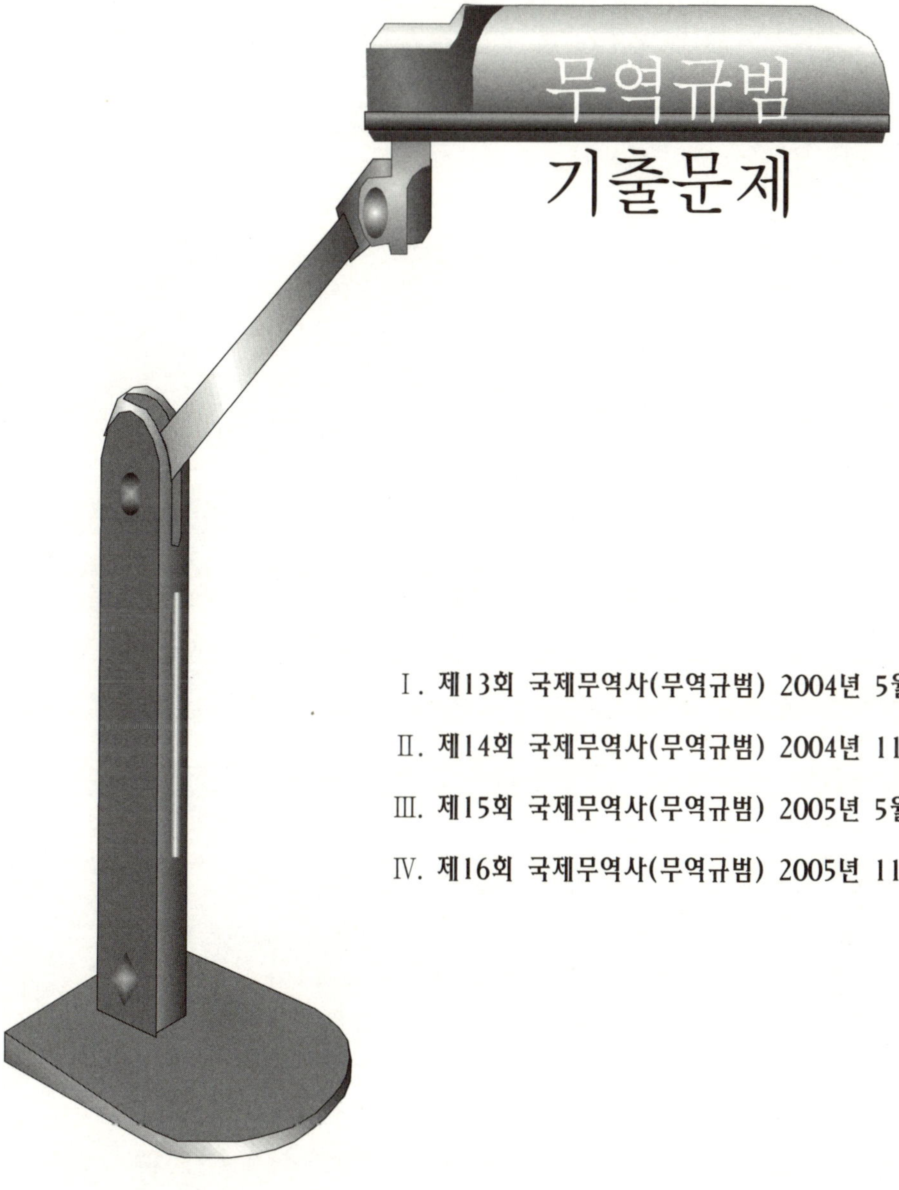

무역규범 기출문제

Ⅰ. 제13회 국제무역사(무역규범) 2004년 5월

Ⅱ. 제14회 국제무역사(무역규범) 2004년 11월

Ⅲ. 제15회 국제무역사(무역규범) 2005년 5월

Ⅳ. 제16회 국제무역사(무역규범) 2005년 11월

I 제13회 국제무역사(무역규범)

2004년 5월

1. 다음 중 대외무역법령에 의한 수출이라고 볼 수 없는 것은?

   ① 우리나라 선박에 의하여 외국에서 채취한 수산물을 외국에 매도하고, 외화를 영수한 경우

   ② 북한에 있는 무역거래자와 계약을 맺고, 물품을 공급하고 외화를 영수한 경우

   ③ 외국환거래법에 의한 거주자가 동법에 의한 비거주자의 국내로 이동하여 비거주자에게 경영상담업을 제공하고 외화를 영수한 경우

   ④ 거주자가 비거주자에게 정보통신망을 통하여 소프트웨어를 전송한 뒤 외화를 영수한 경우

2. 다음 중 대외무역법령에 의한 외화획득의 범위에 해당하지 않는 것은?

   ① 용역 및 건설의 해외진출

   ② 거주자가 비거주자에게 외화를 받고 정보통신망을 통해서 소프트웨어를 전송

   ③ 외화를 받고 외항항공기에 기용품을 공급하거나 급유

   ④ 외국인으로부터 외화를 받고 국내에서 국내영업에 필요한 물품 등을 공급

3. 아래 문장을 대외무역법령에 의하여 볼 때 틀린 설명은?

> 자동차제조사인 국내 A사는 미국에 있는 B사와 계약을 맺고, 자동차 10,000대를 수출하려고 한다. 이를 위해 A사는 국내 C사와 계약을 맺고 타이어를 공급받기로 하였다. 한편, C사는 타이어를 직접 제조하지 않고, 일본에 있는 D사로부터 타이어 완제품을 수입하여 A사에 납품하기로 하였다.

① A사는 외국환은행의 장에게 내국신용장 개설은 청구할 수 없으나, 구매확인서의 발급은 신청할 수 있다.

② 외국환은행의 장은 A사의 과거수출실적에 상관없이 수출신용장이나 수출계약서에 근거하여 구매확인서를 발급할 수 있다.

③ A사가 C사로부터 물품을 공급받고자 하는 당시에 구매확인서 발급을 신청하지 못했다면 수출 이후에는 구매확인서를 발급받을 수 없다.

④ 만약 A사가 EDI로 구매확인서를 신청하여 외국환은행의 장이 EDI로 이를 발급하고, 발급사실을 통지할 때는 승인번호, 개설 및 통지일자, 발신기관 전자서명 등 최소한의 사항만 통지할 수 있다.

4. 다음 중 대외무역법령에 의한 특정거래형태의 수출입인정에 관한 설명 중 맞지 않는 것은?

① 신고가격 기준 미화 1만달러 상당액 초과 물품을 수출승인 면제사유에 해당하지 않은 사유로 국내에서 외국으로 수출하는 모든 무환수출거래는 산업자원부장관의 인정을 받아야 한다.

② 송금방식의 중계무역거래로서 대금의 지급과 영수를 하나의 외국환은행을 통하여 행하지 않는 경우에는 산업자원부장관의 인정을 받아야 한다.

③ 선적서류를 하나의 외국환은행을 통하여 인수 및 송부하지 아니하는 중계무역거래로서 수입대금 지급은행이 수출대금 영수은행을 지정하고 그 수출환어음 매입

사실을 확인할 수 있는 경우에는 산업자원부장관의 인정을 받지 않아도 된다.

④ 산업자원부장관은 특정거래를 인정할 경우 그 유효기간을 인정일로부터 1년으로 하되, 인도조건 기타 거래상 특성에 따라 유효기간을 달리할 수 있다.

5. 다음 대외무역법령에서 정한 무역거래에 관한 용어정의에 대한 설명 중 틀린 것은?

① "위탁판매수출"이라 함은 물품을 무환으로 수출하여 당해물품이 판매된 범위안에서 대금을 결제하는 계약에 의한 수출을 말한다.

② "중계무역"이라 함은 수출할 것을 목적으로 물품을 수입하여 국내에 반입하지 않고, 외국에서 외국으로 유상으로 수출하는 수출입거래방식을 말한다.

③ "위탁가공무역"이라 함은 가공임을 지급하는 조건으로 외국에서 가공할 원료의 전부 또는 일부를 거래 상대방에게 수출하거나 외국에서 조달하여 이를 가공한 후 가공물품을 수입하거나 외국으로 인도하는 수출입을 말한다.

④ "무환수출입"이라 함은 외국환거래가 수반되지 아니하는 물품의 수출수입을 말한다.

6. 국제무역법위원회(UNCITRAL)에서 제시한 '전자상거래 모델법'과 관련하여 설명이 가장 부적절한 것은?

① 전자문서 대신 데이터 메시지라는 용어를 사용함으로써 전자적 또는 이와 유사한 수단으로 작성된 정보들을 포함할 수 있는 여지를 마련하였다.

② 정보가 데이터 메시지 형태라는 이유만으로 법적효력, 유효성 및 집행력이 부인되어서는 안 되는 것으로 규정하고 있다.

③ 법률이 특정인의 서명을 요구하는 경우 일정 요건을 갖춘 데이터메시지는 그 요건을 충족시키는 것으로 인정되나, 증거로는 채택될 수 없다.

④ 적용범위를 국내거래에 한정시키지 않고 국제간의 전자상거래에서도 활용될 수 있도록 하고 있다.

7. 전자무역은 정보화시대에 부응하는 국제무역의 새로운 비즈니스모델을 제시했다는데 의의가 있는데, 국제무역거래의 형태적 변화를 가져온 것 중 관계가 가장 적은 것은?

① 거래대상 물품의 변화
② 무역업무 처리방식의 변화
③ 거래당사자 활동영역의 변화
④ C2C 및 B2G 거래의 증대

8. 전자거래알선 사이트의 기능(메뉴) 중 여타 기능과 성격이 다른 것은?

① Trade Leads
② Marketplace
③ Offer Board
④ Company Directory

9. 전자무역을 효율적으로 수행하기 위한 웹프로모션의 수단으로 가장 부적절한 것은?

① 유력한 해외검색엔진에 자사의 홈페이지 주소를 등록한다.
② 자사의 홈페이지 제작시 메타태그(Meta Tag)를 활용하여 검색이 가능하도록 해야한다.
③ 해외 거래선에게 자사의 홍보내용물을 CD-ROM으로 제작하여 정기적으로 발송한다.
④ 국내외 유력한 전자거래알선 사이트 또는 e-Marketplace에 등록한다.

10. 다음 중 최근의 e-Marketplace 추이를 가장 잘 설명하고 있는 것은?

① 기업 - 개인간(B2C) 거래가 폭발적인 증가세에 있다.
② 수직적인 e-Marketplace보다는 수평적인 e-Marketplace가 활성화되고 있다.
③ 전자무역에서 e-Marketplace는 무역거래알선 사이트의 성격을 가지는 것으로써 1 : 1의 관계를 지향한다.
④ 동일 업종내의 경쟁업체간 제휴를 통해 기업간(B2B) e-Marketplace의 구축이 증가하고 있다.

11. 매도인과 매수인이 전자계약으로 계약을 성립시키고자 할 경우, 어느 시점을 기준으로 계약이 성립되었다고 보는 것이 타당한가?

① 청약의 의사표시가 상대방에게 도달할 때
② 청약의 의사표시를 상대방에게 발송할 때
③ 승낙의 의사표시가 상대방에게 도달할 때
④ 승낙의 의사표시를 상대방에게 발송할 때

12. 전자무역에서 인터넷을 활용한 마케팅 수행과 관련하여 이를 표현하는 용어로서 가장 부적절한 것은?

① 1:1 마케팅 (One-to-One Marketing)
② 맞춤형 마케팅 (Customized Marketing)
③ 관계형 마케팅 (Relationship Marketing)
④ 대량 마케팅 (Mass Marketing)

13. 전자무역의 비즈니스 모델을 독창성 및 적용여부에 따라 구분할 때 가장 관계가 적은 것은?

① 전자거래알선 서비스
② 무역 EDI 서비스
③ 신용조회 서비스
④ 전자계약 서비스

14. 우리나라의 '무역업무 자동화 촉진에 관한 법률'에 대한 설명으로 적당하지 않은 것은?

① 세계 최초로 1991년 특별법의 형태로 제정되었으며, 대외무역법, 외국환거래법, 관세법 등 무역 관련 모든 법규에 적용된다.
② 전자문서, 전자서명의 법적 효력과 증거능력 인정 등 1999년 인터넷 환경하에서의 전자거래기본법, 전자서명 제정의 모태가 되었다.
③ 추천/승인, 신고 등 행정 관련 업무 등을 포함한 주요 무역업무에 대한 무

역자동화 사업은 지정사업자만이 영위할 수 있도록 하였다.

④ 무역업무 전자문서로 전송 등을 하는 것이 기술적으로 곤란한 경우 일부 서류의 제출을 면제 또는 보다 간이한 방법으로 제출하도록 하고 있다.

15. 인터넷 기반의 글로벌 전자무역 환경으로 변화하면서 등장한 새로운 국제간 무역거래 및 대금결제 방식 중 다른 것과 차이가 있는 것은?

① 트레이드카드(TradeCard) 서비스 ② 적하목록취합(MFCS) 서비스
③ 스위프트넷(SWIFTNet) 서비스 ④ 볼레로(Bolero) 서비스

16. 다음 중 우리나라가 지역적으로 추진하고 있는 서류없는 전자무역 네트워크 구축사업이 아닌 것은?

① PAA(Pan Asian e-Commerce Alliance) ② Identrus, LLC
③ Korea·Japan e-Trade Hub ④ ASEM Project

17. 다음 중 전자무역 알선사이트의 주요 기능에 관한 설명으로 가장 부적절한 것은?

① Offer to Buy : 무역업자가 수입을 원하는 품목의 오퍼가 게시된다.
② Offer to Sell : 무역업자가 수출을 원하는 품목의 오퍼가 게시된다.
③ Post an Offer : Joint Venture, 해외에 대리점 개설 등 국제 사업협력을 원하는 업체의 오퍼가 게시된다.
④ Visual Offer : 웹 사이트의 회원인 경우에는 회원가입시 회사정보가 이미 입력되어 있으므로 상품정보 입력만으로 오퍼등록이 가능하고 상품 이미지를 오퍼에 첨부할 수 있다.

18. 다음 중 무역 EDI에 관한 설명으로 가장 올바른 것은?

① 무역 EDI이란 상거래업무에 따르는 각종 문서를 정보처리능력을 가진 장치(컴퓨터)

와 통신회선을 통하여 자율적인 형식에 따라 전자적으로 교환되는 방식이다.

② 컴퓨터를 이용하여 E-Mail로 물품주문서를 발송하였다면 무역 EDI에 해당된다.

③ EDI표준이란 EDI 사용자간에 교환되는 전자문서의 내용과 구조, 통신방법 등에 관한 일련의 규칙이자 지침이며, EDI의 국제표준은 UN/EDIFACT이다.

④ EDI에서는 VAN을 통해 거래상대방과 네트워크를 구축하는 제3자 네트워크 -VAN를 이용하여야 한다.

19. 온라인 상에서 거래상대방과 전자문서를 교환할 때 매도인의 입장에서 대금결제를 위해 고객의 신용카드 번호를 수신할 때, 카드번호를 발송한 고객이 그 신용카드의 실제 소유자인지를 확인하는 보안기능은?

① Confidentiality
② Non-Repudiation
③ Authentication
④ Integrity

20. 다음 중 전통적인 종이 선하증권의 기능을 구현한 전자선하증권의 거래가 가능한 전자무역 결제시스템은?

① Bolero System
② TradeCard
③ Identrus
④ SWIFTNet

21. 다음 중 eUCP에 관한 설명으로 가장 적절하지 않은 것은 ?

① eUCP는 UCP를 개정한 규칙이 아닌, 종이서류에 상응하는 전자적 제시를 위해 필요한 규칙을 제공하게 될 UCP의 보칙이다.

② 전자서류(기록)의 제시를 요구하는 전자신용장은 eUCP가 준거법으로 적용된다.

③ eUCP는 전적인 전자서류(기록)의 제시 또는 전자서류(기록)와 종이서류를 같이 제시하는 일부 전자서류의 제시 모두 허용하고 있다.

④ eUCP에서 "서류"는 "전자서류(기록)"을 포함하고, 전자서류(기록)의 "제시장

소"는 "전자주소"를 의미한다.

22. 다음 중 TradeCard 시스템에 관한 설명으로 가장 부적절한 것은?

① 매수인과 매도인 및 무역서비스 제공업자가 안전한 네트워크를 이용하여 온라인 업무공간에서 무역업무를 수행할 수 있는 금융공급체인관리 솔루션이다.
② TradeCard 시스템은 글로벌 기업간 전자상거래의 인프라로, 전통적인 신용장의 대안으로 출발하였다.
③ Compliance Engine을 통하여 구매주문서, 상업송장 등 전자서류상의 데이터를 전자적으로 대조·확인하여 대금지급 여부를 결정한다.
④ TradeCard 시스템을 통하여 거래은행으로부터 신용평가등급 및 신용한도를 배정받는다. 그 신용한도는 신용평가의 결과에 따라 결정된다.

23. 다음 중 전자무역계약의 성립에 관한 설명으로 가장 올바른 것은?

① 전자무역계약이란 전자적 매체를 통해 이루어지는 무역계약이나 협의로는 네트워크에 연결된 정보처리시스템을 통해 이루어지는 무역계약에 국한된다.
② 전자무역계약은 법적 구속력에 관계없이 거래당사자간에 정보시스템을 이용하여 전자적으로 이루어지는 의사표시의 합치에 의하여 성립되는 무역계약의 행위를 의미한다.
③ 전자청약에 대한 승낙자의 승낙 의사표시가 청약자에게 발송되는 순간에 전자무역계약의 효력이 발생한다.
④ 우리나라의 전자거래기본법 제6조 제2항에서는 전자메시지가 수신자의 정보처리시스템에 입력되는 때 도착되는 것으로 간주한다.

24. 다음 중 Bolero의 부가가치서비스로 전자적인 환경에서 무역결제업무를 수행하는 표준화된 공유기반의 관리시스템은?

① SURF(Settlement Utility for managing Risk & Finance)
② CMP(Core Messaging Platform)
③ FSCM(Financial Supply Chain Management)
④ e-PaymentPlus

25. 다음 중 전자서명과 전자인증서에 관한 설명으로 가장 부적절한 것은?

① 전자서명은 일반문서의 서명과 같이 전자문서에 있어서 그 작성자의 신원확인과 그 내용이 변조되지 않았다는 것을 증명할 수 있는 전자기법을 말한다.
② 전자서명은 전통적인 종이문서에서의 서명과 같이 전자문서에서 정보보안의 요소 중 무결성, 진정성, 부인방지 등을 해결하여 전자상거래의 신뢰성과 안전성을 보장하기 위한 수단이다.
③ 인증서는 인증기관이 가입자의 신분과 그의 개인키 정보를 보증하기 위해 발급하는 전자문서이다.
④ 신뢰할 수 있는 제3자가 거래당사자의 전자서명을 인증해 주는 전자서명 인증제도 도입의 필요성에 따라 인증기관이 도입되었다.

26. 다음 중 관세법상 외국물품이 아닌 것은?

① 우리나라 선박이 외국의 영해에서 포획한 수산물
② 외국선박이 우리나라 영해 인근의 공해에서 포획한 수산물
③ 국내에서 생산한 물품으로 수출신고를 하여 그 신고가 수리된 물품
④ 외국에서 우리나라에 도착하여 수입신고를 하였으나 아직 그 신고가 수리되지 아니한 물품으로서 세관장으로부터 수입신고수리전 반출승인을 받아 반출된 물품

27. 수입물품에 대해 관세의 과세물건이 원칙적으로 확정되는 시기는 언제인가?

① 매도인과 매수인간 무역계약이 유효하게 체결된 때

② 물품의 선적이 완료되어 선하증권이 발급된 때
③ 당해 물품이 우리나라의 항구(또는 공항)에 정상적으로 입항한 때
④ 통관을 위해 수입신고를 한 때

28. 관세법상 수입물품의 과세물건에 대한 설명 중 가장 올바른 표현은?

① 전자상거래에서 디지털화한 상품을 On Line으로 수입하는 경우에는 과세대상이 아니나, Off Line에 의하여 수입하는 경우에는 과세대상이다.
② 수입물품의 과세물건 확정시기는 보세구역에 반입되는 때의 성질과 수량이다.
③ 우편에 의하여 수입되는 물품은 통관우체국에 도착하여 수입신고하는 때의 성질과 수량이 과세대상이다.
④ 관세는 수입신고 수리하는 때의 물품의 성질과 수량에 대하여 부과하는 것이 원칙이다.

29. 관세법상 납세의무자가 아닌 것은?

① 대행수입의 경우에는 수입을 위탁한 자
② 수입신고전에 양도한 때에는 그 양수인
③ 조달물품인 경우에는 조달청장
④ 송품장에 기재되어 있는 수하인

30. 관세법상 납세의무의 소멸에 대한 설명 중 가장 적절한 것은?

① 관세 납세의무는 관세를 납부하거나 관세를 충당한 때 또는 관세부과가 취소된 때 소멸된다.
② 관세부과의 제척기간은 5년이나 부정한 방법으로 관세를 포탈한 경우는 10년이다.
③ 관세 징수권의 소멸시효는 10년이다.
④ 관세 환급청구권의 소멸시효는 5년이다.

31. 우리나라에서 적용되고 있는 다음 관세율중 그 세율이 재정경제부령의 형태로 공포되는 것은?

① 조정관세 ② 덤핑방지관세
③ 할당관세 ④ 일반특혜관세

32. 최빈개발도상국으로부터 수입되는 물품으로서 대통령령으로 정한 물품에 대해서만 적용될 수 있는 관세율은?

① 기본관세 ② 일반특혜관세
③ 할당관세 ④ 잠정관세

33. 간이세율적용 대상에 대한 설명 중 맞지 않은 것은?

① 여행자 휴대품
② 범칙행위에 관련된 물품
③ 수출용원재료에는 적용하지 아니한다
④ 화주의 요청이 있는 경우에는 적용하지 아니한다

34. 다음 중 관세를 부과할 수 없는 경우에 해당하는 것은?

① 관세를 부과할 수 있는 날로부터 2년이 경과한 경우
② 부정한 방법으로 관세를 포탈한 후 4년이 경과한 경우
③ 부정환급을 받은 후 3년이 경과한 경우
④ 과세가격의 일부를 신고 누락하여 부족세액이 발생한 후 3년이 경과한 경우

35. 다음의 과세가격 결정방법 중 가장 우선적으로 적용하는 것은?

① 국내판매가격을 기초로 한 과세가격
② 수입물품의 생산비등의 산정가격을 기초로 한 과세가격

③ 유사물품의 거래가격을 기초로 한 과세가격
④ 합리적인 가격을 기초로 한 과세가격

36. 관세의 과세가격을 결정함에 있어 과세가격에 반드시 가산되어야 할 금액이라 볼 수 없는 것은?

① 구매자가 별도 부담하는 중개수수료
② 수입물품과 관련되고 거래조건으로 제3자에게 구매자가 지급하는 권리사용료(로열티)
③ 연불수입과 관련하여 구매자가 별도 부담하는 연불이자
④ FOB거래에 따라 수입항까지 물품운송과 관련하여 구매자가 별도 부담하는 운임

37. 관세감면신청시기에 대한 설명 중 옳지 않는 것은 ?

① 수입신고 수리 전에 신청하여야 한다
② 수입신고 수리 후에는 수입신고를 취하하고 다시 수입신고와 감면신청을 할 수 없다
③ 수입신고와 동시에 감면신청하여도 무방하다
④ 세관장으로부터 부과고지를 받은 경우도 수입신고 수리된 물품은 감면신청을 할 수 없다

38. 다음 중 세관장이 필요한 장소를 지정함으로써 설치될 수 있는 보세구역은?

① 지정장치장 ② 보세창고
③ 보세건설장 ④ 임시보관창고

39. 다음 중 외국물품의 보세운송 목적지가 될 수 없는 것은?

① 개항
② 세관관서
③ 당해물품을 사용하여 제조·가공할 공장
④ 통관우체국

40. 관세법상 수출입이 금지된 물품이 아닌 것은?

① 공공의 안녕질서를 해치는 서적
② 풍속을 해치는 영화
③ 국제적인 비난가능성이 있는 혐오식품
④ 화폐의 모조품

41. 다음 중 수입신고를 할 때 세관에 제출하여야 하는 서류로서 수입신고인 또는 납세의무자가 직접 작성하여 제출할 수 있는 것은?

① 가격신고서
② 송품장
③ 포장명세서
④ 원산지증명서

42. 다음 설명 중 관세법상 반송에 해당하는 것은?

① 수입신고 수리되어 통관이 완료된 물품을 무역계약과 서로 달라 클레임을 제기하고 다시 외국으로 반출하는 것
② 내국물품을 선용(기)품으로 외국무역선(기)에 적재하는 것
③ 수출신고가 수리된 물품을 외국으로 반출하는 것
④ 국내로 반입된 외국물품을 원상태 그대로 외국으로 반출하는 것

43. 관세법상 수입/수출통관철차에 관한 다음 설명 중 가장 적절한 것은?

① 수입신고는 물품이 보세구역에 반입된 경우에만 할 수 있다.
② 수입신고는 반드시 관세사를 통하여 신고하여야 한다.
③ 수출신고는 당해 물품이 장치된 물품소재지를 관할하는 세관에 하여야 한다.
④ 수출신고가 수리된 물품은 30일이내 외국무역선(기)에 적재하여야 하며, 선

적기간 연장은 60일 범위내에서 가능하다.

44. 다음 중 보세공장에 반입하여 보세상태로 사용할 수 있는 물품은?

① 제조·가공하는 물품을 직접 형성하는 원재료
② 당해 공장에서 제품생산을 위해 필요한 기계의 작동을 위해 투입되어 소모되는 물품
③ 당해 공장에서 제품생산을 위해 필요한 기계·기구
④ 당해 보세공장에서 내국작업에 소요될 외국산원재료

45. 관세환급특례법에 의하여 세관에서 환급하는 세금이 아닌 것은?

① 부가가치세 ② 특별소비세
③ 주세 ④ 농어촌특별세

46. 관세환급특례법상 환급대상이 되는 수출과 관련이 없는 것은?

① 보세건설장에 대가를 받고 물품을 공급하는 경우
② 북한지역으로 대가를 받고 물품을 공급하는 경우
③ 박람회 등에 출품 후 외화를 받고 판매하는 경우
④ 주한미군에 대해 대가를 외화로 받고 판매하는 경우

47. 다음 중 관세환급 청구권을 행사할 수 있는 시점으로 타당하지 않는 것은?

① 경정으로 인한 환급의 경우에는 경정결정일
② 계약과 상이한 물품에 대한 환급의 경우에는 당해물품선적일
③ 착오납부로 인한 환급의 경우에는 그 납부일
④ 관세를 납부한후 신고가 취하된 경우에는 그 신고의 취하일

48. 다음 중 물품수출 후 개별환급방법에 의해 관세환급을 받고자 할 때 반드시 필요한 서류라 볼 수 없는 것은?

① 수출신고필증　　② 구매확인서
③ 소요량계산서　　④ 수입신고필증

49. 원재료를 수입하여 가공한 후 수출용원재료로서 국내에서 공급할 경우 당초 원재료 수입시 납부한 관세 등의 양도세액을 증명하는 서류는?

① 분할증명서　　② 기초원재료납세증명서
③ 수입신고필증　　④ 구매확인서

50. 수출용원재료가 아래 그림과 같이 거래가 일어난 경우 수입할 때 납부한 관세액을 증명하기 위한 방법으로 올바른 것은?

수출원재료 수입 · 미가공 (A사)	→ 원상태거래	수출원재료 가공 (B사)	→ 가공거래	수출물품생산 (C사)

① A사는 B사에게 기초원재료납세증명서를 발급하여 주어야 한다.
② B사는 C사에게 분할증명서를 발급하여 주어야 한다.
③ A사가 C사에게 기초원재료납세증명서를 발급하여 주어야 한다
④ A사는 B사에게 분할증명서를 발급하여 주어야 한다.

무역규범

1	②	2	④	3	③	4	①	5	②	6	③	7	④	8	④	9	③	10	④
11	③	12	④	13	③	14	①	15	②	16	②	17	③	18	③	19	③	20	①
21	②	22	④	23	①	24	①	25	③	26	④	27	④	28	①	29	③	30	①
31	②	32	②	33	②	34	①	35	③	36	③	37	④	38	①	39	③	40	③
41	①	42	④	43	③	44	①	45	①	46	①	47	②	48	②	49	②	50	④

Ⅱ 제14회 국제무역사(무역규범)

2004년 11월

1. 다음 중 대외무역법상 수출입에 해당하지 않는 것은?

① 우리나라 컴퓨터 게임업체 직원이 해외에서 게임시스템 구축
② 우리나라 선박에 의해 태평양에서 포획된 참치를 하와이에서 판매
③ 국내기업이 위탁가공계약을 체결한 후 중국 A사로부터 원자재를 조달하여 중국 B사에 인도
④ 국내 A사가 일본 B기업과 매매계약을 체결하여 일본 B기업의 국내 지점에게 물품 인도

2. 다음 중 전략물자 통제제도와 관련하여 틀린 것은?

① 전략물자는 핵무기, 생화학무기, 미사일, 재래식무기 관련 국제통제체제에서 정한 물품 등이다.
② 전략물자에 해당하는 품목은 HS코드별로 분류되어 있다.
③ 수출하고자 하는 물품이 전략물자임을 사전에 판정받는 제도가 있다.
④ 정부는 전략물자 수출자에 대해 자료제출권이 있다.

3. 대외무역법상 중계무역에 대한 것으로 틀린 것은?

① 중계무역의 대금 영수와 지급은 하나의 외국환은행을 통하는 것이 원칙이다.
② 중계무역시에는 물품이 국내에 반입되지 않고, 최초 수출국에서 최종 수입국으로 직접 인도된다.
③ 산자부장관의 인정이 있으면 두 개의 외국환은행을 통해서 중계무역의 대금

영수와 지급을 할 수 있다.

④ 수입대금 지급은행이 수출대금 영수은행을 지정하고 수출대금 영수은행의 수출환어음 매입사실을 확인할 수 있는 경우에 두 개의 외국환은행을 통해서 중계무역의 대금 영수와 지급을 할 수 있다.

4. 다음 중 대외무역법에 근거한 통합공고에 대한 내용으로 틀린 것은?

① 통합공고는 다른 법령에서 수출입에 대한 요령을 정한 경우 대외무역법에 근거하여 이를 통합하여 공고한 것이다.

② 수출입요건확인기관은 수출입을 위한 요건확인서를 발급하는 주무부처 또는 관련단체를 말한다.

③ 관계행정기관의 장은 수출입요령을 제개정하는 경우에는 그 시행일전에 산업자원부장관에게 제출하여야 한다.

④ 통합공고의 요건확인의 내용이 수출입공고의 요건확인의 내용과 동시에 적용될 경우 둘 중 하나만 충족하면 수출 또는 수입할 수 있다.

5. 다음 중 대외무역법상의 구매확인서에 대한 설명 중 틀린 것은?

① 외화획득용임을 입증하는 서류는 수출계약서만으로도 가능하다.

② 구매확인서는 물품구매 후 1년내에만 발급할 수 있다.

③ 구매확인서를 발급받으면 부가세 영세율을 적용받는다.

④ 구매확인서는 외국환은행의 장이 내국신용장에 준하여 발급하는 증서를 말한다.

6. 다음 중 전자무역에 관한 설명으로 적절하지 못한 것은?

① 전자무역은 무역의 전부 또는 일부가 컴퓨터 등 정보처리능력을 가진 장치와 정보통신망을 이용하여 이루어지는 거래다.

② 근래에는 국제전자무역시스템의 도입으로 전통적인 종이 선화증권의 전자석

유통이 활성화되고 있다.

③ 궁극적으로는 모든 무역절차를 일괄 처리하는 통합된 단일의 전자무역 플랫폼을 구축하는 것이다.

④ 한국무역정보통신(KTNET)은 인터넷을 통한 무역업무 자동화를 위해 전자무역망인 cTradeWorld.com(CTW)을 구축하였다.

7. 디지털 환경을 특정 짓는 법칙에 대한 설명으로 가장 거리가 먼 것은?

① 무어의 법칙(Moore's Law) : 컴퓨터 성능
② 길더의 법칙(Guilder's Law) : 통신망 속도
③ 멧카프의 법칙(Metcalf's Law) : 네트워크 가치
④ 머피의 법칙(Murphy's Law) : 거래비용 감소

8. 전 세계적인 전자무역의 확산에 있어 인터넷이 크게 기여하고 있는데, 인터넷의 특징으로서 가장 관계가 적은 것은?

① 문자, 그림, 음성, 동화상 등 멀티미디어 정보를 교환할 수 있다.
② TCP/IP라는 통신 프로토콜을 쓰고 있어 보안상 매우 안전하다.
③ 실시간, 양방향으로 의사소통과 정보의 교환이 가능하다.
④ 하이퍼텍스트 기반의 월드와이드웹(WWW)이 대표적인 서비스이다.

9. 전자무역 확산과 관련하여 안전한 전자무역거래를 보장하기 위한 정보기술(IT)로서 가장 관계가 적은 것은?

① 전자서명 : 공개키(Public Key) 암호방식
② 접속자 제어 : 방화벽(Fire Wall)
③ 인증서 발급 : 인증기관(Certification Authority)
④ 전자문서 표준 : 유비쿼터스(Ubiquitous)

10. 다음 중 대외무역법상 전자적 형태의 무체물의 수출입과 거리가 먼 것은?

① 영상물(영화, 게임, 애니메이션, 만화, 캐릭터를 포함), 음향음성물, 전자서적, 데이터베이스
② 수출입 시 물품의 수출입과 동일하게 무역금융 및 세제 등의 제도적인 지원
③ 국경을 초월한 정보통신시스템을 통하여 거래되므로 국경을 기준으로 수출입의 개념을 정의
④ 수출실적 인정금액은 한국무역협회장 또는 한국소프트웨어산업협회장이 발급한 수출확인서에 의해 외국환은행이 입금을 확인한 금액

11. 전자무역의 특성에 대한 설명으로 가장 관련이 적은 것은?

① 거래당사자가 기업은 물론 개인, 정부 등으로 점차 다양해지고 있다.
② 무역거래알선 사이트 등 새로운 무역중개자의 역할이 커지고 있다.
③ 무역업무처리가 인터넷을 통해 완전히 온라인 방식으로 바뀌고 있다.
④ 거래대상 물품이 전자적 무체물 등으로 확대되고 있다.

12. 인터넷마케팅의 활용을 표현하는 용어로서 가장 적합하지 못한 것은?

① 데이터베이스 마케팅(Database Marketing)
② 맞춤형 마케팅(Customized Marketing)
③ 대량 마케팅(Mass Marketing)
④ 상호작용형 마케팅(Interactive Marketing)

13. 다음 중 전자무역 알선사이트의 기능과 관계가 가장 먼 것은?

① Marketplace
② Directory
③ Catalog
④ Trade Financing

14. 다음 중 e-Marketplace에서 매일 새로이 발생되는 오퍼정보 중 회원이 등록한 키워드에 해당하는 오퍼자료를 자동 검색하여 회원의 e-Mail 주소로 송신하는 기능은?

① Offer to Buy ② Post an Offer
③ Offer on Demand ④ Biz Offer

15. 기업의 해외홍보 및 마케팅을 위한 웹사이트 구축과 관련하여 가장 적당하지 않은 것은?

① 내용과 형식을 정함에 있어 충분한 사전검토를 한다.
② 웹사이트 방문자의 흥미 유발을 위해 이미지를 많이 사용한다.
③ 웹사이트 방문자의 접속 환경 등을 고려하여 설계한다.
④ 담당자 지정 등을 통해 일정한 주기로 내용을 업데이트한다.

16. 다음 중 전자무역계약에 관한 설명으로 가장 적절하지 않은 것은?

① 전자무역계약은 전자청약에 대한 전자승낙이 청약자에게 도달되는 순간에 체결된다.
② 전자청약은 인터넷과 정보통신망을 통하여 동시적으로 이루어지기 때문에 어느 경우에도 취소가 불가능하다.
③ 전자무역계약은 인터넷과 정보처리시스템을 통하여 이루어지는 의사표시의 합치에 의하여 성립되는 무역계약의 행위를 의미한다.
④ UNCITRAL 모델법에서는 발신인과 수신인 사이에 다른 약정이 없으면 데이터 메시지의 수신시점은 데이터 메시지가 지정된 정보시스템(지정한 경우)에 입력된 때라고 규정하고 있다.

17. 온라인상에서 거래 상대방과 전자문서의 교환 시, 정보전달 도중 정보가 훼손되지 않았다는 것을 확인하는 것에 해당하는 것은?

① 기밀성(Confidentiality) ② 무결성(Integrity)
③ 인증성(Authentication) ④ 부인방지(Non-Repudiation)

18. 다음 중 eUCP에 관한 설명으로 적절하지 않은 것은?

① eUCP는 UCP를 개정한 규칙이 아니다. 종이서류에 상응하는 전자제시를 위해 필요한 규칙을 제공하게 될 UCP의 보칙이다.
② eUCP는 UCP500의 모든 조항에 영향을 미치지 아니하며, 또한 종이서류로만 제시되는 경우에는 적용되지 않는다.
③ eUCP를 적용하는 신용장은 eUCP의 버전(version)을 반드시 명시할 필요는 없다(현행 버전은 1.0).
④ eUCP 신용장은 UCP가 적용된다는 문언을 동 신용장상에 명시적으로 삽입하지 않더라도 UCP와 연계하여 함께 적용된다.

19. 다음 중 전자무역 플랫폼과 관계가 가장 적은 것은?

① 일원적(one stop) 업무처리
② 무역절차상의 기능별 서비스 창구
③ 무역관련 인프라의 통합
④ 사이버 공간상의 가상 네트워크

20. 다음 중 무역 EDI의 구성요소가 아닌 것은?

① 무역업자
② EDI 네트워크
③ 거래약정
④ EDI 표준

21. 전자무역과 관련된 공급망관리의 아웃소싱(outsourcing) 전략으로서 물류업체가 공급체인 간의 복수기업(경영컨설팅, 정보통신업체 등)과 연계되어 물류업무를 지원하는 것은 무엇인가?

① 3PL(Third Party Logistics)
② 4PL(Fourth Party Logistics)
③ ERP(Enterprise Resource Planning)
④ CRM(Customer Relationship Management)

22. 다음 중 볼레로 전자무역시스템의 운영요소와 관계 없는 것은?

① Rulebook
② Title Registry
③ Compliance Engine
④ Core Messaging Platform(CMP)

23. 다음 중 글로벌 전자무역시스템을 설명한 것으로 가장 적절하지 않은 것은?

① 4-Corner 모델은 국제간 B2B 거래에서 전자무역거래를 위해서 양 거래당사자의 거래은행에서 각각의 신용을 제공해 주며, 그리고 그 두 은행에 대한 신용은 아이덴트러스에서 보장해 주는 모델이다.
② 볼레로 넷(bolero.net)의 SURF는 전자적인 환경에서 무역결제업무를 수행하는 표준화된 공유기반의 관리시스템이다.
③ Eleanor는 국제간의 대금결제에 적합한 B2B 전자상거래를 위한 아이덴트러스(Identrus)의 전자결제 솔루션이다.
④ TradeCard는 매수인의 지급보장거래의 신용한도를 자체 신용평가시스템에 의해 수시로 매수인에게 부여된 신용등급에 따라 산정된다.

24. 다음 중 연결이 잘못된 것은?

① Bolero System - SURF 전자결제 솔루션
② Identrus - 공인인증기관(CA: Certification Authority) 지정
③ TradeCard - 전자선하증권 운용
④ KTNET - 무역 EDI

25. 글로벌 전자무역 네크워크 구축 및 활용과 관련하여 시급하게 해결해야 할 과제에 대한 설명으로 가장 적합하지 않은 것은?

① 전자인증의 국제간 상호인정
② 원산지증명서(C/O)의 전자화
③ 선하증권(B/L)의 전자화
④ 통합 무역거래알선 시스템 구축

26. 수입물품에 조세가 부과되기 위한 과세요건에 대한 다음 설명 중 틀린 것은?

① 관세의 과세 4대 요건은 납세의무자, 관세율, 과세물건, 과세환율을 말한다.
② 관세의 납세의무자는 원칙적으로 물품을 수입한 화주이다.
③ 관세율에서 종가세는 백분율(%), 종량세는 단위당 금액으로 표시되어 있다.
④ 과세물건은 수입신고 당시의 성질과 수량이다.

27. 다음 관세중 관세율 적용에 있어서 가장 우선하는 것은?

① 잠정관세　② 조정관세　③ 국제협력관세　④ 기본관세

28. 다음 여행자 휴대품, 이사물품 중에서 관세가 면제되는 것은?

① 사용하던 고급가구와 전자오르간
② 사용하던 자동차
③ 사용하던 선박 및 항공기
④ 과세가격이 100만원이상인 보석류

29. 신고납부제도하에서 과다, 부족, 과부족 세액에 대한 조치내용으로 가장 적합한 것은?

① 신고납부한 세액이 과부족한 때 - 수정
② 신고납부한 세액이 과다한 때 - 경정청구
③ 신고납부한 세액이 부족한 때 - 경정
④ 신고납부한 세액이 부족한 때 - 보정

30. WTO에 가입하지 아니한 국가에서 수입하는 물품에 대한 관세상의 혜택부여와 가장 밀접한 관련이 있는 것은?

① 일반특혜관세　② 할당관세
③ 편익관세　④ 국제협력관세

31. 관세법상 가산세에 대한 설명 중 타당한 것은?

① 신고납부한 날로부터 3월이내에(보정기간)세액을 정정하는 경우에는 가산세액이 100분의 5이다
② 보정기간이 경과한 후 3월이내는 가산세액이 100분의 10이다
③ 신고납부한 날로부터 6월이 경과한 경우에는 가산세액이 100분의 20이다
④ 세관장의 경정에 의한 경우에는 가산세액이 100분의 20이다

32. 다음의 빈칸에 알맞은 말로 짝지어진 것은?

(1) 원칙적으로 관세는 당해 관세를 부과할 수 있는 날부터(가)이 지난 후에는 부과할 수 없다.
(2) 관세의 징수권은 이를 행사할 수 있는 날부터(나)간 행사하지 아니하면 소멸시효가 완성된다.
(3) 환급청구권은 이를 행사할 수 있는 날부터(다)간 행사하지 아니하면 소멸시효가 완성된다.

	가	나	다
①	2년	2년	5년
②	5년	2년	2년
③	2년	5년	5년
④	2년	5년	2년

33. 다음 중 가산금에 대한 설명으로 옳은 것은?

① 관세를 납부기한까지 완납하지 아니하는 때에는 그 납부기한이 경과한 날부터 체납된 관세에 대하여 100분의 3에 상당하는 가산금을 징수한다.
② 체납된 관세를 납부하지 아니하는 때에는 그 납부기한이 경과한 날부터 매 1월이 경과할 때마다 체납된 관세의 100분의 12에 상당하는 중가산금을 1차가산금에 다시 가산하여 징수한다.
③ 체납된 관세(내국세는 포함하지 않는다)가 50만원 미만인 때에는 중가산금을 적용하지 아니한다.
④ 국가 또는 지방자치단체가 직접 수입하는 물품에 적용된다.

34. 다음 거래 중 수입시 관세법상 관세 등을 감면 또는 면세를 받을 수 있는 거래는?

① 우리나라에서 국산 원단을 중국으로 보내 의류를 제작한 후 중국에서 영국으로 수출하였던 물품이 불량판정으로 2년이내 우리나라로 들어오게 된 경우
② 우리나라에서 일본에 수출한 물품이 불량으로 1년이내 우리나라로 반입된 경우
③ 중국 현지공장에서 생산한 물품이 생산 후 2년이내 우리나라에 반입되는 경우
④ 미국 거래처에서 새로 출시한 1백만원 상당의 가전제품이 시장조사용으로 무상으로 반입된 경우

35. 다음 중 수출신고의 신고인으로 적당하지 않은 자는?

① 완제품공급자
② 화주
③ 통관취급법인
④ 복합운송주선업자

36. 관세법상 수출신고와 관련하여 다음 설명 중 올바른 것은?

① 수출하고자 하는 당해물품이 장치된 장소와 관계없이 본사소재지 관할세관에 신고한다.
② 수출신고는 반드시 관세사를 통하여 신고하여야 한다.
③ 수출신고가 수리된 물품은 30일이내 외국무역선(기)에 적재하여야 한다.
④ 수출신고수리된 물품은 외국물품이므로 공항만에 선(기)적하기 위하여 보세운송하여야 한다.

37. 다음 중 관세법상 내국물품의 정의로 적당하지 않은 것은?

① 입항전수입신고가 수리된 물품
② 외국으로부터 우리나라에 도착된 물품으로서 수입신고가 수리되기 전의 것
③ 수입신고전 즉시 반출신고를 하고 반출된 물품
④ 수입신고수리전 반출 승인을 얻어 반출된 물품

38. 관세에 관하여 불복이 있는 경우의 관세행정 구제절차가 아닌 것은?

① 세관장에게 이의신청　　② 국세심판원장에게 심판청구
③ 관세청장에게 심사청구　　④ 대한상사중재원에 중재신청

39. 보세운송을 하고자 하는 자는 관세청장이 정하는 바에 의하여 세관장에게 보세운송의 신고를 하여야 한다. 다만, 물품의 감시 등을 위하여 필요하다고 인정되는 경우에는 세관장의 승인을 얻어야 한다. 다음 중 보세운송 승인대상이 아닌 것은?

① 위험물품　　② 검역을 요하는 물품
③ 보세구역외 장치허가를 받은 장소로 운송하는 물품　　④ 우편물

40. 여행자 및 승무원의 휴대품으로서 허가, 승인 등 조건이 구비되지 아니한 물품을 세관장이 보세구역에 보관하는 것을(　　)라 하고, 이러한 물품으로서 수입할 의사가 없어 화주가 세관장에게 보관을 요청하는 것을 (　　)라 한다. 빈칸에 알맞은 용어는?

① 통관보류, 유치　　② 통관보류, 예치
③ 예치, 유치　　④ 유치, 예치

41. 다음 중 가격신고에 관한 설명으로 가장 올바른 것은?

① 가격신고서는 원칙적으로 수입신고를 할 때마다 제출하여야 한다.
② 상장업체인 대기업에서 수입하는 경우에는 가격신고서 제출을 생략한다.
③ 수입신고시 가격이 확정되지 않은 경우에는 가격이 확정될 때까지 수입통관이 보류된다.
④ 잠정가격신고한 경우 확정가격신고를 하여야 하는 기간은 세관장이 정한다. 기간은 최대 1년을 초과할 수 없다.

42. 다음 중 과세가격 결정시 공제될 수 있는 금액이 아닌 것은?

① 연불조건 수입의 경우에는 연불이자

② 당해 물품의 수입후의 전매·처분 또는 사용에 따른 수익금액 중 판매자에게 직접 또는 간접으로 귀속되는 금액
③ 우리나라에서 당해 수입물품에 부과된 관세 등의 세금 기타 공과금
④ 수입항에 도착한 후 당해 수입물품의 운송에 필요한 운임·보험료 기타 운송에 관련되는 비용

43. 관세법 제30조(과세가격결정의 원칙) 규정에 의하여 구매자와 판매자간에 특수관계가 있어 그 관계가 당해 물품의 가격에 영향을 미친 경우 관세평가 제1방법이 아닌 제2방법 내지 제6방법을 적용하여 과세가격을 결정하여야 한다. 다음 중 법령에서 규정하고 있는 특수관계로 볼 수 없는 것은?

① 구매자와 판매자가 상호 사업상의 임원 또는 관리자인 경우
② 구매자와 판매자가 친족관계에 있는 경우
③ 구매자와 판매자가 장기간의 사업계약 관계에 있는 경우
④ 특정인이 구매자 및 판매자의 의결권 있는 주식을 직접 또는 간접으로 5퍼센트 이상 소유하거나 관리하는 경우

44. 다음은 제1방법에 의해 과세가격을 결정할 수 없는 경우이다. 틀린 것은?

① 무상으로 수입하는 물품
② 임대차계약에 따라 수입하는 물품
③ 수출자의 책임으로 국내에서 판매하기 위하여 수입하는 물품
④ 외상으로 수입하는 물품

45. 냉동갈치를 수입통관하려고 하였으나 국립수산물품질검사원에서 부적합 판정을 내려 식용이 아닌 사료용으로 용도 변경하여 수입통관 할 경우 과세가격은?

① 당초 수입가격이 과세가격이다.
② 사료용의 국내판매가격을 시가역산한 가격이 과세가격이다.

③ 사료용의 국제시세가격이 과세가격이다.
④ 당초 수입가격에 50% 경감한 가격이 과세가격이다.

46. 다음 수입거래 중 수출용원재료로 사용하여 수출한 경우 관세환급이 가능한 수입신고필증은?

① 무상 수입하였으나 관세 등을 납부한 수입신고필증
② 환급에 갈음하는 인하세율을 적용한 수입신고필증
③ 간이세율을 적용하여 관세 등을 납부한 수입신고필증
④ 양허세율로 관세가 무세인 수입신고필증

47. 관세환급을 받을 수 있는 수출을 환급대상수출이라 한다. 다음 중 환급대상 수출이 아닌 것은?

① 물물교환에 의한 수출
② 수입한 기계를 사용 후 중고기계의 수출
③ 외국에서 위탁가공 할 목적으로 반출하는 물품의 수출
④ 주한미군에 대금을 외화로 받고 판매한 경우

48. 기초원재료납세증명서는 수입된 원재료로 생산된 물품을 다음 단계의 중간원재료 생산업체 또는 수출물품 생산업체에 공급하는 경우, 당해 물품을 수입할 때 납부한 관세액을 증명하는 서류이다. 다음 중 기초원재료납세증명서를 발급할 수 없는 자는?

① 세관장
② 관세사
③ 물품의 공급자
④ 수출자

49. 다음 중 간이정액 환급제도에 관한 설명으로 옳지 않은 것은?

① 관세청장은 중소기업에 대한 환급절차를 간소화하기 위하여 간이정액 환급율표를 정할 수 있다.

② 간이정액 환급은 수출자 또는 생산자가 관세 등의 환급을 신청하는 경우에 사용한다.

③ 관세청장은 간이정액 환급율표를 정할 때 최근 6월이상 기간동안의 품목번호별 평균 환급액 또는 환급 납부세액 등을 기초로 하여 환급액을 정한다.

④ 정액 환급율표는 수출물품의 품목번호를 기준으로 정한다.

50. 관세환급에 사용되는 소요량 산정방법 중 수출물품을 생산한 기간이 1년 미만인 업체나 상품의 수명이 짧은 업체 중 의류, 농약 등과 같이 손모율이 비교적 높은 상품을 생산하는 업체의 소요량 산정에 적합한 방법은?

① 단위실량에 의한 소요량의 산정

② 일정기간별 단위소요량에 의한 소요량의 산정

③ 수출건별 등 총소요량에 의한 소요량의 산정

④ 단위설계소요량에 의한 소요량의 산정

무역규범

1	④	2	②	3	②	4	④	5	②	6	②	7	④	8	②	9	④	10	③
11	③	12	③	13	④	14	③	15	②	16	②	17	②	18	③	19	②	20	①
21	②	22	③	23	④	24	③	25	④	26	①	27	③	28	①	29	②	30	③
31	④	32	④	33	①	34	②	35	④	36	③	37	②	38	④	39	④	40	④
41	①	42	②	43	③	44	④	45	①	46	①	47	②	48	④	49	②	50	②

Ⅲ 제15회 국제무역사(무역규범)

2005년 6월

1. 다음 중 대외무역법령상의 무역업고유번호에 관한 설명 중 틀린 것은?

① 산업자원부장관은 수출입전산관리체제의 개발운영 및 수출입거래정보 수집·분석을 위하여 무역거래자별 무역업고유번호를 부여할 수 있다.

② 한국무역협회장은 무역업고유번호신청서류 접수 즉시 신청자에게 고유번호를 부여하여야 한다.

③ 무역업고유번호를 부여받으면 이후 한국무역협회에서 수출실적을 인정받을 경우 절차가 간소화된다.

④ 무역업고유번호 없이 수출입거래를 한 자에 대하여는 2백만원 이하의 과태료에 처해질 수 있다.

2. 다음 중 대외무역법상의 수출입에 해당하지 않는 것은?

① 우리나라 TV드라마의 일본내 방영권을 일본내 기업에게 판매

② 우리나라 선박이 남태평양에서 포획한 참치를 미국에서 미국기업에게 매도

③ 국내기업이 국내에서 원재료를 중국으로 이송하여 임가공한 후 완제품을 중국의 A사에게 판매

④ 국내 기업이 독일 B기업과 매매계약을 체결하여 독일 B기업의 국내 지점에게 물품 인도

3. 다음 중 대외무역법에서 인정하는 용역의 수출입과 관련하여 틀린 것은?

① 용역의 수출형태는 국경간 이동, 국내에서의 소비, 상업적 해외 주재, 자연

인의 해외 이동 등 4가지가 있다.

② 용역의 수출입실적 인정절차는 물품과 동일하다.

③ 수출입에 포함되는 용역의 범위는 경영상담업, 디자인, 컴퓨터시스템 설계 등 지식서비스와 기술관련 서비스에만 한정되며 해운업, 관광업을 영위하는 자가 제공하는 서비스는 포함되지 않는다.

④ 용역의 제공이 대외무역법의 수출입에 포함된 것은 2003년 9월 개정에 따른 것이다.

4. 대외무역법상의 수출입실적 제도와 관련된 사항 중 틀린 것은?

① 국내에서 외국으로 물품이 통관되어 수출된 경우의 수출실적증명 기관은 한국무역협회이다.

② 수출실적은 수출통관액(FOB 가격기준)을 기준으로 하며 수입실적은 수입통관액(CIF 가격기준)을 기준으로 한다.

③ 개별기업의 수출실적을 합계한 액수와 우리나라 수출통계는 동일하다.

④ 전자적 형태의 무체물의 수출은 한국무역협회 또는 한국소프트웨어산업협회가 수출사실확인기관이며 외국환은행이 수출실적인정기관이다.

5. 다음 중 대외무역법에 의거한 수출입제한제도 관련사항으로 고시된 것이 아닌 것은?

① 전략물자기술수출입통합공고

② 통합공고

③ 국제평화및안전유지등의무이행을위한무역에관한특별조치고시

④ 지적재산권보호를위한수출입통관사무처리에관한고시

6. 다음 중 대외무역법령상의 전략물자 통제제도와 관련하여 틀린 것은?

① 제1종 전략물자는 국제평화 및 안전유지를 위하여 통제가 필요하다고 인정

되는 것으로 핵무기, 생화학무기, 미사일, 재래식무기 관련 국제통제체제에 서 정한 물품 등이다.

② 전략물자를 수출입하려는 자는 관계행정기관의 장에게 수출입허가를 받아야 한다.
③ 무역업체의 부담을 완화하기 위해 전략물자 해당여부를 사전에 판정받는 제도가 있다.
④ 정부는 전략물자 관련 수출업자에 대해 보고 명령, 자료제출 요구, 현장검사를 할 수 있다.

7. 다음 중 대외무역법상의 원산지에 대한 내용으로 틀린 것은?

① 당해국 영해에서 잡은 어획물, 당해국 선박에 의하여 잡은 어획물은 당해국이 원산지가 된다.
② 원산지는 일반적으로 "원산지: 국명" 또는 "Made in 국명"으로 표시한다.
③ 대형 포장형태로 수입된 후 소매단위로 재포장되어 판매되는 물품은 재포장 판매업자가 재포장 용기에 원산지를 표시하여야 한다.
④ 실질적 변형기준 중 세번변경기준에 따르면 최종적으로 원재료의 세번과 상이한 세번(HS 4단위 기준)의 제품을 생산한 국가가 원산지가 된다.

8. 다음 중 대외무역법상 수입원료를 사용한 국내생산물품등의 원산지 판정기준과 관련하여 틀린 것은?

① 의류등 17개 품목(HS 4단위 기준 87개)에만 해당된다.
② 당해 물품의 HS세번 6단위가 변경되거나 국내생산 부가가치가 총제조원가의 51% 이상이어야 한국산으로 표시할 수 있다.
③ 국내생산물품 원산지 판정기준에 만족하더라도 반드시 한국산이라고 표시할 의무는 없다.
④ 국내생산물품 원산지 판정기준에 만족하지 않은 경우 한국산으로 표시하면

표시광고법에 의한 처벌대상이 된다.

9. 다음 중 관세의 납부기한으로서 옳은 것은?

① 납세신고(관세법 제38조)를 한 경우 : 납세신고수리일부터 10일 이내
② 납세고지(관세법 제39조)를 받은 경우 : 납세고지를 받은 날부터 7일 이내
③ 세액의 보정(관세법 제38조의2)을 신청한 경우 : 당해 보정신청을 한 날의 다음날까지
④ 수입신고전 즉시반출신고(관세법 제253조)를 한 경우 : 수입신고수리일부터 15일 이내

10. 무역상품에 대하여 수출입통관 절차를 법률로 강제하고, 이를 위반할 경우 처벌하는 이유로서 적합하지 아니한 것은?

① 재정수입의 효과적인 확보
② 국내산업의 보호
③ 수출의 촉진
④ 국민의 건강과 동·식물 생명보호, 환경보호

11. 국내에 있는 외국물품은 수입 또는 반송통관 대상이 된다. 다음중 관세법에서 규정하고 있는 외국물품에 해당되는 것은?

① 외국어선이 우리나라 인근의 공해에서 포획하여 우리나라에 반입한 수산물
② 수입신고수리전 반출승인을 얻어 반출된 물품
③ 수출을 위해 세관에 수출신고를 한 물품
④ 입항전수입신고가 수리된 물품

12. 결손처분이란 부득이한 사유로 인하여 관세를 징수할 수 없다고 인정되는 경우,

관세채권을 소멸시키는 과세권자의 행정처분이다. 관세행정에 있어 결손처분의 사유에 해당하지 않는 것은?

① 체납처분의 목적물인 총재산의 추산가액이 체납처분비에 충당하고 잔액이 생길 여지가 없는 때
② 수입신고인이 화주를 명백히 하지 못한 때
③ 관세징수권의 소멸시효가 완성된 때
④ 체납처분이 종결되고, 체납액에 충당된 배분금액이 그 체납액에 부족한 때

13. 수입물품에 대해 관세를 부과하기 위해서는 과세물건을 확정하여야 한다. 다음 중 관세의 과세물건이 확정되는 원칙적인 시기를 가장 잘 설명한 것은?

① 수입하고자 하는 물품에 대한 무역계약이 유효하게 체결된 때
② 수입하고자 하는 물품이 외국에서 선적되고 유효한 선하증권이 발급된 때
③ 수입신고를 하는 때
④ 수입신고가 수리된 때

14. 수입물품이 우루과이라운드(UR)결과 시장이 개방된 농산물로서 특별긴급관세 부과대상임이 확인되었다. 과세를 함에 있어 관세율은 어느 시기의 것을 적용하여야 하는가?

① 무역계약이 유효하게 체결된 날의 관세율
② 물품이 우리나라에 입항된 날의 관세율
③ 선하증권이 발급된 날의 관세율
④ 수입신고를 하는 날의 관세율

15. 관세평가에서 제1방법으로 과세가격을 결정하기 위해서는 그 물품이 우리나라에 '수출하기 위하여 판매'된 것이어야 한다. 다음 중 우리나라에 '수출 판매'된 것으로 볼 수 있는 것은?

① 시장 확보를 목적으로 정상적인 시장가격보다 낮은 덤핑가격으로 수입하는 물품
② 무상으로 수입하는 물품
③ 임대차계약에 따라 수입하는 물품
④ 수입후 경매등을 통하여 판매가격이 결정되는 위탁판매 수입물품

16. 다음중 관세 징수권의 소멸시효 중단사유가 아닌 것은?

① 납세고지 ② 납세독촉
③ 경정처분 ④ 압수수색

17. 여행자휴대품의 통관은 일반적인 물품의 통관과는 다른 특성이 있다. 여행자휴대품에 대하여 과세할 때 적용할 수 있는 관세율로서 관세와 내국소비세를 합산하여 단일한 세율로 정해 둔 관세율을 무엇이라 하는가?

① 합의세율 ② 용도세율
③ 간이세율 ④ 잠정세율

18. 품목분류에 있어 동일한 물품이 둘 이상의 호에 분류될 수 있을 때 적용하는 원칙이 아닌 것은?

① 미완성 물품의 경우에는 완성된 물품이 아닌 분해된 상태로 분류한다
② 가장 협의로 표현된 호가 일반적으로 표현된 호에 우선한다
③ 혼합물인 경우에는 물품의 본질적인 특성을 부여하는 재료로 구성된 것으로 분류한다
④ 위의 규정에 따라 분류할 수 없는 물품은 동일하게 분류가 가능한 호 중에서 그 순서상 최종호에 분류한다

19. 다음중 관세법상 간이세율을 적용할 수 있는 물품은?

① 수출용 원재료
② 외국에서 선박 또는 항공기의 일부를 수리 또는 개체하기 위하여 사용된 물품
③ 종량세가 적용되는 물품
④ 관세법에 의한 범칙 행위에 관련된 물품

20. 조세의 감면은 법률에 명백한 근거가 있을 때만 가능하다. 관세의 감면은 주로 관세법에 의해 이루어지고 있으나 다른 법률에 의해 감면이 가능한 경우도 있다. 다음중 관세감면의 근거가 되는 규정을 두고 있는 법률은?

① 국세기본법
② 관세환급특례법
③ 조세특례제한법
④ 국세징수법

21. 관세의 분할납부는 수입업체의 자금부담 완화 등에 큰 도움이 될 수 있다. 분할납부를 위해서는 세관장의 승인이 필요한데, 일정한 사유가 발생한 경우에는 관세의 분할납부 승인을 받은 물품에 대해서 분할납부 승인을 취소하고, 그때까지 납부하지 아니한 관세의 전액을 즉시 징수한다. 다음 중 분할납부 승인의 취소 사유로 합당하지 아니한 것은?

① 관세의 분할납부 승인을 얻은 물품을 사후관리 기간내에 용도외의 다른 용도에 사용하거나 당해 용도외의 다른 용도에 사용하고자 하는 자에게 양도한 때
② 분할납부의무를 진 납세의무자가 관세를 지정된 기한까지 납부하지 아니한 때
③ 분할납부 승인을 받은 업체가 파산선고를 받은 때
④ 분할납부 승인을 받은 업체에 적자가 발생한 때

22. 세관 공무원이 납세자 권리헌장의 내용이 수록된 문서를 납세자에게 교부하는 경우가 아닌 것은?

① 관세의 결정 또는 경정을 위한 조사등 부과처분을 위하여 납세자를 방문하

여 조사하는 경우

② 보세판매장에 대한 조사를 하는 경우

③ 징수권의 확보를 위하여 압류를 하는 경우

④ 보세 전시장에 대한 조사를 하는 경우

23. 관세법에 의한 처분에 대한 불복 절차 중 알맞지 않은 것은?

① 당해 처분을 하였거나 하였어야 할 세관장에게 이의신청

② 관세청장에게 청구하는 심사청구

③ 국세심판원장에게 청구하는 심사청구

④ 감사원법의 규정에 의한 심사청구

24. 보세구역에 장치된 물품에 대하여는 그 현상을 유지하기 위하여 필요한 보수작업과 그 성질이 변하지 아니하는 범위 안에서 포장을 바꾸거나 구분·분할·합병 기타 비슷한 보수작업을 할 수 있다. 다음 중 원칙적으로 보수작업의 범위에 포함되기 어려운 것은?

① 완제품의 특성을 가진 구성요소의 조립 등 단순한 조립작업

② 부패, 변질 등으로 상품성을 상실한 물품의 폐기작업

③ 화물의 선별, 분류 등 선적을 위한 준비작업

④ 포장개선, 라벨표시 등 물품의 상품성 향상을 위한 개수작업

25. 보세공장에 대한 다음의 설명 중 잘못된 것은?

① 보세공장은 외국물품인 원재료를 그 제조·가공의 대상으로 하므로 외국물품과 내국물품을 혼용하여 제조·가공할 수 없다.

② 보세공장에서 제조된 물품을 수입함에 있어서 당해 물품의 원료인 외국물품에 대하여 보세공장 반입당시 미리 신청 한 것은 보세공장에 반입하는 때의

그 원료의 성질 및 수량에 의하여 관세를 부과한다.

③ 보세공장을 설치·운영하고자 하는 자는 세관장의 특허를 받아야 한다.

④ 파산선고를 받고 복권되지 아니한 자는 보세공장을 설치·운영할 수 없다.

26. 현행 관세법상 특허 보세구역이 아닌 것은?

① 보세창고 ② 보세장치장

③ 보세전시장 ④ 보세건설장

27. 보세운송이란 외국물품을 보세상태로 국내운송하는 것을 말한다. 다음 중 보세운송에 대한 설명으로 옳지 않은 것은?

① 보세운송을 하고자 하는 자는 세관장에게 보세운송의 신고를 하거나 세관장의 보세운송 승인을 얻어야 한다.

② 수출신고가 수리된 물품에 대하여는 관세청장이 따로 정하는 것을 제외하고는 보세운송절차를 생략한다.

③ 보세운송된 물품이 운송목적지에 도착한 때에는 도착지의 세관장에게 그 사실을 보고하여야 한다.

④ 보세운송물품이 지정된 기간내에 목적지에 도착하지 않은 경우 관세법령에 의하여 당해 물품을 매각하여야 한다.

28. 다음중 관세법에 의해 수출·입이 완전히 금지된 품목이라 볼 수 없는 것은?

① 마약 ② 풍속을 해치는 영화

③ 위조된 채권 ④ 모조된 화폐

29. 우리나라로 수입되는 외국물품이 수입되기 전에 일정한 용도에 사용되거나 소비된 경우에는 이를 수입으로 보지 아니한다. 따라서 이 경우에는 관세 과세의 문제도

발생하지 아니한다. 다음 중 이러한 물품에 해당되지 아니하는 것은?

① 입국하는 항공기 안에서 휴대품을 소비한 경우
② 국제 순항 유람선 안에서 선용품을 사용한 경우
③ 보세구역에서 단순 우리나라 경유자에게 선(기)용품을 제공하여 그 용도에 따라 소비·사용한 경우
④ 보세구역에 장치중인 물품을 판촉용으로 소량 사용한 경우

30. 세관장이 통관을 보류할 수 있는 경우가 아닌 것은?

① 수출, 수입 또는 반송에 관한 신고서의 기재사항의 보완이 필요한 경우
② 신고시의 제출서류등이 미비되어 보완이 필요한 경우
③ 수출입 신고된 물품이 특허권을 침해하는 경우
④ 관세법의 규정에 의한 의무사항을 위반하거나 국민보건을 해칠 우려가 있는 경우

31. 관세환급에 있어, 수입된 원재료로 생산된 물품을 다음 단계의 중간원재료 생산업체 또는 수출물품 생산업체에 공급하는 경우 당해 물품을 수입할 때 납부한 관세액을 증명하는 서류를 무엇이라 하는가?

① 기초원재료납세증명서
② 평균세액증명서
③ 분할증명서
④ 구매확인서

32. 제조업체 M사는 다음의 물품을 제조하여 일본으로 수출하였으며, 수출된 모든 물품에 대하여 관세환급을 받으려고 한다. 간이정액환급방법에 의하여 환급을 받는 경우 다음의 건에 대하여 M사가 받을 수 있는 환급금의 총액은?

< 환급대상 수출건 >
2005년 6월 1일 수출신고수리 - 하드디스크 드라이브 (수출금액 1,000,000원) - 씨디(CD) 드라이브 (수출금액 5,000,000원) 2005년 6월 2일 수출신고수리 - 하드디스크 드라이브 (수출금액 2,000,000원)

□□참고자료 : 간이정액환급율표(일부)

세번	품명	수출금액(FOB) 1만원당 환급액
8471.70-2020	하드 디스크 드라이브	40원
8471.70-2031	씨디(CD) 드라이브	60원

① 40,000원 ② 42,000원 ③ 44,000원 ④ 46,000원

33. 사후정산제도(또는 관세등의 일괄납부제도라 한다)란 수출용원재료를 수입할 때 관세 등을 징수하지 아니하고 일괄납부기간별로 징수할 세액과 환급할 금액을 상계처리하고 이를 정산하여 납부 또는 환급하는 제도이다. 다음 중 수출용원재료에 대한관세등환급에관한특례법상 일괄납부기간으로 적당하지 않은 것은?

① 3월 ② 4월 ③ 6월 ④ 1년

34. 대외무역법에 따른 전자무역의 법률적 정의를 가장 올바르게 기술한 것은?

① 무역 e-Marketplace를 통하여 오퍼정보를 교환하고 상담을 통하여 계약을 체결하는 거래
② 해외시장조사부터 대금회수에 이르는 모든 무역프로세스를 인터넷 또는 정보기술을 통하여 이루어지는 거래
③ 무역의 일부 또는 전부가 컴퓨터 등 정보처리능력을 가진 장치에 의하여 정보통신망을 이용하여 이루어지는 거래

④ 전자적 無體物인 디지털 재화를 온라인 네트워크 상에서 국제간에 교환하는 거래

35. 다음은 무역프로세스별 전자무역 수단을 연결한 것이다. 올바르지 못한 것은?

① 정보수집 및 거래선 발굴 : 무역 e-Marketplace
② 거래조건 협상 : 전자서명 및 인증
③ 물류운송 : 전자문서교환(EDI)
④ 대금결제 : 트레이드카드(Trade Card)

36. 다음은 전자무역 프로세스를 순서대로 나열한 것이다. 가장 올바르게 기술한 것은?

① 무역포털사이트를 통한 시장조사 → 전자무역결제 → e-Marketplace를 활용한 거래선 발굴 → 전자계약체결 → 물품확보 → 물류운송
② 무역포털사이트를 통한 시장조사 → e-Marketplace를 활용한 거래선 발굴 → 전자계약체결 → 물품확보 → 전자무역결제 → 물류운송
③ 무역포털사이트를 통한 시장조사 → 물품확보 → 전자무역결제 → 물류운송 → e-Marketplace를 활용한 거래선 발굴 → 전자계약체결
④ 무역포털사이트를 통한 시장조사 → 물품확보 → 전자무역결제 → e-Marketplace를 활용한 거래선발굴 → 전자계약체결 → 물류운송

37. 다음은 인터넷이 제공하는 다양한 수단을 무역업무에 적용한 것이다. 연결이 올바르지 못한 것은 ?

① URL : 전자무역문서의 표준화
② Mailing List : 자사 홈페이지 홍보
③ Usenet : 무역정보의 공유
④ FTP : 웹사이트 업데이트

38. 무역부문의 e-Marketplace를 활용하는 기법의 하나로 수출업체가 자사의 오퍼내용을 상세히 기록하여 게재함으로써 해외거래선이 검색할 수 있도록 하는 메뉴는?

① View Trade Leads
② Search Trade Leads
③ Post Trade Leads
④ Trade Alerts

39. 전자적 무체물에 대해 수출입 인정을 받으려면 해당 기관에 신고하여 수출입확인서를 발급받아야 하는데, 다음 중 수출입 인정시점을 바르게 설명한 것은?

① 수입의 경우 수입금액 지급일
② 수출의 경우 수출확인 수리일
③ 수입의 경우 수입확인 수리일
④ 수출의 경우 수출금액 통보일

40. 웹 프로모션의 기법 중 검색엔진에 자사의 도메인을 등록하여 외부사용자가 검색할 수 있도록 결정적인 역할을 하는 메타태그(Metatag)에 대한 설명으로 올바른 것은?

① 웹사이트 프로모션시 보다 정확한 검색을 위하여 지원하는 독립적인 프로그램을 말한다.
② 정보 검색시 하나의 키워드로 여러 검색엔진을 통합하여 검색할 수 있는 사용자 시스템을 말한다.
③ 특정 웹사이트에 대한 색인정보로서 키워드와 약간의 정리된 내용을 표현하는 태그를 말한다.
④ e-Marketplace에서 제공하는 상품정보를 체계적으로 분류하는 프로그램을 말한다.

41. 인터넷을 통한 해외 수출마케팅 기법을 기술한 것 중 올바르지 못한 것은?

① 수출마케팅 초기에는 인지도가 높은 무역분야의 e-Marketplace를 이용하는 것이 바람직하다.
② e-Marketplace를 통한 해외바이어와의 직접적인 접촉으로 거래제의뿐만 아니라 거래조건에 대한 상담을 수행할 수 있다.

③ e-Marketplace를 활용하여 주기적으로 오퍼정보를 검색하고 오퍼를 게재함으로써 신규 거래선을 발굴할 수 있다.
④ e-Marketplace를 방문하여 오퍼정보를 검색하고 검색된 오퍼정보의 신용도는 e-Marketplace를 통하여 즉시 조회할 수 있다.

42. 무역업체가 자사의 웹사이트를 구축한 후 많은 방문자를 유도하기 위하여 홍보하는 프로모션 기법으로 거리가 가장 먼 것은 ?

① Newsgroup의 무역동호회 검색 및 등록
② Search Engine에 자사 URL 등록
③ Business Directory 구축 및 등록
④ 배너교환 및 웹사이트 게시판 등록

43. 현재 무역절차 중 전통적인 폐쇄형 VAN EDI 혹은 개방형 Web EDI방식을 통해 전자적으로 이용할 수 있는 서비스가 아닌 것은?

① 로칼 L/C 개설 및 통지
② 해상 물품선취보증서(L/G) 발급 및 확인
③ L/C 한도 조회
④ 수출입신고 업무

44. 중소기업에 대한 다양한 지원제도를 설명한 내용이다. 전자무역과 직접적으로 관련이 적은 것은?

① e무역상사제도　　② e-Catalogue 제작지원사업
③ 통합전자무역솔루션 보급사업　　④ 기업 ERP 및 SCM 보급지원사업

45. 해외에서 운영하는 세계적인 거래알선 사이트의 하나로 인터내셔널, 중국, 중화권

등 3개의 사이트를 중심으로 오퍼등록, 검색, 뉴스 업체현황 등 다양한 정보를 제공하는 e-Marketplace는?

① EC Plaza ② EC21 ③ Alibaba ④ Silkroad 21

46. 전자무역의 경우에도 거래상대방에 대한 신용조사가 중요하다. 신용도 측정에 사용되는 요소 중 상대적으로 가장 중요한 것은?

① Character ② Capital ③ Capacity ④ Condition

47. 홈페이지 운영 및 웹 프로모션에 대한 설명으로 올바르지 않은 것은?

① 홈페이지란 웹상에서 특정한 도메인명을 가지고 정보 및 서비스를 제공하는 화면들을 유기적으로 연결시켜 놓은 집합체이다.
② 전자카탈로그는 사이버 공간에서 쌍방향으로 정보를 주고 받는 창구역할을 하며 자유스타일과 정형화된 스타일로 구분된다.
③ HTML Tag는 영문 대소문자 구별없이 사용되며, 시작 Tag와 종료 Tag 한 쌍으로 구성된다.
④ 웹 프로모션이란 검색엔진, e-Mail, 뉴스그룹, 배너교환 등을 효과적으로 활용하여 많은 방문자들을 유인하는 홍보전략과 전술을 말한다.

48. 전자무역 계약에 관한 설명으로 올바르지 않은 것은?

① 우리나라에서는 피청약자가 승낙의 의사표시를 발송하여 청약자에게 도달할 때의 시점에서 승낙의 효력이 발생하여 계약이 성립한다.
② 전자적 의사표시자의 중대한 과실로 가격이나 단위표시에 하자가 발생한 경우에는 이를 취소할 수 있다.
③ 발신은 정보처리 장치가 네트워크에 연결되어 있을 경우 메시지를 전송가능

한 형태로 변환하여 네트워크에 연결된 케이블로 전달할 때 개시된다.

④ e-Mail을 이용하여 계약을 체결할 경우에는 단순히 당사자간에 청약 e-Mail과 그에 대한 승낙 e-Mail을 교환함으로써 계약이 성립된다.

49. EDI 구성요소에 대한 설명으로 올바르지 않은 것은?

① EDI 표준 ② EDI 서비스 제공업자

③ EDI 전자인증 ④ EDI 사용자 시스템

50. 전자무역에 있어서 인증과 암호화를 통하여 안전한 거래를 추구하게 되는데, 이와 관련된 설명으로 올바르지 않은 것은?

① 기밀성(Confidentiality)은 전자결제를 위한 계좌번호, 비밀번호 등을 암호화하여 정보유출을 방지하는 것이다.

② 인증(Authentication)은 사용자가 진정한 사용자라는 신원을 증명할 수 있도록 하는 기능이다.

③ 암호화(Cryptography) 방식 중 대칭키 암호방식은 디지털 인증서와 제3의 인증기관이 필요하며, 암호화 속도가 느리다.

④ 무결성(Integrity)이란 정보전달 도중에 정보가 훼손되지 않았는지를 확인하는 것이다.

무역규범

1	④	2	④	3	②	4	③	5	④	6	②	7	④	8	②	9	③	10	③
11	①	12	②	13	③	14	④	15	①	16	④	17	③	18	①	19	②	20	③
21	④	22	④	23	③	24	②	25	①	26	②	27	④	28	①	29	④	30	③
31	①	32	②	33	④	34	③	35	②	36	②	37	①	38	③	39	①	40	③
41	④	42	③	43	③	44	④	45	③	46	①	47	②	48	②	49	③	50	③

IV 제16회

국제무역사(무역규범)

2005년 11월

1. 다음 중 대외무역법에서 인정하는 수출입의 대상에 포함되지 않는 용역은?

① 유통업을 영위하는 자가 제공하는 용역
② 엔지니어링 서비스업을 영위하는 자가 제공하는 용역
③ 영화·음반업을 영위하는 자가 제공하는 용역
④ 영화배급권의 판매

2. 다음 중 대외무역법상 수출실적으로 인정되지 않은 것은?

① 내국신용장에 의한 거래실적
② 산업자원부장관이 지정하는 생산자의 수출물품 포장용 골판지상자의 공급실적
③ 대 북한 유상 반출실적
④ 전자적 형태의 무체물의 수출로 한국무역협회장 또는 한국소프트웨어산업협회장이 확인한 입금액

3. 대외무역법에 의한 수출입과 가장 관련이 없는 것은?

① 증여를 원인으로 하는 국내와 국외간의 물품 이동
② 거주자와 비거주자간에 인터넷을 통한 소프트웨어의 거래
③ 우리나라 선박이 공해상에서 포획한 어획물을 미국에 매도
④ 내국인이 일본 내에서 소유하고 있는 물품을 중국에 무상증여

4. 다음 구매확인서에 대한 설명 중 틀린 것은?

① 국내에서 생산된 물품이나 수입된 물품을 외화획득용 원료 또는 물품으로

사용하기 위해 구매하고자 하는 경우 외국환은행장이 발급하는 증서이다.

② 구매확인서는 부가가치세 신고기한 내에 사후발급이 가능하며, 외국환은행의 지급보증이 가능하다.

③ 물품의 제조과정이 여러 단계일 경우에는 각 단계별로 순차적으로 차수 제한없이 발급할 수 있다.

④ 구매확인서에 의한 물품매도 실적도 수출실적에 포함된다.

5. 다음 중 원산지에 대한 내용으로 틀린 것은?

① 원산지는 일반적으로 "원산지 : 국명" 또는 "Made in 국명"으로 표시한다.

② 특정한 경우를 제외하고는 원산지표시대상물품을 수입하는 경우 수입통관시 원산지증명서를 제출해야 한다

③ 원산지표시대상물품이 대형 포장형태로 수입된 후 소매단위로 재포장되어 판매되는 물품은 재포장 판매업자가 재포장 용기에 원산지를 표시하여야 한다.

④ 원재료를 수입한 국가에서 단순가공활동을 통해 수입 원재료와 상이한 세번(HS 6단위 기준)의 제품으로 된 경우에는 세번변경기준 원칙에 의해 세번변경이 이루어진 국가가 항상 원산지가 된다.

6. 다음 중 보세운송에 대한 설명으로 옳지 못한 것은?

① 수출신고가 수리된 물품은 외국물품에 해당하므로 이를 국내운송하는 경우 원칙적으로 보세운송을 하여야 한다.

② 보세운송의 신고 또는 승인신청은 화주, 관세사(관세사법인, 통관취급법인 포함), 보세운송업자의 명의로 하여야 한다.

③ 보세운송을 하고자 하는 경우 원칙적으로 세관장에게 보세운송의 신고를 하여야 한다. 다만, 검역을 요하는 물품, 위험물품, 비금속설 등의 경우 세관장의 승인을 얻어야 한다.

④ 보세운송은 관세청장이 정한 기간내에 종료하여야 하며, 보세운송 물품이 지정된 기간내에 목적지에 도착하지 아니한 때에는 즉시 그 관세를 징수한다.

7. 다음 중 보수작업에 대한 설명으로 옳은 것은?

① 내국물품은 수입될 물품의 보수작업의 재료로 사용할 수 없다.
② HSK 10단위의 변화를 가져오는 것은 보수작업으로 인정할 수 없다.
③ 보세구역내에서 보수작업을 하고자 하는 자는 사전에 관세청장에게 신고하여야 한다.
④ 국내 보세구역에서 중국산 의류의 원산지를 한국산으로 변경하는 경우 보수작업을 하여야 한다.

8. 북한으로부터 반입된 물품에 대한 설명으로 옳지 못한 것은?

① 반입물품이란 북한에서 직접 남한으로 운송되어 반입되는 물품을 말하며, 단순히 제3국을 경유하는 물품의 이동을 포함한다.
② 북한으로부터 물품을 반입하는 경우 보세구역, 통관장 등 지정장소에 장치하여야 한다.
③ 원산지가 북한인 반입물품은 국내거래로 인정되므로, 관세 및 내국세가 부과되지 않는다.
④ 북한으로부터 반입된 물품의 포장물품 등에 인쇄된 문구가 공산주의 이념을 찬양 또는 선전하는 내용이어서는 안된다.

9. 독일로부터 혈압측정기기(HSK 9018.19-4000) 2,000개가 선적되어 우리나라로 운송되었다. B/L(선하증권)과 Commercial Invoice(송품장)상에 2,000개 전량이 수입물품으로서 표시되었으나, 운송도중 500개가 파손되어 상품성이 완전히 상실되었고, 1,500개만이 보세구역에 정상적으로 반입되어 수입신고되었다. 이러한 경우의 과세기준에 대한 설명으로 가장 옳은 것은?

① 수입신고는 B/L을 그 기준으로 하므로, B/L상의 수량인 2,000개에 대하여 과세하여야 한다.
② 제서류상의 수량에 불구하고, 수입신고를 하는 때 실제 남아있는 수량인 1,500개만이 과세대상이다.

③ Commercial Invoice 상의 수량인 2,000개에 대하여 우선과세하고, 손상감세(관세법 제100조) 규정에 의하여 파손된 500개에 대한 관세를 경감받아야 한다.
④ B/L상의 수량인 2,000개에 대하여 모두 과세하되, 1,500개에 대하여는 수입화주가, 파손된 500개에 대하여는 운송사가 그 과세책임을 져야 한다.

10. J사가 일본으로부터 수입하는 PCB(Printed Circuit Board) 검사기기는 관세법 제95조의 공장자동화감면 대상이었으나, 법령 개정으로 인하여 관세감면 대상에서 제외될 예정이다. J사의 수입물품에 대한 관세감면 가능여부는 어느 시점의 법령에 의하여 판단하여야 하는가?

① 계약 시점의 법령
② 선적일의 법령
③ B/L 발행일의 법령
④ 수입신고 당시의 법령

11. F사가 중국으로부터 옵셋인쇄용 인쇄기(HSK 8443.19-0000, 관세율 8%)를 수입하였다. 인천항으로 입항하였으며 최종 목적지는 경기도 과천이다. 수입신고를 위한 자료가 다음과 같을 때, 이에 대한 해석으로 옳은 것은?

Offset printing machine : (FOB) 5,000,000원 해상운임 : 600,000원 인천항 보세창고료 : 50,000원 내륙운송료(인천항→과천) : 300,000원 보험 : 부보되지 않음

① FOB 조건으로 반입되었으므로 과세표준은 5,000,000원이다.
② 과천까지의 총운임(900,000원)은 과세가격에 포함되지만, 창고료(50,000원)는 포함되지 않는다.
③ 납부하여야 할 관세와 부가가치세 중 관세액은 448,000원이다.
④ 보험은 부보되지 않았으나, 통상적인 보험료를 과세가격에 가산하여야 한다.

12. 다음 중 할당관세(관세법 제71조)에 대하여 가장 잘 설명한 것은?

① 국민보건, 환경보전, 소비자보호 등을 위하여 필요한 경우 부과할 수 있는 관세이다.
② 관세율의 인상 또는 인하를 통하여 수입량을 조절하는 관세이다.
③ 수출국에서 보조금을 받은 물품의 수입을 억제하기 위하여 추가부과하는 관세이다.
④ 특정국가 또는 국제기구와의 협상을 통하여 정하여진 관세이다.

13. W사가 대만으로부터 레이저프린터(HSK 8471.60-2011) 10SET를 수입하였다. 레이저프린터의 기본관세율은 8%이며, WTO협정관세율은 0%이다. 이 물품의 SET당 단가가 U$2,000(CIF)이고, 적용되는 과세환율이 1U$=1,000원일 때, 수입시 총 납부하여야 할 세액(관세와 부가가치세의 합)은?

① 0원　　② 1,600,000원　　③ 2,000,000원　　④ 2,600,000원

14. 다음은 수입신고서(수입신고필증)의 일부이다. 이를 해석한 것으로 옳지 못한 것은?

<table>
<tr><td rowspan="6">⑨신 고 자 ○○○관세사무소 ○○○
⑩수 입 자 (주)국제무역
⑪납세의무자
(주소) 서울시 구로구 구로동
(상호) (주)한국교역
(성명) ○○○
⑫무역대리점
⑬공 급 자 WORLD TRADING CO LTD</td><td>⑭통관계획 C
보세구역도착전</td><td>⑱원산지증명서
유무 X</td><td colspan="2">⑳총중량
3,429.0 KG</td></tr>
<tr><td>⑮신고구분 B
서류신고</td><td>⑲가격신고서
유무 Y</td><td colspan="2">㉑총포장갯수
36CT</td></tr>
<tr><td>⑯거래구분 11
일반형태수입</td><td colspan="2">㉒국내도착항 PUS
부산항</td><td>㉓운송형태
10-ETC</td></tr>
<tr><td rowspan="2">⑰종류 K
일반수입(내수용)</td><td colspan="3">㉔적출국 VN(VIETNAM)</td></tr>
<tr><td colspan="3">㉕선기명 ABC VESSEL(MH)</td></tr>
<tr><td colspan="2">㉖MASTER B/L 번호 ABC123456</td><td colspan="2">㉗운수기관부호</td></tr>
</table>

① (주)한국교역이 관세와 내국세를 모두 납부하여야 한다.
② 위 수입은 수입대행건이며, (주)국제무역이 수입을 위탁한 자이다.
③ 베트남에서 선적되었으며, 수출자는 WORLD TRADING CO LTD이다.

④ 위 화물은 부산항 도착후, 보세구역에 도착하기 전에 수입신고가 이루어졌다.

15. 수입시 과세자료가 다음과 같다. 이에 대하여 관세, 부가가치세, 특별소비세, 교육세가 모두 부과된다면 수입시 납부하여야 할 조세 중 부가가치세는?

관세의 과세가격 100,000원			
관세율 10%	특별소비세율 10%	교육세율 10%	부가가치세율 10%

① 10,000원　② 11,120원　③ 12,210원　④ 14,200원

16. 다음 중 관세의 납부기한에 대한 설명으로 옳지 않은 것은?

① 납세신고를 하는 경우(단, 납세담보를 제공하였다) : 납세신고일부터 15일 이내
② 수정신고를 하는 경우 : 수정신고한 날의 다음날까지
③ 월별납부를 하는 경우 : 납부기한이 동일한 달에 속하는 세액에 대하여 동기한이 속하는 달의 말일까지
④ 세관장이 부과고지를 하는 경우 : 납세고지를 받은 날부터 15일 이내

17. M사는 2005년 11월 1일 수입신고수리된 물품에 대하여, 2005년 11월 2일 관세 등 제세를 3,000,000원 납부하였다. 그러나 원칙적으로 납부하여야 하는 금액이 3,500,000원이었음을 사후에 발견하여, 2005년 12월 2일 부족한 세액을 추가납부하고자 한다. 이때 총 납부하여야 할 세액 중 가산세의 금액은?

① 가산세가 부과되지 않는다.　② 25,000원　③ 50,000원　④ 100,000원

18. 특정한 정책목적을 달성하기 위하여 일정요건을 갖춘 수입물품에 대하여 세액을 경감하거나 면제하는 제도를 관세의 감면이라 한다. 다음 중 관세감면 대상이 되

기 어려운 것은?

① 보세구역에서 반송되는 전시물품 ② 학교에서 사용할 실험실습용품
③ 종교단체의 예배용품 ④ 공장자동화 기계·기구

19. 수입물품에 대하여는 관세를 징수하는 것이 원칙이지만, 수출되었다가 단기간내 재수입되는 물품 등에 대하여는 관세를 면제할 수 있다. 다음 중 재수입면세(관세법 제99조)의 대상이 되기 어려운 것은?

① 수출물품의 용기로서 다시 수입하는 물품
② 해외시험 및 연구목적으로 수출된 후 다시 수입되는 물품
③ 원재료 또는 부분품이 수출되었다가 임가공후 다시 수입되는 물품
④ 우리나라에서 수출되었다가 2년내에 다시 수입되는 물품

20. 수입계약에 의하여 국내반입한 물품이 약정물품과 상이하여 클레임을 제기한 후 이를 다시 외국으로 반출하였다면 수입시 납부한 관세를 환급받을 수 있으며, 이를 위약환급(또는 계약내용과 상이한 물품에 대한 관세환급이라 한다)이라 한다. 다음중 위약환급을 받기 위한 요건으로 적당하지 않은 것은?

① 수입물품이 계약내용과 상이하여야 하며, 위약수출에 대한 사유서가 첨부되어야 한다.
② 수입신고 당시의 성질 또는 형태가 변경되지 아니한 상태에서 수출되어야 한다.
③ 수입신고수리일부터 1년 이내에 보세구역에 반입하여 수출하여야 한다.
④ 수입물품 전량이 다시 수출되어야 한다.

21. HS에 의한 품목분류의 원칙에 대한 설명으로 옳지 않은 것은?

① 가장 협의로 표현된 호가 일반적으로 표현된 호에 우선한다.
② 동일하게 분류가 가능한 두 개의 호가 있는 경우 그 순서상 가장 먼저 위치

한 호에 분류한다.

③ 미완성의 물품이 제시된 상태에서 완성된 물품의 본질적인 특성을 지니고 있으면, 완성된 물품의 호에 분류한다.

④ 케이스와 용기는 그 내용물과 함께 분류하는 것이 원칙이다. 다만, 용기로서의 본질적인 특성을 가지고 있는 것은 별도로 분류한다.

22. 수입신고에 대한 설명으로 가장 옳은 것은?

① 수입신고의 단위는 Commercial Invoice 1건에 대하여 수입신고 1건으로 한다.
② 수입신고는 반드시 당해 물품의 입항지 관할 세관에서 하여야 한다.
③ 수입신고는 물품이 입항하기 전에는 할 수 없다.
④ 수입신고는 화주가 직접 하거나, 관세사·관세사법인·통관취급법인의 명의로 하여야 한다.

23. 밀수입죄에 대한 설명으로 옳은 것은?

① 밀수입죄에 해당하는 경우 10년 이하의 징역에 처해진다.
② 밀수입죄를 범할 목적으로 예비를 한 자와 미수범은 본죄에 준하여 처벌한다.
③ 형사미성년자가 밀수입죄를 범한 경우 처벌하지 않는다.
④ 밀수입죄에 해당하더라도 징역과 벌금은 병과할 수 없다.

24. 수출용원재료의 국내거래에서 수입된 상태 또는 매입된 상태 그대로 거래된 물품에 대하여 세관장이 관세 납부액을 증명하는 서류로 발급하는 것은?

① 분할증명서
② 기초원재료납세증명서
③ 평균세액증명서
④ 구매확인서

25. 다음 중 환급특례법(수출용원재료에대한관세등환급에관한특례법) 규정에 의하여 환급되는 조세가 아닌 것은?

① 관세　　② 부가가치세　　③ 특별소비세　　④ 교통세

26. 다음 중 환급특례법에 의한 환급대상으로 보기 어려운 것은?

① 일본으로부터 부산항에 도착하여 반송신고수리후 중국으로 선적된 중계무역물품의 경우
② 미국에서 개최되는 전시회에 출품하기 위하여 무상반출되었으나 미국에서 외화를 받고 판매된 경우
③ 무상수입물품에 대하여 관세를 납부한 후 이를 베트남으로 유상수출한 경우
④ 대만으로 견본용 물품을 수출한 경우

27. 다음 중 간이정액환급에 대한 설명으로 옳지 못한 것은?

① 주로 중소제조업체가 수출한 물품에 대하여 환급하는 제도이다.
② 간이정액환급률표에 기재되어 있지 않은 비고시품목은 간이정액환급을 받을 수 없다.
③ 수출신고필증과 소요량계산서가 제출되어야 한다.
④ 간이정액환급에 의한 경우 과소환급을 받게 되는 기업은 승인을 얻어 개별환급을 받을 수 있다.

28. 개별환급방법에 의하여 관세를 환급하는 경우 납부세액을 증명하는 서류로써 적당하지 않은 것은?

① 평균세액증명서　　② 기초원재료납세증명서
③ 수입신고필증　　④ 내국신용장

29. 수출물품을 생산하는데 기본이 되는 자료인 제조사양서를 기준으로 소요량을 산정하는 방법으로써, 비료 · 염료 · 페인트 등과 같이 원재료를 배합하여 완제품을 생산하는 업체와

같이 손모량의 발생이 적고 소요량이 안정적인 생산업체에 적합한 소요량 산정방법은?

① 일정기간별 단위소요량에 의한 소요량의 산정
② 단위설계소요량에 의한 소요량의 산정
③ 단위실량에 의한 소요량의 산정
④ 위탁건별 총소요량에 의한 소요량의 산정

30. 환급특례법에 의한 관세환급제도에 대한 설명으로 옳지 않은 것은?

① 세관장은 환급신청서상의 기재사항 등을 심사하여 환급금을 결정하되 환급금의 정확여부에 대하여는 환급후에 심사할 수 있다.
② 관세등의 환급신청은 수출물품의 생산에 소요된 원재료에 대하여 일괄신청하여야 한다.
③ 수출 후 관세등의 환급신청은 수출자(수출위탁의 경우에는 수출위탁자) 또는 수출물품의 생산자 중에서 수출신고필증에 환급신청인으로 기재된 자가 하여야 한다.
④ 환급신청을 할 수 있는 관할지세관장이란 본사의 소재시를 관할하는 세관장을 말하며, 제조장의 관할이 상이한 경우 본사의 소재지를 관할하는 세관장에게 일괄적으로 환급을 신청하여야 한다.

31. 최근 eBay, Yahoo Auction 등 인터넷 쇼핑몰을 통한 개인과 개인간의 소규모 무역이 급증하고 있다. 이러한 무역을 가리키는 P2P (Peer to Peer) 거래라고 가장 보기 어려운 것은?

① eBay를 통해 고장 난 내 시계를 일본의 개인 수집상에게 좋은 값으로 팔았다.
② 며칠 전에 구입한 화분이 마음에 들지 않아 해외 쇼핑몰에 팔려고 올렸다.
③ 우리 회사가 필요한 문구류를 인터넷 쇼핑몰을 통해 알아본 뒤 마음에 드는 외국의 업체와 공급계약을 체결했다.
④ 해외쇼핑몰에서 구매한 물건의 값을 조금 올려 해외에 되팔아 차액을 챙기니 재미가 있다.

32. 다음중 전통무역과 차별화되는 '전자적 무체물과 서비스'에 대한 설명중 틀린 것은?

① 대외무역법 개정으로 솔루션을 포함한 영상물, 음성물, 전자서적의 온라인 수출입도 실적으로 인정받을 수 있게 됐다.

② 전자적 무체물과 서비스의 온라인 수출을 제공하는 기업도 수출실적을 인정받을 수는 있으나 전통무역에 지원되는 무역금융이나 벤처기업지정, 수출포상 등의 혜택으로부터는 제외된다.

③ 경영상담, 법무서비스, 회계 및 세무서비스, 디자인, 컴퓨터시스템 설계 및 자문, 문화산업의 양도도 수출입 실적을 인정받을 수 있다.

④ 디지털제품을 온라인으로 인도하거나 정보처리능력을 가진 장치에 내장된 상태로 반출하며 인도하는 기업이나 용역을 제공하는 기업도 수출기업으로 인정받을 수 있다.

33. 다음은 인터넷을 통한 전자적 무체물 수출시 얻을 수 있는 장점을 기술한 설명 중 가장 거리가 먼 것은?

① 디지털기술의 발전으로 바이어에게 소프트웨어나 솔루션을 더욱 안정적이고 안전하게 인도할 수 있다.

② 국내외 지적재산권 보호 강화로 컨텐츠의 불법 복제 및 유통의 우려가 대부분 사라졌다.

③ 마그네틱 테입이나 CD 등이 없이 컨텐츠를 공급할 수 있어 기업의 가격경쟁력이 향상된다.

④ 최소주문물량, 생산시설투자비 등에 대한 걱정이 없어 바이어에 대한 소량다품종 또는 맞춤식(Customized) 생산이 가능하다.

34. 다음중 괄호안에 들어갈 말끼리 가장 잘 연결된 것은?

전자무역은 ( )의 국가간 거래인 ( )의 본원적 업무는 물론 지원업무를 인터넷을 포함한 ( )을 활용하여 ( ) 방법으로 수행하는 무역활동이다.

① 재화 또는 서비스, 무역행위, 정보기술 수단, 전자적·정보집약적
② 재화 또는 서비스, 무역행위, 재래식 기법, 전자적·정보집약적
③ 재화, 무역행위, 정보기술 수단, 전자적·정보집약적
④ 국내생산품, 무역행위, 재래식 기법, 전자적·정보집약적

35. 우리나라 전자거래기본법 및 UNCITRAL 모델법이 정하고 있는 전자무역계약의 효력발생시기를 올바르게 기술한 것은?

① 전자메시지를 보내기 위해 Buyer가 'Send' 버튼을 클릭했을 때
② Seller가 지정한 시스템의 Database로 Buyer의 전자메시지가 입력됐을 때
③ Buyer가 Seller 홈페이지에서 'add-to-cart' 기능에 상품내용정보를 추가했을 때
④ Buyer가 Seller 홈페이지에서 마음에 드는 제품의 상세정보를 보고 팩스로 Inquiry를 보냈을 때

36. 다음 중 전자적 의사표시의 하자에 대해 잘못 설명한 것은?

① 표시자의 중대한 과실로 입력된 자료상의 가격이나 단위표시 등에 하자가 있는 경우 동기의 착오로 간주되어 취소가 불가능하다.
② 컴퓨터 프로그램의 오작동으로 인해 잘못된 가격이나 수치가 상대방에게 전달된 경우 표시상의 착오로 보아 의사표시를 취소할 수 있다.
③ 정보통신망의 문제로 전자적 의사표시의 전달 오류가 발생한 경우 의사표시자의 책임 하에 전자적 의사표시가 도달하지 않은 것으로 보는 것이 타당하다.
④ 전자문서 자체에 하자가 있거나 프로그램 자체에 하자가 있는 경우 또는 전자매체의 이용에 잘못이 있는 경우 모두 표시자의 책임으로 간주하는 것이 국제관례이다.

37. 최근 UN/CEFACT, OASIS 등 전자문서 표준화를 위한 다자간 협의체에서는 전자무역의 활성화를 위해 개방성과 상호연동성이 뛰어난 (   )을 사용한 데이터 교환을 권고하고 있는데 괄호안에 들어갈 데이터 표시방식은 무엇인가?

① VAN/EDI ② Javascript ③ HTML ④ ebXML

38. 다음 중 전자문서용 메시지 표준을 가리키는 EDI(Electronic Data Interchange)의 중요한 구성요소가 아닌 것은?

① EDI 변환용 문서정보
② 통신방법에 관한 EDI 표준
③ 통신망 서비스를 제공하는 EDI서비스 제공사업자
④ 전자문서를 송수신하는데 필요한 사용자시스템

39. 전자무역의 미래 모형인 전자무역 플랫폼(e-Trade Platform) 구축의 추진배경 및 필요성을 서술한 것 중 가장 거리가 먼 것은?

① 정보환경의 급속한 변화에 따른 무역 프로세스 전반에 걸친 혁신 요구
② 범국가적 차원의 전자무역인프라 조성에 대한 공감대 형성 및 추진체계 마련
③ 다양한 형태의 무역 관련 오프라인 문서 활성화 및 전자문서 표준화 등 통일된 양식의 관리
④ 국가별 전자무역 포털(Portal)의 경쟁적 추진 등 글로벌 무역환경 변화에 대한 능동적 대처

40. 현재 대부분의 주요 무역문서의 표준화 및 관련 상용서비스가 존재함에도 불구하고 무역업체의 전자무역 활용은 아직도 낮은 편이다. 그 이유를 서술한 것 중 가장 거리가 먼 것은?

① 무역자동화 서비스 이용수수료에 대한 부담

② 해외 전자무역 네트워크와의 연계 미흡
③ 전자무역 시스템 활용을 위한 환경구축비용 부담
④ 활용 가능한 무역자동화 서비스에 대한 정보 부족

41. 정부는 세계 최초로 신용장의 통지, 양도, 매입 등의 업무를 종이없이 전자적으로 실시하는 전자신용장(e-L/C) 서비스를 2005년 9월부터 실시했다. 전자신용장이 가져다 줄 수 있는 기대효과로 틀린 것은?

① e-L/C는 종이로 출력해 사용하더라도 원본으로 인정받을 수 있어 효용이 높다.
② e-L/C는 종이 신용장이 아니므로 분실, 훼손 및 위변조의 근원적 차단이 가능하다.
③ e-L/C를 활용할 경우 정보관리가 용이하고 서류보관 비용 등을 절감할 수 있다.
④ e-L/C는 거래별 신용장 및 관련 서류간의 정보연계가 가능해 무역거래 관리의 편의성을 증대시킨다.

42. 다음중 전자무역의 주요 서비스 내용을 설명한 것 중 잘못된 것은?

① Reg-Rep (Register & Repository) Center : 기업간 온라인 마켓플레이스로서 B2B 영역에서 구매 및 조달 서비스 제공
② MFCS (Manifest Consolidation System) : 선박이나 항공기에 적재된 화물의 총괄목록을 취합해 온라인으로 세관에 제출하는 통관자동화 시스템
③ 공인전자문서보관소 : 이미 생성된 전자무역문서의 유통성을 보장함으로써, 반복제출업무의 생략 및 문서의 신뢰성 확보로 무역 프로세스 간소화 및 단절 개선
④ GXML Hub : 인터넷 기반의 XML 사용자를 위한 국내외 메시징 서비스

43. 전자인증 및 수출입 부대비용의 국제결제시스템을 설명한 것이다. 틀린 것은?

① TradeCard : 세계무역센터협회(WTCA) 등이 개발한 전자무역 결제카드 시스템으로 신용카드 중심의 온라인 결제서비스 제공
② Identrus : 미국, 유럽의 8개 다국적 금융기관을 주축으로 설립된 국제 금융거래 인증

서비스 연합체로 기본적인 인증서 발급(Identification) 및 확인(Validation) 서비스 제공

③ BOLERO : 홍콩, 네덜란드, 스웨덴, 영국, 미국의 해상 운송회사, 은행, 통신회사 등이 참여한 프로젝트로 선하증권 및 기타 선적서류의 전자화 실현을 목표

④ Eleanor Payment : 은행간 전신 또는 Telex를 이용하여 송금하는 방법으로 기존의 우편환(Mail Transfer ; M/T)을 대체하기 위해 세계 각국의 은행이 도입

44. 다음 중 재래식 무역절차의 전자화를 위해 동원되거나 응용되는 전자무역 기술을 맞게 연결시킨 것은?

① 바이어/셀러 찾기 : Tracking agent

② 수출/수입 품목 선정 : Internet telephony

③ 대금지급 : Cryptography

④ 물품인도 : Online catalogue

45. 전자신용장(e-L/C) 도입으로 선하증권(B/L)을 제외한 매입(negotiation) 서류 전자화로 'e-Nego' 현실화가 앞당겨졌다. 다음 전자선하증권(e-B/L)의 도입을 가로막는 이유와 제시된 해결책 중 내용이 틀린 것은?

① e-B/L은 현재까지 어느 국가도 시도한 적이 없는데다 전자화가 어려워 B/L을 대신할 수 있는 수단을 개발해야 한다.

② e-B/L은 현행법상 법적 효력을 갖기 어려워 이용을 활성화할 수 없으므로 해상화물운송관계법 개정 등 제도적 뒷받침이 요구된다.

③ e-B/L의 생성, 등록, 권리이전 등을 공정하게 담당하며 합리적 운영비용을 책정할 수 있도록 중립적 지위의 전문기관이 필요하다.

④ e-B/L을 운용하더라도 상이한 상관습 및 법제도를 갖고 있는 해외 교역국과 유통시 제기되는 문제를 해결하기 위해 국제적 합의를 도출하고 각국의 참여를 유도해야 한다.

46. 최근 전자정부의 인터넷민원서비스가 위변조 가능성으로 서비스가 중단된바 있다.

전자무역 문서의 위변조를 방지하기 위해 취해야 할 조치 중 거리가 먼 것은?

① 전자문서 작성이나 취급시 사용자 ID 패스워드 등 일상적인 로그인 방법 외에도 인증서 발급을 추가하거나 내용확인 절차 의무화 등 제도적 차원의 규제강화

② 출력된 전자문서에 내용이 함축된 2D(Two Dimensional) 바코드나 워터마킹(Watermarking)을 도입해 위변조 방지

③ 방화벽(Firewall) 구축을 통해 불순한 내용이 담긴 패킷(Packet)이나 보안정책에 반하는 정보를 사전 차단

④ 문서의 종이유통을 근본적으로 차단하고 보안이 강화된 해쉬코드(Hash-code)를 사용하거나 암호화하여 송수신

47. KTNET은 인터넷을 통해 무역업무를 자동화할 수 있도록 XML(Extensive Mark-up Language) 기반의 서비스를 제공하는 EXEDI(www.eXedi.com)를 운영중이다. 이와 관련해 맞지 않는 내용은?

① EXEDI는 전자무역 문서의 작성 및 유통을 EDI(Electronic Data Interchange) 기반으로 제공한다.

② EXEDI는 별도의 하드웨어나 소프트웨어의 구매 없이 일반 PC 환경에서 구현이 가능하다.

③ 관련법 개정 및 업계 건의로 전자문서의 서식변경이 필요할 경우 'SC-2'라는 의결기구를 통해 내용을 업데이트한다.

④ 기존 EDI 방식으로 유통되던 수출신용장통지업무, 수입신용장개설업무, 선적서류내도통지업무, 계산서업무, 적하보험청약업무도 서비스 범위에 포함된다.

48. 다음중 적하목록취합서비스(MFCS)에 대한 설명이 바르게 된 것은?

① 적하목록은 운송수단에 적재된 화물의 총괄목록으로 통관의 최종단계에 생산되는 화물정보이다.

② 적하목록취합서비스는 항공사, 선사와 포워더간의 정보교환을 가능하게 하

고 인터넷상 화물추적정보를 제공한다.

③ 적하목록취합서비스는 항공사/선사의 Master 적하목록과 포워더의 House 적하목록 등을 취합해 은행에 EDI로 전송한다.

④ 적하목록취합서비스로 인해 화주들의 선박입항 후 접안부두 및 보세창고 입고까지 화물위치확인이 사실상 불가능해졌다.

49. 다음 중 전자무역 문서보관소의 관리시스템으로부터 발급되는 증명서가 아닌 것은?

① 등록확인전자증명서 ② 내용확인전자증명서
③ 검역확인전자증명서 ④ 이관확인전자증명서

50. 다음 중 린데만과 런지(Lindemann & Runge)가 구분한 무역거래단계를 전자무역의 시각에서 풀이한 것중 틀린 것은?

① 정보단계 (Information Phase) : KOTIS 무역통계 조사
② 계약단계 (Agreement Phase) : EDI로 Commercial Invoice 송부
③ 이행단계 (Settlement Phase) : e-L/C를 활용한 매입대금결제
④ 물류단계 (Logistics Phase) : RFID 태그를 부착한 선적서류

무역규범

1	①	2	④	3	④	4	②	5	④	6	①	7	②	8	③	9	②	10	④
11	③	12	②	13	③	14	②	15	③	16	①	17	①	18	①	19	③	20	④
21	②	22	④	23	②	24	①	25	②	26	①	27	③	28	④	29	②	30	④
31	③	32	②	33	②	34	①	35	②	36	④	37	④	38	①	39	③	40	③
41	①	42	①	43	④	44	③	45	①	46	③	47	①	48	②	49	③	50	④

색인 Index

영문색인

한글색인

ㄱ

ㄴ

ㄷ

ㅁ

著者 이춘삼(李春三)教授 略歷 및 著作目錄

- 성균관대학교 법과대학 법학과 졸업(법학사)
- 성균관대학교 대학원 무역학과 수료(경제학석사 · 경제학박사)
- 경남대학교 경상대학 무역학과 교수 및 동대학원 교수 역임
- 성균관대학교 무역대학원 · 한국외국어대학교 무역대학원 강사 역임
- 사단법인 한국중재학회 감사 역임
- 충청북도 세계화 추진위원회 위원 역임
- 한국무역학회 부회장 역임

▸ 현재

- 청주대학교 경상대학 경제통상학부 교수
- 한국문화무역학회 부회장
- 전국경제인연합회 자문위원
- 한국관세 · 무역연구원 자문위원
- 관세사 자격시험 전형위원
- 대한상사중재원 중재인
- 행정자치부 각급 공무원 공채 및 승진시험위원
- 지방고등고시 시험위원

▸ 저서 및 논문

【저서】

『무역관계법』 법문사, 1980. 『신무역실무론』 박영사, 1981. 『무역학개론, 박영사』 1983. 『무역학세미나(공저)』 박영사, 1985. 『한국관세사(공저)』 한국관세연구소, 1985. 『미국의반덤핑법』 한국경제신문사, 1987. 『대외무역법』 대왕사, 1988. 『국제관세제도론』 동성사, 1991. 『국제상무론』 동성사, 1992. 『무역관계법(전정판)』 법문사, 1995. 『국제통상연습(공저)』 도서출판 두남, 1996. 『무역실무연습(공저)』 도서출판 두남, 1996. 『현대무역학개론』 동성사, 1997. 『세계화와 국제무역(공저)』 동성사, 1997. 『국제통상법,법문사』 1999. 『한국통상법』 법문사, 1999. 『신국제반덤핑법』 청주대학교출판부, 2000. 『신용장과무역결제』 영미디어, 2000. 『시사무역경제』 영미디어, 2000. 『주 · 객관식대외무역법』 영미디어, 2001. 『국제계약론』 대왕사, 2003. 『중국통상법』 대왕사, 2004. 『글로벌 전자무역 상무론』 우용출판사, 2006. 『글로벌 무역의 이해』 우용출판사, 2006.

【논문】

"무역거래상의 대리점제도에 관한 연구", 성균관대학교 대학원, 1975. 2. 10.
"무역거래상의 대리점제도의 사법적 측면", 한국관세연구소, 「관세」, 1975. 11. 30.

"해운동맹의 경제적 의의", 한국관세연구소, 「관세」, 1976. 4. 20.
"외국환관리법 위반행위의 사법상 효력", 한국관세연구소, 「관세」, 1976. 10. 10.
"무역계약의 불이행 및 이행불능에 관한 비교법적 고찰", 「명지대학 논문집(II)」, 1976. 12. 25.
"우리나라 수출기업의 해외판매망 확립에 관한 소고", 한국무역협회, 「무역」, 1977. 5. 10.
"무역의 확대와 관세정책의 방향", 한국무역학회, 「무역학회지 제 3 권」 1978. 9. 20.
"외환관리상 지정통화의 확대의의", 한국관세연구소, 「관세」, 1979. 11. 28.
"외화가득율에 관한 연구", 한국관세연구소, 「관세」, 1980. 2. 28.
"무역관리의 원칙과 내용", 한국관세연구소, 「관세」, 1980. 5. 31.
"탄력관세의 제도적 장치와 운영", 한국관세연구소, 「관세」, 1980. 7. 30.
"수출입절차 간소화 개선안", 한국관세연구소, 「관세」, 1980. 9. 30.
"산업정책과 관세지원", 한국관세연구소, 「관세」, 1980. 9. 30.
"수출주도형 경제개발정책하의 관세개선방향", 한국관세연구소, 「관세」, 1980. 2. 30.
"관세환급에 관한 이론적 검토", 한국관세연구소, 「관세」, 1981. 6. 30.
"국제거래상 대외적 부정경쟁을 방지하기 위한 법률규정", 한국관세연구소, 「관세」, 1981. 8. 30.
"우리나라 관세율 구조의 개선방안에 관한 연구", 청주대학교, 「경상논총 제 22 집」, 1981. 12. 30.
"수출과 관세환급제도", 매일경제신문사, 「매일경제신문」, 1982. 2. 15.
"GATT에 의한 세계자유무역의 운용과 수정", 한국관세연구소, 「관세」, 1982. 2. 30.
"무역계약의 불이행 및 이행불능에 관한 비교 고찰", 대한상사중재원, 「중재」, 1982. 11. 30.
"현행관세의 평가와 방향", 한국관세연구소, 「관세」, 1982. 12. 30.
"관세정책의 체계적 분석", 매일경제신문사,「매일경제신문」, 1983. 2. 7.
"수출지원을 위한 관세환급제의 역할과 과제", 한국관세연구소, 「관세」, 1983. 6. 10.
"관세감면제도 개편과제", 전국경제인연합회, 「전경련」, 1983. 10.10.
"관세제도개편과 그 운용과제", 매일경제신문사, 「매일경제신문」, 1983. 12. 26.
"광고비관세부과의 문제점", 매일경제신문사, 「매일경제신문」, 1984. 1. 23.
"개정관세법의 문제와 운용과제", 대한상사중재원, 「중재」, 1984. 1. 28.
"관세의 관세가격 평가문제", 전국경제인연합회, 「전경련」, 1984. 2. 9.
"관세평가에 관한 비교연구", 한국무역학회, 「학술발표대회논문집」, 1984. 6. 22.
"미국의 수입규제에 관한 법적환경", 전경련, 국제경영원(국제상거래연구세미나), 1984. 12. 20.
"무역거래상의 대리점계약의 본질", 청주대학교 「경상논총 제 25 집」, 1984. 12. 30.
"효율적 수입관리", 전국경제인연합회, 「전경련」, 1985. 2. 18.
"관세의 과세가격결정에 관한 연구", 사단법인 한국조세학회, 「조세논총 제1권」 1985. 12. 20.
"무역관계법의 새로운 정립방향", (1985년도 산학협동재단 학술연구과제), 청주대학교 기업경영연구소, 「경영학논집 제8집」 1986. 1. 30.
"미국통상법의 변천과 불공정무역관행법조의 운영메카니즘", 청주대학교, 「경상논총 제 27 집」, 1986. 11. 25.
"미국의 통상규제에 관한 연구 - 반덤핑법제를 중심으로 -", 성균관대학교 대학원 무역학과 박사학위청구논문, 1987. 4. 1.
"선진국형 간이통관절차방향에 관한 연구", (1986년도 산학합동재단 학술연구과제), 청주대학교 「경영논총 제 28 집」 1987. 12. 30.

"미국반덤핑법의 전개", 청주대학교 산업경영연구소,「산업경영연구」, (제11권 1호 제11집), 1987. 8. 25.
"미국반덤핑법상 산업피해기준의 해석론", (설곡 한동호박사 정년기념논문집), 1988. 8. 20.
"덤핑의 결정기준에 관한 가격구조의 검토", 청주대학교 산업경영연구소,「산업경영연구」(제 12권 1호 제13집), 1988. 8. 25.
"산업피해의 범위 및 기준에 관한 연구", 청주대학교 산업경영연구소,「산업경영연구」(제13권1호 제14집), 1990. 8. 25.
"미국 · EC의 상계관세제도에 관한 연구", (1989년도 교육부 학술연구과제), 한국무역학회,「무역학회지 (제15권), 1990. 3. 10.
"개방경제시대에 대응한 관세환급제도의 효율적 운용방안", (1990년도 재무부 관세국 관세연구용역과제), 1990. 6. 30.
"관세환급제도를 중심으로한 일본관세정책의 평가와 시사점", 한국관세연구소,「관세」 1991. 2. 3. 4. 5. 월호(제23권 제245호 내지 제248호).
"관세환급제도의 개편방향", 한국관세연구소,「관세」, 1991, 6. 7. 8. 9월호 (제23권 제 249~252 호).
"미국반덤핑법의 문제점과 대응전략", 한국관세연구소,「관세」, 1991.12, 1992. 1. 3. 4. 5. 6. 7. 8. 9. 10. 11월호, (통권 제23권 제255호 및 통권 제24권 제 256 호, 제258호~266호).
"관세환급제도의 개선방안". 한국국제상학회,「국제상학」 제7권 2호 1992. 11.
"일본의 관세정책에 관한 실증적분석", 한국무역학회.「무역학회지」, 제19권1. 1994. 4.
"새 신용장통일규칙의 적용에 따른 약간의 문제", 청주대학교 산업경영연구소,「산업경영연구」, 제16권 2호. 1994. 2.
"덤핑의 판정기준에 관한 가격구조의 검토", 한국무역상무학회,「무역상무」, 제 17 권 1호, 1994. 8.
"신용장거래에 있어서 지정은행의 의무에 관한 연구", 청주대학교 산업경영연구소「산업경영연구」, 제 17권 1호, 1994. 8.
"반덤핑관세분야에 대한 UR 협상결과의 분석", 한국무역학회,「무역학회지」, 제20권 1호, 1995. 6.
"UR신관세평가협정의 법적고찰, ('94~95 청주대 특별연구지원과제), 청주대산업경영연구소,「산업경영 연구」, 제18권 2호, 1995. 10.
"중국흑룡강성 학술연구보고", 충청북도 국제통상협력실, 1996. 1.
"WTO통일원산지규정의 체계화과정", 사단법인 한국중재학회,「중재학회지」, 제6권, 1996. 12.
"WTO 신 상계관세협정의 법적고찰", ('96~'97 청주대 특별연구지원과제), 청주대학교 산업경영연구소,「산업경영연구」, 제20권 1호, 1997. 4.
"WTO체제하에서의 대외무역법과 관세법의 개편방향", (1996년도 산학협동재단 학술연구과제), 한국무역학회,「무역학회지」, 제22 권1호, 1997. 6.
"무역통관행정의 효율화방안", (1998년도 관세청 연구용역과제), 청주대학교 산업경영연구소,「산업경영 연구」, 제21권 1호, 1998. 2.
"관세환급행정의 발전방향", (1998년도 관세청 연구용역과제), 한국무역학회,「무역학회지」, 제23권 1호, 1998. 6.
"미국반덤핑법상 국내산업피해의 범위와 기준에 관한 해석론", 법무부,「통상법률」, 통권 제23 · 24호, 1998. 10 · 12.
"WTO협정의 국내법적 효력에 관한 제 문제", ('98~'99 청주대 특별연구지원과제), 청주대학교 산업경영연구소,「산업경영연구」, 제22권 1호, 1999. 2.

"21세기 새로운 관세제도 마련을 위한 관세법 전면 개편방향", 한국무역학회, 「학술발표논문집」, 1999. 12.
"관세법체계의 정비와 개선에 관한 연구", 한국무역학회, 「무역학회지」, 제24권 제3호, 1999. 12.
"관세법전면개편에 대한 연구", (1999년도 재정경제부 조세개혁연구과제), 한국관세연구소, 2000. 1.
"관세납세자제도의 개선에 관한 연구", 청주대학교 산업경영연구소, 「산업경영연구」, 제23권 제1호, 2000. 2.
"WTO와 미국의 사법적 반덤핑제도", 청주대학교 산업경영연구소, 「산업경영연구」, 제23권 2호, 2000. 8.
"WTO의 당면과제", (2000~2001 청주대 특별연구지원과제), 청주대학교 산업경영연구소, 「산업경영연구」, 제24권 1호, 2001. 2.
"미국의 사법적 반덤핑법이 WTO에 위배되는지의 여부", 한국문화무역학회, 문화무역연구, Vol. 1, 2001. 2.
"전자상거래와 관세 시스템", 청주대학교 산업경영연구소, 산업경영연구, 제25권, 제1호, 2002. 2.
"통상문제로서의 세이프가드", 2002~2003 청주대 특별연구지원과제, 청주대학교 산업경영연구소, 산업경영연구, 제25권 제2호, 2002. 8.
"WTO 세이프가드 협정의 해석과 적용에 관한 분석", 강원대학교 경제무역학부, 문철한 박사 정년기념논문집, 2003. 1.
"국제거래계약과 법적 문제", 청주대학교 산업경영연구소, 산업경영연구, 제26권 제1호, 2003. 2.
"WTO 농업협상의 쟁점과 한국농업", 한국동서경제학회, 한국동서경제연구, 제15집, 제1권, 2003. 1.
"국제계약상의 Frustration", 청주대학교 산업경영연구소, 산업경영연구, 제25권 2호, pp.. 211~229, 2003. 8.
"중국통상의 법적 구조", 청주대학교 산업경영연구소, 산업경영연구, 제26권 3호 , pp. 93~113, 2003. 12.
"중국반덤핑제도의 규범체계", 청주대학교 산업경영연구소, 산업경영연구, 제27권 1호, pp. 111~125, 2004. 2.
"중국 세이프가드 사건분석", 청주대학교 산업경영연구소, 산업경영연구, 제27권 2호, pp. 15~36, 2004. 8.
"중국의 무역구제제도와 WTO DDA규범과의 비교연구 -반덤핑 및 상계관세제도를 중심으로- ", 청주대학교 산업경영연구소, 산업경영연구, 제27권 3호, pp. 267~294, 2004. 12.
"중국 무역중재제도의 법리", 청주대학교 산업경영연구소, 산업경영연구, 제28권 1호, pp. 33~47, 2005. 1.
"중국 반덤핑 실행의 법적문제", 청주대학교 산업경영연구소, 산업경영연구, 제28권 2호, pp. 27~44, 2005. 2.
"중국의 반덤핑제도와 WTO 반덤핑협정과의 적합성 비교연구", 산업경영연구, 제28권 3호, pp. 69~92, 2005. 1.
"WTO 체제하에서 농산물 무역에 대한 위생 및 검역 규제", 산업경영연구, 제28권 4호, pp. 53~68, 2005. 12.
"서비스무역과 FTA", 산업경영연구, 제29권 1호, pp. 229~248, 2006. 2.
"WTO협정상 환경보호를 위한 무역규제의 성립요건에 관한 분석", (사)한국무역학회 무역학회지 제31권 제2호, pp31~46, 2006. 4
"국제통상과 환경문제", 청주대학교 산업경영연구소, 산업경영연구, 제29권 2호, 2006. 6

김만길(金萬吉)

한남대학교 국제통상학전공 강의전담교수
충남대학교 경영경제연구소 전임연구원
고려대학교, 대전대학교 등 출강

현재

청주대학교 경제통상학부 전임강사(경영학박사)

저서 및 논문

『WTO 통상법』(대왕사, 2006)
『대외무역법』(두남출판사, 2002)
『중소기업경영론』(두남출판사, 2002)
『생활과 무역』(탐진출판사, 2005)

"미국 독점금지법의 역외적용에 관한 연구"(1998)
"국제거래상 반덤핑관세제도에 관한 연구"(2000)
"무역거래상 덤핑마진산정구조에 관한 연구"(2001)
"미국의 덤핑마진산정방법과 한국기업의 대응방안"(2002)
"한일 자유무역협정에 관한 연구"(2002)
"동남아 IT산업의 동향과 진출전략"(2002)
"글로벌시대의 유통서비스산업의 전략에 관한 연구"(2003)
"서비스 무역확산과 지적재산권문제"(2003)
"DDA반덤핑협상과 한국의 반덤핑제도"(2004)
"Railroad Cooperation between South-North Korea and Russia"(2005)
"기명식선하증권의 양도성에 관한 연구"(2005) 외 다수

이재영(李在英)

청주대학교 무역학과 졸업, 경영학 박사
청주대학교 대학원 무역학과 수료(경영학석사 · 경영학박사)

현재

청주대학교, 건양대학교, 우송대학교, 충청대학 강사
전자무역연구원 산학위원회 팀장

저서 및 논문

『글로벌 무역의 이해』 공저(우용출판사, 2006)
『최신 대외무역법』 공저(우용출판사, 2006)
『국제무역사』 공저(정문사, 2006)
"중국의 반덤핑제도에 관한 연구"논문외 다수

최신 대외무역법

2006년 7월 19일 초판 인쇄
2006년 7월 27일 초판 발행

저자 / 이춘삼, 김만길, 이재영
발행인 / 고종식
발행처 / 우용출판사
등록일 / 1997년 11월 25일
출판등록 / 제 2001-1호
주소 / 서울특별시 마포구 망원1동 338-53
전화번호 / 02)324-6577
팩시밀리 / 02)324-6177

정가 / 20,000원

ISBN / 89-87951-83-9 03320

www.choolpansa.com